わかりやすい！
2級建築士
［学科試験］

● 豊富な問題数！！
● よく出る問題と解説

井岡和雄 編著

弘文社

まえがき

　建築に興味をもち，建築士を目指す皆さんは，取得後の夢を少なからず抱いていると思います。夢を実現することは簡単なことではありませんが，夢に向かって一生懸命に努力することは素晴らしいことだと思います。

　本書を手にとり勉強を始める皆さんの多くは，建築の技術者として第一線で活躍しておられることでしょう。あるいは，これから活躍しようと考えているかもしれません。建築には多くの資格があり，その中でも合格率の低い代表的な国家資格として「**建築士試験**」があります。建築士は建築業界で中核を担っている資格であり，建築物の質の向上に貢献しており，その役割は，社会的に高く評価されています。建築士がその責任を担うためには豊富な知識やスキルが必要で，そのための第一歩として，ぜひ「**建築士試験**」**の合格**を目指してください。

　建築士には1級・2級・木造建築士の区分がありますが，その中でも**2級建築士**は，住宅を中心とした小規模な建物の建築設計・工事監理等に法的に参画できる資格です。資格への取り組みは皆さんの知識向上につながり，資格を取得するまでの努力や勉強には多くの意義があります。とは言っても，やはり合格することが目的です。日常の多忙な業務のなかで，本試験の合格は不可能であると考えがちですが，**続ける勇気と根気**があれば可能です。同時に，**効率的に知識を習得・整理し，難なく継続できる参考書・問題集の選択**は欠かせません。

　そこで本書は，途中で挫折しがちな受験勉強を**最後まで継続**でき，**効率的に資格が得られる**ことを第一に考えています。過去の出題傾向を分析し，**学科試験合格に最低限必要な事項**を項目別にまとめあげ，さらに**出題される可能性の高い問題を絞り込み**，合格への知識を習得できるように構成しています。

　なお，建築を完成させることも勉強も同じで，苦労すればするほど，自分自身の価値観が向上すると思います。そこには充実感があり，合格を勝ち取った時の喜びは，口では表現できないほど素晴らしいものがあると思います。

　日々の勉強や仕事の忙しさ，自分自身の弱さから，挫折する人たちが多くいますが，**諦めずに最後まで**やり遂げてください。そして本書を十分に活用した皆さんが**2級建築士に合格**して，建築業界で一層活躍することを楽しみにしています。

著者しるす

目　次

まえがき（3）
目　次（4）
本書の使い方（12）
受験案内（16）

第1編　学科Ⅰ　計画　（19）

第1章　建築史（21）
1．建築史（22）
1−1．日本建築史に関する問題……………………………22
1−2．西洋・近代建築史に関する問題……………………27

第2章　環境工学（39）
1．用語・単位（40）
1−1．用語と単位の組合せに関する問題…………………40
2．気候・気象（44）
2−1．室内空気に関する問題………………………………44
2−2．空気線図に関する問題………………………………48
3．換気（55）
3−1．換気に関する問題……………………………………55
3−2．室内空気汚染及び換気に関する問題………………58
3−3．換気回数を求める問題………………………………61
4．伝熱・断熱（64）
4−1．伝熱に関する問題……………………………………64
4−2．熱損失を求める問題…………………………………68
4−3．結露に関する問題……………………………………70
4−4．断熱性・気密性に関する問題………………………73
5．日照・日射・採光（76）
5−1．日照・日射・採光に関する問題……………………76
6．音・音響（83）
6−1．音に関する問題………………………………………83
7．色採（88）
7−1．光と色彩に関する問題………………………………88

7－2．色彩に関する問題……………………………………………91
　8．その他（93）
　　　8－1．建築環境工学に関する問題 ……………………………………93

第3章　計画各論（97）
　1．住宅建築（98）
　　　1－1．一戸建住宅の計画に関する問題………………………………98
　　　1－2．高齢者等に配慮した一戸建住宅の計画に関する問題 …102
　　　1－3．集合住宅の計画に関する問題…………………………………105
　2．商業建築（109）
　　　2－1．事務所ビルの計画に関する問題………………………………109
　　　2－2．商業建築の計画に関する問題…………………………………113
　3．公共建築・その他の建築（117）
　　　3－1．学校・保育所の計画に関する問題……………………………117
　　　3－2．美術館の計画に関する問題……………………………………119
　　　3－3．図書館の計画に関する問題……………………………………121
　　　3－4．診療所の計画に関する問題……………………………………123
　　　3－5．社会福祉施設等の計画に関する問題…………………………125
　　　3－6．公共建築の計画に関する問題…………………………………126
　4．各部計画（129）
　　　4－1．各部の寸法等に関する問題……………………………………129
　　　4－2．各室の所要床面積に関する問題………………………………132
　　　4－3．勾配に関する問題………………………………………………134
　　　4－4．車いす使用者の利用に配慮した建築物の計画
　　　　　　に関する問題……………………………………………………137
　　　4－5．屋根に関する問題………………………………………………140
　5．都市計画（143）
　　　5－1．まちづくり・住宅地の計画等に関する問題 ……………143

第4章　建築設備（147）
　1．設備用語（148）
　　　1－1．建築設備に関する用語の問題…………………………………148
　2．空調・換気・冷暖房設備（153）
　　　2－1．空気調和設備に関する問題……………………………………153

3．給水・排水設備 (158)
　3－1．給水設備に関する問題 …………………………158
　3－2．排水設備に関する問題 …………………………162
4．電気設備 (166)
　4－1．電気設備に関する問題 …………………………166
5．防火・消防設備 (169)
　5－1．防災・消防設備に関する問題 …………………169
6．省エネルギー・環境 (174)
　6－1．省エネルギー・省資源に関する問題 …………174
　6－2．環境に配慮した建築設備計画に関する問題 ……177

第2編　学科Ⅱ：法規　(179)

第1章　建築基準法 (181)
1．用語の定義 (182)
　1－1．用語に関する問題 ………………………………182
　1－2．面積，高さ，階数の算定 ………………………191
　1－3．建築面積の算定 …………………………………200
2．建築手続 (204)
　2－1．確認済証の交付に関する問題 …………………204
　2－2．建築手続に関する問題 …………………………210
3．一般構造 (216)
　3－1．採光に関する問題 ………………………………216
　3－2．換気に関する問題 ………………………………221
　3－3．一般構造に関する問題 …………………………225
　3－4．天井の高さの算定 ………………………………228
4．構造強度・構造計算 (232)
　4－1．構造強度に関する問題 …………………………232
　4－2．構造計算に関する問題 …………………………235
　4－3．木造の軸組みに関する問題 ……………………242
5．耐火・避難 (246)
　5－1．耐火建築物・準耐火建築物に関する問題 ……246
　5－2．防火区画等に関する問題 ………………………249

5－3．避難施設等に関する問題 …………………………………253
6．内装制限（258）
　　6－1．内装制限に関する問題 ……………………………………258
7．道路（263）
　　7－1．道路等に関する問題 ………………………………………263
8．用途地域（267）
　　8－1．用途地域に関する問題（1）………………………………267
　　8－2．用途地域に関する問題（2）………………………………270
9．建ぺい率（276）
　　9－1．建築面積の最高限度の算定 ………………………………276
　　9－2．建ぺい率に関する問題 ……………………………………279
10．容積率（282）
　　10－1．延べ面積の最高限度の算定 ………………………………282
　　10－2．容積率に関する問題 ………………………………………286
11．高さ制限（290）
　　11－1．高さの最高限度の算定 ……………………………………290
　　11－2．高さ制限又は日影規制に関する問題 ……………………297
12．防火・準防火地域（301）
　　12－1．防火・準防火地域内の建築物に関する問題 ……………301
13．その他（306）
　　13－1．建築基準法に関する問題 …………………………………306

第2章　関係法令（311）
1．建築士法（312）
　　1－1．建築士等に関する問題 ……………………………………312
　　1－2．建築士事務所に関する問題 ………………………………317
2．その他の法令（323）
　　2－1．関係法令総合 ………………………………………………323

第3編　学科Ⅲ：構造　（329）

第1章　構造力学（331）
1．力の釣り合い（332）

1-1. 合力の作用線までの距離に関する問題 …………………332
　　　1-2. 力の釣り合い・偶力に関する問題 …………………334
　2. 反力 (338)
　　　2-1. 反力を求める問題 …………………………………338
　3. 応力 (342)
　　　3-1. 曲げモーメントに関する問題 ……………………342
　　　3-2. せん断力に関する問題 ……………………………344
　4. トラス (349)
　　　4-1. 静定トラスに関する問題 …………………………349
　5. 断面の性質 (356)
　　　5-1. 断面二次モーメントに関する問題 ………………356
　6. 座屈 (362)
　　　6-1. 弾性座屈荷重に関する問題 ………………………362
　7. 応力度 (367)
　　　7-1. 応力度に関する問題 ………………………………367
　8. その他 (374)
　　　8-1. その他の構造力学に関する問題 …………………374

第2章　一般構造 (379)

　1. 荷重・外力 (380)
　　　1-1. 荷重・外力に関する問題 …………………………380
　　　1-2. 設計用地震力に関する問題 ………………………388
　2. 地盤・基礎 (393)
　　　2-1. 地盤・基礎に関する問題 …………………………393
　3. 木造 (400)
　　　3-1. 木造建築物の部材等に関する問題 ………………400
　　　3-2. 木造建築物の構造設計に関する問題 ……………408
　　　3-3. 木造建築物の接合部に関する問題 ………………414
　　　3-4. 枠組壁工法に関する問題 …………………………417
　4. コンクリートブロック造 (421)
　　　4-1. 補強コンクリートブロック造に関する問題 ……421
　5. 鉄筋コンクリート造 (424)
　　　5-1. 鉄筋コンクリート構造に関する問題 ……………424

　　　　5－2．配筋及び継手に関する問題 ……………………………428
　　　　5－3．壁式鉄筋コンクリート造に関する問題 …………………432
　　6．鉄骨造（435）
　　　　6－1．鉄骨構造に関する問題 …………………………………435
　　　　6－2．鉄骨構造の接合に関する問題 …………………………441
　　7．構造計画（446）
　　　　7－1．建築物の構造計画等に関する問題 ……………………446

第3章　建築材料（453）
　　1．木材（454）
　　　　1－1．木材に関する問題 ………………………………………454
　　2．コンクリート（458）
　　　　2－1．コンクリートに関する問題 ……………………………458
　　3．鋼材（465）
　　　　3－1．鋼材に関する問題 ………………………………………465
　　4．その他の建築材料（469）
　　　　4－1．建築材料の一般的な性質に関する問題 ………………469

第4編　学科Ⅳ：施工　（473）

第1章　施工計画・管理（475）
　　1．施工計画（476）
　　　　1－1．施工計画に関する問題 …………………………………476
　　　　1－2．設計図書・仕様書に関する問題 ………………………478
　　　　1－3．ネットワーク工程表に関する問題 ……………………480
　　2．管理計画（487）
　　　　2－1．工事現場の安全確保に関する問題 ……………………487
　　　　2－2．作業主任者の選任に関する問題 ………………………490
　　　　2－3．材料の保管に関する問題 ………………………………492
　　　　2－4．申請・届等に関する問題 ………………………………495
　　　　2－5．工事監理業務に関する問題 ……………………………499
　　3．契約（501）
　　　　3－1．請負契約に関する問題 …………………………………501

4．測量（505）
　　4－1．各種測量などに関する問題 ……………………………505

第2章　各種工事（509）
1．仮設工事（510）
　　1－1．仮設工事に関する問題 …………………………………510
2．地盤・土工事・基礎（516）
　　2－1．地盤調査に関する問題 …………………………………516
　　2－2．土工事及び地業工事に関する問題 ……………………519
　　2－3．杭工事に関する問題 ……………………………………523
3．鉄筋工事（526）
　　3－1．鉄筋の加工・組立てに関する問題 ……………………526
　　3－2．鉄筋の継手・定着に関する問題 ………………………530
　　3－3．鉄筋のかぶり厚さに関する問題 ………………………534
　　3－4．鉄筋工事に関する問題 …………………………………537
4．型枠工事（539）
　　4－1．型枠工事に関する問題 …………………………………539
5．コンクリート工事（544）
　　5－1．コンクリートの打ち込み・締固めに関する問題 ………544
　　5－2．コンクリートの打ち込み・養生に関する問題 …………547
　　5－3．コンクリート工事に関する問題 ………………………550
6．鉄骨工事（556）
　　6－1．鉄骨工事に関する問題 …………………………………556
　　6－2．鉄骨工事における接合・建方に関する問題 …………559
7．補強コンクリートブロック造工事（562）
　　7－1．補強コンクリートブロック造工事に関する問題 ………562
8．木工事（564）
　　8－1．木工事に関する問題 ……………………………………564
9．防水工事（572）
　　9－1．防水工事に関する問題 …………………………………572
10．左官工事（577）
　　10－1．左官工事に関する問題 …………………………………577
11．タイル工事（581）

11-1. タイル工事に関する問題 ……………………………581
12. 塗装工事（586）
　　12-1. 塗装工事に関する問題 ………………………………586
13. 建具・ガラス工事（591）
　　13-1. 建具・ガラス工事に関する問題 ……………………591
14. 内装工事（598）
　　14-1. 内装工事又は断熱工事に関する問題 ………………598
　　14-2. 内装工事に関する問題 ………………………………600
15. 設備工事（604）
　　15-1. 設備工事に関する問題 ………………………………604
16. 融合問題（610）
　　16-1. 各種工事に関する問題 ………………………………610

第3章　その他（615）
1. 工法及び機械・器具（616）
　　1-1. 工法及び機械・器具に関する問題 …………………616
2. 積算（620）
　　2-1. 建築積算に関する問題 ………………………………620

本書の使い方

　本書は 2 級建築士学科試験の出題内容が把握しやすい構成としています。学科Ⅰ～学科Ⅳの過去に出題された試験問題を項目ごとにまとめ，特に出題頻度の高い問題を中心に解説の充実を図り，**問題を解きながら十分な知識が習得できるように**構成しています。

　単に，正解を導くことにとどまらず，問題や解説を重視し，解答に至るまでの過程を如何に効率よく理解するかが合格への近道です。2 級建築士学科試験は，広範囲な中から出題されていますが，**各学科の各項目から 1 問程度の出題**です。難しい問題も，易しい問題も 1 点です。本書を手にとった目的は，2 級建築士試験に合格することで，全項目を理解する必要もないし，全問正解の必要もありません。

 解答である選択肢以外の 4 つの選択肢に注目しよう

　2 級建築士学科試験は，5 つの選択肢に中から正解を 1 つ選択する 5 肢択一のマークシート方式の試験です。過去問からの出題も多く，正解を理解することは当然のことですが，過去問の正解がそのまま正解として新たに出題されることは少ないのが現状です。**不適当な選択肢が解答の場合，それ以外の 4 つの選択肢は正解ですので**，その選択肢に注目して内容を理解することが大切です。

 本書の問題は 3 回以上繰り返そう

　問題を何回も繰り返すことによって理解が深まります。例えば，1 回目は**解説や解答を見ながら 5 つの選択肢を理解します**。2 回目は，解説・解答を見ずに問題を解き，理解不十分な選択肢にはマーカーをしておきます。3 回目は，2 回目で特にできなかった問題を中心に解きます。このようにして，**本書の問題の 80％以上が理解できれば合格に近づきます**。

 問題を解く際には，文章のキーワードに印をつける

　選択肢の文章を正確に読み，正しく正誤を判断するには，**ポイントとなる用語等に印をつける**のが得策です。次の例を参考にしてください。

> 【問題15】次の記述のうち，建築基準法上，誤っているものはどれか。
> 1．建築主は，階数が3以上の鉄筋コンクリート造の共同住宅を新築する場合，2階の床及びこれを支持する梁に鉄筋を配置する工程に係る工事を終えたときは，建築主事又は指定確認検査機関の中間検査を申請しなければならない。
> 2．指定確認検査機関は，完了検査の引受けを行ったときは，その旨を証する書面を建築主に交付するとともに，その旨を建築主事に通知しなければならない。
> 3．建築主事等は，建築主事が完了検査の申請を受理した日から7日以内に，当該工事に係る建築物及びその敷地が建築基準関係規定に適合しているかどうかを検査しなければならない。
> 4．建築物の除却の工事を施工しようとする者は，当該工事に係る部分の床面積の合計が10㎡を超える場合，その旨を特定行政庁に届け出なければならない。
> 5．特定行政庁，建築主事又は建築監視員は，建築物の工事監理者に対して，当該建築物の施工の状況に関する報告を求めることができる。

各学科で完璧な項目（問題）を10問程度つくろう

　学科試験の問題数は，学科Ⅰ（計画），学科Ⅱ（法規），学科Ⅲ（構造），学科Ⅳ（施工）の4科目からそれぞれ25問出題され，合計100問の100点満点の試験です。合格基準が60点なので，各科目15点以上が目安です。

　合格に近づくためには，**各学科で完全に正解できる問題を10問程度つくります**。また，問題を解くにあたっては，正誤の判定ができる選択肢から消去する方法を活用してください。そうすれば残りの15問が，確率的に1／2（3つ消去）であれば7.5問，1／3（2つ消去）であれば5問となり，15問〜17.5問正解できます。

20点以上とれる得意な学科が2つあると合格しやすい

　各学科の基準点は13点以上ですが，**20点以上とれる得意な学科が2つあると合格しやすい**です。最も良いのは，学科Ⅱ（法規）と学科Ⅲ（構造）ですが，この2科目は勉強するのに時間を要し，苦手とする受験生も多いです。まずは，どちらか1つを20点以上とれるようにしましょう。当然，学科Ⅰ（計画），学科Ⅳ（施工）を得意な科目としても良いと思います。

合格するには学科Ⅱ（法規）の対策が重要

　学科Ⅰ（計画）と学科Ⅱ（法規）の2学科は同時受験であり，時間は3時間ですが，学科Ⅱ（法規）は学科Ⅰ（計画）より時間がかかるので，**学科Ⅰ（計画）が1時間，学科Ⅱ（法規）が2時間ぐらいを目安にしましょう。**

　また，学科Ⅱ（法規）では法令集の持ち込みが認められていますので，試験勉強する際には，試験要領に従い法令集に赤ペンなどでアンダーラインを引きながら問題を解くようにすれば，法規の対策の1つとなります。ただ本試験では，問題の各選択肢をすべて探し出す時間はありません。1問に対して1～2回のチャンスしかないと思っておいてください。**法令集にすべてを頼るのではなく，他の科目と同様，暗記できるものは暗記するようにしましょう。**数値を確認するのに法令集を使用するくらいの対策がよいです。

 **合格するには学科Ⅲ（構造）の対策が重要**

　学科Ⅲ（構造）と学科Ⅳ（施工）の2学科は同時受験であり，時間は3時間ですが，それぞれ1時間程度で解答でき時間に余裕があります。

　学科Ⅲ（構造）の出題項目は大きく分けて，力学・一般構造・材料の3つの分野に分けることができます。このうち一般構造は，学科Ⅳ（施工）との関連があり，この項目を勉強すれば学科Ⅳ（施工）の対策にもなりますが，**まずは力学に重点をおいて学習してください。力学を捨てての合格は，かなり不利です。**学科Ⅲ（構造）の力学に限らず，**計算問題は100％点数にできます。**5肢択一の問題は，一般的に2肢が残るようにつくられています。したがって，合格への近道は，計算問題を点数にすることです。

 できる問題を確実に点数にすることが合格の決め手

　学科試験合格の決め手は，**できる問題をケアレスミスなく確実に点数にすることです。**難しい問題も，易しい問題も，新傾向の問題も同じ1点です。時には，この1点が合否に大きく影響します。**本書を使って問題を解いた後，間違って選択した選択肢をもう一度，考えてください。**その選択肢を選択したことに原因があり，それを解決することが大切です。

本書の使い方　　　　　　　　　　15

（本書のイラストマークに注目しよう）

1．「デルデル大博士」の「出る」マーク

　各問題番号の上には，その問題の出題頻度に応じて**デルデル大博士マーク**を1個〜3個表示しています。あくまで相対的なものですが，以下のことを参考に効率的な勉強を心掛けてください。

> ・3個：出題頻度がかなり高く，基本的にも必ず取り組むべき問題。
> ・2個：ある程度出題頻度が高く，得点力アップの問題。
> ・1個：それほど多くの出題はないが，取り組んでおく方がよい問題。

2．博士のマーク

　特にポイントとなる箇所には，解説中に**博士マーク**が登場します。得点力アップや暗記をしておくべき項目ですので，それらに注意して勉強を進めてください。

3．「がんばろう君」のマーク

　理解しておくとよい箇所や必ず覚えておくべき個所には，解説中に**色々なマーク**が登場します。合格するためには，がんばって理解してください。

4．項目の終りに　**得点力アップのポイント**が入ります。その項目のまとめとして役立てて下さい。

受験案内

1．試験科目など

二級建築士試験は，建築士法第13条の規定に基づいて，都道府県知事により行われるものです。試験の実施に関する事務は，建築士法第15条の6第1項の規定に基づき，都道府県知事から都道府県指定試験機関の指定を受けた**公益財団法人建築技術教育普及センター（以下「センター」という。）**が行います。

受験申込に関して不明な点については，センター又は住所地の都道府県ごとに設立されている一般又は**公益社団法人の建築士会（以下「都道府県建築士会」という。）**へお問い合せ下さい。

二級建築士試験は学科4科目，設計製図1科目の5科目が課せられており，学科試験の合格者のみが設計製図試験を受験できることになっています。ただし，**学科試験に合格し製図試験に不合格であった人は，翌年から2年間に限って学科試験は免除される**ことになっています。

学科試験4科目の内容は次のとおりです。

- **学科Ⅰ（計画）**：建築史，環境工学（計画原論），建築計画（計画各論），建築設備など
- **学科Ⅱ（法規）**：建築基準法，建築士法，都市計画法，建設業法など
- **学科Ⅲ（構造）**：構造力学，一般構造（各種構造），建築材科など
- **学科Ⅳ（施工）**：施工計画・管理，各種工事，測量，請負契約，施工機械，建築積算など

なお，**出題数は各科目とも25問**で，**合計100問**です。**試験時間**は，学科Ⅰ（計画）と学科Ⅱ（法規）で**3時間**，学科Ⅲ（構造）と学科Ⅴ（施工）で**3時間**が与えられます。また，**学科Ⅱ（法規）**の時間のみは，建築基準法や建築士法などのいわゆる**建築関係法令集の持参（試験場への持込み）**が認められています。

2．受験資格

概略，次表に示すような学歴および実務経験年数が必要とされます。しかし，特殊な学校（職業訓練校，専修学校，各種学校）も認められているものもあり，かつ，**詳細の具体的な認定（学歴要件，実務経験要件）**については各都道府県によって行われるので，不明な点など詳しく知りたい場合は，二級建築士試験の実施機関である**センターまたは各都道府県建築士会**へお問い合わせ下さい。

（平成21年入学者から適用となる各学校等・課程別の指定科目一覧については以下よりご確認下さい。）

http://www.jaeic.or.jp/kamoku-gakkouitiraninfo.htm

お，**実務経験（実務経歴）**とは，上司である建築士の指導・監督のもと実際に設計・工事監理をした年数をいい，建築業務に関連している実務でても，ここでいう実務経歴とみなされない場合も多々あり，学歴のようにに区分できないケースがあるので，受験資格に係わる自分の実務経歴に少も疑問のある場合には，受験申込みに前もって，必ず試験関係機関にお問わせ下さい。というのは，毎年，受験の申し込みをしながら，資格なしとされるケースが多く見られるからです。

合格発表と合格基準点

格者の発表は，**学科試験は8月下旬，製図試験は12月上旬**です。学科試験設計製図の試験の受験者には，それぞれ，都道府県知事の行った合否の判果が通知され，不合格者には試験の成績を併せて通知されます。ただし，者（「学科の試験」においては一部の科目欠席者を含む。）へは通知されま，また，合格者一覧表をセンター支部及び都道府県建築士会の事務所に掲れるとともに，合格者の受験番号をセンターのホームページにも掲載され

格基準点は，原則，**各科目13点以上，総得点60点以上**ですが，年度により点の補正が行われることがあります。なお，平均的な合格率は，学科試験合35％，製図試験は52％，総合合格率は23％です。

受験案内

二級建築士試験の受験資格（建築士法第15条）

建築士法第15条	建築に関する学歴等
第一号	大学（短期大学を含む）又は高等専門学校におい〔て〕指定科目を修めて卒業した者
第二号	高等学校又は中等教育学校において，指定科目を〔修め〕て卒業した者
第三号	その他都道府県知事が特に認める者（注）　建築設〔計〕 （「知事が定める建築士法第15条第三号に該当する〔者の〕基準」に適合する者）
第四号	建築に関する学歴なし

（注）「知事が定める建築士法第15条第三号に該当する者の基〔準〕……め学校・課程から申請のあった開講科目が指定科目に該当す〔る……〕外の学校（外国の大学等）を卒業して，それを学歴とする場〔合……〕いて学歴と認められる学校の卒業者と同等以上であることを〔……〕要となります。提出されないときは，**「受験資格なし」**と判〔定されま〕す。**詳細は「受験申込に必要な書類」により確認して下さい**〔。〕

3．受験期日

　試験は毎年1回，年によって多少異なりますが，**学科〔試験が〕製図の試験が9月中旬**にそれぞれ1日で行われます。い〔……〕は4月に官報で公告されるとともに，**（財）建築技術教〔育……〕**道府県の建築士会によりPR（都道府県公報，ポスター〔……〕るので留意して下さい。

4．受験手続きと必要書類など

　申込用紙を受験する都道府県の配布場所で受領し，必〔……〕つ，所定の学歴を証明する書類（卒業証明書など），実〔務……〕（勤務先事業主の証明書など）などを，所定の手数料を〔……〕の交付を受けて下さい。なお，試験（受験）場所は受〔験者に〕よって定められますが，申し込み後の受験場所の変更は〔……〕なっています。

第1編

学科 I
計 画

全25問のうち，建築史1問，環境工学8問，計画各論9問，建築設備7問が出題されます。建築史を除く3つの項目のうち，2つはマスターしましょう。

第1章

建築史

建築史は毎年1問出題されますが，近年では2問出題されることがあります。日本建築，西洋建築，近代建築とありますが，特に日本建築史の出題が多いです。
学習範囲が広く，学習のポイントを絞ることは難しいですが，まずは，次の内容をおさえましょう。
・日本の歴史的な建築物の特徴を理解する。
・住宅作品を中心に，設計者と代表的な作品の組合せを覚える。
・西洋建築史においては，建築物とその様式を理解する。
なお，出題数は少ないので，あまり時間をかけず過去の作品を理解する程度で良いでしょう。

1. 建築史

1-1. 日本建築史に関する問題

【問題1】日本の歴史的な建築物に関する次の記述のうち，最も不適当なものはどれか。

1. 円覚寺舎利殿（神奈川県）は，部材が細く，屋根の反りが強い等の禅宗様（唐様）の特徴をもった建築物である。
2. 伊勢神宮内宮正殿（三重県）は，倉庫として用いられた高床家屋が神社建築に転化したと考えられており，掘立て柱が用いられた建築物である。
3. 鹿苑寺金閣（京都府）は，方形造りの舎利殿で，最上層を禅宗様（唐様），二層以下を和様とした三層の建築物である。
4. 薬師寺東塔（奈良県）は，本瓦葺きの五重塔であり，各重に裳階（もこし）が付いた建築物である。
5. 厳島神社社殿（広島県）は，檜皮（ひわだ）葺きの殿堂を回廊で結び，海面に浮かんで見えるように配置した建築物である。

 解 説 建築様式・要素と主な建築物の理解

　日本の建築は，仏教の伝来により仏寺建築にその発展がみられます。我が国最古の神社建築で代表される**伊勢神宮**は「**神明造り**」といい，棟持ち柱を有した飛鳥時代の建築物です。他に，**出雲大社**の「**大社造り**」があります。鎌倉時代には「**天竺様**」の東大寺南大門，「**禅宗様（唐様）**」の円覚寺舎利殿，「**和様**」の**石山寺宝塔**があります。

　一方，日本の伝統的な住宅形式としては，平安時代の「**寝殿造り**」，室町〜桃山時代の「**書院造り**」があります。書院造りに草庵茶室の手法や意匠を取り入れた「**数奇屋造り**」の桂離宮は，江戸時代の建築物です。また，江戸時代の神社建

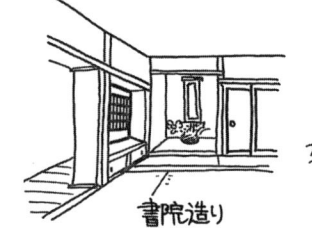
書院造り

第1章 建築史

日本建築史年表

時代区分	住　　宅	寺院建築	神社建築	そ の 他
石器時代	岩かげや洞くつ			
縄文時代	竪穴式住居			
弥生時代	高床式住居			
古墳時代	竪穴式住居ほか			
飛鳥時代	法隆寺東院遺跡	四天王寺 法隆寺金堂	出雲大社（大社造り） 伊勢神宮（神明造り）	難波京
奈良時代	公家住宅 唐招提寺講堂 法隆寺東院伝法堂 〔寝殿造り〕 東三条殿	法隆寺五重塔 薬師寺東塔 唐招提寺金堂 東大寺金堂 東大寺大仏殿 法隆寺夢殿 室生寺五重塔	住吉神社（住吉造り） 春日神社（春日造り） 下鴨神社（流れ造り） 宇佐神宮（八幡造り） 日吉大社（日吉造り）	藤原京 平城京 校倉造り
平安時代		醍醐寺五重塔 法成寺 平等院鳳凰堂 中尊寺金色堂	厳島神社	平安京
鎌倉時代	（寝殿造りの簡明化）	〔天竺様〕 東大寺南大門 浄土寺浄土堂 〔唐　様〕 円覚寺舎利殿 東福寺僧堂 〔和　様〕		
室町時代	〔書院造り〕 鹿苑寺金閣 慈照寺銀閣 〔武家造り〕	石山寺多宝塔 興福寺五重塔 〔折衷様〕 金剛輪寺本堂 鶴林寺本堂	吉備津神社社殿 （比翼造り）	
桃山時代	〔茶室建築〕 妙喜庵待庵 〔書院造りの大成〕	方広寺 東寺金堂	北野神社（権現造り）	能舞台 〔城郭建築〕 安土城
江戸時代	〔数寄屋建築〕 桂離宮 修学院離宮	東叡山寛永寺	〔霊廟建築〕 日光東照宮	江戸城 〔学校・聖堂建築〕 〔土蔵造り〕

築としては「**権現造り**」の**日光東照宮本殿**がその代表です。したがって，**住宅形式**は，「寝殿造り」（平安時代）→「書院造り」（桃山時代）→「数寄屋造り」（江戸時代）と，大きな流れを経てきました。

1. **円覚寺舎利殿**は，鎌倉時代に禅宗の影響を受けた**禅宗様（唐様）**の代表的な建築物です。**三手先組物**，**扇垂木**，**火頭窓**など，組物が精密に施工され，部材が細く，屋根の反りが強い等の特徴をもった建築物です。

円覚寺舎利殿

2. **伊勢神宮内宮正殿**は，東西に隣接する南北に細長い2つの敷地のうち，20年ごとの**式年遷宮**によって交替で一方の敷地を用いて，造替が繰り返されています。

正殿の**神明造り**は，**切妻造り**，**平入り**とし，**柱はすべて掘立て柱**を用い，2本の棟持柱があり，平面四周に高欄付きの縁をめぐらした高床造りです。屋根は茅葺き屋根で，破風は**千木**として突出し，**堅魚木**がなどが並べられています。倉庫として用いられた高床家屋が神社建築に転化したと考えられています。

3. **鹿苑寺金閣**は，方形造りの舎利殿で，**最上層を禅宗様仏堂風**，**二層を和様**

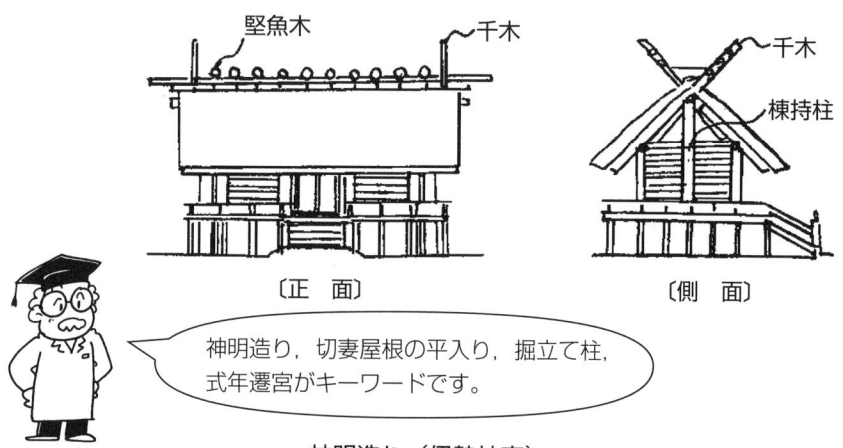

神明造り（伊勢神宮）

第1章　建築史　25

仏堂風，初層を住宅風とした三層の建築物です。
4．**薬師寺東塔**は，三手先の組物を用い，**裳階**の付いた**三重塔**です。建物の軒下，壁面に設けられた各階の裳階（庇上の構造物）により，一見，六重塔に見えます。
5．**厳島神社社殿**は，宮島の海浜に設けられたもので，自然美と人工美が巧みに調和しています。檜皮葺きの殿堂を回廊で結んだ構成は，寝殿造りの手法を感じさせます。

正解　4

【問題2】日本建築史に関する次の記述のうち，最も不適当なものはどれか。

1．法隆寺金堂（奈良県）は，重層の入母屋造りの屋根をもつ堂であり，飛鳥様式で建てられた建築物である。

2．平等院鳳凰堂（京都府）は，中堂の左右に重層の翼廊が配置されており，奈良時代に建てられた建築物である。

3．中尊寺金色堂（岩手県）は，外観が総漆塗りの金箔押しで仕上げられた方三間の仏堂であり，平安時代に建てられた建築物である。

4．東大寺南大門（奈良県）は，天竺様（大仏様）の建築様式であり，鎌倉時代に再建された建築物である。

5．日光東照宮（栃木県）は，本殿と拝殿とを石の間で繋ぐ権現造りの形式による霊廟建築であり，江戸時代に建てられた建築物である。

1．**法隆寺金堂**は，重層の入母屋造りの屋根をもつ堂であり，**飛鳥様式**で建てられた**世界最古の木造建築**です。
2．**平等院鳳凰堂**は，**中堂の左右に重層の翼廊が配置**されており，**平安時代**に建てられた建築物です。鳳凰が翼を広げているような平面であることから，鳳凰堂と呼ばれたと言われています。

3. **中尊寺金色堂**は，方三間の**正方形の平面**をもつ仏堂で，平等院鳳凰堂とともに**平安時代**に建てられた建築です。外観は，総漆塗りの**金箔押し**で仕上げられ，荘厳された阿弥陀堂です。
4. **東大寺南大門**は，**天竺様（大仏様）**の建築様式であり，鎌倉時代に再建された建築物です。二重門の上部は，入母屋造りの本瓦葺きで構成され，**挿肘木**(さしひじき)（肘木を柱に直接さす）や円形断面の虹梁など，技巧に富んだ構造となっています。
5. **日光東照宮**は，**権現造り**の形式による霊廟建築であり，**江戸時代**に建てられました。権現造りは，**本殿と拝殿とを石の間で連結**し，本殿と拝殿は入母屋造りで，石の間の屋根は両下りです。

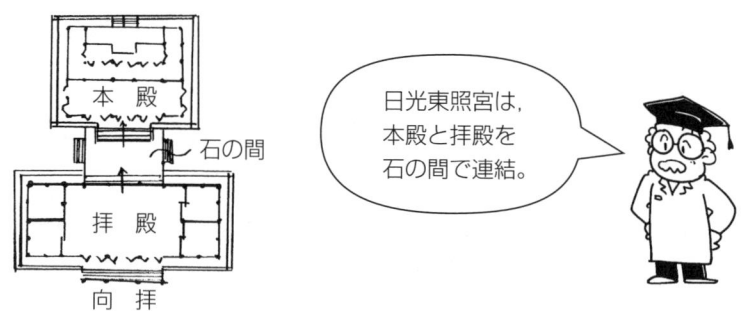

権現造り（日光東照宮）

正解　2

 得点力アップのポイント

○ 伊勢神宮内宮正殿（三重県）は，正面入口を軒側に設けた神明造りの建築物である。
○ 法隆寺金堂（奈良県）は，重層の入母屋造りの屋根をもつ堂であり，飛鳥時代に建てられた建築物である。
○ 薬師寺東塔（奈良県）は，本瓦葺きの三重塔であり，各重に裳階（もこし）が付いた建築物である。
○ 清水寺（京都府）は，急な崖に建っている本堂の前面の舞台を，長い束(つか)柱で支える懸(かけ)造りの建築物である。
○ 鹿苑寺金閣（京都府）は，方形造りの舎利殿で，最上層を禅宗様仏堂風の形式とし，二層を和様仏堂風，一層を住宅風とした建築物である。
○ 桂離宮（京都府）は，古書院，中書院，新御殿等から構成され，書院造りに茶室建築の特徴を取り入れた数寄屋造りの建築物である。

第1章　建築史

1-2．西洋・近代建築史に関する問題

【問題3】歴史的な建築物とその様式に関する次の記述のうち，最も不適当なものはどれか。

1．パンテオン（ローマ）は，れんが及びコンクリートにより造られた大ドームを特徴とした，ローマ建築の代表的な建築物である。

2．ハギア・ソフィア大聖堂（イスタンブール）は，ペンデンティヴドームを用いた大空間を特徴とした，ビザンチン建築の代表的な建築物である。

3．ミラノ大聖堂（ミラノ）は，多数の小尖塔の外観を特徴とした，ロマネスク建築の代表的な建築物である。

4．ノートルダム大聖堂（パリ）は，側廊の控壁をつなぐフライングバットレスや双塔形式の正面を特徴とした，初期ゴシック建築の代表的な建築物である。

5．フィレンツェ大聖堂（フィレンツェ）は，項部へと尖った二重殻の大ドームを特徴とした，ルネサンス建築の代表的な建築物である。

　解　説　建築様式・要素と主な建築物の理解

　西洋建築史において，**ギリシャ建築**には，ドリス式・イオニア式・コリント式の各オーダーやアゴラなどの公共建築が発達し，パルテノン神殿がその代表です。

　ビザンチン建築では，正方形の平面にドームをかけるペンデンティヴドーム（ビザンチンドーム）の完成があり，ハギア・ソフィア（アヤ・ソフィア）大聖堂がその代表です。

　ロマネスク建築では，半円アーチ・交差ヴォールトを基本要素としており，ピザ大会堂がその代表です。

　ゴシック建築では，リブヴォールト・フライングバットレスが用いられ垂直性が強く装飾的な外観を持っています。代表的なものに，パリのノートルダム

大聖堂やケルン大聖堂などがあります。

ルネサンス建築は古典主義の建築様式で，フィレンツェ大会堂（建築家ブルネレスキ）やサン・ピエトロ寺院がその代表です。

バロック建築は，ルネサンス建築の古典的理想を捨て，より流動的な効果を重んじた建築様式です。パリ郊外のヴェルサイユ宮殿に特色が見られます。

1. ローマの**パンテオン**は，内径・高さとも43mのれんが及びコンクリートにより造られた**大ドームを特徴**とし，形態や構造の創造的な点や，優れた施工技術の点から，**ローマ建築**の代表的な建築物です。また，壁には，深く彫り込まれた**ニッチ**が設けられ，神々の像が置かれていたと伝えられています。

2. **ハギア・ソフィア大聖堂**は，**ペンデンティヴドーム**を用いた大空間を特徴とした，**ビザンチン建築**の代表的な建築物です。

    ペンデンティヴドームとは，正方形平面の四隅から球面三角形を立上げて円形平面をつくり，その上に半円球のドームをかけたものです。

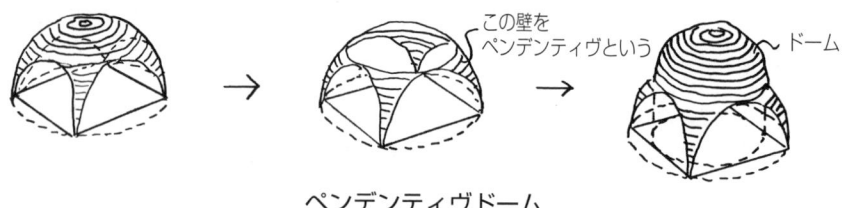

ペンデンティヴドーム

3. <u>**ミラノ大聖堂**は，イタリアのミラノにあるイタリア最大にして，最高のゴシック建築</u>です。聖堂全体が白大理石で覆われ，**多数の小尖塔**で飾られています。

4. **ノートルダム大聖堂**は，側廊（礼拝空間の両側に設けられた廊下状の部分）の控壁をつなぐ**フライングバットレス**（空中を斜めに架ける梁）や，**双塔形式**（正面に2つの塔を並べた形式）の正面を特徴とした，初期**ゴシック建築**を代表する建築物です。

5. **フィレンツェ大聖堂**は，13世紀に起工されたゴシック建築の大聖堂ですが，大ドーム部分は，**ルネサンス期**に，**F.ブルネレスキ**の設計により造られ，ルネサンス建築の代表的な建築物です。大ドームは，**二重殻の大ドーム**

第1章　建築史　29

（ダブルシェル）になっています。

このドームが二重構造（ダブルシェル）になっている。

フィレンツェ大聖堂は，ルネッサンス建築。頂部へと尖った二重殻の大ドーム。

フィレンツェ大聖堂

正解　3

　得点力アップのポイント

○　ノートルダム大聖堂（パリ）は，側廊の控壁をつなぐフライングバットレスや双塔形式の正面を特徴とした初期ゴシック建築である。
○　サン・ピエトロ大聖堂（ヴァチカン）は，巨大なドームや列柱廊を用いたルネサンスからバロック時代にかけて完成した世界最大の教会である。
○　コロッセウム（ローマ）は，ローマ市内に残る古代最大の円形闘技場であり，ドリス式，イオニア式及びコリント式のオーダーを用いたローマ建築である。
○　パルテノン神殿（アテネ）は，ドリス式もオーダーによる周柱式とイオニア式のオーダーを用いたギリシア建築である。
○　ミース・ファン・デル・ローエが設計したファンズワース邸は，中央コア部分以外に間仕切りがなく，外周部がすべてガラスでできた平家建の住宅である。
○　ル・コルビュジェは，「近代5原則」として，ピロティ，屋上庭園，自由な平面，水平連続窓，自由なファサードを提示し，この原則を具現させた作品が「サヴォア邸」である。
○　フランク・ロイド・ライトが設計したロビー邸は，プレーリーハウスの典型例とされ，軒を深く出して水平線を強調し，煙突の垂直線と対比させた住宅である。

西洋建築史年表

年	時代区分	建築様式と特徴	代表的建築
BC1000	古代エジプト		ギザのピラミッド ギルーエルーバーリの神殿 アモンの大神殿
AD	古代ギリシア	〔ドリス式〕：簡潔で，エンタシス（ふくらみ）をもつ。 〔イオニア式〕：繊細・優雅，柱身が細い。 〔コリント式〕：華麗・アカントスの葉のデザイン。ローマで栄える。	アポロンの神殿（ドリス式，テルモン） パルテノン（ドリス式，アテネ） エレクティオン（イオニア式，アテネ） ソクラテス記念塔（コリント式）
AD400	古代ローマ	アゴラ（広場） アーチ・ドームの技術 フォルム（広場） 公衆浴場	パンテオン（コリント式，ローマ） コロセウム（闘技場，ローマ） カラカラ浴場（ローマ）
	初期キリスト教 ビザンチン	バシリカ教会 ドーム・バシリカ	サンターマリアーマジョーレ（ローマ） ハギアーソフィア寺院（イスタンブール） サンーヴィターレ（ラヴェンナ）
	イスラム	モスク（回教寺院）	コルドヴァの大モスク アルハンブラ宮殿（グラナダ）
1000 1100	ロマネスク （10〜12世紀）	円筒ヴォールト 交差ヴォールト	ピサ大会堂（イタリア） ウォルムス大会堂（ドイツ） ダラム大会堂（イギリス）
1400	ゴシック （12世紀末〜 15世紀末）	リブヴォールト・飛ばり 水平の方向性と垂直の上昇運動との調和	パリ大会堂（フランス） ランス大会堂（フランス） シャルトル大会堂（フランス） アミアンヌ大会堂（フランス） ケルン大会堂（ドイツ） ソールズベリー大会堂（イギリス）
	ルネッサンス （15世紀末〜 17世紀中期）	古典的モチーフの採用 比較的自由な平面 　（古典オーダーの円柱） 　（半円アーチ） 　（絵画・彫刻・工芸との融合）	フィレンツェ大会堂（ブルネルレスキ，イタリア） 捨子保育院（ブルネルレスキ，イタリア） パラッツォーメディチ（フィレンツェ） パラッツォーフォルナーゼ（ローマ） サンマルコ図書館（ヴェネチア） サンピエトロ計画案（ミケランジェロ）
1500 1700	バロック （16世紀末〜 18世紀末）	自由で大胆な平面計画 曲線・曲面の使用 壮大・華美	サンピエトロのコロネード（ローマ） ヴェルサイユ宮殿（パリ） セントポール大会堂（ロンドン）
	ロココ	厳格な古典的法則の無視 自由な装飾的要素の採用	マティニオンの邸館（パリ）
	古典主義	古代・中世・近世の語様式の再興	エトワールの凱旋門（パリ）
	ロマン主義 折衷主義 （18世紀中期〜 19世紀末）		イギリス国会議事堂（ロンドン） オペラ座（パリ）

第1章 建築史　31

【問題4】建築物とその設計者との組合せとして，最も不適当なものは，次のうちどれか。

1．軽井沢の山荘―――――吉村順三
2．塔の家―――――――篠原一男
3．ぶるーぼっくす―――宮脇　檀
4．フィッシャー邸―――ルイス・カーン
5．ロビー邸―――――――フランク・ロイド・ライト

 主な建築物とその設計者の理解

1．**軽井沢の山荘**は，片流れの屋根をもつ山荘で，**吉村順三**によって設計されました。

　1階部分をRC造，2階部分を木造とし，下層コンクリートの片持ちスラブの上に置かれた木造の居間に特徴があります。吹き抜け空間を持つ居間は，2層にわたりコンパクトな個室が構成されています。

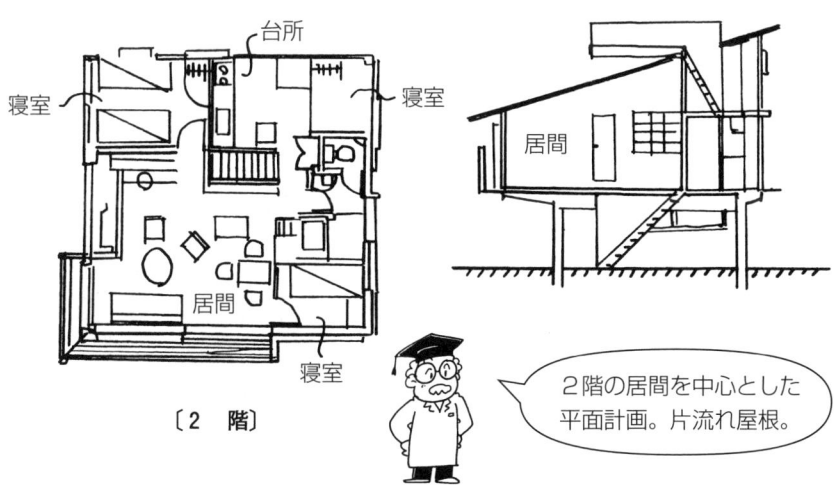

軽井沢の山荘（吉村順三　設計）

2. **塔の家**は，都心の小面積の敷地（およそ6坪）に立地する地下1階地上4階のRC造の都市住宅です。ワンフロアー1室の部屋構成で，そのつながりを階段や吹き抜けを通じて縦に構成しています。**東孝光**による設計です。

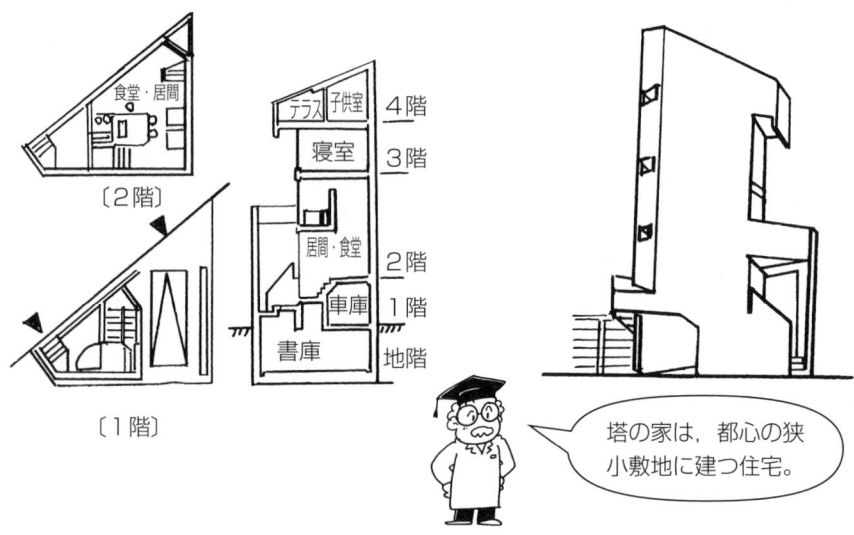

塔の家（東孝光　設計）

3. **ぶるーぼっくす**は，急な斜面の途中に，四角いボックスが突き刺さって見えるような外観の住宅です。**宮脇檀**による設計で，「ボックス・シリーズ」の代表的な住宅の1つです。他に「まつかわぼっくす」があります。

ぶるーぼっくす（宮脇檀　設計）

4．**フィッシャー邸**は，2つの立方体が45度の角度をもち，それらの端部で接合された平面形で構成されています。一方は2層の寝室スペース，もう一方は吹抜けをもつ居間で，調和のある室内空間を実現しています。**ルイス・カーン**による設計です。

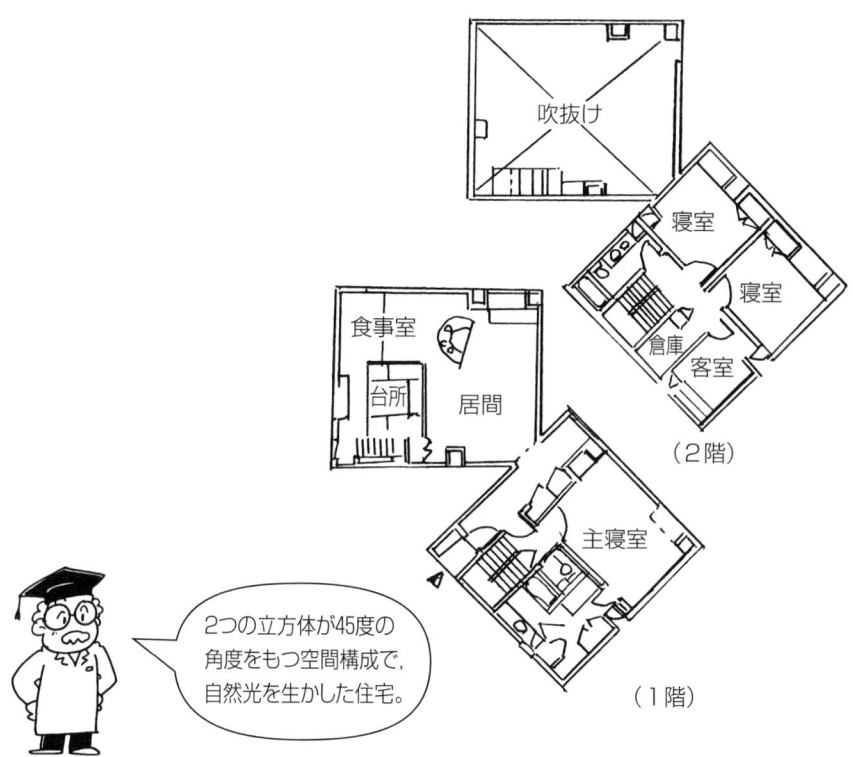

フィッシャー邸（ルイス・カーン　設計）

5．**ロビー邸**は，プレーリーハウス（草原住宅）と呼ばれる一連の住宅の典型例とされ，軒を深く出して水平線を強調し，中央の煙突の垂直線と対比させています。**フランク・ロイド・ライト**による設計です。

ロビー邸は，大草原の自然と融和するプレーリーハウスの典型例。

ロビー邸（フランク・ロイド・ライト　設計）

正解　2

【問題5】住宅の作品とその計画上の特徴に関する次の記述のうち，最も不適当なものはどれか。ただし，（　）内は竣工年，所在地を示す。

1．ル・コルビュジェが設計したサヴォア邸（1931年，フランス）は，中央コア部分以外に間仕切りがなく，外周部がすべてガラスでできた平家建の住宅である。

2．フランク・ロイド・ライトが設計した落水荘（1936年，アメリカ）は，2層の床スラブが滝のある渓流の上に張り出し，周囲の自然の眺めを味わえるように意図された住宅である。

3．清家清が設計した斎藤助教授の家（1952年，東京都）は，テラス，廊下，居間が連続する開放的な空間に，可動の家具を配置し，障子や畳などの和風の要素と洋風のいす式の生活とを融合させた木造平家建の住宅である。

4．菊竹清訓が設計したスカイハウス（1958年，東京都）は，4枚の壁柱に支えられた居住部分の側面に，取替えや位置の変更が可能な「ムーブネット」と呼ばれる設備ユニットを据え付けた住宅である。

5．安藤忠雄が設計した住吉の長屋（1976年，大阪府）は，ファサードに玄関以外の開口部がなく，住宅の中央部に光庭を設けた住宅である。

第1章 建築史　　　　　　　35

解　説

1. **サヴォア邸**は，パリに勤めるサヴォア氏夫妻の週末住宅で，パリ郊外の小高い丘に建てられました。1階は**ピロティ**で，2階に主室を配置し，3階には**屋上庭園**と客室（サンルーム）を設けています。

   外観上は，白い四角い箱が，ピロティの細い柱の上に，浮かんで見えるような表現をしています。

   設問の記述は，ファンズワース邸の記述で，ミース・ファン・デル・ローエによる設計です。

   近代建築の5原則の理念を実現化した住宅。

   サヴォア邸（ル・コルビュジェ　設計）

   鉄とガラスによる単純明快な構成。ユニバーサルな空間が特徴。

   ファンズワース邸（ミース・ファン・デル・ローエ　設計）

2. **落水荘（カウフマン邸）**は，コンクリートの冷たさや重量感を和らげ，滝や岩など，自然との調和によってその美しさを表現した作品で，フランク・ロイド・ライトの有機的な建築の代表作です。

第1編　学科Ⅰ・計画

落水荘(フランク・ロイド・ライト　設計)

3．**斎藤助教授の家**は，天井まで達する高さの障子，ガラス戸，雨戸を左右に引き込むことで，テラス，廊下，居間・食堂を連続させた開放的な空間としています。

　また，室内は，状況に応じて可動の家具を配置することで，空間構成を変更することができます。

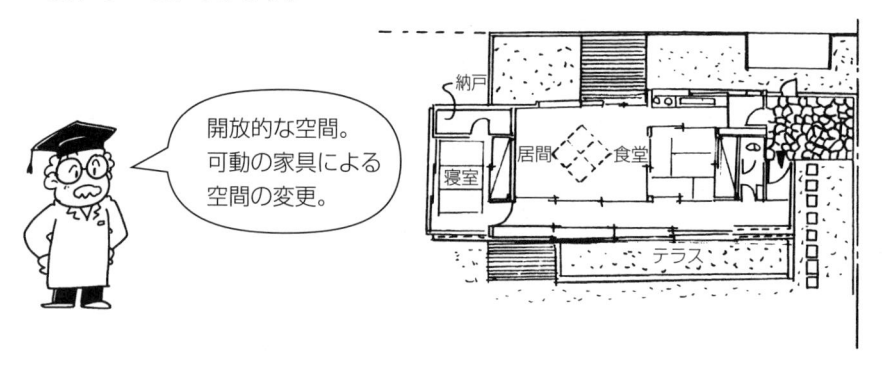

斎藤助教授の家(清家清　設計)

4．**スカイハウス**は，建築家の菊竹清訓の自邸です。**メタボリズム**という思想（建築や都市は，新陳代謝を通じて成長する有機体でなければならない）を原理として，一辺約10mの正方形平面の生活空間とHPシェルの屋根が，**4枚の壁柱**で空中に支えられた住宅です。

　また，取替えの可能な設備等の装置化された「ムーブネット」を取り付けた計画がなされています。

〔吹き出し〕メタボリズム，ムーブネットがキーワードです。

スカイハウス（菊竹清訓　設計）

5．**住吉の長屋**は，大阪の住吉区にある3軒続きの長屋の中央1軒を建てかえた鉄筋コンクリート造の箱型住宅です。間口2間，奥行8間の住宅で，外壁には窓がなく，4つの部屋が屋外の**中庭**を挟んでいます。その中庭は，大きなガラス窓を通じて，自然を感じさせています。

（2階）

（1階）

打放しの鉄筋コンクリート住宅。中庭型狭小住宅。

住吉の長屋（安藤忠雄　設計）

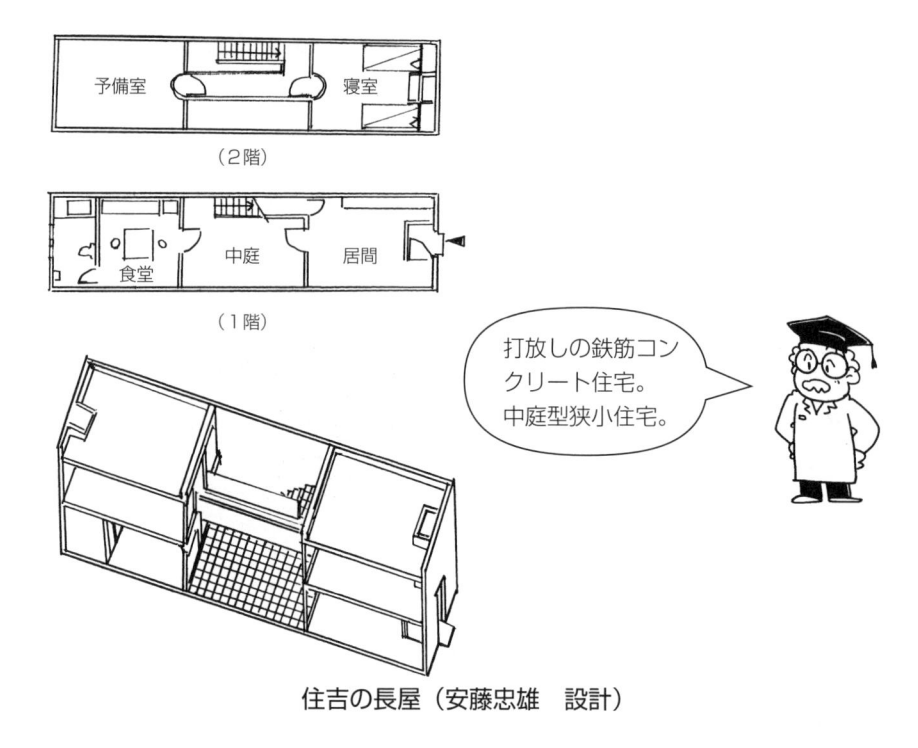

正解　1

得点力アップのポイント

○　篠原一男が設計したから傘の家は，方形屋根で覆った正方形の単一空間を用途によって分割した，造形性の高い全体構成をもつ住宅である。

○　伊藤豊雄が設計したシルバーハットは，鉄筋コンクリートの柱の上に鉄骨フレームの屋根を架け，コート（中庭）の上部に吊られた開閉可能なテントにより通風や日照を調整することで，コートを半屋外の居間空間として利用することができる住宅である。

○　山下和正が設計した夫婦屋根の家は，1階を生活部分，2階を仕事場に分ける明快な平面構成とし，2階のアトリエとピアノ室は，それぞれトップライトのある寄棟屋根とした住宅である。

○　池辺陽が設計した立体最小限住宅は，工業化住宅の試みとして発表された「15坪住宅」であり，吹抜け空間を設けることで，狭小地の克服を目指した住宅である。

○　安藤忠雄が設計した小篠邸は，コンクリートで仕上げられた中庭を挟んで平行に配置された2棟と円弧を描いた増築のアトリエから構成され，敷地の段差を巧みに処理して光を取り込んだ住宅である。

第2章

環境工学

　環境工学は毎年8問出題されます。用語・単位，気候・気象，換気，伝熱，日照，音，光など目に見えない現象を扱うため，苦手とする受験生が多いです。

　学習範囲が広く，学習のポイントを絞ることは難しいですが，まずは，次の内容をおさえると点数にしやすいです。

- 用語・単位は，用語を理解するとともに単位を覚える。
- 気候・気象は，空気線図を理解し計算方法を理解する。
- 必要換気回数の求め方，熱損失の求め方を理解する。
- 換気，音，光，熱など身近なものを理解する。

　なお，計算問題が苦手な場合は，文章問題で理解しやすい分野から勉強を進めましょう。難しい問題も，易しい問題も同じ1点です。

1．用語・単位

1-1．用語と単位の組合せに関する問題

【問題6】 用語とその単位との組合せとして，最も不適当なものは，次のうちどれか。

1．水蒸気圧────────kPa

2．比熱──────────kJ／(kg・K)

3．音の強さ────────W／m²

4．動粘性係数──────m²／s

5．日射量──────────lm／m²

解説 環境工学で用いられる用語と単位の理解

1．**水蒸気圧**は，湿り空気中の水蒸気が示す圧力で，水蒸気分圧ともいい，単位は〔Pa〕または〔kPa〕です。
2．**比熱**は，1kgの物質の温度を1K（ケルビン）上昇させるのに必要な熱量で，単位は〔kJ／(kg・K)〕です。
　比熱の大きい物質の温度を上昇させるには，多くの熱量が必要です。また，比熱の大きい物質は，温度を下げるのにも多くの熱量の放出が必要です。したがって，比熱の大きい物質は，暖めにくく，冷めにくいです。
3．**音の強さ**は，音波の進行方向に垂直な単位面積を単位時間に通過する音響エネルギーで，単位は〔W／m²〕です。
4．**動粘性係数（動粘性率）**は，粘性係数（水や空気などの流体の粘性の大きさ）を密度で割った値で，単位は〔m²／s〕です。
5．日射とは，太陽の放射熱によるあたり方の強さを表すもので，日射量は，それを熱作用の面から量としてとらえたものです。つまり，**日射量**は，単位時間に単位面積が受ける日射による熱量で，単位は〔W／m²〕です。
　なお，〔lm／m²〕は，受照面の明るさを表す**照度**の単位です。

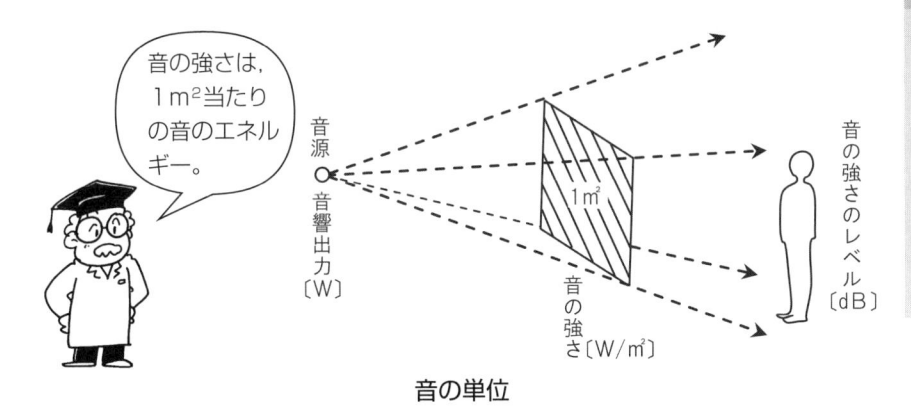

第2章　環境工学　　　　　　　　　41

音の強さは、1m²当たりの音のエネルギー。

音の単位

正解　5

主な用語と単位

項目	用語	単位
光	光束	lm
	光度	cd
	照度	lx, lm/m²
	輝度	cd/m²
音	音響出力	W
	音の強さ	W/m²
	音の強さのレベル	dB
	音の周波数	Hz
	透過損失	dB
	吸音力	m²
熱	熱伝導率	W/(m・K)
	熱伝達率	W/(m²・K)
	熱貫流率	W/(m²・K)
	熱抵抗	m²・K/W
	熱比抵抗	m・K/W
	湿気伝導率	kg/(m・s・Pa)
	透湿抵抗	m²・s・Pa/kg
その他	デグリデー（度日数）	℃・day
	着衣量	clo
	色温度	K（ケルビン）

【問題7】 用語とその単位との組合せとして，最も不適当なものは，次のうちどれか。

1. 光度　　　　　　　——lm
2. 熱伝導率　　　　　——W／(m・K)
3. 音の周波数　　　　——Hz
4. 絶対湿度　　　　　——kg／kg（DA）
5. 比熱　　　　　　　——kJ／(kg・K)

解説

1. **光度**は，光源からある方向にどれだけの光の量が出ているかを表すもので，単位は〔cd〕（カンデラ）です。なお，〔lm〕（ルーメン）は，**光束**（光源から発せられる光の束の総量）の単位です。

光に関する用語として，光束，光度，照度，輝度を覚えましょう。

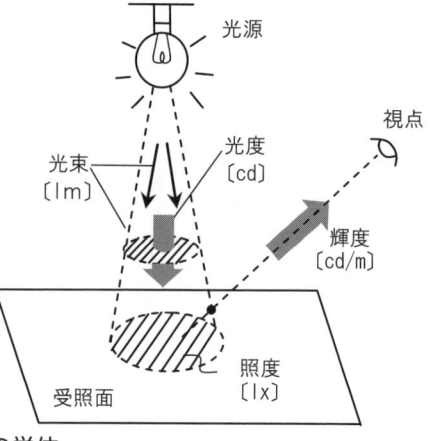

光の単位

2. 次の図に示すように，壁体の両側に温度差がある場合，壁体を通じて高温側の空気から低温側の空気に熱が伝わります。この現象を，**熱貫流**といいます。熱貫流は，空気から壁面への**熱伝達**，壁内通過の**熱伝導**，壁面から空気への**熱伝達**の流れになっています。

第2章　環境工学

それぞれの熱量を**熱貫流率**（単位：[W／(m²・K)]），**熱伝達率**（単位：[W／(m²・K)]），**熱伝導率**（単位：[W／(m・K)]）といいます。したがって，熱伝導率の単位は[W／(m・K)]です。

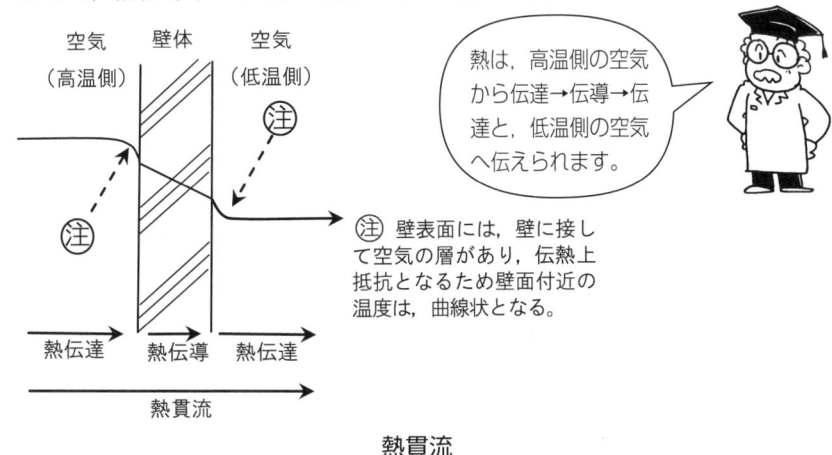

空気（高温側）　壁体　空気（低温側）

熱は，高温側の空気から伝達→伝導→伝達と，低温側の空気へ伝えられます。

注　壁表面には，壁に接して空気の層があり，伝熱上抵抗となるため壁面付近の温度は，曲線状となる。

熱伝達　熱伝導　熱伝達
熱貫流

熱貫流

3. **周波数**とは，周期的な振動において，1秒間に繰り返される振動の回数で，単位は[Hz（ヘルツ）]です。
4. **絶対湿度**とは，湿り空気のうち，乾燥空気1kg当りの水蒸気量をいい，単位は[kg／kg']または[kg／kg（DA）]です。
5. 【問題6】の解説の2を参照してください。

正解　1

得点力アップのポイント

○ 熱伝導率の単位は，熱伝達率の単位と異なり，W／(m・K)である。
○ 照度は，単位面積に入射する光束の密度で表され，その単位はlm／m²である。
○ 絶対湿度の単位は，相対湿度の単位と異なり，kg／kg（DA）である。
○ 騒音レベルは，人の感覚の特性を考慮した量であり，一般に，その単位はdB(A)である。
○ 着衣量は，人の温熱感覚に影響し，その単位はcloである。
○ 日射量は，ある面が受ける単位面積・単位時間当たりの日射エネルギー量で表され，その単位はW／m²である。
○ 音の強さは，音波の進行方向に垂直な単位面積を単位時間当たりに通過する音響エネルギー量で表され，その単位はW／m²である。
○ 熱伝達率の単位は，熱伝導率の単位と異なり，W／(m²・K)である。

2．気候・気象

2-1．室内空気に関する問題

【問題8】 室内空気に関する次の記述のうち，最も不適当なものはどれか。

1．絶対湿度が同じであれば，空気を加熱すると，その空気の露点温度は低くなる。

2．絶対湿度が同じであれば，空気を加熱すると，その空気の相対湿度は低くなる。

3．絶対湿度が同じであれば，空気を冷却しても，その空気の水蒸気圧は変化しない。

4．乾球温度が低いほど，飽和水蒸気圧は低い。

5．乾球温度が同じであれば，乾球温度と湿球温度の差が大きいほど相対湿度は低い。

解説　室内の空気環境の理解

1．**露点温度**は，空気を冷却して，絶対湿度（水蒸気量）が飽和水蒸気量に達する（相対湿度が100％になる）ときの乾球温度の値です。絶対湿度が同じであれば，空気を**加熱**しても露点温度は変化しません。（図①参照）

2．絶対湿度が同じであれば，空気を加熱すると，その空気の**相対湿度**は低くなります。（図②参照）

3．絶対湿度が同じであれば，空気を冷却しても，その空気の**水蒸気圧**は変化しません。（図①参照）

第2章　環境工学

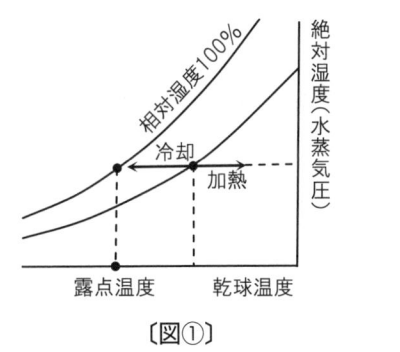

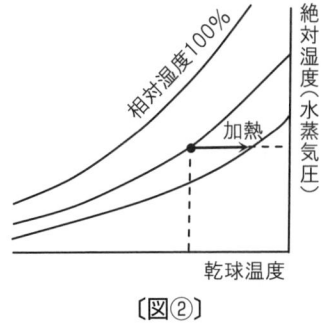

〔図①〕

〔図②〕

4．飽和水蒸気量は，**相対湿度100%**のときの絶対湿度（水蒸気量）で，それを圧力に換算したものが飽和水蒸気圧です。乾球温度が低いほど，飽和水蒸気圧は低くなります。

5．湿球温度が乾球温度より高くなることはないので，乾球温度と湿球温度の差が大きくなるとは，**湿球温度が低くなる**ことを意味しています。したがって，乾球温度が同じであれば，相対湿度は低くなります。（図③参照）

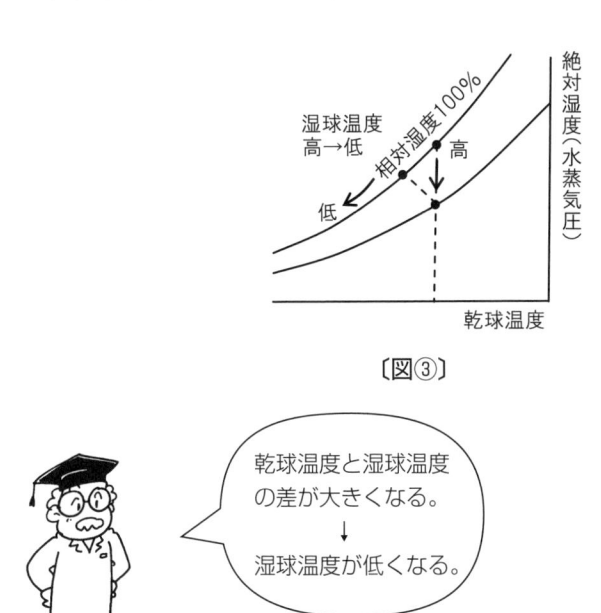

〔図③〕

乾球温度と湿球温度の差が大きくなる。
↓
湿球温度が低くなる。

正解　1

【問題9】 室内の空気環境に関する次の記述のうち，最も不適当なものはどれか。

1．人の呼気には，空気汚染の原因となるものが含まれる。

2．便所や浴室の換気については，室内圧を周囲の空間よりも低く保つように，自然給気と機械排気を行う。

3．居室の必要換気量は，一般に，室内の酸素濃度を基準にして算出する。

4．建築材料の等級区分におけるホルムアルデヒド放散量は，「F☆☆と表示するもの」より「F☆☆☆☆と表示するもの」のほうが少ない。

5．一般に，一酸化炭素濃度の許容値は，0.001%（10ppm）である。

解説

1．人の呼気（呼吸作用）には，空気汚染の原因となる**二酸化炭素（CO_2）**，**水蒸気，臭気**等が含まれています。

外気と呼気の組成比

	酸素	窒素等	二酸化炭素	水蒸気
外気〔%〕	20.95	79.02	0.03	──
呼気〔%〕	15.39	74.58	3.85	6.18

2．便所や浴室の換気については，汚染空気を室外に流出させないように，室内圧を**負圧**に保つ**第3種機械換気**が適しています。

第2章　環境工学

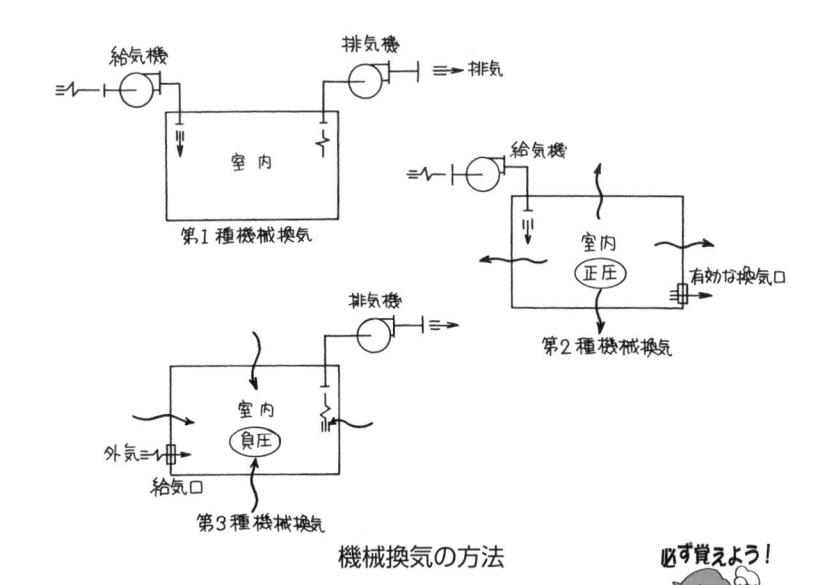

機械換気の方法

機械換気方式の特徴と用途

換気の方式	室内の圧力	特徴と用途
第1種	±0	十分な換気が可能。地下街，劇場，地階の機械室など。
第2種	正圧	外から空気が入り込みにくい。ボイラー室，発電機室，手術室など。
第3種	負圧	室内の空気が他へ漏れるのを防ぐ。台所，便所，浴室，コピー室など。

3．**必要換気量**とは，室内を快適，衛生的に保つための必要最小限の換気量で，一般に，室内の**二酸化炭素濃度**を基準にして算出します。
　二酸化炭素濃度を基準とした場合の必要換気量は**30m³／h・人**程度（喫煙の多い場合は45m³／h・人程度）です。

4．建築材料の等級区分におけるホルムアルデヒド放散量は，F☆，F☆☆，F☆☆☆，F☆☆☆☆の4つに区分されており，☆の数が多いほど放散量が少ないです。

5．**一酸化炭素（CO）**は，無色・無臭ですが有毒です。閉め切った部屋でストーブや開放型ファンヒーターを使用した場合，不完全燃焼により一酸化炭素が発生します。一般に，一酸化炭素濃度の**許容値**は，**0.001%（10ppm）**です。

建築物の環境基準

(1)	浮遊粉じんの量	空気1m³につき0.15mg以下
(2)	一酸化炭素の含有率	10／1,000,000（10ppm）以下（0.001%）
(3)	炭酸ガスの含有率	1000／1,000,000（1,000ppm）以下（0.1%）
(4)	温度	1　17℃以上28℃以下 2　居室における温度を外気の温度より低くする場合は，その差を著しくしないこと（7℃以下）
(5)	相対湿度	40%以上70%以下
(6)	気流	0.5m／sec以下

正解　3

得点力アップのポイント

○　乾球温度を高くすると，飽和水蒸気圧も高くなる。
○　乾球温度が同じであれば，絶対湿度が高くなると，相対湿度も高くなる。
○　乾球温度が同じであれば，乾球温度と湿球温度との差が大きい方が相対湿度は低くなる。
○　絶対湿度が同じであれば，空気を加熱しても，その空気の露点温度は変化しない。
○　絶対湿度が同じであれば，空気を冷却すると，露点温度に至るまでは，相対湿度が高くなる。

2-2．空気線図に関する問題

【問題10】 図-1に示す各空間A，B，Cにおける空気について，図-2の湿り空気線図から求められるそれぞれの空間の絶対湿度a,b,cの大小関係として，正しいものは次のうちどれか。

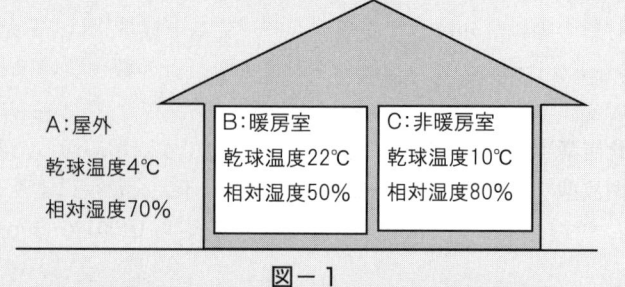

A：屋外
乾球温度4℃
相対湿度70%

B：暖房室
乾球温度22℃
相対湿度50%

C：非暖房室
乾球温度10℃
相対湿度80%

図-1

第2章 環境工学

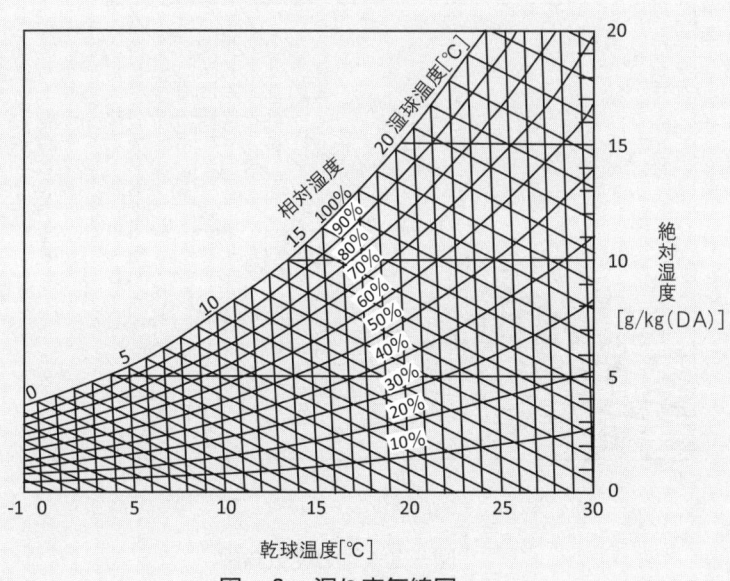

図-2 湿り空気線図

1. a>b>c

2. a>c>b

3. b>a>c

4. b>c>a

5. c>b>a

解説 空気線図を理解する

各空間の条件を，空気線図から読み取ります。

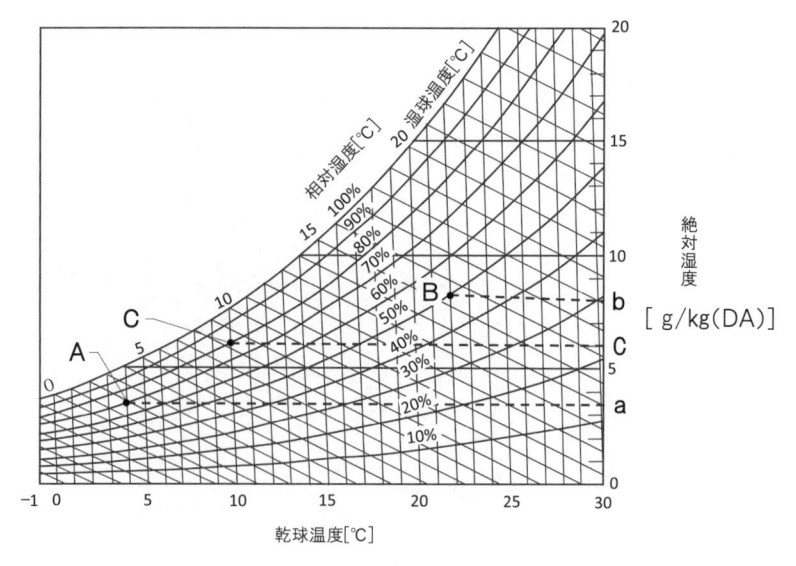

図－2　湿り空気線図

　A：乾球温度4℃，相対湿度70％の場合の絶対湿度 a は3.5〔g/kg (DA)〕
　B：乾球温度22℃，相対湿度50％の場合の絶対湿度 b は8.0〔g/kg (DA)〕
　C：乾球温度10℃，相対湿度80％の場合の絶対湿度 c は6.0〔g/kg (DA)〕
したがって，大小関係は，b＞c＞a となります。

正解　4

【問題11】図に示す空気線図に関する次の記述のうち，最も不適当なものはどれか。

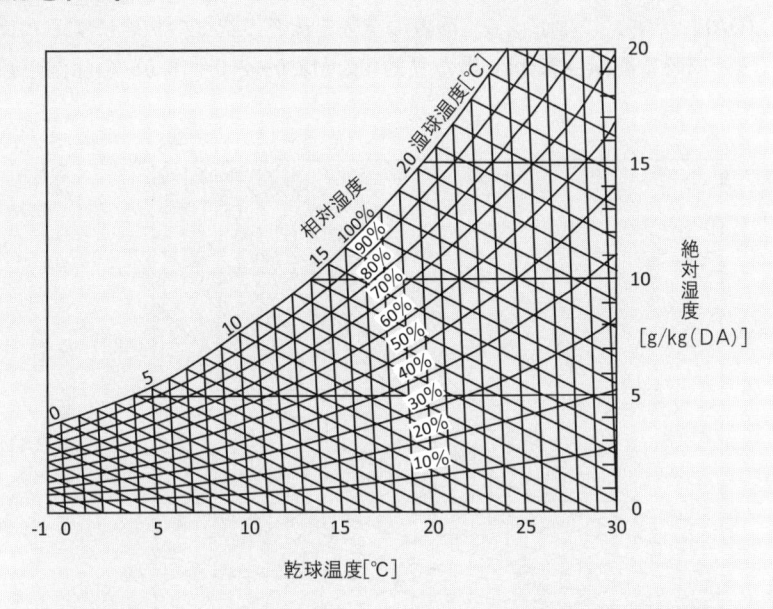

1．「乾球温度10℃，相対湿度30%」の空気を，「乾球温度25℃，相対湿度60%」の状態にするには，加熱と同時に乾燥空気1kg当たり約10gの加湿が必要である。

2．「乾球温度25℃，相対湿度70%」の空気を，乾球温度10℃まで冷却した後，乾球温度30℃まで加熱すると，相対湿度は約30%になる。

3．「乾球温度15℃，相対湿度40%」の空気を，乾球温度26℃まで加熱すると，相対湿度は約20%になる。

4．「乾球温度20℃，相対湿度40%」の空気が表面温度10℃の窓ガラスに触れると，窓ガラスの表面で結露する。

5．乾球温度が9℃から20℃に上昇すると，空気に含むことができる最大の水蒸気量は約2倍になる。

解説

1. 「乾球温度10℃，相対湿度30％」の空気の絶対湿度は約2.0〔g／kg（DA）〕であり，「乾球温度25℃，相対湿度60％」の空気の絶対湿度は12.0〔g／kg（DA）〕です。したがって，前者の空気を後者の空気の状態にするには，加熱と同時に**乾燥空気1kg当たり約10g（12.0－2.0＝10.0）の加湿**が必要です。

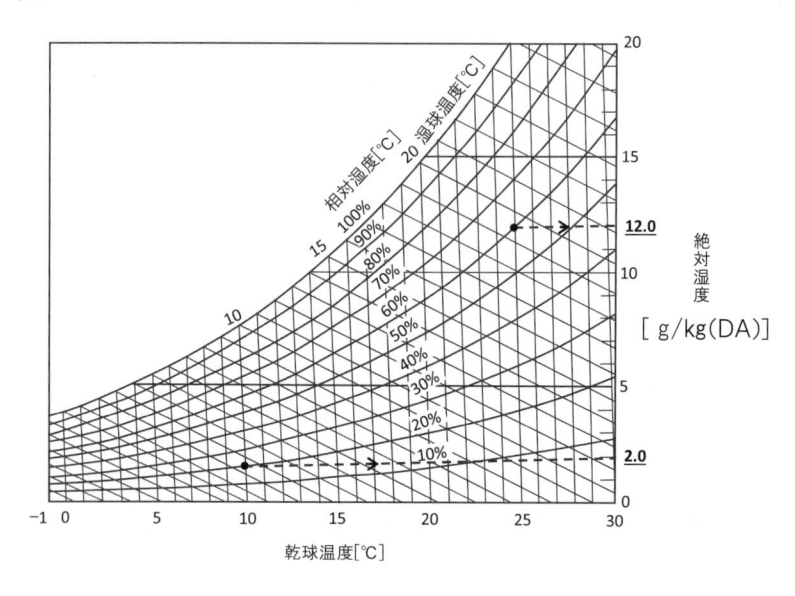

2. 「乾球温度25℃，相対湿度70％」の空気を冷却すると，乾球温度19℃（露点温度）あたりから結露して除湿され始め，乾球温度10℃においては，絶対湿度が8.0〔g／kg（DA）〕になります。この空気（絶対湿度：8.0〔g／kg（DA）〕）を30℃まで加熱した場合，相対湿度は約30％になります。

第2章　環境工学　　　　　　　　　53

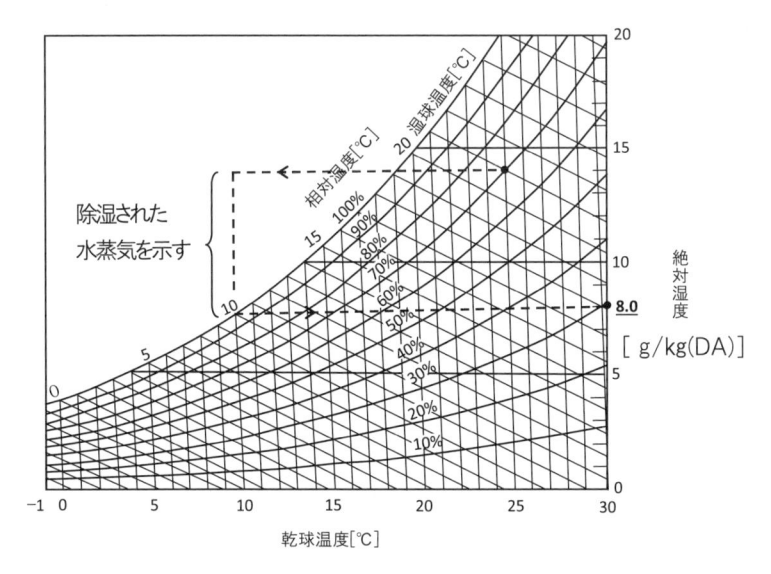

3．「乾球温度15℃，相対湿度40％」の空気を，乾球温度26℃まで加熱すると，**相対湿度は約20％**になります。

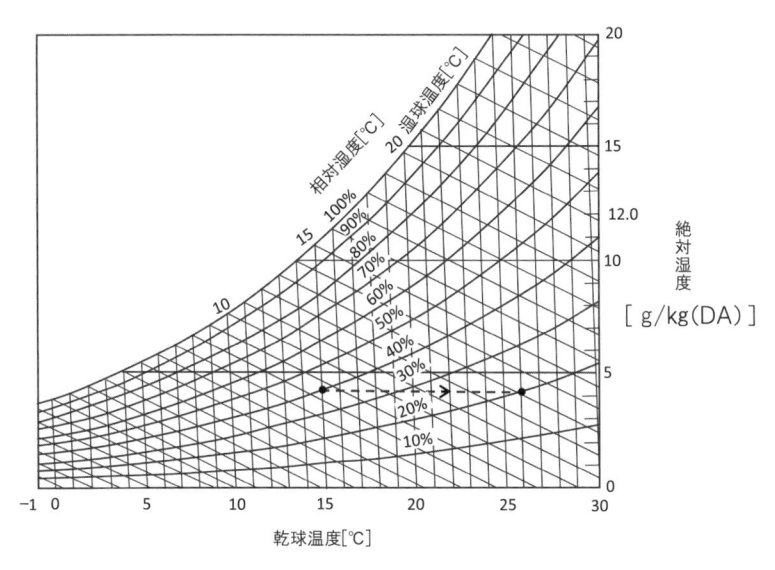

4．「乾球温度20℃，相対湿度40％」の空気から水平に移動し，**相対湿度100％との交点の温度が露点温度**になります。**露点温度は6℃**なので，10℃の窓ガラスに触れても，窓ガラスの表面で結露しません。

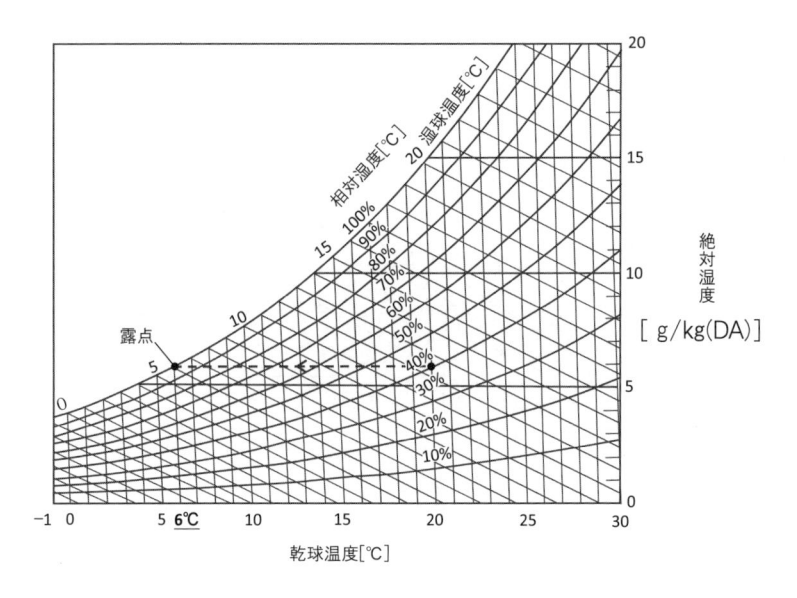

5．乾球温度9℃の最大水蒸気量（相対湿度100％の水蒸気量）は**約7.0〔g／kg（DA）〕**で，20℃に上昇した場合の最大水蒸気量は**約14.8〔g／kg（DA）〕**になります。したがって，**約2倍**（14.8÷7.0≒2.1）になります。

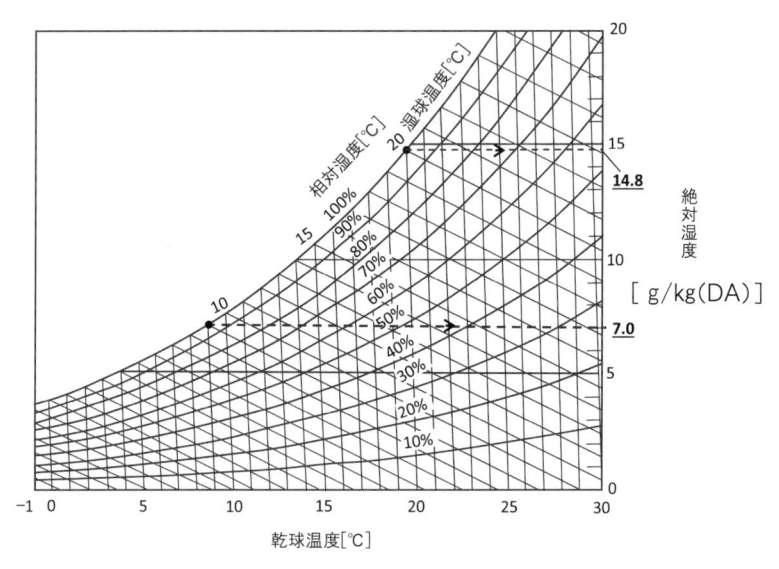

正解　4

第2章　環境工学　55

3．換気

3-1．換気に関する問題

【問題12】住宅の換気に関する次の記述のうち，最も不適当なものはどれか。

1．必要換気回数0.5回／hの室においては，2時間で少なくともその室の容積と同じ量の新鮮な空気が供給される必要がある。

2．室における全般換気とは，一般に，室全体に対して換気を行い，その室における汚染質の濃度を薄めることをいう。

3．2階建の住宅において，屋内の温度よりも外気温が低い場合，下階には外気が入ってくる力が生じ，上階には屋内の空気が出ていく力が生じる。

4．汚染質が発生している室における必要換気量は，その室の容積の大小によって変化する。

5．便所や浴室においては，室内圧を周囲の空間よりも低く保つように，自然給気と機械排気を行う。

解説 自然換気と機械換気の理解

1．**換気回数**とは，1時間当たりに室内の全空気が外気と交換する割合（回数）で，次式で求めるができます。

$$N = \frac{Q}{V}$$

N：換気回数［回／h］，
Q：1時間当たりの換気量［m³／h］，
V：室容積［m³］

換気回数の問題は，$N=\frac{Q}{V}$を書いてから考えましょう。

したがって，必要換気回数0.5回／h×2時間＝1.0回となり，2時間で少なくとも，その室の容積と同じ量の新鮮な空気が供給される必要があります。

2．**全般換気**は，室内のどこにも偏らないで行なわれる換気で，室全体に対して人や燃焼に必要な新鮮空気を供給し，汚染物質濃度を薄めることを目的としており，局所で捕集できないときに用います。
　一方，局所換気は，台所，高熱作業場および汚染物の発生がはなはだしい室において，熱や汚染物が拡散する前に捕集して排出する換気方式です。
3．**室内**が室外に比べて**高温の場合**，室内には軽い空気，室外には重い空気が存在することになります。（冷たい空気は，暖かい空気に比べて重い。）
　したがって，**重い外気**は，下降気流により下方から室内に入ろうとし，**室内の軽い空気**は，上昇気流により上方から外へ逃げようとします。

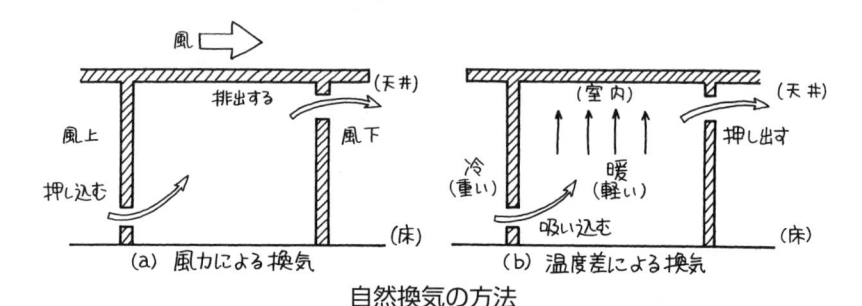

　　　　(a) 風力による換気　　　　(b) 温度差による換気
　　　　　　　　　自然換気の方法

4．汚染質（CO_2等）が発生している室における**必要換気量 Q $[m^3/h]$**は，次式で求めることができます。

$$Q = \frac{K}{P_f - P_0}$$

　K：在室者の呼吸によるCO_2発生量〔m^3/h〕
　P_f：CO_2の許容濃度（0.1%）〔%〕
　P_0：外気のCO_2濃度〔%〕

　したがって，必要換気量は，CO_2等の**汚染質の発生量と濃度**によって決まり，室の容積の大小によって変化しません。
5．【問題9】の解説の2を参照してください。

正解　4

第2章 環境工学　　　　　　　　57

【問題13】換気に関する次の記述のうち，最も不適当なものはどれか。

1．自然換気は，主に，屋内外の温度差と屋外風圧力によって行われる。
2．居室における必要換気量は，一般に，成人一人当たり5m³/h程度とされている。
3．ガスコンロを使用する台所に設ける換気扇の有効換気量の算定には，理論廃ガス量が関係する。
4．居室における必要換気量は，一般に，二酸化炭素の許容濃度を0.1%（1,000ppm）として算出する。
5．換気の主な目的は，室内の空気を清浄に保つことであり，気流速を得ることではない。

解説

1．**自然換気**には，屋外の風圧力で換気される**風力（圧力）換気**と，室内外の温度差による空気密度の違いで換気される**重力換気**があります。
　風力換気は，風上側の壁と風下側の壁に開口部のある場合，正圧となる風上側の開口部と負圧になる風下側の開口部を介して行われる換気で，換気量は**風速**と**開口部の面積**に比例します。
　一方，**重力換気**は，室内の上下に開口部があり，室内の温度が外気の温度よりも高い場合，外気が下部の開口部から室内に入り，換気量は室内の空気が上部の開口部から外に出ることによって換気されます。室内外の**温度差**が大きいほど，また，上下の開口部間の**垂直距離の平方根と開口部の面積**に比例します。

2．【問題9】の解説の3を参照してください。
　居室における**必要換気量**は，一般に，成人一人当たり30〔m³/h〕程度が推奨されます。なお，喫煙の多い場所では一人当たり45〔m³/h〕程度とします。

3．ガスコンロなどの**開放型燃焼器具**は，燃焼に必要な空気を室内から取り入

れ，排出ガスを室内へ放出する型の燃焼器具です。

　開放型燃焼器具が正常に燃焼するための必要換気量は，建設省告示第1826号において，燃焼器具の燃料の単位燃焼量当たりに対する**理論廃ガス量の40倍以上**，必要とされています。

4．【問題9】の解説の5を参照してください。

　居間や寝室などの人が汚染源となる居室において，衛生上必要な換気量は，**二酸化炭素濃度0.1％（1,000ppm）以下**を基準として算出します。

5．**換気**とは，気流を感じない程度に新鮮な空気を取り入れて，汚染された空気を排出し，室内の空気を清浄に保つことです。

　一方，**通風**とは，室内に人が感じられる気流を与え，人体からの熱放散を促進させ，涼しさを与えるために大量の空気を入れ換えることです。

　したがって，換気の主な目的は，室内の空気を清浄に保つことであり，気流速を得ることではありません。

正解　2

3-2. 室内空気汚染及び換気に関する問題

【問題14】室内空気汚染及び換気に関する次の記述のうち，最も不適当なものはどれか。

1．第二種換気法は，周囲に対して室内が正圧となるので，室内への汚染空気の流入を防ぐのに適している。

2．建築材料におけるホルムアルデヒド放散量は，「F☆☆☆☆と表示するもの」より「F☆☆と表示するもの」のほうが少ない。

3．住宅の居室において，機械換気設備を設ける場合，一般に，換気回数が0.5回／h以上となる機械換気設備とする。

4．住宅には，クロルピリホスを含有する建築材料を使用してはならない。

5．住宅の居室において，二酸化炭素を基準として必要換気量を計算する場合，一般に，二酸化炭素の許容濃度は0.1％（1,000ppm）である。

第2章　環境工学　　　　　　　　　59

解説　室内空気汚染と換気の理解

1．【問題9】の解説の2を参照してください。
　　第二種換気法は，**機械による強制給気**と**自然排気**によって行われる方式です。周囲に対して室内が**正圧**となるので，室内への汚染空気の流入を防ぐのに適しています。
2．【問題9】の解説の4を参照してください。
　　☆の数が多いほど放散量が少ないので，「F☆☆と表示するもの」より「F☆☆☆☆と表示するもの」のほうが放散量が少ないです。

ホルムアルデヒド発散建材の区分

建築材料の区分	表示記号	ホルムアルデヒド発散速度	内装仕上制限
建築基準法の規制対象外	F☆☆☆☆	$0.005 mg/(m^2 \cdot h)$以下	使用制限なし
第3種ホルムアルデヒド発散建材	F☆☆☆	$0.005〜0.020 mg/(m^2 \cdot h)$	使用面積が制限される
第2種ホルムアルデヒド発散建材	F☆☆	$0.020〜0.120 mg/(m^2 \cdot h)$	
第1種ホルムアルデヒド発散建材	表示なし	$0.120 mg/(m^2 \cdot h)$超	使用禁止

3．ホルムアルデヒドなどの化学物質の発散によるシックハウス症候群の被害防止のため，建築基準法により，居室には機械換気設備が義務付けられています。**住宅等の居室においては換気回数が0.5回／h以上，その他の居室において0.3回／h以上**となる機械換気設備が必要です。
4．防蟻剤や木材保存剤などで，**クロルピリホス**を含有する建築材料は，建築基準法により**使用が禁止**されています。
5．【問題13】の解説の4を参照してください。

正解　2

【問題15】室内空気汚染及び換気に関する次の記述のうち，最も不適当なものはどれか。

1. 人体を発生源とする空気汚染の原因の一つに，体臭がある。
2. 第三種換気法は，室内が正圧となるので，室内への汚染空気の流入を防ぐのに適している。
3. 汚染質が発生している室における必要換気量は，その室における汚染質の許容濃度と発生量及び外気の汚染質の濃度によって決まる。
4. 室における全般換気とは，室全体に対して換気を行い，その室における汚染質の濃度を薄めることである。
5. 同一の室の換気において，排気口の位置を変えた場合，一般に，室内の汚染質の濃度分布は変化する。

解説

1. 【問題9】の解説の1を参照してください。
　　人体を発生源とする**空気汚染の原因**となるものに，**二酸化炭素**や**体臭**などがあります。
2. 【問題9】の解説の2を参照してください。
　　第三種換気法は，機械によって汚染空気を排出し，新鮮な空気を自然給気によって取り入れる方式です。<u>室内が**負圧**となり，**室外への汚染空気の流出を防ぐのに適しています**</u>。なお，設問の記述の換気法は，第二種換気法です。
3. 【問題12】の解説の4を参照してください。
4. 【問題12】の解説の2を参照してください。
5. 給気口や排気口の位置によって，室内の汚染質の濃度分布は変化します。
　　自然換気においては，一般に，床面近くに**給気口**，天井面近くに**排気口**を設けると効果的です。また，給気口と排気口を**対向壁に設ける**ほど，換気は効果的です。

正解　2

第2章 環境工学　61

得点力アップのポイント

○ 第2種換気設備は，室内を正圧に保持できるので，室内への汚染空気の流入を防ぐことができる。
○ 温度差換気において，外気温度が室内温度より高い場合，中性帯より上方から外気が流入する。
○ 便所や浴室において，その周囲へ汚染空気が流出しないよう排気機を用いた換気とする。
○ 冬期において，室内の温度より外気温のほうが低い場合，屋内外の温度差によって，下部には外気が流入する力が生じ，上部には屋内の空気が流出する力が生じる。
○ 室容積80m³の居室の換気量が240m³／hの場合，この居室の換気回数は3回／hである。
○ 室内の汚染質濃度を基準として計算した必要換気量は，室内許容濃度と新鮮外気の汚染質濃度との差に反比例し，室内の汚染質発生量に正比例する。

3-3．換気回数を求める問題

【問題16】イ～ホの条件の室において，最低限必要な換気回数を計算した値として，最も適当なものは，次のうちどれか。

条件
　イ．室容積　　　　　　　　　　　　　　　　：80m³
　ロ．在室者数　　　　　　　　　　　　　　　：6人
　ハ．在室者1人当たりの呼吸による二酸化炭素の発生量：0.02m³／h
　ニ．室内の二酸化炭素の許容濃度　　　　　　：0.10％
　ホ．外気の二酸化炭素の濃度　　　　　　　　：0.04％

1．1.0回／h
2．1.5回／h
3．2.0回／h
4．2.5回／h

5．3.0回／h

解説 必要換気量と換気回数の求め方の理解

【問題12】の解説の1より，換気回数 N〔回／h〕は，次式で求められます。

$$N = \frac{Q}{V}$$

N：換気回数〔回／h〕，
Q：必要換気量〔m³／h〕，
V：室容積〔m³〕

ここで，必要換気 Q〔m³／h〕は，【問題12】の解説の4より，次式で求められます。

$$Q = \frac{K}{P_f - P_0}$$

K：在室者の呼吸による CO_2 発生量〔m³／h〕
P_f：CO_2 の許容濃度（0.1%）〔%〕
P_0：外気の CO_2 濃度〔%〕

条件ロ，ハにより，$K = 0.02$〔m³／h〕× 6人 = 0.12〔m³／h〕
また，$P_f = 0.10\% = 0.0010$，$P_0 = 0.04\% = 0.0004$ より，必要換気 Q は，

$$Q = \frac{K}{P_f - P_0} = \frac{0.12}{0.0010 - 0.0004} = \frac{0.12}{0.0006} = 200 \text{〔m³／h〕}$$

したがって，室容積 $V = 80$〔m³〕より，求める換気回数 N は，

$$N = \frac{Q}{V} = \frac{200}{80} = \underline{2.5 \text{〔回／h〕}}$$

正解　4

公式，$N = \dfrac{Q}{V}$，$Q = \dfrac{K}{P_f - P_0}$ を書いてから考えましょう。

第2章　環境工学

【問題17】 イ～ホの条件の室において，最低限必要な換気回数を計算した値として，最も適当なものは，次のうちどれか。

条件
- イ．室容積 ：100m³
- ロ．在室者数 ：6人
- ハ．在室者1人当たりの呼吸による二酸化炭素の発生量：0.02m³／h
- ニ．室内の二酸化炭素の許容濃度 ：0.10％
- ホ．外気の二酸化炭素の濃度 ：0.04％

1．2.5回／h

2．2.0回／h

3．1.5回／h

4．1.0回／h

5．0.5回／h

解説

【問題16】の解説を参照してください。

必要換気 $Q = \dfrac{K}{P_f - P_0} = \dfrac{0.02 \times 6}{0.0010 - 0.0004} = \dfrac{0.12}{0.0006} = \underline{200 \ [\text{m}^3／\text{h}]}$

換気回数 $N = \dfrac{Q}{V} = \dfrac{200}{100} = \underline{2.0 \ [回／\text{h}]}$

正解　2

4．伝熱・断熱

4−1．伝熱に関する問題

【問題18】伝熱に関する次の記述のうち，最も不適当なものはどれか。

1．アルミはくは，放射率が小さいので，壁の表面に張ることにより放射による伝熱量を少なくすることができる。

2．一般的な透明板ガラスの分光透過率は，「可視光線などの短波長域」より「赤外線などの長波長域」のほうが小さい。

3．断熱材の熱伝導率は，一般に，水分を含むと大きくなる。

4．白色ペイント塗りの壁の場合，日射エネルギーの吸収率は，「可視光線などの短波長域」より「赤外線などの長波長域」のほうが小さい。

5．熱放射は，真空中においても，ある物体から他の物体へ直接伝達される熱移動現象である。

解説 熱の基本的な伝わり方の理解

1．**アルミはく**は，光線に対する反射が大きい。したがって，放射率が小さく，壁体の表面に張ることにより放射による伝熱量を少なくすることができます。

2．分光透過率とは，波長ごとの透過率をいいます。一般的な**透明板ガラス**（普通板ガラス）の分光透過率は，波長の短い可視光線よりも，波長の長い赤外線のほうが小さくなります。

3．一般に，**水の熱伝導率は空気より大きい**ので，断熱材が水分を含むと熱伝導率は大きくなり，断熱性能は低下します。

4．**建物の壁面**において，可視光線などの短波長域の**吸収率**は，表面の色によって異なり，黒色が高く白色が低くなります。（黒：約0.9，白：約0.4）

一方，赤外線などの長波長域の吸収率は，表面の色によってそれほど影響せず，黒色・白色ともに約0.9です。

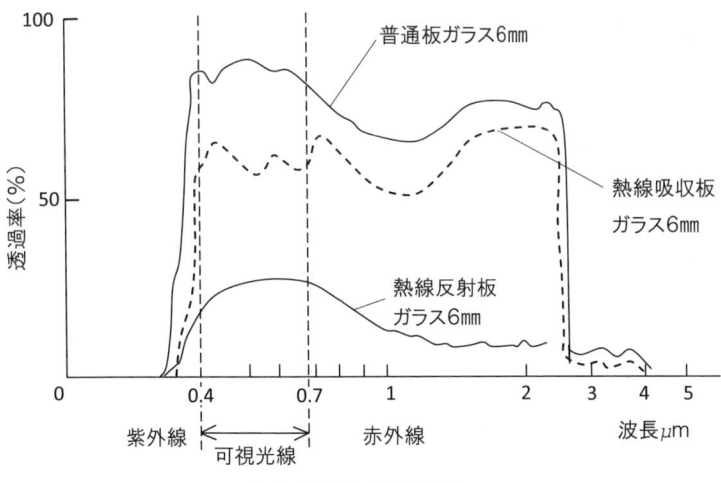

主なガラスの透過率

グラフ：
- 普通板ガラス6mm
- 熱線吸収板ガラス6mm
- 熱線反射板ガラス6mm

縦軸：透過率(％) 0〜100
横軸：波長μm 0〜5
0.4以下：紫外線
0.4〜0.7：可視光線
0.7以上：赤外線

したがって，**白色ペイント塗りの壁**の場合，日射エネルギーの**吸収率**は，「可視光線などの短波長域」（約0.4）より「赤外線などの長波長域」（約0.9）のほうが大きくなります。

5．太陽からの放射熱は，真空状態の宇宙空間を伝わって，地上に到達しています。**放射による熱の移動（熱放射）**は，空気がなくても行われます。

正解　4

【問題19】伝熱に関する次の記述のうち，最も不適当なものはどれか。

1．建築材料の熱伝導率の大小関係は，一般に，金属＞普通コンクリート＞木材である。

2．同じ体積の場合，容積比熱が大きい材料は，容積比熱が小さい材料に比べて，温めるのに多くの熱量を必要とする。

3．一般的な透明板ガラスの分光透過率は，「可視光線などの短波長域」より「赤外線などの長波長域」のほうが大きい。

4．白色ペイント塗りの壁の場合，日射エネルギーの吸収率は，「赤外線などの長波長域」より「可視光線などの短波長域」のほうが小さい。

5．熱放射は，真空中においても，ある物体から他の物体へ直接伝達される熱移動現象である。

解説

1．材料の**熱伝導率**は，材料内の**熱の伝わりやすさ**を表わす数値です。金属などの比重の大きいものは熱伝導率が高く，グラスウールなどの比重の小さいものは熱伝導率が小さいです。したがって，熱伝導率の大小関係は，**金属＞普通コンクリート＞木材**です。

主な材料の熱伝導率（平均気温20℃）　単位：〔W/(m・K)〕

材料の分類	材料名	熱伝導率
金属	鋼材	45
	アルミニウム	210
セメント	コンクリート	1.6
	ALC	0.15
ガラス	板ガラス	1.0
木質	木材	0.12
断熱材	グラスウール	0.047
	硬質ウレタンフォーム	0.027
その他	水	0.59
	空気	0.026

〜率は，〜のしやすさを表し，
〜抵抗は，〜のしにくさを表します。

2．**容積比熱**とは，単位容積（1 m³）の物質の温度を単位温度（1℃）だけ上昇させるのに必要な熱量をいいます。容積比熱の大きい材料は，容積比熱の小さい材料に比べて，温度を上昇させるのに多くの熱量が必要です。

第2章　環境工学　　　　　　　　　67

3．【問題18】の解説の2を参照してください。
　　一般的な透明板ガラスの分光透過率は，「可視光線などの短波長域」より「赤外線などの長波長域」のほうが小さいです。
4．【問題18】の解説の4を参照してください。
5．【問題18】の解説の5を参照してください。

正解　3

得点力アップのポイント

○　単位面積当たりの放射受熱量は，熱源からの距離の2乗に反比例する。
○　白色ペイント塗りの壁の場合，日射などの短波長放射の反射率は高いが，遠赤外線などの長波長放射の反射率は低い。
○　一般的な透明板ガラスでは，可視光線の波長域の透過率に比べて，遠赤外線の波長域の透過率のほうが小さい。
○　放射による熱の移動は，空気がなくても行われる。
○　建築材料の熱伝導率の大小関係は，一般に，金属＞普通コンクリート＞木材である。
○　グラスウールの熱伝導率は，繊維の太さが同じであれば，かさ比重が16kg／m³のものより32kg／m³のもののほうが小さい。
○　壁体の外気側表面の熱伝達抵抗の値は，一般に，室内側の熱伝達抵抗の値に比べて小さい。

4-2. 熱損失を求める問題

【問題20】イ〜チの条件により計算した外壁, 窓及び天井の熱損失の合計値として, 正しいものは, 次のうちどれか。ただし, 定常状態とする。

条件
- イ. 外壁（窓を除く）の面積 ：180m²
- ロ. 窓の面積 ：15m²
- ハ. 天井の面積 ：70m²
- ニ. 外気温 ：0℃
- ホ. 室温 ：20℃
- ヘ. 外壁の熱貫流率 ：0.3W／(m²・K)
- ト. 窓の熱貫流率 ：2.0W／(m²・K)
- チ. 天井の熱貫流率 ：0.2W／(m²・K)

1. 1,840W
2. 1,880W
3. 1,920W
4. 1,960W
5. 2,000W

解説 熱損失（熱貫流量）の算定

熱損失とは, 熱貫流により失われる熱量（熱貫流量）をいいます。室内外に温度差がある場合, 熱貫流量は次式で求められます。

$$Q = K \times (t_1 - t_0) \times S$$

Q：熱貫流量 [W]　　K：熱貫流率 [W／(m²・K)]
t_1：屋内空気の温度 [℃]　t_0：外気の温度 [℃]
S：壁体の面積 [m²]

第2章　環境工学　　　　　　　　　　　　69

したがって，外壁（窓を除く），窓，天井ごとに計算すると，
　・外壁（窓を除く）：$Q_1=0.3×(20-0)×180=1,080$ [W]
　・窓：$Q_2=2.0×(20-0)×15=600$ [W]
　・天井：$Q_3=0.2×(20-0)×70=280$ [W]　となり，
熱損失の合計値 Q は，
　$Q=Q_1+Q_2+Q_3=1,080+600+280=\underline{1,960}$ [W]　となります。

正解　4

【問題21】イ～への条件により計算した窓のある外壁の熱損失の値として，正しいものは，次のうちどれか。ただし，定常状態とする。

　　条件
　　　イ．外壁（窓を含む）の面積　　　：25m²
　　　ロ．窓の面積　　　　　　　　　　：5m²
　　　ハ．居室の温度　　　　　　　　　：25℃
　　　ニ．外気の温度　　　　　　　　　：5℃
　　　ホ．外壁（窓を除く）の熱貫流率：0.5W／(m²・K)
　　　へ．窓の熱貫流率　　　　　　　　：2.0W／(m²・K)

1．400W

2．450W

3．500W

4．600W

5．750W

解説

【問題20】の解説を参照してください。

外壁（窓を除く），窓ごとに熱貫流量を計算すると，
　・外壁（窓を除く）：$Q_1=0.5×(25-5)×(25-5)=200$ [W]

・窓：$Q_2 = 2.0 \times (25 - 5) \times 5 = 200$ [W] となり，

熱損失の合計値 Q は，

$Q = Q_1 + Q_2 = 200 + 200 = \underline{400\ [W]}$ となります。

正解　1

4-3. 結露に関する問題

【問題22】 冬期の結露に関する次の記述のうち，最も不適当なものはどれか。

1．暖房室において，放熱器を窓下に設置することは，その窓の室内側の表面結露を防止する効果がある。

2．鉄筋コンクリート造の建築物において，外断熱工法は，ヒートブリッジ（熱橋）ができにくく，結露を防止する効果がある。

3．既存の窓に内窓を設置する場合，内窓の気密性を高くすると，既存の窓の室内側の表面結露を防止する効果がある。

4．外壁において，防湿層を断熱層の屋外側に切れ目なく設けることは，内部結露を防止する効果がある。

5．開放型石油ストーブを用いて暖房すると，水蒸気が発生するので，結露が生じやすくなる。

解説 結露とその防止対策の理解

1．冬期の場合，**窓面の温度は壁面の温度より低く**，窓面近くの空気は冷やされ，結露が発生しやすくなります。したがって，**窓下の放熱器の設置**は，上昇する暖かい空気が窓面を暖めるので結露防止に効果的です。

2．**外断熱工法**は，断熱材を躯体の外側に張り付け，躯体全体を覆うように施工する方法です。外断熱工法は，**ヒートブリッジ（熱橋）**ができにくく，結露を防止する効果があります。

なお，ヒートブリッジ（熱橋）は熱が流出しやすい部分で，冬期の場合，

第2章　環境工学

この部分が冷えて結露が発生しやすくなります。

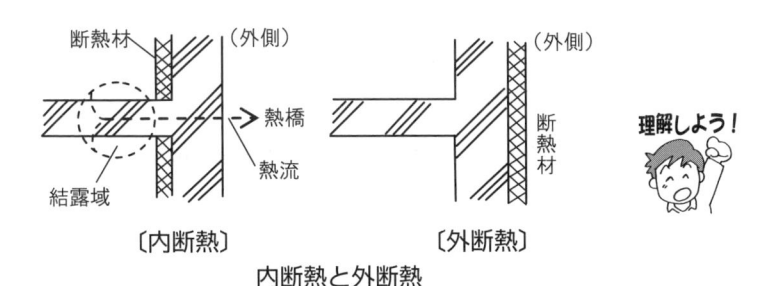

〔内断熱〕　　　〔外断熱〕
内断熱と外断熱

3．二重窓の内部結露防止は，外壁の内部結露防止と同様，**室内の高温多湿の空気**がサッシ内に入らないように，**内側サッシの気密性を高く**し，更に，サッシ内の湿気を逃がす為に，**外側サッシの気密性を低く**するほうが効果的です。

4．冬期における外壁の内部結露を防止するには，**防湿材を高温側（室内側）**に設け，室内から外壁への水蒸気の流入を抑え，低温側（室外側）は気密性の低い材料を用いて換気を図ると効果的です。

5．開放型石油ストーブを用いて暖房すると，大量の水蒸気と二酸化炭素が発生します。大量の水蒸気により，室内の湿度が高くなり，結露が生じやすくなります。

　なお，開放型石油ストーブ（一般的に，**開放型燃焼器具**）とは，燃焼に必要な空気を**室内から取り入れ**，水蒸気や二酸化炭素などの排出ガスを，直接**室内へ放出**する型の燃焼器具です。

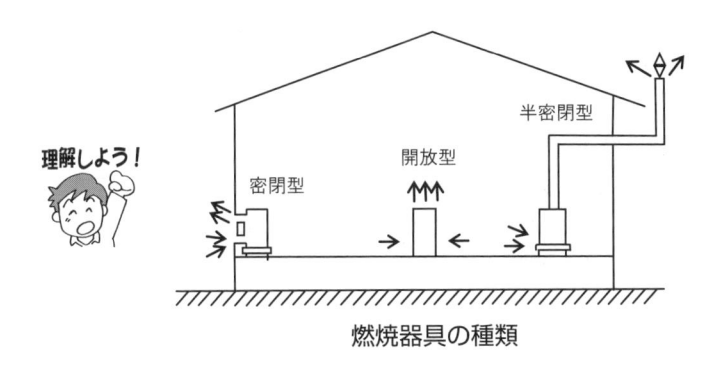

燃焼器具の種類

正解　4

【問題23】木造住宅における冬期の結露に関する次の記述のうち，最も不適当なものはどれか。

1. 室内の表面温度を上昇させると，室内の表面結露が生じやすい。
2. 外気に面した窓にカーテンを吊るすと，ガラスの室内側表面に結露が発生しやすくなる。
3. 二重窓における外側窓のガラスの室内側表面の結露を防止するためには，「外側サッシの気密性を高くする」より「内側サッシの気密性を高くする」ほうが効果的である。
4. 断熱性を高めた住宅であっても，暖房室と非暖房室とがある場合，非暖房室では結露が発生しやすい。
5. 断熱材を充填した外壁においては，内部結露の防止のために，断熱層の室内側に防湿層を設けると共に，室内の空気が壁体内に入らないように気密性を高める。

解説

1. 表面結露は，ガラス窓や壁などの室内側の表面が，その室内の空気の**露点温度以下**になった場合に生じます。したがって，室内の表面温度を上昇させると，室内の表面結露は生じにくくなります。
2. **窓にカーテンを吊るした場合**，中間にできる空気層による保温効果はありますが，水分を含んだ室内の空気は遮断できないので，ガラスの室内側表面に結露が発生しやすくなります。
3. 【問題22】の解説の3を参照してください。
4. 断熱性を高めた住宅であっても，非暖房室は暖房室よりも**気温が下がりやすいので，相対湿度が高くなり**，結露が発生しやすくなります。
5. 【問題22】の解説の4を参照してください。

正解　1

4-4. 断熱性・気密性に関する問題

【問題24】 木造住宅の断熱性・気密性に関する次の記述のうち，最も不適当なものはどれか。

1. 冬期において，繊維系の断熱材を用いた外壁の断熱層内に通気が生じると，外壁の断熱性が低下するおそれがある。

2. 気密性を高めるほうが，計画換気を行いやすい。

3. 気密性を高めると，熱損失係数の値は大きくなる。

4. 外壁の断熱性を高めると，窓からの日射の影響による室温の上昇は大きくなる。

5. 二重窓における外側窓のガラスの室内側表面の結露を防止するためには，「外側サッシの気密性を高くする」より「内側サッシの気密性を高くする」ほうが効果的である。

解説　木造住宅の断熱性・気密性の理解

1. 繊維系の断熱材は，からみ合った繊維で保持される静止した空気の熱抵抗を利用しています。**外壁の断熱層内に通気が生じる**と，静止した空気が移動するため，**断熱性が低下**するおそれがあります。

2. **計画換気**とは，給気口や排気口を明確にして室内の空気の流れを制御し，必要な換気量や換気効率を適切に管理することをいいます。一般に，建物の**気密性を高め**，すきま風などによる制御しにくい**自然換気を減らす**と計画換気しやすくなります。

3. **熱損失係数**とは，「外壁・床・天井・窓などの外周部位を通過して**屋外に逃げる熱量**」と「換気によって**損失する熱量**」の合計を，「建物の延べ床面積」で割った数値で，暖房時の建物の断熱性能，保温性能を表わす数値として広く用いられています。建物の**気密性を高める**と，すきま風などによる換気の熱損失が減少するため，**熱損失係数の値は小さくなります**。

4. 室内の温度は，**外壁などを通じての熱量の流出入**と窓からの**日射による熱**

の流入の影響を受けます。窓からの日射の影響により流入した熱は，その一部が外壁などから屋外に流出しますが，**外壁の断熱性を高めた場合**，流出する熱量が減少するため，日射熱が室内に多く留まり**室温が上昇**します。

　なお，冬期には暖房の軽減につながりますが，夏期には冷房の負荷となるため日射の遮蔽が必要です。

5．【問題22】の解説の3を参照してください。

正解　3

【問題25】図のような日射の当たる壁面から屋内へ侵入する熱を低減する方法として，最も不適当なものは，次のうちどれか。

1．外壁材の中空層側に白ペイントを塗る。
2．断熱層の中空層側にアルミ箔を張る。
3．断熱層の厚さを増す。
4．断熱層を，熱伝導比抵抗の大きな材料に替える。
5．外壁材の屋外側を緑化する。

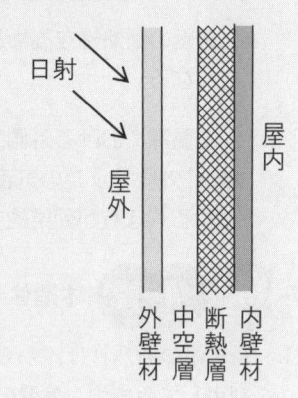

解説

1．外壁材の屋外に白ペイントを塗った場合，日射のような短波長熱線を遮る効果があります。しかし，**中空層側に塗った場合**，壁体からの放射（長波長熱線）の吸収・反射の割合は，**表面の色によっての違いがほとんどなく効果がありません**。

第2章　環境工学　　　　　　　　　75

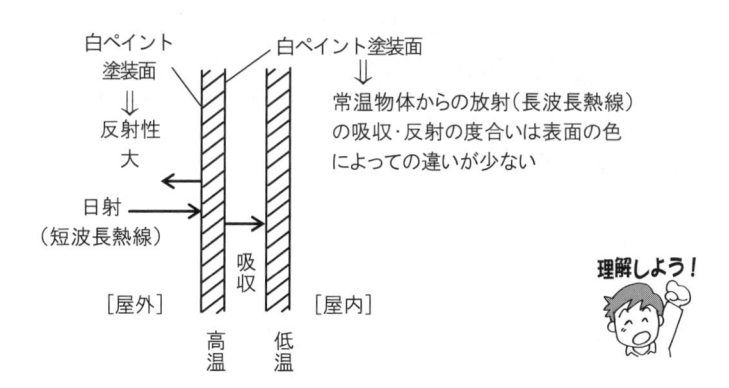

```
白ペイント      白ペイント塗装面
塗装面            ⇓
  ⇓          常温物体からの放射（長波長熱線）
反射性         の吸収・反射の度合いは表面の色
 大           によっての違いが少ない

日射  →
（短波長熱線）
              吸
              収
   [屋外]        [屋内]
              高    低
              温    温
```

理解しよう！

2．中空層での熱の伝達は，主に**放射**と**対流**によって行われます。中空層側にアルミ箔を張った場合，**放射による熱の伝達を減少**することができます。
3．日射の当たる壁面では，外壁材が日射熱を吸収して高温となり屋内に伝わっていきます。断熱層の厚さを増した場合，**壁体の熱貫流率が小さくなり**，屋内への熱の流入は減少します。
4．**熱伝導比抵抗**は，熱伝導率の逆数で，熱の伝わりにくさを表しています。熱伝導比抵抗の大きな材料に替えた場合，屋内への熱の流入は減少します。
5．日射の当たる**外壁を緑化**した場合，日射熱の吸収が大幅に減少し，屋内への熱の流入が減少します。

正解　1

得点力アップのポイント

○ コンクリート構造の建築物では，外断熱工法を用いると，ヒートブリッジ（熱橋）ができにくく，結露防止に効果がある。
○ 外壁の室内側に生じる表面結露は，防湿層を設けても防ぐことができない。
○ 外壁において，防湿層を断熱層の室内側に切れ目なく設けることは，内部結露を防止する効果がある。
○ 既存の窓に内窓を設置する場合，内窓の気密性を高くすると，既存の窓の室内側の表面結露を防止する効果がある。
○ 気密性を高めると，熱損失係数の値は小さくなる。
○ 外壁の断熱性を高めると，窓からの日射の影響による室温の上昇は大きくなる。

5．日照・日射・採光

5-1．日照・日射・採光に関する問題

【問題26】 日照・日射・採光に関する次の記述のうち，最も不適当なものはどれか．

1．我が国において，経度が異なる地点であっても，緯度が同一であれば，同じ日の南中時の太陽高度は等しい．

2．我が国において，経度及び緯度の異なる地点であっても，冬至の日と夏至の日の南中時の太陽高度の差は等しい．

3．日射遮蔽係数の大きい窓ほど，日射の遮蔽効果が小さい．

4．天空日射量は，一般に，大気透過率が低いほど大きい．

5．室内におけるある点の昼光率は，一般に，全天空照度が大きいほど高い．

解説 日照・日射・採光の理解

1．経度が異なる地点では，地球の自転によって太陽が**南中する時刻**は変化しますが，**南中時の太陽高度**は，緯度によって決定し，経度による影響はありません．

第2章　環境工学

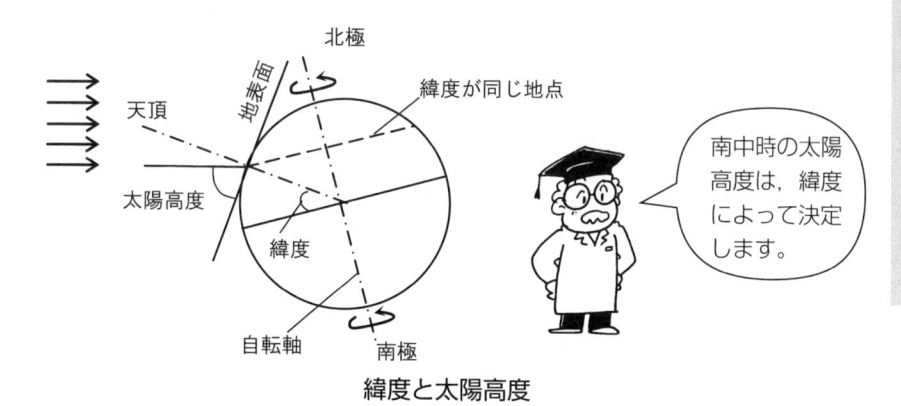

緯度と太陽高度

2. 各地点の**南中時の太陽高度h**は次式で求められます。
　　・春分，秋分：h＝90°－（その地点の緯度）
　　・夏至：h＝90°－（その地点の緯度）＋（地球の地軸の傾き23.4°）
　　・冬至：h＝90°－（その地点の緯度）－（地球の地軸の傾き23.4°）
　したがって，**冬至と夏至の日の南中時の太陽高度の差**は，緯度に関わらず**46.8°**（23.4°＋23.4°）で等しくなります。

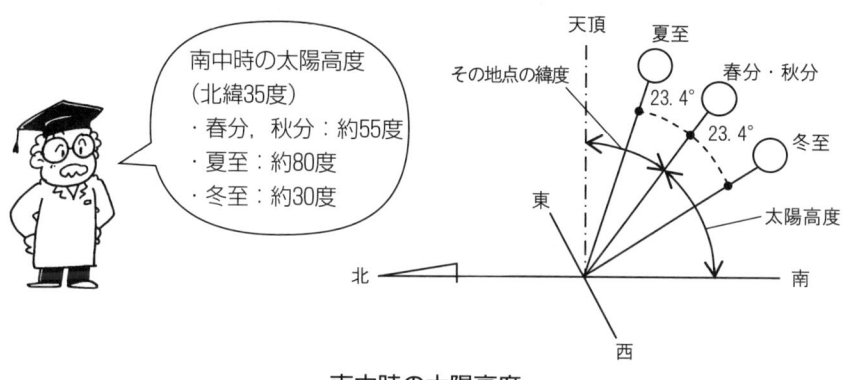

南中時の太陽高度
（北緯35度）
・春分，秋分：約55度
・夏至：約80度
・冬至：約30度

南中時の太陽高度

3. **日射遮蔽係数**は，厚さ3mmの透明ガラスの日射熱取得率を基準（1.0）として，各種ガラス等の任意の遮蔽物の日射熱取得率の割合を表したものです。

$$日射遮蔽係数 = \frac{任意の遮蔽物の日射熱取得率}{厚さ3mmの透明ガラスの日射熱取得率}$$

したがって，値が大きいほど，日射熱取得率が大きく，日射の遮蔽効果は小さくなります。

4．日照とは，太陽からの光のエネルギーのことで，その当たり方の強さを熱量としてとらえたものが日射です。

日射には，**直達日射**（大気中で吸収されたり乱反射されず，直接地表に到達するもの）と**天空日射**（大気中の空気やチリなどによって乱反射されてから地表に到達するもの）があります。

また，大気層に入射する前の太陽の日射量（I_0）に対する，地表での直達日射量（I）の割合を大気透過率Pといいます。

$$P = I / I_0$$

P：大気透過率，I：直達日射量，I_0：太陽定数（$1,533 \mathrm{W/m^2}$）

したがって，**大気透過率が低い**（大気中の水蒸気やチリが多い）ほど，日射の反射や散乱が多くなり，**天空日射量**の割合が**大きく**なり，**直達日射量**の割合が**小さく**なります。

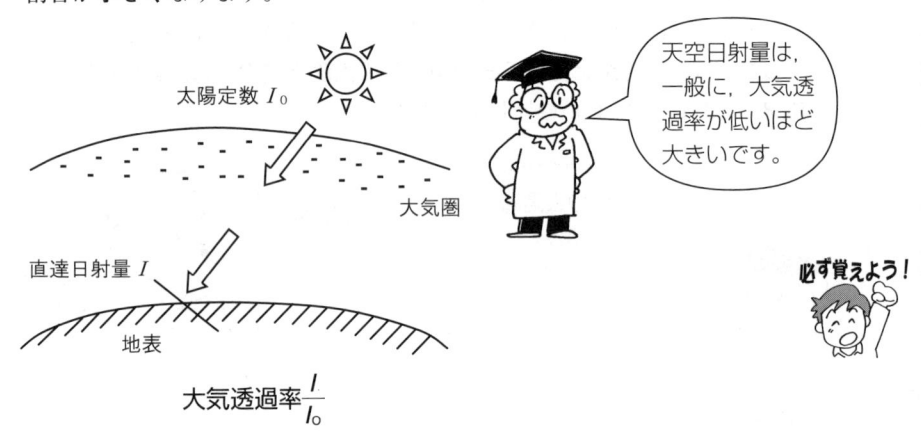

（天空日射量は，一般に，大気透過率が低いほど大きいです。）

太陽定数 I_0
大気圏
直達日射量 I
地表

大気透過率 $\dfrac{I}{I_0}$

必ず覚えよう！

5．**全天空照度**は，全天空が望める水平面の天空照度を指し，**直射日光を除いた全天空光による**照度です。また，**昼光率**は，全天空照度に対する，室内のある点の水平面照度の比率です。

$$昼光率\ D = \frac{室内の照度\ E}{全天空照度\ E_S} \times 100\ (\%)$$

したがって，**全天空照度**が時刻や天候で変化しても，室内のある点における照度もその変化と同じ割合で変化するため，**昼光率は一定**です。

第2章　環境工学

太陽　天空からの光
直射日光を除く
E_S
全天空照度 E_S

太陽　直射日光を除く
天空からの光
E
室内のある点の水平照度 E

昼光率 $\dfrac{E}{E_S}$

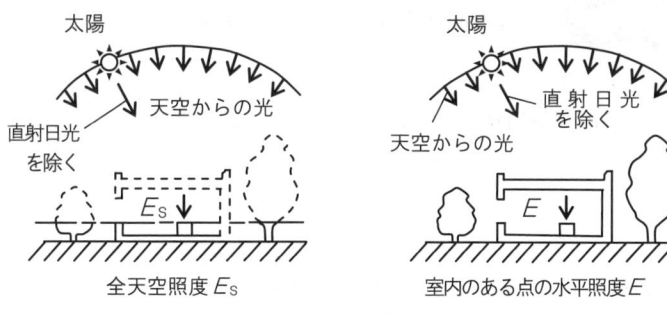

昼光率は，全天空照度が変化しても変化しません。

正解　5

【問題27】北緯35度のある地点における晴天日の各鉛直壁面に入射する1日の積算日射量A，B，Cの大小関係として，正しいものは，次のうちどれか。ただし，大気透過率は等しいものとし，他に日射を妨げる要素はないものとする。

　A．夏至の日における西鉛直壁面に入射する1日の積算日射量
　B．夏至の日における南鉛直壁面に入射する1日の積算日射量
　C．冬至の日における南鉛直壁面に入射する1日の積算日射量

1．A＞B＞C

2．A＞C＞B

3．B＞C＞A

4．C＞A＞B

5．C＞B＞A

解説 終日の直達日射量の年変化の理解

次の図は，北緯35度付近における晴天日の水平面，南，東（西），北鉛直面が受ける終日の**直達日射量（1日の積算日射量）の年変化**を示した図です。

この図から，A，B，Cの大小関係は，**C＞A＞B** となります。

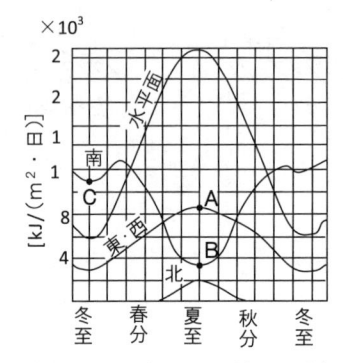

鉛直壁面・水平面の終日日射量

正解　4

【問題28】日照・日射・採光に関する次の記述のうち，最も不適当なものはどれか。

1．我が国において，冬至の日の南中時における直達日射量は，南向き鉛直壁面より水平面のほうが大きい。

2．我が国における南向き鉛直壁面の日照時間は，春分の日及び秋分の日が最も長い。

3．我が国における北向き鉛直壁面においては，秋分の日から春分の日までの期間は，直達日射が当たらない。

4．天空日射量は，一般に，大気透過率が高くなるほど減少する。

5．室内におけるある点の昼光率は，全天空照度が変化しても変化しない。

解 説

1. 水平面や鉛直面に対して，**垂直に近い角度（入射角が小さくなる角度）**で日射を受けた方が，直達日射量は大きくなります。

   冬至の日の南中時における直達日射量は，入射角の小さい**南向き鉛直壁面**の方が，入射角の大きい**水平面**より大きくなります。

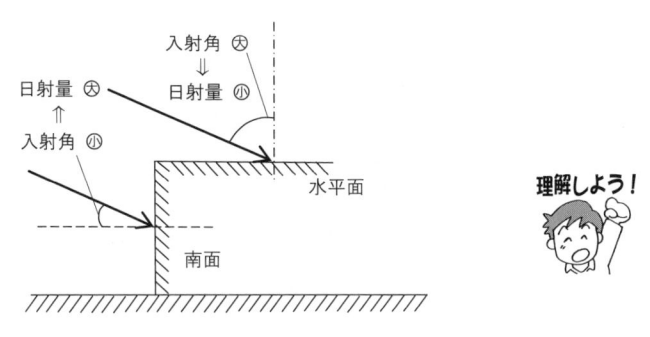

   冬至における入射角と日射量

   また，【問題27】の解説の図より，方位別の終日日射量の大小関係は，次のようになります。
   ・冬至：南面＞水平面＞東・西面
   ・夏至：水平面＞東・西面＞南面＞北面

2. 北緯35度付近における南向き鉛直壁面の日照時間は，**夏至で7時間，春分・秋分で12時間，冬至で9時間32分**です。したがって，春分の日及び秋分の日が最も長くなります。

   北緯35度付近における壁面の方位と可照時間

壁面の方位	夏　至	春分・秋分	冬　至
南　面	7時間	12時間	9時間32分
東西面	7時間14分	6時間	4時間46分
北　面	7時間28分	0分	0分

3. 【問題27】の解説の図より，**北向きの鉛直壁面**には，春分から秋分までの夏季の約6か月間は，日照がありますが，秋分から翌年の春分までの冬季の

約6か月間は，日照がありません。
4．【問題26】の解説の4を参照してください。
　　大気透過率が高くなるほど，**直達日射量は増加**しますが，**天空日射量は減少**します。
5．【問題26】の解説の5を参照してください。

正解　1

得点力アップのポイント

○　窓の日射遮蔽係数は，その値が大きいほど日射の遮蔽効果は小さい。
○　分光透過率は，可視光線などの短波長域より赤外線などの長波長域のほうが小さい。
○　日射エネルギーの吸収率は，可視光線などの短波長域より赤外線などの長波長域のほうが大きい。
○　建物の開口部に水平な庇を設ける場合，夏期における日射遮蔽効果は，西面より南面のほうが大きい。
○　大気透過率は，冬期より夏期の方が小さい。
○　全天空照度が変化しても，室内におけるある点の昼光率は変化しない。
○　夏期における冷房負荷を減らすためには，東西面採光より南面採光のほうが効果的である。
○　夏期において，開口部から侵入する日射熱をブラインドによって防止する場合，窓の屋内側より窓の屋外側に設けるほうが効果的である。

第2章　環境工学

6．音・音響

6-1．音に関する問題

【問題29】 音に関する次の記述のうち，最も不適当なものはどれか。

1．多孔質材料の吸音率は，一般に，「低音域の音」より「高音域の音」のほうが小さい。

2．室内騒音の許容値は，「住宅の寝室」より「音楽ホール」のほうが小さい。

3．室内騒音の許容値を NC 値で示す場合，NC 値が大きくなるほど許容される騒音レベルは高くなる。

4．残響時間を計算する場合，一般に，室温は考慮しない。

5．同じ厚さの一重壁であれば，一般に，単位面積当たりの質量が大きいものほど，音響透過損失が大きい。

解説 音響計画の理解

1．材質や表面の状態と音波の入射角や波長などによって，割合は異なりますが，壁体等で反射・吸収・透過が生じ，通常，**入射音＝反射音＋吸収音＋透過音**の関係があります。したがって，**吸音率**は次式で表わされます。

$$吸音率 = \frac{吸収される音のエネルギー＋透過する音のエネルギー}{入射する音のエネルギー}$$

また，吸音材料は，その吸音の機構により，主に3種類に大別されます。

吸音材料の種類

吸音材料	吸音の機構
多孔質型吸音材	グラスウールやロックウールなどのように多孔質材料による吸音で，音波が通過する際に空気分子と材料との摩擦や多孔質の振動等により吸音する。
板振動型吸音材	合板や薄い板と，コンクリートのような剛壁との間に空気層を設けた場合，板材料と背後の空気層とが一体となって振動し，さらに板自身の振動が加わって吸音する。
共鳴器型吸音材	有孔板（孔のあいたテックス類）やスリット（細長い溝）のある板状材料による吸音で，小さい孔の後の空洞部により，共鳴器のような作用を起こして吸音する。

　グラスウールなどの**多孔質材料**は，一般に，**高音域の音（周波数が大きい音）**を良く吸収するため，吸音率は，「低音域の音」より「高音域の音」のほうが大きくなります。

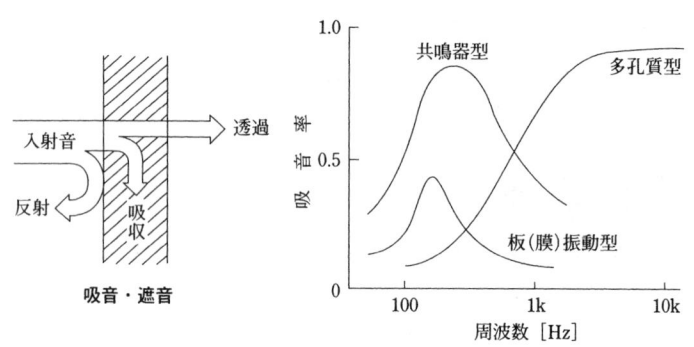

壁体に入射した音のエネルギー

多孔質型吸音材は，高音域の音をよく吸収します。

2．室内騒音の許容値は，**住宅の寝室で40〔dB（A）〕程度，音楽ホールで25〔dB（A）〕程度**であり，住宅の寝室より音楽ホールのほうが小さいです。
3．騒音の感じ方は，音の高低によって異なります。同じ音圧レベルの音でも高音の方が低音よりうるさく感じます。そこで，騒音の高低差による影響を

考慮して，許容値を周波数範囲ごとに規定したものが **NC曲線** です。**NC値**
が小さいほど，楽に会話ができます。
　したがって，NC値が大きくなるほど許容される騒音レベルは高くなります。一般に，NC値に10〔dB（A）〕を加えた値が騒音レベルになります。

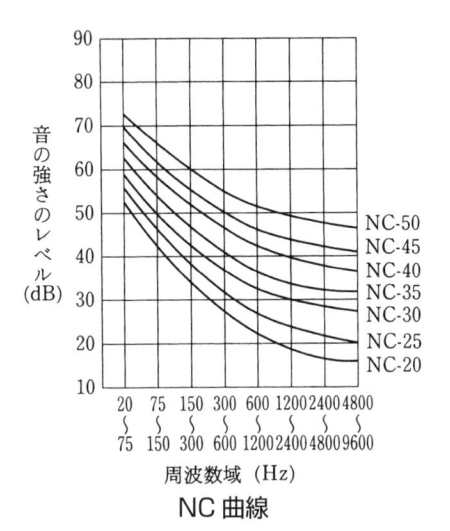

建築物	許容値
スタジオ／音楽室	NC-15〜20
劇場	NC-20〜25
教室	NC-25
ホテル	NC-25〜30
住宅	NC-25〜35
映画館・病院／図書室	NC-30
体育館	NC-50

NC曲線

主な建築物のNC値による許容値

4．**残響時間** とは，音源から発生した音が停止してから，**音の強さのレベルが60dB低下する**（音のエネルギーが $\frac{1}{10^6}$ になる）までの時間をいいます。
　残響時間 T〔s〕は，次式で表わされます。

$$T = \frac{0.161V}{A} = \frac{0.161V}{\alpha S} \text{〔s〕}$$

　V：室の容積〔m³〕
　A：室の総吸音力（等価吸音面積）〔m²：メーターセイビン〕
　α：室内の平均吸音率
　S：室内の総表面積〔m²〕

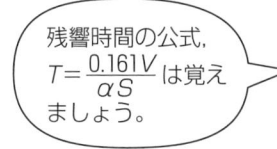

残響時間の公式，
$T = \frac{0.161V}{\alpha S}$ は覚えましょう。

　したがって，残響時間を計算する場合，一般に，室温は考慮しません。
5．**透過損失（音響透過損失）** は，透過した音が入射音に比べて，どれだけ弱

くなったかをデシベル（dB）で表したものです。**数値が大きいほど遮音性能が高い**ことを示します。

透過損失 TL＝（入射音の音圧レベル）－（透過音の音圧レベル）

一般に，硬く重い材料ほど音を良く反射するので，透過される音は小さくなります。したがって，厚さが同じ壁体であれば，**質量の大きい壁体ほど，透過損失が増大し，遮音性が向上します**。

正解　1

【問題30】音に関する次の記述のうち，最も不適当なものはどれか。

1．音が球面状に一様に広がる点音源の場合，音源からの距離が1／2になると音圧レベルは，約3dB上昇する。

2．反響（エコー）は，音源からの直接音が聞こえた後，それと分離して反射音が聞こえることであり，会話を聞き取りにくくさせる。

3．同じ厚さの一重壁であれば，一般に，単位面積当たりの質量が大きいものほど，音響透過損失が大きい。

4．板状材料と剛壁の間に空気層を設けた吸音構造は，一般に，「高音域の吸音」より「低音域の吸音」に効果がある。

5．人の可聴周波数の上限は，一般に，年齢が上がるにつれて低下するので，高齢者は周波数の高い音が聴き取りにくくなる。

解説

1．点音源からの音波は球面状に広がり，**音の強さは音源からの距離の2乗に反比例**します。音源からの距離が$\frac{1}{2}$の場合，音の強さは4倍になります。

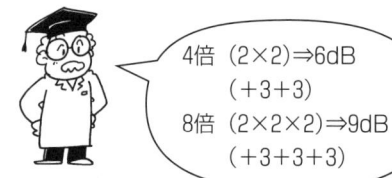

一方，同じ音が2つ同時に存在する場合，1つの音が単独で存在する場合よりも**約3dB音圧レベルが増加**しま

4倍　（2×2）⇒6dB
　　　　（＋3＋3）
8倍　（2×2×2）⇒9dB
　　　　（＋3＋3＋3）

す。

　つまり，音圧レベルが2倍になれば約3dB増加し，4倍（2×2）になれば約6dB増加します。

2．直接音が聞こえて，その後に反射音が分離して聞こえることを**反響（エコー）**といいます。反響が発生すると，言葉の明瞭度が低下して聞き取りにくくなります。反響は，反射音の時間的な遅れが原因で，通常，$\frac{1}{20}$秒以上（距離：17m）の時間的なずれで生じます。

3．【問題29】の解説の5を参照してください。

　単位面積当たりの**質量が大きいもの**ほど音響透過損失が大きく，**遮音性能が高く**なります。

4．【問題29】の解説の1を参照してください。

　板状材料と剛壁の間に空気層を設けた吸音構造（**板振動型**）は，一般に，高音域の吸音より**低音域の吸音に**効果があります。

5．20歳前後の正常な聴力をもつ人の**可聴周波数の範囲**は，**20Hz～20kHz程度**です。しかし，人の可聴周波数の上限は，年齢が上がるにつれて低下し，**高齢者**は**周波数の高い音**が聴き取りにくくなります。

正解　1

得点力アップのポイント

○ 同じ音圧レベルの場合，一般に，1,000Hzの純音より100Hzの純音のほうが小さく聞こえる。
○ 板状材料と剛壁の間に空気層を設けた吸音構造は，一般に，高音域の吸音より低音域の吸音に効果がある。
○ 壁体における音響透過損失の値が大きいほど，遮音性能に優れている。
○ 日本工業規格（JIS）における床衝撃音遮断性能の等級Lrについては，その数値が小さくなるほど床衝撃音の遮断性能が高くなる。
○ すべての方向に音を均等に放射している点音源の場合，音の強さは音源からの2乗に反比例する。
○ 気温が高くなると，空気中の音速は速くなる。
○ 音が球面状に一様に広がる点音源の場合，音源からの距離が2倍になると音圧レベルは，約6dB低下する。
○ 室内騒音の許容値は，住宅の書斎より音楽ホールのほうが小さい。
○ 一般に，講演に対する最適残響時間に比べて，音楽に対する最適残響時間のほうが長い。
○ 壁体の透過損失は，周波数によって異なる。

7. 色彩

7-1. 光と色彩に関する問題

【問題31】光と色彩に関する次の記述のうち，最も不適当なものはどれか。

1. グレアは，視野内の高輝度の部分や極端な輝度対比などによって，対象の見やすさが損なわれることである。
2. 明度は，光に対する反射率とは無関係である。
3. 無彩色は，明度だけを有する色である。
4. 混色によって無彩色を作ることができる二つの色は，相互に補色の関係にある。
5. 色温度は，その光源の光色の色度に等しいか，または近似する色度をもつ光を放つ黒体の絶対温度で表される。

解説 光と色彩の理解

1. **グレア（まぶしさ）**とは，視野内の高輝度の部分や極端な輝度対比などによって引き起こされた視力の低下や，目の疲労・不快感などの障害をいいます。
2. 明度は，色の表面の**反射率の度合い**を表します。
   反射率が0％の**完全な黒を0**，反射率が100％の**完全な白を10**とする11段階に区分しています。
   また，反射率 ρ と明度 V に直接的な比例関係はないが，明度 V が3〜8の場合，$\rho ≒ V(V-1)$ で概算できます。

マンセル明度表

マンセルバリュー	1/	2/	3/	4/	5/	6/	7/	8/	9/	10/
反射率〔％〕	1.18	3.05	6.39	11.7	19.3	29.3	42.0	57.6	76.7	100

3. **マンセル表色系**において，無彩色以外の色彩は，**色相**（マンセルヒュー）・**明度**（マンセルバリュー）／**彩度**（マンセルクロマ）で表します。した

第2章　環境工学　　　　　　　　89

がって，2PB 3／5 の場合，2PB が**色相**，3 が**明度**，5 が**彩度**を示します。
　また，白・黒などの**無彩色**は，N０（黒），N10（白）のようにNをつけて，**明度**だけで**表示**します。

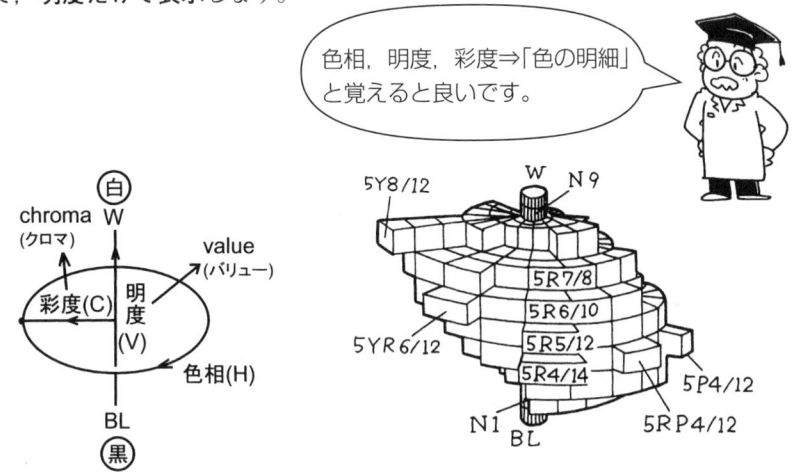

> 色相，明度，彩度⇒「色の明細」
> と覚えると良いです。

マンセル色立体

4．**混色**によって**無彩色**を作ることができる二つの色は，その一方に対して他方の色を**補色**といいます。マンセル色相環においては，向かい合った色が補色の関係にあります。
　また，補色どうしを隣り合わせて並べた場合，互いに彩度を強調しあい両方の色とも鮮やかに見えます。これを**補色対比**といいます。

5．黒体（炭など）を熱した場合，温度を上げていくと赤色から白色になり，最後には青白い色になります。**色温度**とは，このような温度と色の関係を光の色を表すときに当てはめ，**光源の色を絶対温度で表したもの**です。
　赤っぽいものほど色温度が低く，青っぽいものほど色温度が高くなっています。また，色温度の低い光源を用いた場合，一般に，暖かみのある雰囲気になります。

> 蝋燭の炎の色⇒赤っぽい。
> ガスバーナーの色⇒青っぽい。

正解　2

【問題32】光と色彩に関する次の記述のうち，最も不適当なものはどれか。

1．明視の四条件は，明るさ，対比，大きさ，動き（時間）である。
2．輝度は，光を発散する面をある方向から見たときの明るさを示す測光量である。
3．明順応に要する時間に比べて，暗順応に要する時間のほうが長い。
4．マンセル表色系における明度は，光に対する反射率と関係があり，完全な黒を0，完全な白を10として表す。
5．マンセル表色系における彩度は，色の鮮やかさの度合いであり，色が鮮やかになるほど，数値が小さくなる。

解説

1．明視とは物の見やすさをいい，**明視の四条件**は，**明るさ，対比，大きさ，動き（時間）**です。なお，これに色を加えたものが，明視の五条件です。
2．輝度とは，ある面をある方向から見たとき，すなわち，見る方向から光の発散面の明るさを評価する量です。
3．人はものを見る場合，網膜でそれを映像として認識します。明るい映像は，網膜に強い刺激を与え，暗い場所に移動しても明るさが残像として残りやすいので，**暗い場所に網膜が順応するのに時間を要します**。
　したがって，明るい場所から暗い場所に順応（暗順応）する方が，時間が長くかかります。
4．【問題31】の解説の2を参照してください。
5．マンセル表色系における**彩度**は，**色の鮮やかさの度合い**であり，無彩色（白，灰，黒）の彩度を0として，色が鮮やかになるほど，数値が大きくなります。

正解　5

第2章　環境工学　　　　　　91

7-2. 色彩に関する問題

【問題33】色彩に関する次の記述のうち，最も不適当なものはどれか。

1. 演色とは，照明光が色の見え方に及ぼす影響のことをいう。
2. 白，黒及び灰色は，無彩色である。
3. マンセル色相環において対角線上に位置する二つの色は，補色の関係にあり，混ぜると無彩色になる。
4. 同じ色の場合，一般に，面積の大きいものほど，明度及び彩度が高くなったように見える。
5. マンセル表色系における明度は，完全な黒を10，完全な白を0として表示される。

解説　色彩の理解

1. 壁などを照明する光源の種類や照明方法を変えると，同じ色でも異なった色に見えることがあります。このように，照明光の違いによって起こる色の見え方に及ぼす影響を**演色**といいます。
2. 【問題31】の解説3を参照してください。
3. マンセル色相環において反対側に位置する二つの色は，**補色の関係**にあります。補色の関係にある2色を混ぜ合わせると**無彩色**である灰色になります。
   また，ある色を見た後に白色を見ると，始めに見た色の補色が感じられ，これを**補色残像**といいます。
4. 同じ色でも，その面積が大きくなるほど，彩度や明度が高くなったように見えます。このような現象を**面積効果**といいます。
5. 【問題31】の解説2を参照してください。
   マンセル表色系における明度は，反射率と密接に関係しており，**反射率0％の完全な黒を0，反射率100％の完全な白を10**として表示されます。

正解　5

【問題34】色彩に関する次の記述のうち，最も不適当なものはどれか。

1．純色は，ある色相の中で最も彩度の高い色である。
2．補色の関係にある二つの色を混ぜると，有彩色になる。
3．無彩色は，色の三属性のうち，明度だけを有する色である。
4．明度は，光に対する反射率と関係がある。
5．純色の彩度は，色相によって異なる。

解説

1．各色相の中で最も彩度の高い色を**純色**といい，その最大値は各色相によって異なります。
2．【問題31】の解説の4を参照してください。
　　補色の関係にある二つの色を混ぜると，**無彩色**になります。
3．【問題31】の解説の3を参照してください。
4．【問題31】の解説の2を参照してください。
5．上記1を参照してください。

正解　2

得点力アップのポイント

○ 赤と青緑のような補色を並べると，互いに彩度が高くなったように見える。
○ 無彩色は，明度のみを有する色である。
○ 純色は，ある色相の中で最も彩度の高い色である。
○ 光の三原色は，赤，緑，青である。
○ 演色性は，物体色の見え方についての光源の性質である。
○ 白，黒及び灰色は，無彩色である。

8．その他

8-1．建築環境工学に関する問題

【問題35】建築環境工学に関する次の記述のうち，最も不適当なものはどれか．

1．音における聴感上の三つの要素は，音の大きさ，音の高さ，音色である．

2．明視の四つの条件は，明るさ，対比，大きさ，距離である．

3．温熱感覚に影響を及ぼす物理的な四つの要素は，温度，湿度，気流，放射である．

4．単層壁の熱貫流率に影響する三つの要素は，壁体表面の熱伝達率，壁体材料の熱伝導率，壁体の厚さである．

5．基本的な三つの熱移動のプロセスは，伝導，対流，放射である．

解説 建築環境工学を総合的に理解

1．音における聴感上の**三つの要素**は，**音の大きさ，音の高さ，音色**です．

音の3要素と対応する物理的要素

	大きさ	高さ	音色
音の3要素	音波の振動が大きいほど大きい音	周波数が多い音ほど高い音	波形の違いにより生じる
物理的要素	音圧（音の強さ）	周波数	音波の波形

2．【問題32】の解説の1を参照してください．

明視とは物の見やすさをいい，**明視の四条件**は，**明るさ，対比，大きさ，動き（時間）**です．

3．一般に，温熱感覚に影響を及ぼす物理的な**4つの要素**は，**温度，湿度，気**

流，放射です。また，人体側の要素である**代謝量**，**着衣量**を含めた要素を**温熱6要素**といいます。

> OT（作用温度）とグローブ温度には，「湿度」の構成要素はありません。

温熱環境指数と構成要素

	温度	湿度	気流	放射	代謝量	着衣量
PMV（予測平均温冷感申告）	○	○	○	○	○	○
ET*（新有効温度）	○	○	○	○	○	○
CET（修正有効温度）	○	○	○	○	×	×
ET（有効温度）	○	○	○	×	×	×
DI（不快指数）	○	○	×	×	×	×
OT（作用温度）	○	×	○	○	×	×
グローブ温度	○	×	○	○	×	×

4．【問題7】の解説の2を参照してください。

単層壁の熱貫流率 K〔W／(m²・K)〕は，次式で求めることができます。

$$K = \frac{1}{\frac{1}{\alpha_0} + \Sigma \frac{d}{\lambda} + \frac{1}{\alpha_i}}$$

α_0：屋外側の**壁体表面の熱伝達率**〔W／(m²・K)〕
α_i：屋内側の**壁体表面の熱伝達率**〔W／(m²・K)〕
d：**壁体の厚さ**〔m〕
λ：**壁体材料の熱伝導率**〔W／(m・K)〕

5．基本的な熱の伝わり方を**熱移動のプロセス**といい，物体内部を熱が移動する「**伝導**」，空気や水など流体内部に生じる「**対流**」，物体から別の物体へ熱が直接移動する「**放射**」の3形態があります。

正解　2

第 2 章　環境工学

【問題36】 建築環境工学に関する次の記述のうち，最も不適当なものはどれか。

1．日照率とは，可照時間に対する日照時間の割合である。

2．大気放射とは，日射のうち，大気により吸収，散乱される部分を除き，地表面に直接到達する日射のことである。

3．対流熱伝達とは，壁面などの固体表面とそれに接している周辺空気との間に生じる熱移動現象のことである。

4．同じ体積の場合，容積比熱が大きい材料は，容積比熱が小さい材料に比べて，温めるのに多くの熱量を必要とする。

5．熱放射のエネルギー量は，物質の温度に関係する。

解 説

1．実際に日の照っていた時間を**日照時間**といい，日の出から日没までの時間（障害物のない所で，晴れておれば日照があるはずの時間）を**可照時間**といいます。**日照率**とは，可照時間に対する日照時間の割合（$\frac{日照時間}{可照時間 \times 100}$）〔％〕をいいます。

2．【問題26】の解説の 4 を参照してください。

太陽の熱で温められた地表は，天空に向かって**地表面放射**を行っています。また，空中においても，**大気中の水蒸気や二酸化炭素は，その温度に応じて地表に向かって大気放射**を行っています。

大気放射とは，水蒸気や二酸化炭素などから放出される放射のことです。

設問の記述は，<u>直達日射</u>の説明です。

3．熱は高温側から低温側に流れ，熱の移動には**熱伝導，熱対流，熱放射**の 3 つのプロセスがあります。

対流熱伝達とは，壁面などの固体表面と周囲流体との間の熱移動の 1 つで，空気や水などの流体自体が移動して熱を運ぶ現象です。

4．【問題19】の解説の 2 を参照してください。

5．熱放射は，エネルギーが空間を通過して他の物体に熱として伝わる現象で，絶対零度（−273℃）以上の物体には熱放射があります。

物体の表面から発せられる**放射量**は，**材料の放射率に比例**し，物体表面の**絶対温度の4乗に比例**します。

$$E = \varepsilon \cdot \sigma \cdot T^4$$

E：一般材料の放射熱量〔W／m²〕

ε：一般材料の放射熱量（$0 \leq \varepsilon \leq 1$）

σ：シュテファン・ボルツマンの定数（5.67×10^{-8}）〔W／(m²・K⁴)〕

T：物体表面の絶対温度〔K〕（t＋273℃）

正解　2

得点力アップのポイント

○ 室内の照度の均斉度は，ある作業面上において，最低照度が同じであれば，最高照度が高いほど低くなる。
○ 明視の四条件は，明るさ，対比，大きさ，動き（時間）である。
○ 基本的な三つの熱移動のプロセスは，伝導，対流，放射である。
○ 熱伝導率は，材料内の熱の伝わりやすさを示す材料固有の値である。
○ クロ（clo）値は，衣服の断熱性を表す指標であり，人の温冷感に影響する要素である。
○ 一般に，蛍光ランプなどの照明器具から発熱する熱は，顕熱である。
○ 体感に影響を及ぼす四つの物理的な温熱要素は，温度，湿度，気流，放射である。

第3章

計画各論

　住宅建築，商業建築，公共建築など，建築の基本計画に関する内容が8問程度出題されます。また，各部計画の寸法や数値を暗記しなければならない部分は，メジャー等を利用して寸法を視覚的にとらえると覚えやすいです。
　一見，学習範囲が広いように見えますが，毎年，出題される次の内容を優先して学習すると点数にしやすいです。
- ・住宅の計画，集合住宅の計画，事務所ビルの計画を中心に理解する。
- ・高齢者，障がい者等に配慮した建築計画を理解する。
- ・各部計画に関する問題は，寸法や数値を覚える。

　なお，寸法や数値など暗記する部分が多いですが，数値がわかれば点数にしやすい分野でもあります。

1．住宅建築

1-1．一戸建住宅の計画に関する問題

【問題37】 住宅の計画に関する次の記述のうち，最も不適当なものはどれか。

1．台所は，家事室やサービスヤードなどとの動線を考慮して計画した。

2．車いす使用者が利用するキッチンタイプを，L字型とした。

3．浴室の出入口において，脱衣室との段差の解消と水仕舞を考慮して，排水溝にグレーチングを設けた。

4．階段における手すりの高さは，踏面の先端の位置から110cmとした。

5．収納スペースは，各個室の床面積の20％程度とし，その一部をウォークインクロゼットとして寝室に計画した。

解説　住宅の計画の理解

1．**家事室（ユーティリティ）** は，洗濯やアイロンかけなど調理以外の家事作業を能率的に行う室で，**サービスヤード** は，洗濯，物干しなど，屋外における家事を行う勝手口前の庭をいいます。

住宅の計画において，台所と**ユーティリティは隣接**させ，**サービスヤード** は，**台所の勝手口近くに配置**する計画が望ましいです。

2．**車いす使用者の移動**は，左右へ移動するよりも**回転を主体**とした動作の方が容易です。回転に必要な**150cmの円**が取れる**L字型**とし，L字型のコーナーにシンクを設けると使いやすくなります。

第3章 計画各論

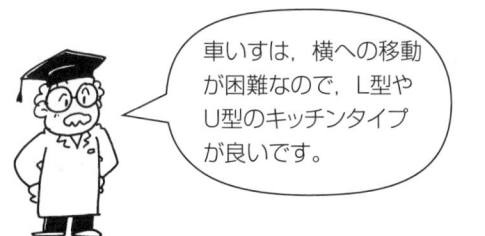

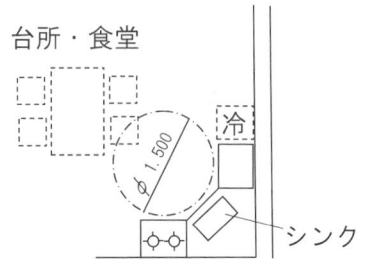

> 車いすは，横への移動が困難なので，L型やU型のキッチンタイプが良いです。

台所・食堂

シンク

L字型キッチンの参考例

3．浴室の出入口と脱衣室との段差を解消する場合，浴室から脱衣室への水の浸入を防ぐ必要があります。**浴室の出入口**において，脱衣室への水仕舞として，一般的に，グレーチングの排水溝を設けるのが有効です。

　なお，**グレーチング**とは，**排水溝の蓋**として使用される格子状の床面です。

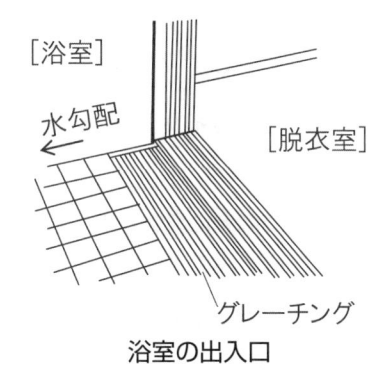

[浴室] 水勾配 [脱衣室] グレーチング

浴室の出入口

4．住宅の**階段における手すりの高さ**は，踏面の先端の位置から**75〜85cm程度**を標準とします。

> 手摺の高さ
> ・バルコニー⇒1.1m以上
> ・廊下，階段⇒75〜85cm程度

5．各個室の**収納スペース**は，住宅の規模や生活様式によって異なりますが，一般的に，**各個室の床面積の20%程度**とします。また，主な**寝室**には，**ウォークインクロゼット**を設けるとよいです。

　なお，**ウォークインクロゼット**とは，人が中に入って衣類などを整理できる収納スペースです。

正解　4

【問題38】一戸建住宅の計画に関する次の記述のうち，最も不適当なものはどれか。

1. 介助スペースを考慮して，洋式便所の広さを，内法寸法で1,400mm×1,800mmとした。

2. 4人用の食卓のあるダイニングキッチンの広さを，内法面積で15m²とした。

3. ツインベッドを用いる夫婦寝室の広さを，収納スペースを含めて，内法面積で9m²とした。

4. 玄関のインタホンの取付け高さを，玄関ポーチの床面から1,400mmとした。

5. 高齢者に配慮して，階段の昇り口の壁に設ける足元灯の高さを，昇り口の1段の踏面から上方に300mmとした。

解説

1. 介助スペースを考慮した洋式便所の広さは，内法寸法で1,400mm×1,400mm程度とし，前方または側方の壁と便器の距離を500mm以上確保します。

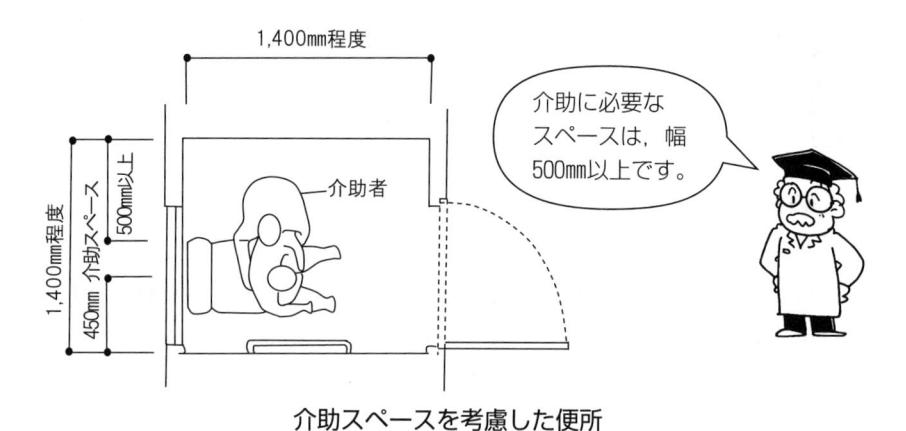

介助スペースを考慮した便所

第3章　計画各論　　　　　　　　　　　　101

2．4人用の食卓のある**ダイニングキッチン**の広さは，内法面積で**約13m²（8帖）以上**必要です。
3．ツインベッドを用いる**夫婦寝室**の広さは，収納スペースを含めて，内法面積で**約13m²（8帖）以上**必要です。なお，内法面積9m²は，6帖弱の面積です。
4．玄関の**インタホン**の取付け高さは，肩より上の範囲を目安として，玄関ポーチの床面から**1,200mm～1,500mm**程度とします。

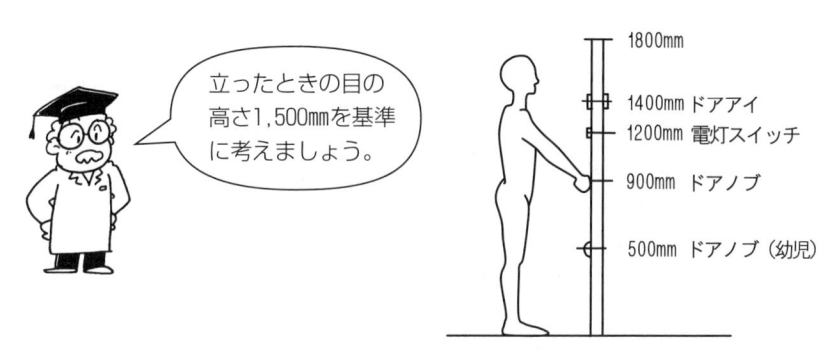

立ったときの目の高さ1,500mmを基準に考えましょう。

1800mm
1400mm　ドアアイ
1200mm　電灯スイッチ
900mm　ドアノブ
500mm　ドアノブ（幼児）

ドアまわりの高さ寸法

5．高齢者に配慮して，階段の昇り口や降り口に**足元灯**を設ける場合，各段鼻（段鼻）（**昇り口では1段の踏面**）から真上**200mm～300mm**の位置に取り付けます。

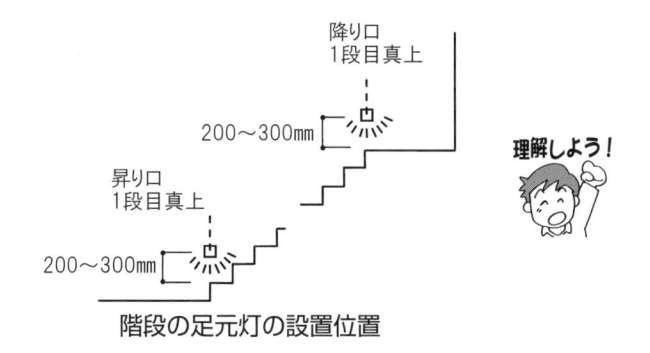

降り口
1段目真上
200～300mm
昇り口
1段目真上
200～300mm

理解しよう！

階段の足元灯の設置位置

正解　3

1-2. 高齢者等に配慮した一戸建住宅の計画に関する問題

【問題39】 高齢者等に配慮した一戸建住宅の計画に関する次の記述のうち，最も不適当なものはどれか。

1. 高齢者は，一般に，急激な温度変化への対応がしにくくなるので，暖房については，各室間の温度差が小さい全室暖房とした。

2. 階段の手すりの端部は，上下階で水平に300mm延ばし，下向きに曲げた。

3. 廊下の手すりの直径を35mmとし，床面からの高さを750mmとした。

4. 車いすの使用に配慮し，キッチンカウンターの下部に高さ600mm，奥行450mmのクリアランスを設けた。

5. 浴槽は，深さを600mmとし，浴槽の背もたれを傾斜したものとした。

解説 高齢者等に配慮した住宅の各部寸法の理解

1. 高齢者は，一般に，急激な温度変化への対応がしにくいので，暖房は，各室間の温度差が小さい**全室暖房**が好ましいです。
2. 階段の**手すりの端部**は，上下階で水平に**300mm程度**延ばし，衣服の袖口などが引っかからないように，**下向きまたは壁側**に曲げます。

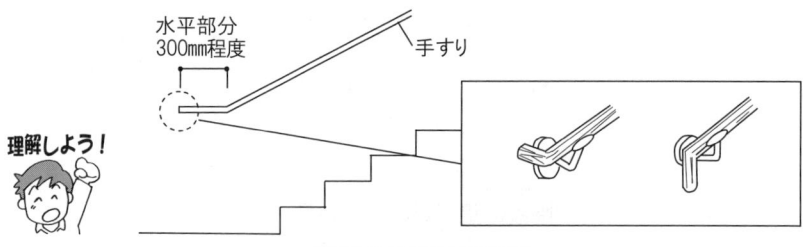

階段の手すりの端部

3. 階段における手すりの高さは，路面の先端の位置から750mm～850mm程度と

第3章 計画各論

し，**手すりの太さは直径30mm～40mm程度**とします。

4．車いすの座面高は，40～45cm程度です。車いす使用者用のキッチンカウンターの高さは，一般のキッチンカウンターよりやや低い，**750mm程度**とします。また，キッチンカウンターの下部に**高さ600mm，奥行450mmのクリアランス**を設けると，膝が入り，車いすでの作業がしやすくなります。

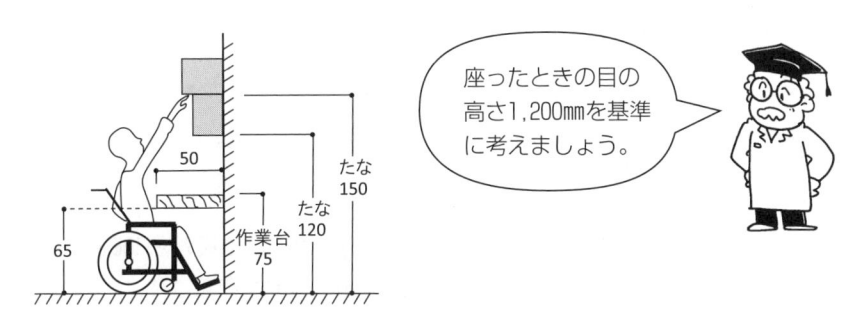

（座ったときの目の高さ1,200mmを基準に考えましょう。）

車いすで利用できる棚等（単位cm）

5．**高齢者が使用する浴槽の深さは**，浴槽への出入り，浴槽内で身体のバランスを崩したときの安全性，心臓や肺への水圧による負担などを考慮して，従来の深さ（550mm～600mm）のものより浅めの**500mm～550mm程度**が望ましいです。

また，背もたれが傾斜したものは，前方に滑りやすく，溺死につながる恐れがあります。背もたれは，垂直に近いほうが安全性が高く，**浴槽の長さも950mm～1,050mm程度**であれば，浴槽内で滑った場合でも，浴槽前面に足が当たり身体を支えることができます。

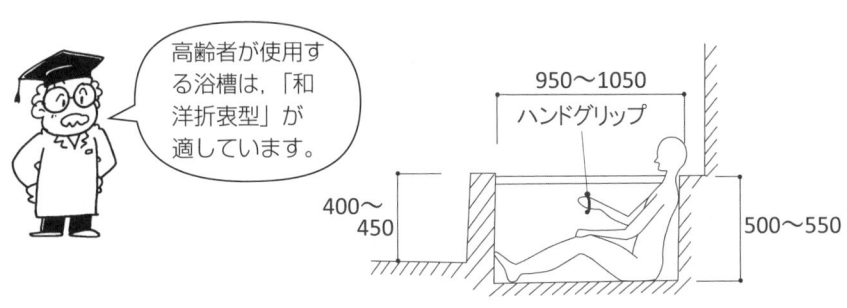

（高齢者が使用する浴槽は，「和洋折衷型」が適しています。）

高齢者が使用する浴槽（単位mm）

正解 5

【問題40】高齢者等に配慮した一戸建住宅の計画に関する次の記述のうち，最も不適当なものはどれか。

1. 階段や廊下において，手すりの直径を35mmとし，手すりと壁面とのあき寸法を40mmとした。

2. サービスヤードとの動線を考慮して，ユーティリティを配置した。

3. 居室において，日常使用する壁付きコンセントの取付け高さを，床面から400mmとした。

4. バルコニーの出入口において，住宅内部の床との段差が360mmであったので，高さ180mm，奥行250mm，幅500mmの踏み段を設けた。

5. 車いす使用者の利用に配慮して，L字型のキッチンタイプとした。

解説

1. 高齢者等に配慮した階段や廊下に設ける**手すりの直径は30mm～40mm程度**とし，手すりと壁面との**あき寸法は30mm～50mm程度**とします。

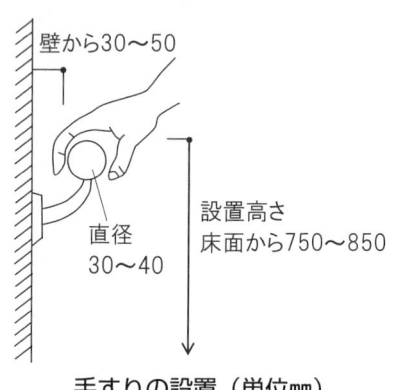

手すりの設置（単位mm）

2. 【問題37】の解説の1を参照してください。

3．高齢者が日常使用する壁付き**コンセント**の**取付け高さ**は，抜き差しの容易性に配慮して，**床面から400mm程度**に設置します。
4．バルコニーの出入口において段差を設ける場合，**180mm以下**の**単純段差**または**またぎ段差**とします。180mmを超える場合は，1段に限り踏み段を設け，その**奥行は300mm以上**で，**幅は600mm以上**です。
5．【問題37】の解説の2を参照してください。

正解　4

1-3．集合住宅の計画に関する問題

【問題41】 中層又は高層集合住宅の計画に関する次の記述のうち，最も不適当なものはどれか。

1．片廊下型は，一般に，階段室型に比べて，エレベーター1台当たりの住戸数を多くすることができる。

2．中廊下型は，一般に，住棟を南北軸に配置することが多い。

3．ツインコリドール型は，一般に，中廊下型に比べて，通風や換気がしやすい。

4．片廊下型は，一般に，集中型に比べて，避難計画が難しい。

5．スキップフロア型は，一般に，集中型に比べて，エレベーターから各住戸への動線が長くなる。

解説　集合住宅の住戸の配置形式

1．**片廊下型**は，共用廊下によって各住戸を結んだ形式で，エレベーター1台当たりの住戸数を多くすることができます。また，各住戸の日照条件が均等になりますが，プライバシーが保ちにくい形式です。
　一方，**階段室型**は，階段のあるホールに各住戸を結んだ形式で，エレベーター1台当たりの住戸数は2～3戸程度です。

2．**中廊下型**は，共用廊下の両側に各住戸を配置した形式です。住棟を東西軸に配置した場合，北向きに住戸が並び，その住戸は，ほとんど日照が期待できません。

　したがって，**住棟の廊下を南北軸**にし，住戸を東向きまたは西向きに並べるのが一般的です。

3．**ツインコリドール（ツインコリダー）型**は，住棟の中央を**吹抜け**とし，その両側に廊下を設けることで，中廊下型の短所である住戸の採光・換気の条件を改善した形式です。

4．**集中型**は，階段室・エレベーターホールを中心にして，その四方に住戸を配置する形式です。高密度な住戸構成が可能ですが，住戸条件に差が生じやすく**避難計画が難しい**。それに対して，**片廊下型**は，共用廊下の両端に避難階段を設けることが可能であり，**避難計画が容易**です。

5．**スキップフロア型**は，1階又は2階おきに**共用廊下**を設け，共用廊下のある階だけにエレベーターを停止する方式です。エレベーターが停止しない**階段階**には，共用廊下がないので，外気に接する開口部を2面設けることができ，共用部の面積も節約できます。その反面，**エレベーターから各住戸への動線が長くなります**。

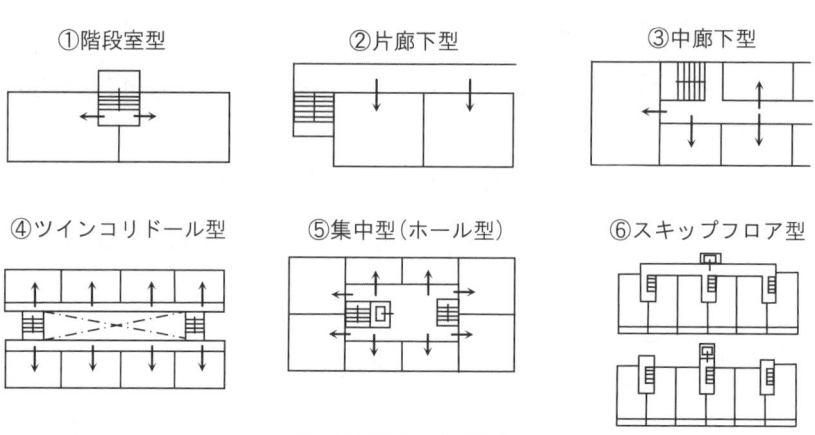

①階段室型　　②片廊下型　　③中廊下型

④ツインコリドール型　　⑤集中型（ホール型）　　⑥スキップフロア型

集合住宅の平面形式

集合住宅は，「住戸の配置形式」と，「計画に関する用語」を覚えましょう。

正解　4

第3章　計画各論

【問題42】 集合住宅の計画に関する用語A，B，Cとその説明ア，イ，ウとの組合せとして，最も適当なものは，次のうちどれか。

A. コレクティブハウス
B. スケルトンインフィル住宅
C. コーポラティブハウス

ア．建築物の躯体や共用設備部分と，住戸専有部分の内装や設備とを分けることによって，耐久性，更新性及び可変性を高めることができる方式
イ．住宅入居希望者が集まって組合を作り，協力して企画・設計から入居・管理までを運営していく方式
ウ．個人のプライバシーを尊重しつつ，子育てや家事等の作業を共同で担い合う相互扶助的なサービスと住宅と組み合わせた方式

	A	B	C
1.	ア	イ	ウ
2.	ア	ウ	イ
3.	イ	ア	ウ
4.	ウ	ア	イ
5.	ウ	イ	ア

解説 集合住宅の計画に関する用語

A. **コレクティブハウス**とは，個人のプライバシーを尊重しつつ，子育てや家事労働などを共同する**相互援助的なサービス**（円滑な日住生活が営めるような食事室，調理室，洗濯室などを教養施設として配置）を組み合わせてつくられた**共同居住型**の集合住宅です。

B. **スケルトン・インフィル住宅**は，集合住宅の骨組み部分である「柱，梁，床等の躯体部分」や「廊下，エレベーター等の共用部分」を**第1段階**（スケ

ルトン）とし，「住戸専用部分の個別性の高い内装・間仕切り」を**第2段階（インフィル）**として，計画・供給される集合住宅です。

C. **コーポラティブハウス**とは，自らが居住するために住宅を建設しようとするものが組合を結成し，共同の事業として造る集合住宅のことです。**協同組合運営方式**の集合住宅です。

したがって，A—ウ，B—ア，C—イ となります。

正解　4

得点力アップのポイント

- 玄関のくつずりと玄関ポーチとの高低差は，車いすの使用に配慮して2cm以下とする。
- 住宅の階段における手摺の高さは，踏面の先端の位置から75～85cm程度とする。
- 介助スペースを考慮した洋式便所の内法寸法は，1,400mm×1,400mm程度以上必要である。
- 車いす使用者が利用する洗面化粧台の上端の高さは750mm～800mm程度とする。
- 車いす使用者が使用するカウンターの下部には，車いすの脚部が入るように，高さ60cm，奥行き45cm程度のクリアランスを設ける。
- 中廊下型は，日照条件を考慮すると，住棟を南北軸に配置することが望ましい。
- スキップフロア型は，一般に，集中型に比べて，エレベーターから各住戸への動線が長くなる。
- 集中型やスキップフロア型は，一般に，各住戸の居住性を均質にしにくい。
- 片廊下型は，一般に，集中型に比べて，避難計画が容易である。
- コレクティブハウスは，各居住者が独立した生活を確保しながら，厨房や食堂等を供用する方式の住宅であり，高齢者住宅にも適している。
- コーポラティブハウスは，住宅入居希望者が集まり，協力して企画・設計から入居・管理までを運営していく方式の集合住宅である。
- ポイントハウスは，塔状に高く，板状型の住棟ばかりで単調になりがちな住宅地の景観に変化をもたらすことができる。
- 接地型におけるコモンアクセスは，共用庭に接したアクセス路を通って各住戸に入るので，居住者同士の交流を促しやすい。
- リビングアクセス型は，一般に，各住戸の表情を積極的に表に出すことを意図して，共用廊下側に居間や食事室を配置する形式である。

2. 商業建築

2-1. 事務所ビルの計画に関する問題

【問題43】 事務所ビルの計画に関する次の記述のうち，最も不適当なものはどれか。

1. 高層の事務所ビルにおける乗用エレベーターの台数については，一般に，最も利用者が多い時間帯の5分間に利用する人数を考慮して計画する。
2. 床面積が同じ事務室における机の配置形式については，一般に，対向式より並行式のほうが，多くの机を配置することができる。
3. システム天井は，モジュール割りに基づいて，設備機能を合理的に配置することができるユニット化された天井である。
4. フリーアクセスフロアは，配線を自由に行うことができるように，二重床としたものである。
5. コアプランにおける分離コア型は，構造計画及び設備計画上の対応が必要であるが，自由な執務空間を確保しやすい。

解説 事務所ビルの計画の理解

1. 事務所ビルにおける**乗用エレベーターの台数**は，一般に，最も利用者が多い**朝の出勤時での5分間当たり**の平均利用人数を基準にして算定します。
2. **対向式**は，机を対面に配置する形式で，**所要面積を小さくでき**，コミュニケーションを必要とする場合などに適しています。
   また，**並行式**は，机を同一方向に配置する形式で，通路部分が多くなるため，**所要面積が大きくなります**。対向式に比べて，プライバシーが保たれ，比較的，執務の集中が可能です。
   したがって，床面積が同じ事務室における机の配置形式については，一般に，**並行式より対向式のほうが，多くの机を配置する**ことができます。

①対向配置　②並行配置（同向配置）　③オフィスランドスケープ

事務室の机の配置計画

並行式より，対向式のほうが，多くの机を配置することができます。

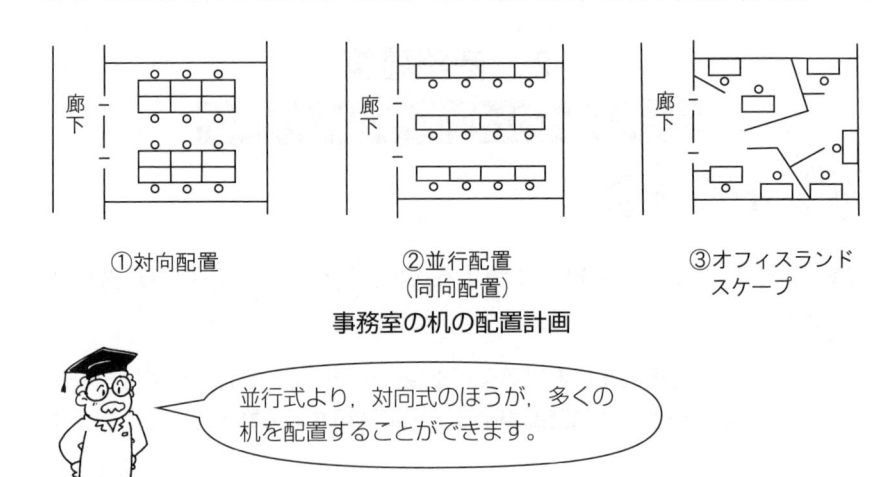

3. **システム天井**とは，天井下地に，照明，煙感知器，吹出口やスプリンクラーなどの設備機能を組み込んで一体化した規格化された天井です。同一のシステム天井を工場で大量生産することにより，**工期の短縮や省力化**が図れます。通常，システム天井の寸法は，**事務室のモジュール割りに基づいて**決定されます。

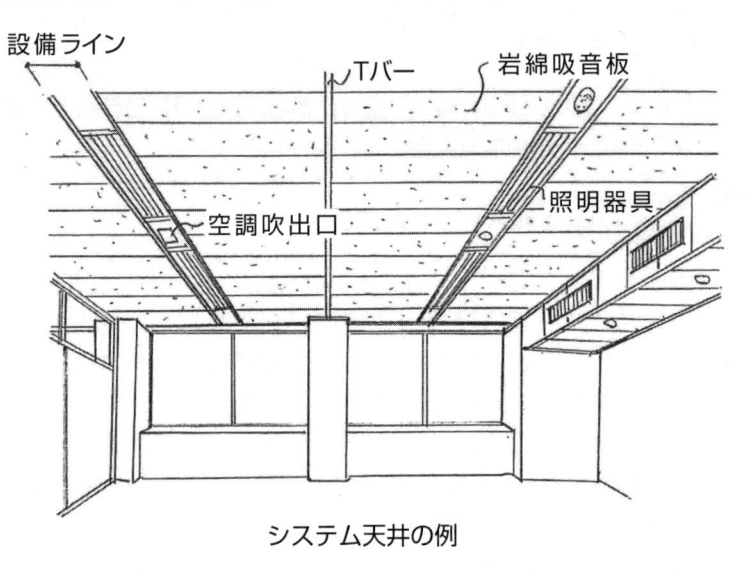

設備ライン　Tバー　岩綿吸音板　空調吹出口　照明器具

システム天井の例

4. **フリーアクセスフロア**とは，床下の配線や配管などの自由度を高くした，ユニット化された**二重床**です。構造スラブ上に束を立て，パネル状の取り外

第3章 計画各論

し可能な床仕上げをします。床下に空間があるため，自由な配線を行うことが可能で，特に，**OA機器の配線**に適しています。

配線用スペース
（配管用）

2重床

> OA化は，一般に，冷房負荷を増加させる傾向があります。

フリーアクセスフロア

5．事務所ビルの計画に際しては，執務空間をできるだけ広くするために，階段室やエレベーターなどの垂直動線，及び水まわり諸室などの設備関係を各階に共通する部分に集中させます。このような平面計画を**コアプラン**といい，その方式には，次に示すものがあります。

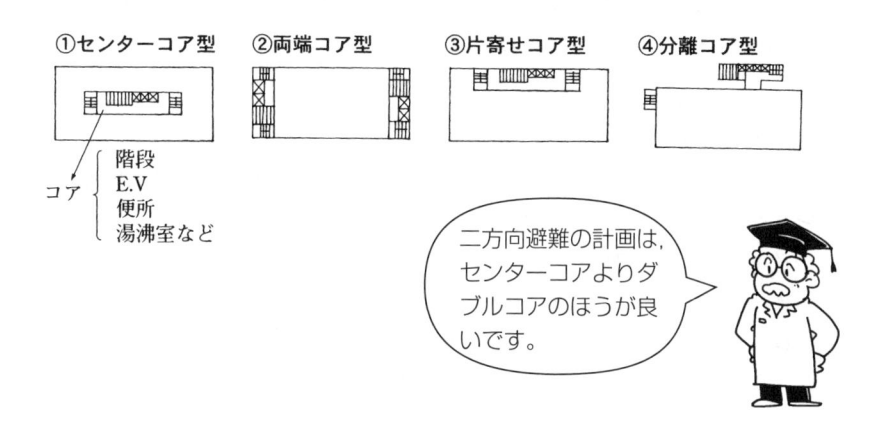

①センターコア型　②両端コア型　③片寄せコア型　④分離コア型

コア ┤ 階段
     │ E.V
     │ 便所
     └ 湯沸室など

> 二方向避難の計画は，センターコアよりダブルコアのほうが良いです。

事務所の主なコア形式

分離コア型は，コアが執務空間から独立している形式で，構造計画及び設備計画上の対応が必要ですが，自由な執務空間が確保できます。

正解　2

【問題44】事務所ビルの計画に関する次の記述のうち，最も不適当なものはどれか。

1．エレベーターの設置台数の算定に用いる「ビルの在籍者数に対する最も利用者が多い時間帯の5分間に利用する人数の割合」は，一般に，複数のテナントが入る貸事務所ビルより自社専用の事務所ビルのほうが大きい。

2．レンタブル比は，貸事務所ビルの収益性に関する指標の一つであり，延べ面積に対する収益部分の床面積の合計の割合である。

3．事務室の机の配置形式においては，個人の明確なワークスペースが必要な場合，並行式より対向式のほうが適している。

4．フリーアドレス方式は，事務室に固定した個人専用の座席を設けず，在籍者が座席を共用し，効率的に利用する方式である。

5．コアプランにおける分離コア型は，耐震構造上，設備計画上の対応が必要であるが，自由な執務空間を確保しやすい。

解説

1．一般に，複数のテナントが入る貸事務所ビルに比べて，**自社専用の事務所ビルのほうが**，**朝の出勤時に集中する人数が多い**ので，エレベーターの設置台数を多くする必要があります。

2．延べ面積に対する収益部分の床面積の割合 $\left(\dfrac{収益部分の床面積}{延べ面積}\times100〔\%〕\right)$ を**レンタブル比**といい，貸事務所ビルの収益性に関する指標の1つです。通常，**総床面積**のレンタブル比は**65〜75％**程度，**基準階床面積**のレンタブル比は**75〜85％**程度とします。

レンタブル比
・延べ面積：65〜75％
・基準階：75〜85％

第3章　計画各論　113

3．【問題43】の解説の2を参照してください。
　　並行式は，対向式に比べてプライバシーが保たれ，執務の集中が可能です。
4．フリーアドレス方式とは，個人専用の座席を設けず，執務の際には，空いている座席を自由に使用する方式です。専有面積の有効利用とコミュニケーションの活性化が図れます。
5．【問題43】の解説の5を参照してください。

正解　3

2-2．商業建築の計画に関する問題

【問題45】商業建築の計画に関する次の記述のうち，最も不適当なものはどれか。

1．劇場において，演目に応じて舞台と観客席との関係を変化させることができるように，アダプタブルステージ形式で計画した。

2．オペラ劇場において，可視限界距離を考慮して，最後部の客席から舞台の中心までの視距離を48mとして計画した。

3．店舗において，商品の陳列棚の高さについては，成人にとって商品の「見やすさ」と「手に取りやすさ」を考慮して，床面から700〜1,400㎜となるように計画した。

4．シティホテルの客室において，照明は間接照明を主とし，各照明ごとに照度を調整できるように計画した。

5．ビジネスホテルにおいて，延べ面積に対する客室部門の床面積の割合を75%として計画した。

解説　商業建築の計画の理解

1．アダプタブルステージとは，可動舞台と可動客席により，必要に応じて客席と舞台との関係を変化させ，演目に応じて適切な空間を作り出せるように工夫された形式です。

①プロセニアム型　②スラスト型　③アリーナ型
アダプタブルステージ

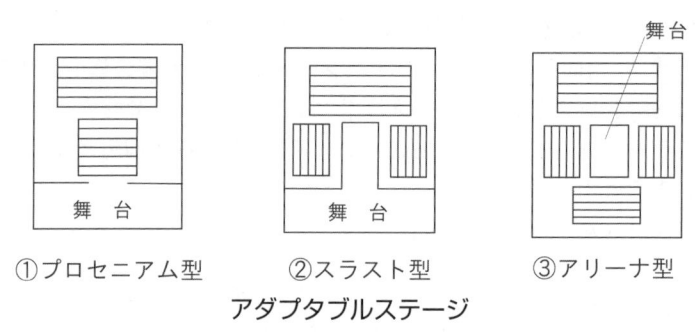

2．オペラ劇場における**可視限界距離**は、客席から舞台上の演技者の**一般的な身振りが見える限度**となる距離で、舞台の中心から**38m程度**です。

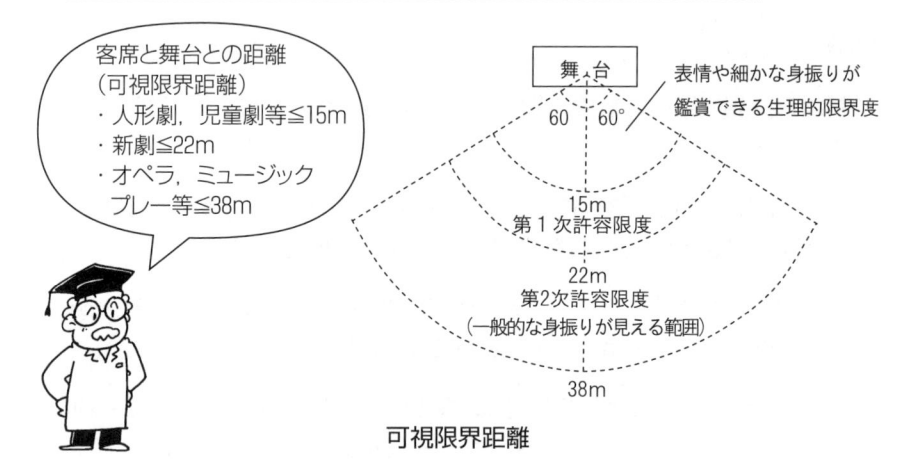

客席と舞台との距離
（可視限界距離）
・人形劇、児童劇等≦15m
・新劇≦22m
・オペラ、ミュージックプレー等≦38m

舞台
60° 60°
表情や細かな身振りが鑑賞できる生理的限度
15m
第1次許容限度
22m
第2次許容限度
（一般的な身振りが見える範囲）
38m

可視限界距離

3．成人にとって商品が見やすく、手に取りやすい**陳列棚の高さ**は、床面から**700〜1,500mm程度**の範囲です。

4．間接照明は、光源からの光を天井や壁に反射させる方式で、柔らかな光環境を演出するのに効果があります。**シティホテルの客室**は、宿泊客がくつろげるように**間接照明**を主とし、各照明ごとに**照度を調整**できるように計画します。

5．宿泊施設において、延べ面積に対する**客室部門の面積割合**は、ビジネスホテルが**70〜75%程度**、シティホテル・リゾートホテルが**45〜50%程度**、コミュニティホテルが**30〜35%程度**として計画します。

正解　2

第3章　計画各論　　　115

【問題46】 商業建築の計画に関する次の記述のうち，最も不適当なものはどれか。

1．床面積の合計が200m²のレストランにおいて，厨房の床面積を60m²とした。

2．床面積の合計が100m²の喫茶店において，厨房の床面積を15m²とした。

3．床面積の合計が1,000m²の量販店において，売場の床面積の合計（売場内の通路を含む）を600m²とした。

4．基準階の床面積が500m²の貸事務所ビルにおいて，基準階の貸室面積を400m²とした。

5．客席の床面積の合計が100m²の映画館において，収容人数の計画を250人とした。

解説

1．**レストランの厨房の床面積**は，レストラン全体の床面積の**25～35％程度**，客席床面積の35～45％程度です。

したがって，床面積200m²のレストランの厨房の床面積は，200m²×25～35％＝**50～70m²程度**です。

2．**喫茶店の厨房の床面積**は，喫茶店全体の床面積の**15～20％程度**です。

したがって，床面積100m²の喫茶店の厨房の床面積は，100m²×15～20％＝**15～20m²程度**です。

3．**量販店の売場の床面積**（売場内の通路を含む）は，延べ床面積の**60～65％程度**です。

したがって，床面積1,000m²の量販店の売場の床面積は，1,000m²×60～65％＝**600～650m²程度**です。

4．【問題44】の解説の2を参照してください。

貸事務所ビルの基準階に対するレンタブル比は，**75～85％程度**です。

したがって，基準階の床面積500m^{2}の貸室面積は，500m^2×75〜85% = 375〜425m^{2}程度です。

5. **映画館の客席の所要床面積は，1人当たり0.5〜0.7m^{2}程度**です。

したがって，床面積100m^{2}の映画館の収容人数は，100m^2÷0.5〜0.7m^2 = 142〜200人程度です。

正解　5

得点力アップのポイント

○ 事務所ビルの計画において，夜間の通用口は，一般に，複数設けない。
○ レンタブル比は，貸事務所ビルの収益性に関する指標の一つであり，延べ面積に対する収益部分の床面積の合計の割合である。
○ 事務室における一人当たりの床面積は，一般に，8〜12m^{2}程度である。
○ 事務室における机の配置形式について，密なコミュニケーションを必要とする業務には，並行式より対向式のほうが適している。
○ オープンコアは，コアを平面の中央部全体に配置した形式であり，基準階の床面積の大きい事務所ビルに適している。
○ スタッグ式は，コミュニケーションとプライバシーの双方を必要とする業務に適した机配置である。
○ オフィスレイアウトにおけるフリーアドレス方式は，事務室に固定した個人専用の座席を設けず，在籍者が座席を共用し，効率的に利用する方式である。
○ 量販店の基準階において，売場部分の床面積（売場内の通路を含む）は，一般に，延べ面積の60〜65%程度とする。
○ 喫茶店において，厨房の床面積は，一般に，延べ面積の15〜20%程度である。
○ 延べ面積に対する客室部分の床面積の合計の割合は，一般に，シティホテルよりビジネスホテルのほうが大きい。
○ 喫茶店やバーのカウンター内の床は，客席の床より低く計画する。
○ 高級品や固定客を対象とする店舗の店頭形式は閉鎖型とする。

3．公共建築・その他の建築

3-1．学校・保育所の計画に関する問題

【問題47】学校の計画に関する次の記述のうち，最も不適当なものはどれか。

1．小学校において，低学年は特別教室型とし，高学年は総合教室型とした。

2．中学校において，図書室の出納システムは，開架式とした。

3．高等学校の教室については，教科教室型として，各教科に応じた施設や設備を整えた。

4．教室の計画においては，「黒板や掲示板」と「その周辺の壁」との明度対比が大きくなり過ぎないように，色彩調整を行った。

5．学校の敷地内においては，環境教育の教材として，自然の生態系を観察できるビオトープを設置した。

解説 学校の計画の理解

1．**総合教室型**は，学習や生活の大部分を各学級のクラスルームで行う方式で，**小学校低学年**に適しています。**特別教室型**は，普通教科は各学級のクラスルームで行い，特別教科は特別教室で行なう方式で，**小学校高学年・中・高等学校に適しています**。

2．中学校における図書室は，生徒が自由に図書を閲覧することのできる**開架式**が適しています。

・総合教室型⇒小学校低学年
・特別教室型⇒小学校高学年，中学校

3．**教科教室型**は，すべての教科がそれぞれ専用の教室をもち，生徒が教室を移動して授業を受ける方式です。中学校，**高等学校**，大学等で採用されています。
4．「黒板や掲示板」と「その周辺の壁」との明度対比が大きくなり過ぎると，目が疲れやすくなるため，**色彩調整を行う**必要があります。
5．**ビオトープ**とは，人間の生活環境内における動植物の安定した生息空間をいい，学校の敷地内に自然の生態系が観察できる空間を設置することは，教育上適切なことです。

正解　1

【問題48】保育所の計画に関する次の記述のうち，最も不適当なものはどれか。

1．幼児用便所のブースの仕切りの高さは，安全の確認と幼児の指導のために1.2mとした。
2．幼児用便所は，保育室の近くに設けた。
3．保育室において，昼寝の場と食事の場とを分けて設けた。
4．4歳児を対象とした定員20人の保育室の床面積を，45m²とした。
5．3歳保育室の1人当たりの床面積を，5歳児保育室の1人当たりの床面積より，狭く計画した。

解説 保育所の計画の理解

1．**幼児用便所のブースの高さ**は，用便時の幼児の様子が把握できる高さで，**1.0〜1.2m程度**とします。
2．**幼児用便所**は，**保育室に隣接**させて，用便中の幼児の様子が常に把握できるようにします。
3．保育所では，日常的に給食を提供し，食後に昼寝させるので，そのスペースを分けて設ける必要があります。
4．保育所の計画において，保育室の床面積は，**幼児1人当たり1.98m²以上**

第3章　計画各論

必要です。定員20人の場合，$1.98m^2 \times$ 20人 = **39.6m² 以上**必要となります。

> 1人当たりの床面積
> 3歳児用＞5歳児用

5．3歳児は，5歳児に比べて集団行動ができず，保育室は，机やいすのほかに，**自由に遊べる空間**が必要です。

したがって，保育室の1人当たりの床面積は，5歳児学級用より3歳児学級用を広く計画する必要があります。

正解　5

3-2．美術館の計画に関する問題

【問題49】 美術館の計画に関する次の記述のうち，最も不適当なものはどれか。

1．日本画を展示する壁面の照度を，日本工業規格（JIS）の照明基準に合わせて，500lx程度とした。

2．小規模な展示室は，来館者の逆戻りや交差が生じないように，一筆書きの動線計画とした。

3．限られた展示スペースを有効に使用したり，展示壁面を増やすために，天井吊可動展示パネルを使用した。

4．絵画用の人工照明の光源を，自然光に近い白色光とした。

5．ミュージアムショップを，エントランスホールに面して配置した。

解説　美術館の計画の理解

1．展示する壁面の照度は，展示物に適した照度とします。日本工業規格（JIS）の照明基準において**洋画の照度は300～750lx程度**，**日本画の照度は150～300lx程度**です。

2．美術館の展示室における**利用者の動線**は，原則として，逆戻りや交差の生じない**一筆書き**の計画とします。小規模な展示室でも，一筆書きの計画とするほうが良いです。

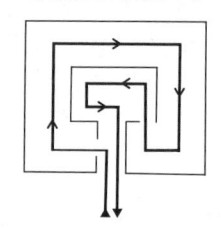

①接室順路形式　②廊下接続形式　③中央ホール形式

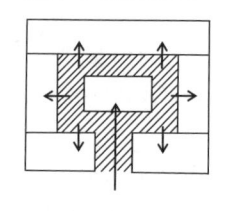

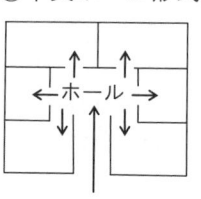

展示室の形式

3．限られた展示スペースを有効に使用したり，展示壁面を増やすために，**天井吊可動展示パネル**を使用することは有効な手段です。
4．展示品の色を正確に伝えるためには，演色性の良い自然光（太陽光）とするのが良いですが，自然光には，紫外線など展示品に有害な成分が含まれています。一般に，人工照明を使用し，光源を自然光に近づけるように調整します。
5．ミュージアムショップ（館内の売店）は，来館者が鑑賞後に立寄る場合が多く，鑑賞の妨げにならないように，**エントランスホールの出入り口付近**に計画します。

正解　1

【問題50】美術館の計画に関する次の記述のうち，最も不適当なものはどれか。

1．展示室の床面積の合計は，延べ面積の30～50%のものが多い。

2．展示室の展示壁面は，展示空間にフレキシビリティをもたせるために，可動式とすることが多い。

3．絵画用の人工照明の光源は，一般に，自然光に近い白色光とするのが望ましい。

4．展示ケースのガラスには，一般に，青みを除去した無色の高透過ガラスを使用するのが望ましい。

第3章 計画各論　　　121

5．日本画を展示する壁面の照度は，一般に，500〜750lx 程度とする。

解説

1．美術館の計画において，**展示室の床面積**は，延べ面積の **30〜50%程度**を占めます。
2．展示室の展示壁面を可動式とすることで，展示する内容に合わせて展示空間を変えることができ，フレキシビリティをもたせることが可能です。
3．【問題49】の解説の4を参照してください。
4．展示ケース内の美術品固有の物体色ができるだけ損なわないように，ガラスには，**青みを除去した無色の高透過ガラス**を使用します。
5．【問題49】の解説の1を参照してください。
　　日本画を展示する壁面の照度は，一般に，150〜300lx **程度**とします。

正解　5

3-3．図書館の計画に関する問題

【問題51】次の用語のうち，図書館に関する計画と最も関係の少ないものはどれか。

1．レファレンスカウンター
2．シューボックススタイル
3．ブックモビル
4．ブラウジングコーナー
5．キャレル

解説　図書館の計画の理解

1．**レファレンスカウンター**とは，利用者が学習，調査，研究するための資料

第1編　学科Ⅰ・計画

と機器を備え，それを援助する職員が配置された**相談窓口**です。
2．**シューボックススタイル**は，コンサートホールの形状で，奥行きの深い長方形の平面に高い天井を有する長方形のホールです。

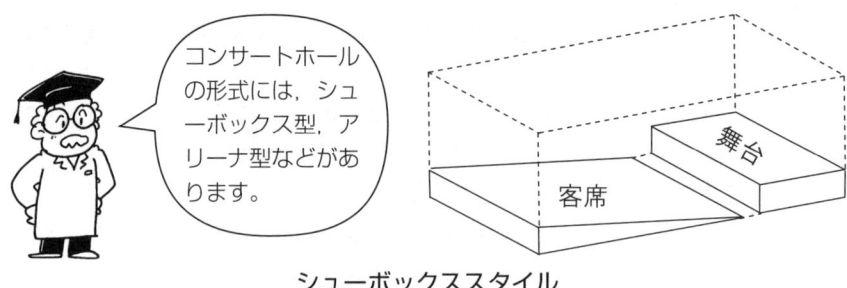

コンサートホールの形式には，シューボックス型，アリーナ型などがあります。

シューボックススタイル

3．**ブックモビル**とは，地域の公共図書館では対応できない場所や来館できない人々のための自動車を用いた**移動図書館**です。
4．**ブラウジングコーナー**は，利用者が，**新聞や雑誌**などを気軽に読む空間です。
5．**キャレル**とは，図書館の書庫や閲覧室などにおく一人用の閲覧机をいいます。

正解　2

【問題52】地域図書館の分館の計画に関する次の記述のうち，最も不適当なものはどれか。

1．貸出し用の図書を，できるだけ多く開架式として提供した。

2．新聞や雑誌などを気軽に読む空間として，レファレンスルームを設けた。

3．閲覧室の床の仕上げは，歩行音の発生が少なくなるように，タイルカーペットとした。

4．書架を設置しない40人収容の閲覧室の床面積を，100m^{2}とした。

5．館内の図書などを無断で持ち出されることのないように，BDS（ブックディテクションシステム）を採用した。

第3章　計画各論　　　　　　　　　123

解説

1. **地域図書館の分館**は，図書の貸出しを主としているので，利用者が自由に直接書架から図書を選び出し，館員のチェックを受けずに閲覧できる**開架式**が適切です。
2. 新聞や雑誌などを気軽に読む空間は，ブラウジングコーナーです。
3. 閲覧室は静かな環境が要求されるため，床の仕上げには，歩行音の発生が少ないタイルカーペットが適しています。
4. 書架を設置しない**閲覧室の床面積**は**1人当たり1.5～3.0m²程度**で，40人収容の閲覧室の場合，**60～120m²程度**の床面積を必要とします。
5. BDS（ブックディテクションシステム）とは，電磁気を感知して図書の**不正な持出しを防止する装置**で，貸出しカウンターと出入口との間に設置されます。

正解　2

3-4. 診療所の計画に関する問題

【問題53】診療所の計画に関する次の記述のうち，最も不適当なものはどれか。

1. 診察室は，処置室と隣接させて配置した。
2. 新生児室は，ナースステーションと隣接させるとともに，廊下からガラス越しに室内を見ることができるような計画とした。
3. 病室における全般照明は，ベッドで寝ている患者に光源が直接見えないような計画とした。
4. 壁に設ける案内板のサイン計画において，シンボルマークに文字を併記した。
5. X線撮影室の床材には，電導性のものを使用した。

解説　診療所の計画の理解
1．診療所の計画において，診察室で診察し，すぐに処置・治療できるように，**診察室と処置室を隣接させて配置する必要があります**。
2．新生児室は，常にチェックができるように，ナースステーションと隣接させるとともに，廊下からガラス越しに室内を見ることができるような計画とします。
3．病室における全般照明は，ベッドで寝ている患者に光源が直接見えないよう，柔らかい**間接照明**とし，各病床ごとに局部照明を設けます。
4．案内板のサイン計画においては，外来患者や見舞いに来た人など様々な人に配慮し，シンボルマークに文字を併記するなど，わかりやすくすることが重要です。
5．X線撮影室は，高圧電流を使用するので，感電などに配慮して，床材には**電気的絶縁性の高いもの**を使用します。

正解　5

【問題54】診療所の計画に関する次の記述のうち，最も不適当なものはどれか。

1．平面計画において，患者の動線とカルテを搬送する動線とが交差しないように配慮した。

2．待合ホールにおけるいすのレイアウトについては，玄関に対面するように計画した。

3．X線撮影室は，診察室及び処置室に近接して設けた。

4．手術室については，前室を設け，出入口を自動ドアとした。

5．病室における全般照明を，間接照明とした。

解説
1．診療所の計画においては，**患者とカルテの動線に重点をおき，それらの動線が交差しないように計画します**。

第3章　計画各論　　125

2．**待合ホールにおけるいすのレイアウト**は，玄関に対面するように計画するとプライバシーが侵される恐れがるので，玄関に対面させず，受付に面するように計画します。
3．**診察室，X線撮影室，処置室**は，連続した医療行為となる場合が多いので，3つの室は近接して設けます。
4．**手術室**は，高い清浄度が要求されるので，空調に配慮して，**前室**を設けます。また，医師等がドアに触れずに開閉できるように，**出入口は自動ドア**とします。
5．【問題53】の解説の3を参照してください。

正解　2

3-5．社会福祉施設等の計画に関する問題

【問題55】社会福祉施設等に関する次の記述のうち，最も不適当なものはどれか。

1．ケアハウスは，家族による援助を受けることが困難な高齢者が，日常生活上必要なサービスを受けながら自立的な生活をする施設である。
2．介護老人保健施設は，病院における入院治療の必要はないが，家庭に復帰するための機能訓練や看護・介護が必要な高齢者のための施設である。
3．認知症高齢者グループホームは，介護を必要とする認知症の高齢者が，入浴や食事等の介護を受けながら共同生活を行う施設である。
4．老人デイサービスセンターは，在宅介護を受けている高齢者が，送迎等により通所して，入浴や日常動作訓練，生活指導等のサービスを受ける施設である。
5．特別養護老人ホームは，常時介護の必要はないが，自宅において介護を受けられない高齢者のための施設である。

解説　社会福祉施設等の理解

1．**軽費老人ホーム（ケアハウス）**は，60歳以上で，身体機能の低下等により

自立した日常生活を営むことについて不安があり，**家族による援助を受けることが困難な高齢者**が，食事の提供，入浴の準備等の日常生活上必要なサービスを低額な料金で受けることができる施設です。
2．**介護老人保健施設**は，病院の機能は必要としないが，居宅における生活への復帰のために，**介護及び機能訓練を必要とする**高齢者のための施設です。
3．**認知症高齢者グループホーム**は，**介護が必要な認知症の高齢者**（5〜9名程度）が，生活援助員とともに，食事の支度，掃除，洗濯などを含め，**生活上の介護を受けながら，一日中共同で家庭生活を行う**施設です。
4．**老人デイサービスセンター**は，**在宅介護を受けている高齢者**のために，入浴，食事，健康診査，日常動作訓練，生活指導等のサービスを提供する施設です。
5．**特別養護老人ホーム（介護老人福祉施設）**は，身体上又は精神上著しい障害があることにより**常時介護を必要とし，自宅で介護を受けられない高齢者**を入所させ，日常生活上の必要なサービスを提供する施設です。

正解　5

3-6. 公共建築の計画に関する問題

【問題56】公共建築の計画に関する次の記述のうち，最も不適当なものはどれか。

1．小学校において，低学年は総合教室型とし，高学年は特別教室型とした。

2．保育所において，4歳児を対象とした定員20人の保育室の床面積を50 m^{2}とした。

3．特別養護老人ホームにおいて，定員2人の入居者専用居室の床面積を16m^{2}とした。

4．診療所において，X線撮影室は，診察室及び処置室に近接させた。

5．地域図書館において，一般閲覧室と児童閲覧室は分けて配置したが，貸出カウンターは共用とした。

第3章 計画各論　127

解説 各種の公共建築の理解

1．【問題47】の解説の1を参照してください。
2．【問題48】の解説の4を参照してください。
3．**特別養護老人ホーム**の入居者専用居室の床面積の基準は，<u>1人当たり10.65 m²以上</u>で，定員2人の場合は**21.3m²以上**必要です。

高齢者施設の居室面積

医療病床	介護老人保健施設	特別擁護老人ホーム	ユニット型特別養護老人ホーム	ケアハウス
病室 6.4m²/人～	療養室 8.0m²/人～	居室 10.65m²/人～	居室 13.2m²/人～	居室 21.6m²/人～
			（原則として個室）	

◪：ベッド(1.0m×1.8m)

4．【問題54】の解説の3を参照してください。
5．通常，地域図書館において，**一般閲覧室と児童閲覧室は分けて配置**します。また，少人数の館員で管理する場合は，貸出しカウンターを共用できるように，中央に配置します。

正解　3

【問題57】公共建築の計画に関する次の記述のうち，最も不適当なものはどれか。

1．地域図書館において，一般閲覧室と児童閲覧室を分けて配置し，貸出しカウンターを共用とした。

2．美術館において，日本画を展示する壁面の照度を，700lx程度とした。

3．保育所において，幼児用便所のブースの仕切りや扉の高さを，1.2mとした。

4．小学校において，低学年は総合教室型とし，高学年は特別教室型とした。

5．郷土資料館において，収蔵庫の近くに荷解き室を配置した。

解説

1．【問題56】の解説の5を参照してください。
2．【問題49】の解説の1を参照してください。
　美術館において，**日本画を展示する壁面の照度は150〜300lx 程度**とします。
3．【問題48】の解説の1を参照してください。
4．【問題47】の解説の1を参照してください。
5．郷土資料館において，外部から搬入された展示物や資料は**荷解き室**で荷解きされて**収蔵庫**に収納されます。したがって，荷解き室と収蔵庫は，隣接あるいは近接した配置とします。

正解　2

得点力アップのポイント

○　劇場において，プロセニアクステージの主舞台からフライロフト上部までの高さは，プロセニアムの開口部の高さの2.5倍程度は必要である。
○　保育所の計画において，乳児室は，幼児の保育室から離して設ける。
○　地域図書館において，新聞や雑誌などを気軽に読む空間として，ブラウジングコーナーを設けた。
○　介護老人保健施設は，病院における入院治療の必要はないが，家庭に復帰するための機能訓練や看護・介護が必要な高齢者のための施設である。
○　特別養護老人ホームは，常時介護が必要で在宅介護を受けることが困難な高齢者が，入浴や食事等の介護，医師による健康管理や療養上の指導等を受ける施設である。
○　郷土資料館において，収蔵品の燻（くん）蒸室は，荷解室及び収蔵庫に近接して配置する。
○　コンサートホールにおいて，アリーナ型は，客席がステージを取り囲むので，演奏者と観衆の一体感が得られやすい。

4．各部計画

4-1．各部の寸法等に関する問題

【問題58】 身体障がい者，高齢者等に配慮した建築物の各部の寸法等に関する次の記述のうち，最も不適当なものはどれか。

1．外開き扉の玄関ポーチの場合，車いす使用者に配慮し，扉の引手方向に，扉の幅に200cm加えた平坦なスペースを設けた。

2．車いす使用者に配慮し，記帳などを行う受付カウンターの下部に，高さ50cm，奥行30cmのクリアランスを設けた。

3．視覚障がい者に配慮し，階段の上部に設ける注意喚起用点状ブロックは，階段の手前30cm程度の床上に設けた。

4．高齢者に配慮し，作業領域の照度を，日本工業規格（JIS）における照明基準の2倍とした。

5．松葉杖の使用者に配慮し，廊下の幅を120cmとした。

解説 各部の寸法の理解

1．車いす使用者が利用する外開き扉の玄関ポーチには，扉の引手方向に，**車いすが回転するためのスペース（直径150cm）**が必要です。扉の幅に200cm加えた平坦なスペースを設けるのは適切です。

> 車いすの最小回転円
> ⇩
> 直径150cmの円

2．車いす使用者が利用する記帳などを行う**受付カウンターの下部**には，車いすがカウンターに近づけるように，**高さ60cm，奥行45cm程度**のクリアランスが必要です。

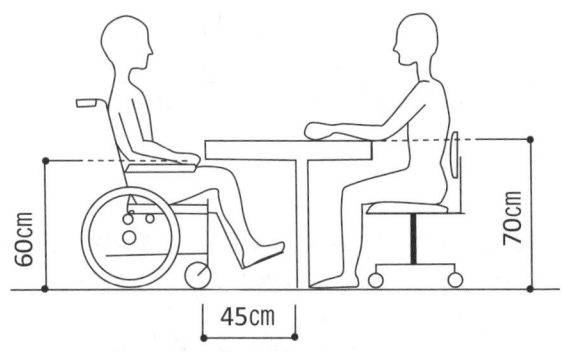

車いす使用に配慮したカウンター

3．視覚障がい者に階段の位置を知らせるため，階段の上部及び下部には**注意喚起用点状ブロック**を設けます。点状ブロックは，階段の端から15〜30cm手前に設けます。
4．高齢者が利用する作業領域の照度は，視力の低下を考慮して，日本工業規格（JIS）における**照明基準の2倍程度**を確保します。
5．松葉杖の使用者の歩行幅は90〜120cm程度であるため，廊下の幅は**120cm以上**とします。

正解　2

【問題59】建築物の各部の寸法に関する次の記述のうち，最も不適当なものはどれか。

1．診療所において，病室のベッド1床当たりの左右に設けるあき寸法を，ベッドの端から750mmとした。

2．飲食店において，立位で食事をするためのカウンターの高さを，床面から1,000mmとした。

3．駐輪場において，自転車1台当たりの駐輪スペースを，700mm×1,900mmとした。

第3章　計画各論　　　131

4．劇場において，座席の幅（1人分の間口）を550mmとし，前後間隔（背もたれ相互の間隔）を1,000mmとした。

5．住宅において，車いす使用者が利用するキッチンの流し台上部に固定した食器戸棚の上端までの高さを，車いすの座面から1,200mmとした。

解　説

1．診療所において，病室のベッド1床当たりの左右に設ける**あき寸法**は，ベッド廻りでの診察や処置，ストレッチャーの出入りを考慮して，ベッドの左右に**750mm以上**のあき寸法を設けます。
2．飲食店において，**立位で食事をするためのカウンターの高さ**は，床面から**1,000mm程度**とします。
3．駐輪場において，**自転車1台当たりの駐輪スペース**は，**幅600mm×長さ1,900mm以上**とします。
4．劇場において，座席の**幅（1人分の間口）は500mm程度**，前後間隔（背もたれ相互の間隔）は**1,000mm程度**とします。
5．車いす使用者が利用できる食器戸棚の高さは，**床面から1,500mm程度**が限度です。したがって，車いすの座面からの高さの場合，1,050mm〜1,100mm程度です。

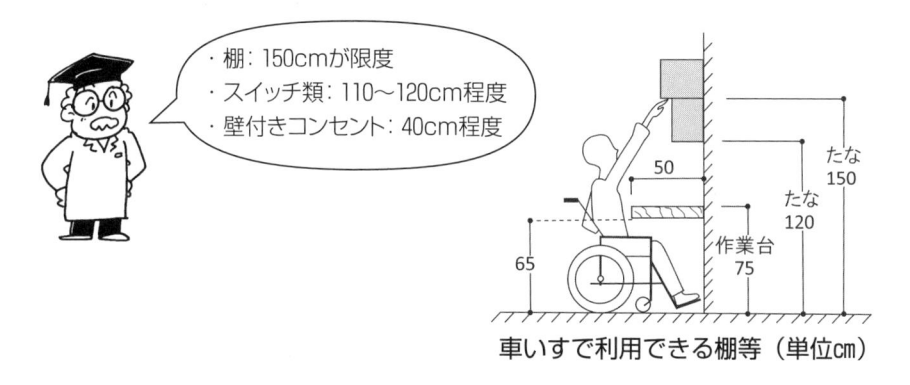

・棚：150cmが限度
・スイッチ類：110〜120cm程度
・壁付きコンセント：40cm程度

車いすで利用できる棚等（単位cm）

正解　5

4-2. 各室の所要床面積に関する問題

【問題60】 次の各室の所要床面積のうち，最も不適当なものはどれか。

1. 特別養護老人ホームの定員2人の入居者専用居室————18m²
2. 保育所の定員20人の保育室————————————40m²
3. 小学校の35人学級の普通教室————————————56m²
4. 地域図書館の書架のない50人収容の一般閲覧室————125m²
5. 映画館の定員600人の客席——————————————420m²

解説　各室の所要床面積の理解

1. 【問題56】の解説の3を参照してください。
　特別養護老人ホームの定員2人の入居者専用居室の所要床面積は，<u>10.65 m²／人×2人＝21.3m²以上</u>です。
2. 【問題48】の解説の4を参照してください。
3. **小中学校の普通教室**の所要床面積は，**児童1人当たり1.6m²程度**で，近年は大型化しています。
　したがって，35人学級の普通教室の場合，1.6m²／人×35人＝56m²程度です。
4. 【問題52】の解説の4を参照してください。
　地域図書館の書架のない50人収容の**一般閲覧室**の所要床面積は，1.5〜3.0 m²／人×50人＝75〜150m²**程度**です。
5. 【問題46】の解説の5を参照してください。
　映画館の定員600人の**客席**の所要床面積は，$\dfrac{0.5〜0.7m²}{人}×600人$＝300〜420m²程度です。

正解　1

第3章　計画各論　133

【問題61】次の各室の所要床面積のうち，最も不適当なものはどれか。

1．病院の患者4人収容の一般病室（内法寸法とする）────28m²
2．保育所の定員30人の保育室────────────────36m²
3．小学校の35人学級の普通教室──────────────56m²
4．一般的な事務所の12人が執務する事務室───────120m²
5．映画館の定員800人の客席────────────────560m²

解説

1．【問題56】の解説の3の図を参照してください。
　病院の一般病室の所要床面積は，患者1人当たり，内法寸法で6.4m²以上必要です。
　したがって，患者4人収容の一般病室の場合，6.4m²／人×4人＝**25.6m²以上**となります。
2．【問題48】の解説の4を参照してください。
　保育所の定員30人の**保育室**の所要床面積は，1.98m²／人×30人＝59.4m²以上必要です。
3．【問題60】の解説の3を参照してください。
4．一般的な事務室の所要床面積は，1人当たり8〜12m²程度です。したがって，12人が執務する事務室の場合，8〜12m²／人×12人＝96〜144m²程度必要です。
5．【問題60】の解説の5を参照してください。

正解　2

第1編　学科Ⅰ・計画

主な建築物の1人当たりの床面積

用途	床面積
映画館の客席	0.5〜0.7m^2（0.7m^{2}程度）
レストランの客席	0.9〜2.0m^2
小中学校の教室	1.2〜2.0m^2（1.6m^{2}程度）
保育所の保育室	1.98m^{2}以上（2.0m^{2}程度）
図書館の閲覧室	1.5〜3.0m^2（2.5m^{2}程度）
病院の病室	6.4m^{2}以上（7.0m^{2}程度）
事務室	8.0〜12m^2（10.0m^{2}程度）
特別養護老人ホームの居室	10.65m^{2}以上

4-3. 勾配に関する問題

【問題62】 建築物等の各部の勾配に関する次の記述のうち，最も不適当なものはどれか。

1. 車いす使用者用の屋外傾斜路の勾配を，$\frac{1}{20}$とした。
2. 階段に代わる歩行用傾斜路の勾配を，$\frac{1}{10}$とした。
3. 屋内駐車場の自動車用車路の勾配を，$\frac{1}{5}$とした。
4. エスカレーターの勾配を，$\frac{1}{2}$とした。
5. 高齢者が使用する住宅の階段の勾配を，$\frac{6}{7}$とした。

解説 各部の勾配の理解

1. 車いす使用者用の屋外傾斜路の勾配は$\frac{1}{12}$以下とし，$\frac{1}{15}$以下とするのが望ましいです。したがって，$\frac{1}{20}$は，これらの基準より緩やかなので適しています。

第 3 章　計画各論

2．階段に代わる歩行用傾斜路の勾配は，$\frac{1}{8}$以下です。

3．屋内駐車場の**自動車用車路**の勾配は，17％（約$\frac{1}{6}$）以下です。

4．**エスカレーター**の勾配は，30度（約$\frac{1}{1.73}$）以下です。

5．高齢者が使用する**住宅の階段**の勾配は，$\frac{6}{7}$（約40度）以下です。推奨値は$\frac{7}{11}$（約32度）以下です。

|正解　3|

【問題63】公共建築物における傾斜路の計画に関する次の記述のうち，最も不適当なものはどれか。

1．車いす使用者の利用に配慮し，階段に併設する屋内傾斜路の幅を，1.2m とした。

2．車いす使用者の利用に配慮し，屋外傾斜路における踊場の踏幅を，1.5m とした。

3．車いす使用者の利用に配慮し，屋外傾斜路は，その勾配を$\frac{1}{12}$とし，高さ1mごとに踊場を設けた。

4．2階建の立体駐輪場において，階段を利用しながら自転車を手押しで移動するための傾斜路の勾配を，$\frac{1}{5}$とした。

5．自走式の地下駐車場において，傾斜路の始まりと終わりを緩和勾配とし，その勾配を本勾配の$\frac{1}{2}$とした。

解　説

1．階段に併設する傾斜路の幅は90cm以上とし，階段に代わる傾斜路の幅は120cm以上とします。

2．車いす使用者の利用に配慮した屋外傾斜路は，勾配を$\frac{1}{12}$以下とし，**高さ75cm以内**に，**踏幅150cm以上の踊場**を設けます。

3．上記2を参照してください。**高さ75cm以内に踊場が必要です。**

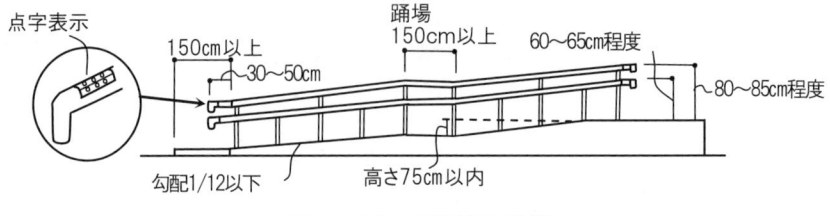

スロープの勾配等の仕様

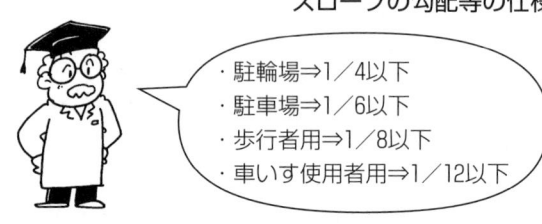

・駐輪場⇒1／4以下
・駐車場⇒1／6以下
・歩行者用⇒1／8以下
・車いす使用者用⇒1／12以下

4．階段を利用しながら自転車を手押しで移動するための傾斜路の勾配は，$\frac{1}{4}$（**約25％**）**以下**です。$\frac{1}{5}$は，この基準より緩やかなので適しています。

5．傾斜路の本勾配は$\frac{1}{6}$以下です。また，**緩和勾配**とは，地面と車体の下部が接して損傷することを防ぐために，傾斜路の始めと終わりの部分に設ける緩やかな勾配のことで，通常，**本勾配**の$\frac{1}{2}$（$\frac{1}{6}$の場合，$\frac{1}{12}$）程度で3.5m以上の長さを設けます。

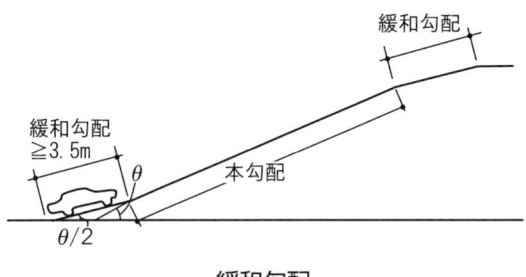

緩和勾配

正解　3

4-4. 車いす使用者の利用に配慮した建築物の計画に関する問題

【問題64】車いす使用者の利用に配慮した公共建築物の計画に関する次の記述のうち，最も不適当なものはどれか。

1．エレベーターの操作ボタンの高さを，床面から130cmとした。
2．記帳などを行う受付カウンターの下部に，高さ60cm，奥行45cmのクリアランスを設けた。
3．屋外において，階段に併設する傾斜路の幅を，120cmとした。
4．多機能便房の広さを，200cm×200cmとした。
5．駐車場において，小型自動車1台当たりの駐車スペース（幅×奥行）を，350cm×600cmとした。

解説

1．車いす使用者が利用するエレベーターの**操作ボタンの高さは，床面から100cm程度**が適切です。また，利用しやすいようにボタンの配列は横型にします。
2．【問題58】の解説の2を参照してください。
3．【問題63】の解説の1を参照してください。
4．車いすで方向転換可能なスペースは，**直径150cmの円形**が目安です。多機能便房の広さとしては，**200cm×200cm程度**を必要とします。

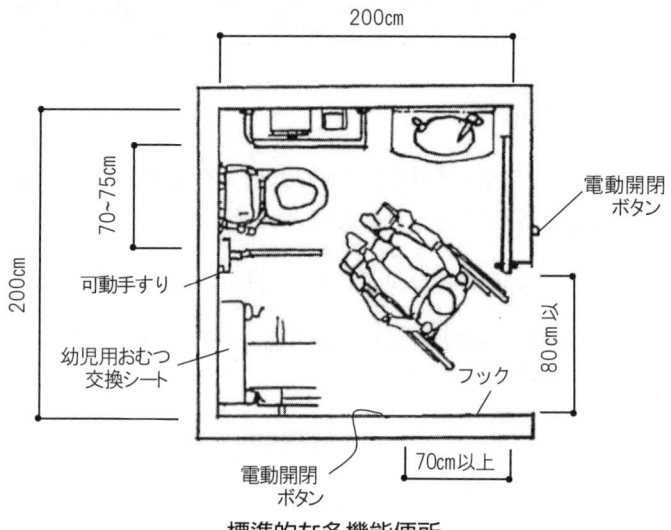

標準的な多機能便所

5．**車いす使用者が利用する**小型自動車1台当たりの**駐車スペースは，幅350 cm×奥行600cm程度**とします。

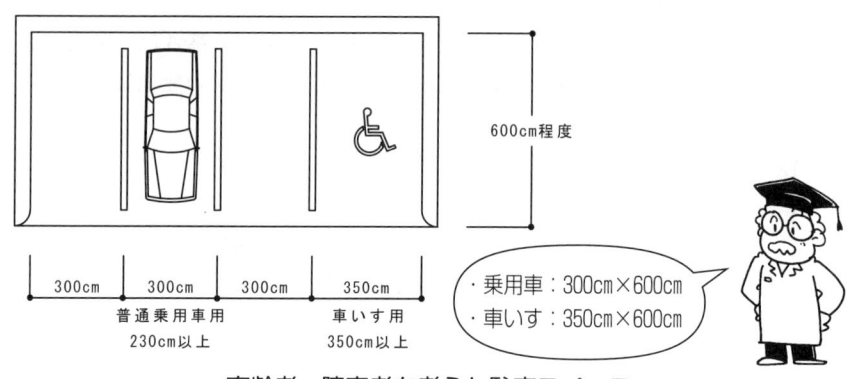

・乗用車：300cm×600cm
・車いす：350cm×600cm

普通乗用車用 230cm以上
車いす用 350cm以上

高齢者・障害者を考えた駐車スペース

正解　1

第 3 章　計画各論　　　　　　　　　　139

【問題65】車いす使用者に配慮した公共建築物の計画に関する次の記述のうち，最も不適当なものはどれか．

1．便所のブースの出入口の有効幅を，90cmとした．

2．廊下の有効幅を，車いす2台がすれ違うことを考慮して，200cmとした．

3．小型自動車1台当たりの駐車スペースの幅を，乗降スペースを含めて，350cmとした．

4．屋内傾斜路における踊場の踏幅を，150cmとした．

5．カウンター式の記帳台の上端の高さを，床面から60cmとした．

解説

1．【問題64】の解説の4を参照してください．
　便所のブースの**出入口の有効幅**は，車いすの通行を考慮して，**80cm以上**とします．
2．**車いす2台がすれ違うことを考慮した廊下の有効幅**は，**180cm以上**です．
3．【問題64】の解説の5を参照してください．
4．【問題63】の解説の2を参照してください．
5．【問題58】の解説の2を参照してください．
　車いす使用者に配慮したカウンター式の**記帳台の上端の高さ**は，床面から**75cm程度**必要です．

正解　5

4−5．屋根に関する問題

【問題66】屋根に関する次の記述のうち，最も不適当なものはどれか。

1．入母屋屋根は，上部を切妻とし，下部の屋根を四方に葺きおろした屋根である。
2．寄棟屋根は，大棟から四方に葺きおろした屋根である。
3．腰折れ屋根は，勾配が上部と下部とで異なり，上部が急勾配，下部が緩勾配の屋根である。
4．方形屋根は，四つの隅棟が一つの頂点に集まった屋根である。
5．陸屋根は，勾配が極めて小さく，平坦な屋根である。

解説　屋根の形状の理解

1．**入母屋屋根**は，**上部**を**切妻**とし，**下部の屋根**を**寄棟**と同様に，四方に葺きおろした屋根です。
2．**寄棟屋根**は，**大棟**（屋根の頂部にある水平の棟）から四方向に葺きおろされた屋根です。
3．**腰折れ屋根**は，**棟近くの勾配が緩く**，途中で屋根面が折れて，**軒に近い部分の勾配が急**になった屋根です。
4．**方形屋根**は，**平面が正方形または正八角形**で，屋根面が角錐状に**一つの頂点に集まる**屋根です。
5．**陸屋根**は，**水平**か勾配がきわめて緩い屋根です。

正解　3

第3章　計画各論

【問題67】 屋根に関する次の記述のうち，最も不適当なものはどれか。

1. 腰折れ屋根は，勾配が上部と下部とで異なり，上部が急勾配，下部が緩勾配の屋根である。
2. 寄棟屋根は，大棟から四方に葺きおろした屋根である。
3. 入母屋屋根は，上部を切妻とし，下部の屋根を四方に葺きおろした屋根である。
4. 切妻屋根は，大棟から両側に葺きおろした屋根である。
5. 陸屋根は，勾配が極めて小さく，平坦な屋根である。

解説

1. 【問題66】の解説の3を参照してください。
   腰折れ屋根は，勾配が上部と下部とで異なり，**上部が緩勾配，下部が急勾配**の屋根です。
2. 【問題66】の解説の2を参照してください。
3. 【問題66】の解説の1を参照してください。
4. **切妻屋根**は，**大棟の両側にのみ**流れをもつ屋根です。
5. 【問題66】の解説の5を参照してください。

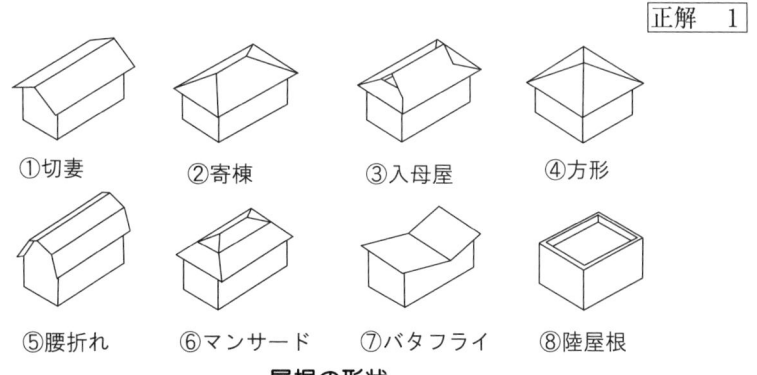

正解　1

①切妻　②寄棟　③入母屋　④方形
⑤腰折れ　⑥マンサード　⑦バタフライ　⑧陸屋根

屋根の形状

得点力アップのポイント

○ 小型自動二輪車1台当たりの駐車スペースは，90cm×230cm程度とする。
○ エレベーターのかごの内法寸法は，車いすの回転を考慮して，間口140cm以上，奥行135cm以上とし，出入口の幅は80cm以上とする。
○ 屋外の傾斜路において，階段が併設されている場合，車いす使用者に配慮し，傾斜路の幅は90cm以上とする。
○ エレベーターかご内の車椅子使用者用操作盤の位置は，床面から100～110cm程度とする。
○ 車椅子使用者が利用する高低差160mm以下の傾斜路の場合，勾配を$\frac{1}{8}$以下とすることができる。
○ 車いす使用時の洗顔を考慮して，洗面器の上端の高さは，床面から750～800mm程度とする。
○ 日本瓦葺の屋根勾配は，$\frac{4}{10}$以上とする。
○ 方形屋根は，四つの隅棟が一つの頂点に集まった屋根である。
○ 腰折れ屋根は，勾配が上部と下部で異なり，上部が緩勾配，下部が急勾配の屋根である。
○ 一戸建て住宅において，一方を片引き，他方をはめ殺しとした外窓の場合，雨仕舞を考慮し，片引き部分を屋外側に設ける。

5. 都市計画

5-1. まちづくり・住宅地の計画等に関する問題

【問題68】まちづくりに関する次の記述のうち，最も不適当なものはどれか。

1．ボンエルフは，住宅地の道路において，歩行者と自動車の共存を図るための手法である。

2．ハンプは，住宅地の道路において，車道部分を大きく蛇行させることによって，自動車の速度を低下させるための手法である。

3．ラドバーンシステムは，住宅地において，通過交通を排除し，歩行者と自動車の動線を完全に分離させるための手法である。

4．トランジットモールは，モールの形態の一つであり，一般の自動車の進入を排除し，路面電車やバス等の公共交通機関と歩行者の空間としたものである。

5．パークアンドライドは，中心市街地への自動車の流入を減らすため，周辺の駅に整備された駐車場まで自動車で行き，そこから公共交通機関を利用して，中心市街地へ移動する手法である。

解説 まちづくりに関する用語の理解

1．歩車の分離において，歩道と車道とを分けて整備するのが困難な場合，車の速度を抑制する**ボンエルフ**といわれる**歩車共存型**の道路が，1970年代にオランダで試みられ，コミュニティ道路として普及しています。

2．**ハンプ**とは，住宅地において，**路面を部分的に盛り上げ**，車両の速度を抑制しようとする手法です。設問の記述は，**シケイン**と呼ばれる手法の記述です。

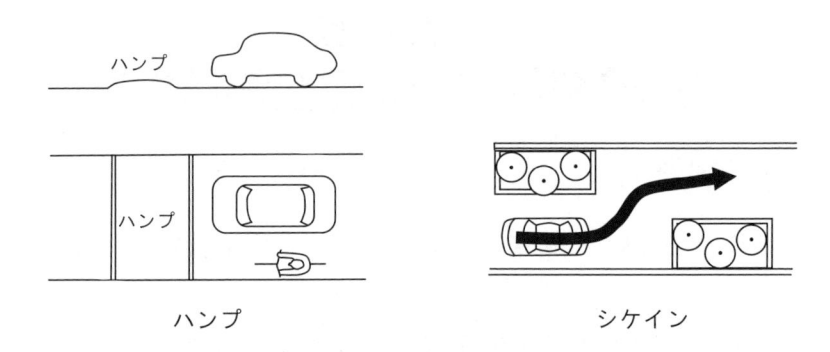

ハンプ

シケイン

3. **ラドバーンシステム**とは，人の動線と車の動線が交差しないように，人と車の動線を平面的に分離する手法です。

車は，幹線道路から**クルドサック（袋小路）**に入り，人は住戸裏側に設けられた歩行者専用路から入ることによって，**ラドバーンシステム**（歩車の分離）を図ることができます。

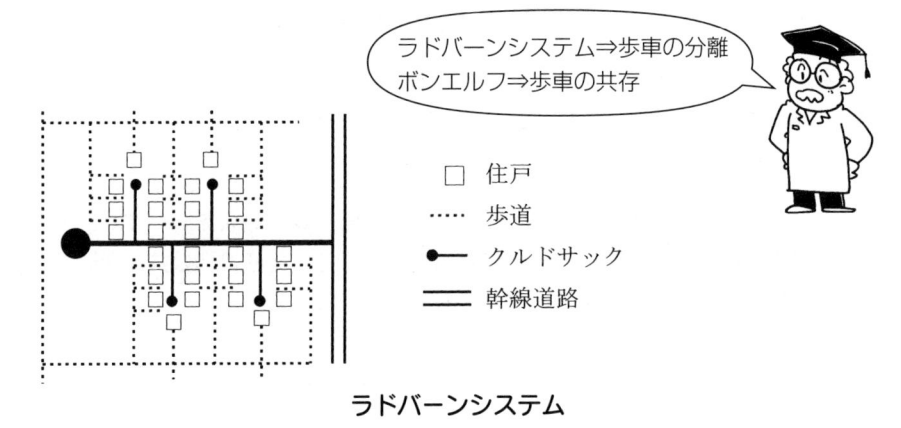

ラドバーンシステム⇒歩車の分離
ボンエルフ⇒歩車の共存

□ 住戸
⋯⋯ 歩道
●━ クルドサック
═══ 幹線道路

ラドバーンシステム

4. **トランジットモール**は，商店街などの修景を施した歩行者系道路（モール）の一種で，**歩行者用道路**ですが，**バス**や**路面電車**などの公共交通の通行**は許容**したものです。
5. **パークアンドライド**は，自宅から，途中の道路混雑が少なく駐車場の整備された**鉄道駅**まで**自動車で行き**，駐車して鉄道に乗継ぎ，都心など目的地へ向う交通方式をいいます。

正解　2

第3章　計画各論　　145

【問題69】住宅地の計画に関する次の記述のうち，最も不適当なものはどれか。

1．住宅地内の街路は，歩行者と自動車の共存を図るために，ボンエルフの手法を取り入れた。

2．近隣住区における住宅地総面積の約10％を，公園や運動場等のレクリエーション用地とした。

3．近隣住区における住宅地の周辺部の交差点近くに，商店群を配置した。

4．近隣分区ごとに，その中心付近に，小学校1校を配置した。

5．近隣グループごとに，公共施設としてプレイロットを計画した。

解説

1．【問題68】の解説の1を参照してください。
2．**近隣住区**の計画において，通常，住宅地総面積の約60％が住宅地，約20％が道路，約10％が公共施設（小学校，郵便局など），**約10％が公園，運動場などのレクリエーション用地**に当てられます。
3．**近隣住区**は，**近隣分区が4つ程度**集まった居住区域の単位です。商店郡やショッピングセンターは，2～3の近隣分区の住民が利用しやすいように，**近隣分区の周辺部の交差点近くに配置**します。
4．**近隣分区の規模**は，**幼稚園が1つ必要な戸数**とします。**小学校1校**が必要な規模は，**近隣住区**です。
5．**近隣グループ**は，住宅地の計画を構成する最小単位で，公園緑地施設として，**プレイロット（幼児の遊び場）**を計画します。

正解　4

近隣住区を中心に覚えましょう。

住宅地計画の生活関連施設

生活圏域区分	近隣グループ	近隣分区	近隣住区	近隣住区	地　区
人口 (戸数)	100～200人 (20～40戸)	2,000～2,500人 (400～500戸)	8,000～10,000人 (1,600～2,000戸)	16,000～20,000人 (3,200～4,000戸)	30,000人～ (6,000戸～)
学校教育施設		幼稚園	小学校	中学校	高等学校
商業施設	食料品店	日用品店 飲食店	一般小売店 スーパー・ストアー	専門店，銀行 サービスセンター	量販店 娯楽施設
医療保健施設		診療所 (主要科)	診療所 (各科)	病院 保健所支所	地域医療支援 病院 保健所
行政施設			駐在所 消防出張所	市役所出張所	警察署 消防署
		ポスト	特定郵便局		
社会教育施設	集会室	集会所		公民館	市民会館 図書館
社会福祉施設		保育所			児童，老人福祉施設
公園緑地施設	プレイロット	街区公園	近隣公園	地区公園	

得点力アップのポイント

○　ボンエルフは，住宅地の道路において，自動車の速度を低く抑え，歩行者と自動車の共存を図るための手法である。

○　ペデストリアンデッキは，歩行者と自動車の動線分離を目的とした高架の歩廊のことをいう。

○　シケインは，住宅地の道路において，車道部分を大きく蛇行させることによって，自動車の速度を低下させるための手法である。

○　住宅地内の街路は，歩行者と自動車の完全分離を図るために，ラドバーンの手法を取り入れた。

○　地区公園は，2～3の近隣住区を合わせた程度の住民の利用を対象とした公園である。

第4章

建築設備

　建築設備は毎年8問程度出題されます。空気調和設備，給排水設備，電気設備消防設備などの各設備から出題され，近年では，環境に配慮した設備計画や省エネルギーに関する問題が必ず出題されています。苦手とする受験生が多いようですが，毎年，出題される次の内容を優先して学習すると点数にしやすいです。
・建築設備に関する用語の組合せの問題を理解する。
・空気調和方式の種類と特徴，給水方式の種類と特徴を理解する。
・排水設備では，通気管の目的，排水トラップなどについて理解する。
・電気設備の配線方式，消防設備の種類と用途について理解する。
　なお，理解しやすい分野から過去問を中心に勉強を進めると良いでしょう。

1. 設備用語

1-1. 建築設備に関する用語の問題

【問題70】建築設備に関する用語とその説明との組合せとして，最も不適当なものは，次のうちどれか。

1. BOD————生物化学的酸素要求量のことであり，水質汚濁を評価する指標の一つである。

2. PMV————予測平均温冷感申告のことであり，温度，湿度，気流，放射の四つの温熱要素に加え，着衣量と代謝量を考慮した温熱指標である。

3. PAL————加湿器における飽和効率のことであり，その加湿器で実際に加湿できる範囲を示す数値である。

4. UPS————無停電電源装置のことであり，停電等の際に，一時的に電力供給を行うために用いられる。

5. COP————成績係数のことであり，熱源機器のエネルギー効率を表す数値である。

解説 建築設備に関する用語の理解

1. **生物化学的酸素要求量（BOD）** とは，水中の微生物が有機汚濁物質を生物化学的に酸化分解するときに消費する酸素量で，水質汚濁の指標の1つです。なお，**単位は〔mg／ℓ〕**です。

2. **PMV（予測平均温冷感申告）** は，多数の在室者の**平均的な温冷感を表す指標**です。

   温度，湿度，気流，放射，人体の代謝量及び着衣量の6要素をもとに，人体の熱負荷に基づいて解析した式により，－3（非常に寒い）～＋3（非常に暑い）の数値を算出し，その値で室内空間の快適さを判断します。

3. **PAL（年間熱負荷係数）** は，建物外周部の熱的性能を評価する指標で，省

エネルギー計画の際，冷暖房使用量の目安となる値として使用されます。この値が**小さいほど**省エネルギー対策となります。

$$PAL = \frac{ペリメーターゾーンの年間熱負荷〔MJ/年〕}{ペリメーターゾーンの床面積〔m^2〕}$$

4．**UPS（無停電電源装置）**とは，停電等の際に，OA機器の瞬時の電圧降下への対策として設けられる**予備電源装置**のことです。

5．**COP（成績係数）**とは，エアコンの**冷凍機の効率を示す指標**で，冷凍能力を圧縮機の動力で割ったものです。この値が**大きいほど冷凍機の効率がよ**く，省エネルギー対策となります。

正解　3

【問題71】建築設備に関する次の用語の組合せのうち，最も関係の少ないものはどれか。

1．空気調和設備――――――インテリアゾーン

2．排水設備――――――――ミキシングバルブ

3．照明設備――――――――グレア

4．衛生器具設備―――――――バキュームブレーカー

5．電気設備――――――――セルラダクト

解説　建築設備と用語の組合わせの理解

1．建築物内を，室の用途，使用時間，**空調負荷**，方位などから，ほぼ同じ空調条件になるように，いくつかの区域（ゾーン）に分けて空調することを**ゾーニング**といいます。

建物の平面で外壁からの熱的影響を受けない室内部を**インテリアゾーン**，外壁からの熱的影響を受けやすい外周部分を**ペリメーターゾーン**といいます。インテリアゾーンは，**空気調和設備**に関する用語です。

2．ミキシングバルブとは，温水と冷水とを適温になるように混合するための弁です。ミキシングバルブは，**給湯設備**に関する用語です。

3．**グレア**とは，高輝度な部分や，極端な輝度対比や輝度分布などによって感じられる**眩しさ**をいい，それが原因で，不快感や視認能力の低下が生じます。グレアは，**照明設備**に関する用語です。

4．**バキュームブレーカー**とは，洗浄弁のまわりや給水管に設け，給水管内に生じた負圧に対して，外部から空気を自動的に補充し，汚水等の逆流を防止する装置です。逆サイホン作用による逆流のおそれがある大便器洗浄弁やホース接続する散水栓には，バキュームブレーカーが必要です。

　　バキュームブレーカーは，**衛生器具設備**に関する用語です。

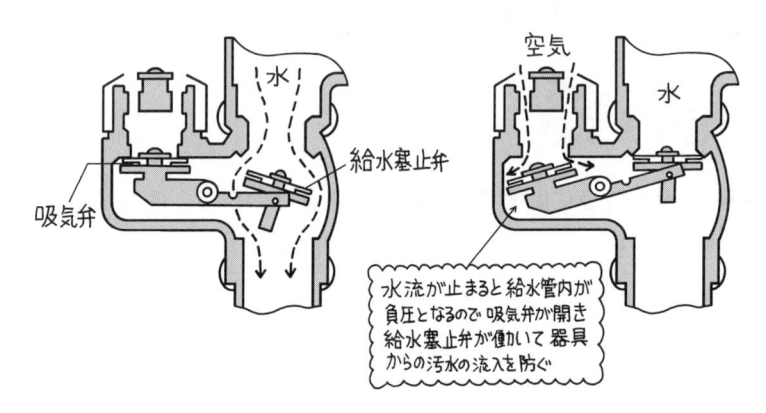

大便器洗浄弁のバキュームブレーカー

5．**セルラダクト**とは，事務室等で採用され，OA機器に対応する為の**電気配線方式**の一種です。鉄骨造のデッキプレートの溝部分に，カバープレートなどを取り付けて配線用ダクトとし，この中に配線します。

　　セルラダクトは，**電気設備**に関する用語です。

正解　2

【問題72】建築設備に関する次の用語の組合せのうち，最も関係の少ないものはどれか。

1．空気調和設備――――バスダクト

第4章　建築設備　　　　　　151

2．給湯設備──────膨張管
3．排水設備──────阻集器
4．電気設備──────キュービクル
5．防火設備──────ドレンチャー

解説

1．**バスダクト**とは，**鋼板またはアルミニウムでつくられた金属ダクト内に絶縁物で支持された銅やアルミなどの導電体を収めたもの**です。工場や事務所ビルなどの**大容量幹線に使用**されます。バスダクトは，**電気設備に関する用語**です。

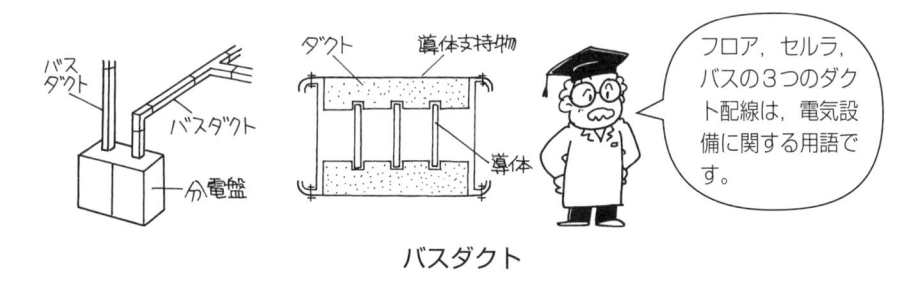

バスダクト

> フロア，セルラ，バスの3つのダクト配線は，電気設備に関する用語です。

2．**膨張管**とは，**給湯配管**において，加熱装置から膨張タンクへ至る配管で，水の加熱で装置内の圧力が異常に上昇するのを防止するため，圧力を逃がすために設けます。膨張管は，**給湯設備**に関する用語です。
3．**阻集器**とは，油，グリース，ガソリンなどの有害物質の排水管への流出を阻止・分離・回収するために設ける器具です。阻集器は，**排水設備**に関する用語です。
4．**キュービクル**とは，変圧器，遮断器などの**変圧用機器を収容した扉付きの自立型鉄製箱**です。キュービクルは，小規模な建築物で，変電設備として変電室（電気室）を必要としない場合に設置され，**電気設備**に関する用語です。
5．**ドレンチャー設備**とは，外壁や開口部などにドレンチャーヘッドを設置し，周辺の火災時において，水膜を作って延焼を防ぐ**防火（消火）設備**です。

正解　1

設備と関連用語

設　備	関連する用語
空気調和設備	・クーリングタワー　・ゾーニング　・インテリアゾーン ・ペリメータゾーン　・成績係数（COP）　・アスペクト比
給水設備	・クロスコネクション　・摩擦損失　・スロッシング ・同時使用係数
給湯設備	・膨張管　・ミキシングバルブ
排水設備	・阻集器　・インバート
衛生器具設備	・バキュームブレーカー　・サイホンゼット式
電気設備	・力率　・キュービクル　・フロアダクト　・セルラダクト ・バスダクト　・アウトレットボックス　・コージェネレーション
通信設備	・PBX（構内交換機）
照明設備	・グレア　・室指数　・保守率　・コードペンダント
防火設備	・ドレンチャー

2．空調・換気・冷暖房設備

2-1．空気調和設備に関する問題

【問題73】変風量（VAV）単一ダクト方式の空気調和設備に関する次の記述のうち，最も不適当なものはどれか。

1．室内負荷の変動に応じて，各室への送風量を調整して，所定の室温を維持する方式である。

2．変風量（VAV）装置ごとに熱負荷に応じた風量だけを給気すればよいので，ファン搬送動力の低減を図ることができる。

3．熱負荷のピークの同時発生がない場合，定風量単一ダクト方式に比べて，空調機やダクトサイズを小さくすることができる。

4．一般に，空気熱源マルチパッケージ型空調機方式に比べて，空気搬送エネルギーは大きくなる。

5．一般に，定風量単一ダクト方式に比べて，室内の気流分布，空気清浄度を一様に維持することができる。

解説　単一ダクト方式の理解

1．**単一ダクト方式（定風量方式）**は，主機械室の空気調和機から各室へ**単一のダクト**で冷風・温風を送風する方式をいいます。一般に，各室ごとの温湿度コントロールができにくいので，その点を補うため**変風量方式**が採用されます。**変風量（VAV）単一ダクト方式**は，主機械室の空気調和機から各室へ送られてきた冷風・温風の**送風量を**，ダクト末端に設けた**VAV（可変風量）ターミナルユニット**で，**室内負荷の変動**に応じて**変化させる**ようにした方式です。

・定風量⇒CAV
・変風量⇒VAV

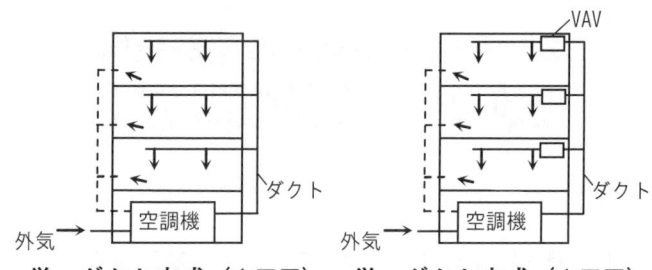

単一ダクト方式（定風量）　単一ダクト方式（変風量）

2．変風量方式は，変風量（VAV）装置ごとに熱負荷に応じた風量だけを給気すればよいので，**負荷の低いとき（風量が少なくてすむとき）**には，ファン搬送動力の低減を図ることができます。

3．変風量方式は，熱負荷のピークの同時発生がない場合，定風量単一ダクト方式に比べて，空調機から搬送する送風量は少なくなるため，**空調機やダクトサイズを小さくすることができます**。

4．**空気熱源マルチ形エアコン方式**は，屋外に**室外機**を設け，これに複数の**室内機**を冷媒配管で接続したヒートポンプユニットにより，所定の冷風，温風が吹き出るようにした方式です。換気に必要な新鮮空気の供給は，外気処理ユニットを設置して行います。それに対して，**変風量単一ダクト方式**は，吹き出し空気の量によって室内の温度・湿度調整を行うため，**搬送する空気が多く，空気搬送エネルギーは大きくなります**。

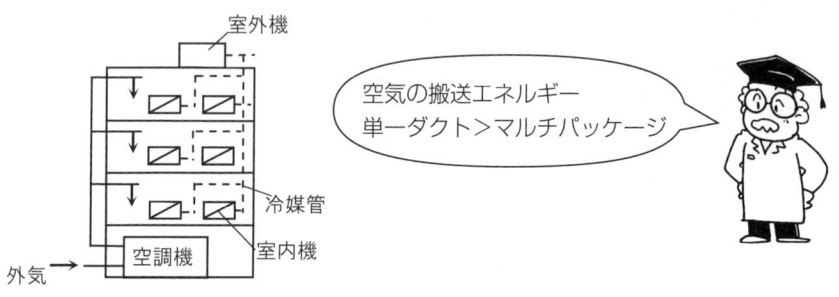

空気の搬送エネルギー
単一ダクト＞マルチパッケージ

空気熱源マルチパッケージ方式

5．変風量単一ダクト方式は，室内負荷の変動に応じて送風量を変えるため，常に一定の風量を室内に供給する**定風量方式に比べて，室内の気流分布，空気清浄度を一様に維持することが困難**です。

正解　5

第4章 建築設備

【問題74】空気調和設備に関する次の記述のうち，最も不適当なものはどれか。

1. インバータ搭載型の高効率ターボ冷凍機は，定格運転時に比べて，部分負荷運転時の効率が高い。
2. ガスエンジンヒートポンプは，ヒートポンプ運転により得られる加熱量とエンジンの排熱量の合計を利用できる。
3. 冷却塔の冷却効果は，主として，冷却水と空気との接触による水の蒸発潜熱により得られる。
4. 最下階に蓄熱槽を設けた開放回路方式は，密閉回路方式に比べて，一般に，ポンプ動力を低減することができる。
5. 冷凍機の冷媒のノンフロン化に伴い，一般に，自然冷媒であるアンモニア，二酸化炭素が冷媒として用いられることがある。

解説

1. **インバータ搭載型**の高効率ターボ冷凍機は，圧縮機に使用される電動機の回転数を，**インバータ（電気の周波数を変換する装置）**によって自由に制御することができます。**定格運転時**（規格で定められた最大出力による運転）を行う場合は，一般のターボ冷凍機と大きな差は生じませんが，**部分負荷運転時**（出力を低くして行う運転）には**効率が高く**なります。
2. **ガスエンジンヒートポンプ**は，電気系駆動に代わり，ガスエンジンを圧縮機の駆動に用いたヒートポンプです。**ヒートポンプ運転に得られる熱量**のほかに，**ガスエンジンからの排ガス等を熱交換**して暖房用として利用できます。そのため，電動ヒートポンプより**暖房運転時の効率が向上**します。
3. **冷却塔（クーリングタワー）**は，冷凍機からの凝縮器排熱を大気中へ放出する装置です。凝縮器から送られた冷却水は冷却塔内部で散布され，ファンによる通風で冷却されるとともに，**冷却水の一部が蒸発して潜熱として放出**されます。冷却塔による冷却効果は，この**蒸発潜熱**による割合が高いです。

[図：冷却塔（クーリングタワー）]

送風機
冷却水が蒸発する際の放熱によって,冷却水が冷める。
外気温33℃
冷却水（水温37℃）
外気
冷却塔の冷却効果 ⇒ 水の蒸発潜熱
（水温32℃）
冷却水循環ポンプ

冷却塔（クーリングタワー）

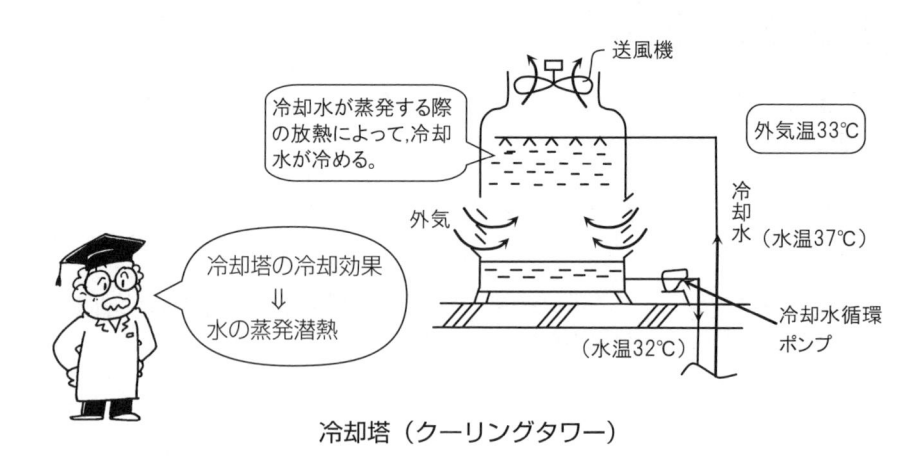

4．最下階に蓄熱槽を設けた**開放回路方式**は，配管の摩擦損失のみを考慮すればよい**密閉回路方式**に対して，機器の高さまで冷温水を汲み上げる必要があり，そのため**ポンプ動力が必要となります**。

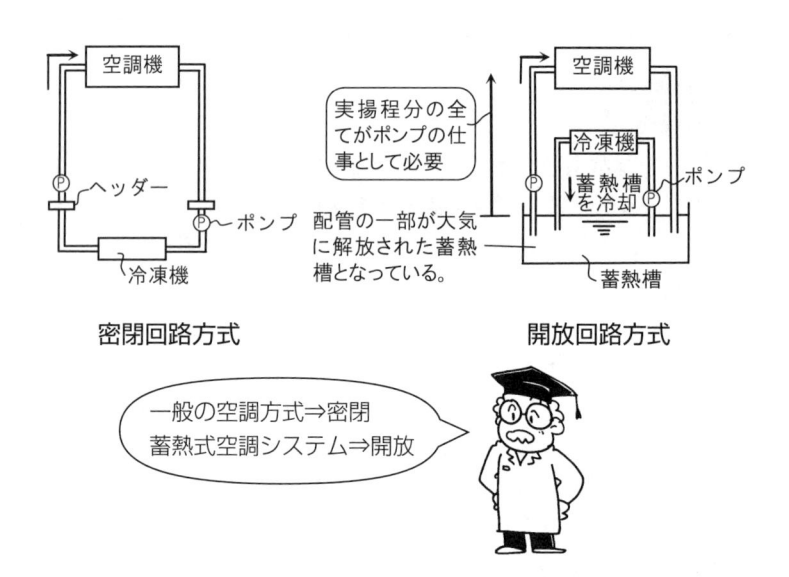

[図：密閉回路方式／開放回路方式]

空調機／ヘッダー／ポンプ／冷凍機
密閉回路方式

実揚程分の全てがポンプの仕事として必要
配管の一部が大気に解放された蓄熱槽となっている。

空調機／冷凍機／蓄熱槽を冷却／ポンプ／蓄熱槽
開放回路方式

一般の空調方式⇒密閉
蓄熱式空調システム⇒開放

5．地球温暖化やオゾン層破壊を防止するため，従来，冷凍機の冷媒として使用されてきた**フロンガスの使用**が**削減**され，それに代わって，自然冷媒である**アンモニア**，**二酸化炭素**が冷媒として用いられてきています。

第4章　建築設備　　　　　　　　　　157

正解　4

得点力アップのポイント

○　冷却塔の冷却効果は，主として，冷却水と空気との接触による水の蒸発潜熱により得られる。
○　空気熱源ヒートポンプ方式のルームエアコンの暖房能力は，一般に，外気の温度が低くなるほど低下する。
○　変風量単一ダクト方式は，熱負荷のピークが同時に発生しない場合，定風量に比べて空調機やダクトサイズを小さくできる。
○　密閉回路の冷温水配管系には，一般に，膨張タンクを設置する。
○　定風量単一ダクト方式は，変風量単一ダクト方式に比べて，部分負荷時の空気の搬送エネルギー消費量が増加する。
○　定風量単一ダクト方式は，ファンコイルユニット方式と定風量単一ダクト方式とを併用した場合に比べて，必要とするダクトスペースが大きくなる。
○　変風量単一ダクト方式は，一般に，定風量単一ダクト方式に比べて，室内の気流分布，空気清浄度を一様に維持することが難しい。

3．給水・排水設備

3-1．給水設備に関する問題

【問題75】 給水設備に関する次の記述のうち，最も不適当なものはどれか。

1. 一般的な事務所ビルにおける設計用給水量を，在勤者1人1日当たり80ℓとした。

2. 水の再利用に当たって，汚水を原水として雑用水の水質基準に適合するように処理した中水を，植栽散水，噴水の補給水に利用した。

3. 集合住宅の高置水槽方式による給水において，揚水ポンプから高置水槽への横引きの配管が長かったので，その低層階で配管の横引きを行った。

4. 事務所ビルにおいて，飲料用受水槽の容量を，1日の予想給水量の50％程度とした。

5. 浴室のシャワーの最低圧力を，70kPaとした。

解説 給水設備の理解

1. **事務所ビル**の給水設備において，在勤者一人当たりの1日の使用水量は，一般に，60〜120ℓ（0.06〜0.12m³）程度です。

主な建物の使用水量

建物種別	使用水量〔ℓ／人・日〕
学校	40〜50
事務所	60〜120
住宅	160〜250
ビジネスホテル	400〜500
病院	500〜2,000

浴室がある場合，使用水量が多くなります。

第4章　建築設備　　　　　　　　　159

2．水の再利用において，**汚水を原水とした中水（排水再利用水）**は，便所の洗浄水に限定されています。植栽散水，噴水の補給水に利用できません。
3．揚水ポンプから高置水槽への横引きの配管を行う場合，建物の屋上など高い位置での横引き配管が長いと，揚水ポンプの停止時に**ウォーターハンマー**（**配管を振動させたり騒音を出す現象**）が起こりやすくなります。
したがって，建物の**低層階**で横引き配管をする方が適しています。
4．**受水槽の容量**は，1日の使用水量の**約半分**（$\frac{4}{10}$〜$\frac{6}{10}$）程度とします。なお，高置水槽の容量は，1日の使用水量の1／10程度の容量とします。
5．形式により異なりますが，一般的な**シャワーの給水の最低必要水圧は70kPa**です。また，**高低差1m は9.8kPa（≒10kPa）の水圧**に相当し，建物の最も高い位置のシャワーヘッドが70kPaの最低圧力を確保するためには，高置水槽の低水位からこのシャワーヘッドまでの高さは**7m以上**必要です。

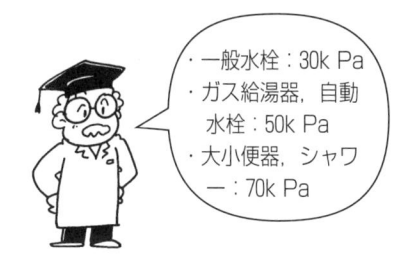

主な器具の最低必要水圧

器具種別	最低必要水圧〔kPa〕
一般水栓	30
自動水栓	50
ガス給湯器	20〜80
大小便器洗浄弁	70
シャワー	40〜160（形式により異なる）

・一般水栓：30kPa
・ガス給湯器，自動水栓：50kPa
・大小便器，シャワー：70kPa

正解　2

【問題76】給水・給湯設備に関する次の記述のうち，最も不適当なものはどれか。

1．クロスコネクションとは，飲料水の給水・給湯系統とその他の系統とが，配管・装置により直接接続されることをいう。

2．事務所ビルにおける飲料水の受水槽の有効容量は，一般に，1日当たりの予想給水量の$\frac{1}{3} \sim \frac{1}{2}$程度とする。

3．給水設備において，水道直結直圧方式は，ポンプ直送方式に比べて，設備費が安価で，維持管理がしやすい。

4．給水設備において，高置水槽方式は，一般に，水道直結増圧方式に比べて，給水引込管の管径が大きくなる。

5．上水道の給水栓からの飲料水には，所定の値以上の残留塩素が含まれていなければならない。

解説

1．**クロスコネクション**とは，上水または飲料水配管とそのほかの配管との接続，あるいは，いったん吐き出された上水または飲料水とが混ざるような配管接続をいいます。

2．【問題75】の解説の4を参照してください。

3．**水道直結直圧方式**は，水道本管の水圧によって必要な箇所に，本管から分岐して給水する方式です。高所への給水は困難ですが，設備費が安く，維持管理も容易なので，住宅など小規模の建築物に採用されます。

4．**水道直結増圧方式**は，個々の建物ごとに増圧ポンプ，逆流防止用機器を備えて，直接，水道本管から給水する方式です。

　また，**高置水槽方式**は，水道本管より引き込んだ水を受水槽へ貯水した後，揚水ポンプにより高置タンクに揚水し，重力式で各階に給水する方式です。

　したがって，高置水槽方式が，水道本管から受水槽に水を送る水圧が確保されれば良いのに対して，**水道直結増圧方式は，水道本管からの水圧により水を送るため，給水引込管の管径が大きくなります。**

5．上水道の給水栓からの飲料水は，汚染防止のため塩素で殺菌し，その殺菌効果は，**遊離塩素0.1ppm，結合塩素0.4ppm**が残留することによって判定します。また，**大腸菌群は検出されてはなりません。**

正解　4

第4章　建築設備

【問題77】給水・給湯設備に関する次の記述のうち，最も不適当なものはどれか。

1. 給水設備におけるポンプ直送方式は，受水槽を設け，給水ポンプによって，建築物内の必要な箇所に給水する方式である。
2. 給水設備において，圧力タンク方式は，一般に，高置水槽方式に比べて，給水圧力の変動が大きい。
3. 給水設備における高置水槽方式の高置水槽は，建築物内で最も高い位置にある水栓，器具等の必要圧力が確保できるような高さに設置する。
4. ガス瞬間湯沸器の元止め式は，湯沸器に給湯配管を接続し，複数の箇所に給湯できる方式である。
5. 給湯循環ポンプは，配管内の湯の温度低下を防ぐために，湯を強制的に循環させるものである。

解説

1. **ポンプ直送方式**は，水道本管から一旦，**受水槽に貯水**し，**給水ポンプ**で直接建築物内の必要な箇所へ給水する方式です。
2. **圧力タンク方式**は，受水槽に貯水した水を，給水ポンプで圧力タンクへ送り，タンク内の空気を圧縮加圧し，その圧力で建築物内部の各器具へ給水する方式です。**圧力タンク内の空気が変動することがあり**，**給水圧力の変動が大きい**。
3. 【問題75】の解説の5を参照してください。
4. ガス瞬間湯沸器の**元止め式**は，**湯沸器本体に給湯栓がついている**ものです。複数の給湯栓に対して給湯することは不可能で，そのため比較的能力の小さいものが多いです。なお，**先止め式**は，**給湯器より先（給湯配管の下流）**に給湯栓があり，給湯器に給湯配管を接続し，複数の箇所に給湯できます。

・器具の元に給湯栓⇒元止め式
・器具の先に給湯栓⇒先止め式

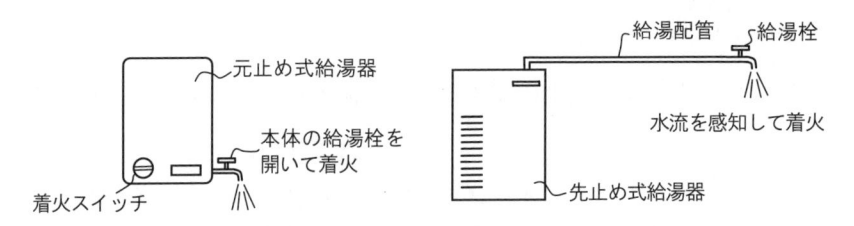

元止め式と先止め式の給湯器

5．中央給湯方式の**給湯循環ポンプ**は，常に適温の温水が供給されるように**温水を強制的に循環させる**もので，温水暖房や浴場に採用されます。この装置がない場合，配管中の温水の温度が低下し，給湯栓を開放しても適温の温水が出てくるまで時間がかかります。

正解　4

3-2．排水設備に関する問題

【問題78】排水設備に関する次の記述のうち，最も不適当なものはどれか．

1．排水トラップの深さは，一般に，5～10cmとする．

2．通気立て管の下部は，最低位の排水横枝管より高い位置において，排水立て管に接続する．

3．排水横枝管接続部に特殊継手排水システムを用いることにより，通気管を伸頂通気管のみとすることができる．

4．排水槽に設けるマンホールは，有効内径60cm以上とする．

5．汚水や雑排水を貯留する排水槽の底部には吸込みピットを設け，その槽の底部はピットに向かって下がり勾配とする．

第4章 建築設備

解説 排水設備の理解

1. 排水管からの有害ガス，悪臭，害虫などが室内に浸入するのを防ぐために，衛生器具や排水をともなう器具には**トラップ**が設けられ，排水トラップの**深さ**は，管径に関係なく<u>5～10cm</u>とします。

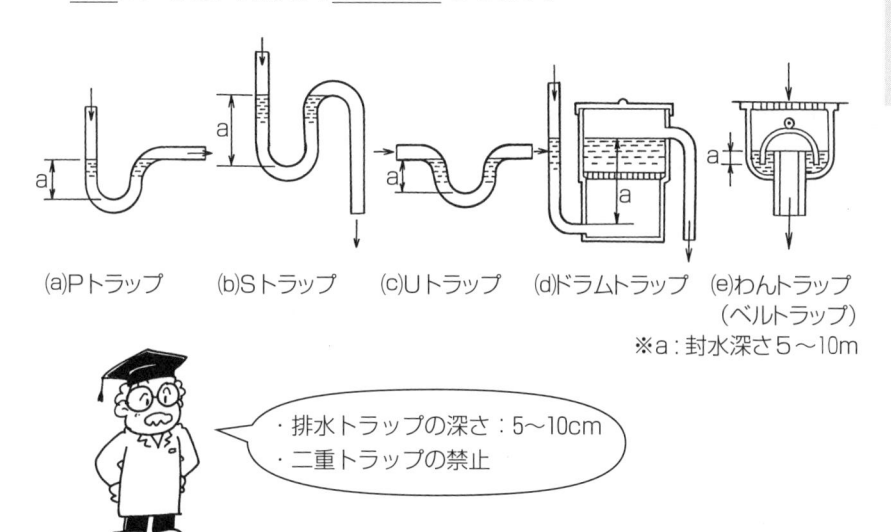

(a)Pトラップ　(b)Sトラップ　(c)Uトラップ　(d)ドラムトラップ　(e)わんトラップ（ベルトラップ）

※a：封水深さ5～10m

・排水トラップの深さ：5～10cm
・二重トラップの禁止

トラップの種類

2. **通気立て管の下部**は，排水立て管に接続されている最低位の**排水横枝管系統のトラップの封水を保護**するため，<u>**最低位の排水横枝管より低い位置**</u>において，排水立て管に接続する必要があります。
3. **伸頂通気方式**とは，排水立て管の頂部を延長して伸頂通気管を屋上に立ち上げ，大気に開放する方式です。排水横枝管接続部に**特殊継手排水システム**を用いることにより，通気管を伸頂通気管のみとすることができます。
4. 排水槽に設ける**マンホール**は，内部の保守点検を容易に，かつ安全に行うことができるように，**有効内径60cm 以上**とします。
5. 汚水や雑排水を貯留する**排水槽の底部**には吸込みピット（釜場）を設け，その底部はピットに向かって**1/15以上 1/10以下**の下がり勾配とします。また，内部の保守点検を容易にかつ安全に行うことができる構造としなければなりません。

正解　2

【問題79】排水設備に関する次の記述のうち，最も不適当なものはどれか。

1. 汚水や雑排水を貯留する排水槽の底部には吸込みピットを設け，その槽の底部はピットに向かって下がり勾配とする。
2. 通気立て管の下部は，最低位の排水横枝管より低い位置において，排水立て管又は排水横主管に接続する。
3. Sトラップは，Pトラップに比べて，自己サイホン作用による封水損失を起こしやすい。
4. 排水立て管の上部を延長して設ける伸頂通気管の管径は，排水立て管の管径より小さくしてはならない。
5. 飲食店の厨房の排水系統に設けるグリース阻集器は，排水管からの臭気を厨房内に出さないことを主な目的として設置される。

解説

1. 【問題78】の解説の5を参照してください。
2. 【問題78】の解説の2を参照してください。
3. **Sトラップは**，排水の勢いが強いと封水も一緒に流されてしまい，トラップとしての機能をはたさなくなります。このような現象を**自己サイホン作用**といいます。一方，**Pトラップ**は，流出部分が水平に近いため，Sトラップに比べて，自己サイホン作用による**封水損失を起こしにくい**です。
4. 排水立て管の上部を延長して設ける伸頂通気管の**管径は，縮小せず，排水立て管の口径と同一**とします。
5. 飲食店の厨房の排水系統に設ける**グリース阻集器**は，排水中に多く含まれる**油脂（グリース）**が管内で凝結し，流れを阻害するのを防止するために設けます。

正解　5

得点力アップのポイント

○ 水道直結方式は，一般に，高置タンク方式などに比べて，水道本管からの引込管内の水圧は大きくなり，管径も大きくなる。

○ Sトラップは，Pトラップに比べて，自己サイホン作用による破封を起こしやすい。

○ グリース阻集器に接続する排水管には，器具トラップを設けてはならない。

○ 吐水口空間を設けることができない衛生器具には，バキュームブレーカーを設ける。

○ ウォーターハンマーの発生を防止するためには，管内流速を遅くする。

○ 元止め式のガス瞬間湯沸器は，一般に，給湯配管に接続しない。

○ 飲料用冷水器の排水は，一般排水系統の配管に間接排水とする。

○ 雨水排水立て管は，通気立て管と兼用してはならない。

○ 雨水排水管（雨水排水立て管を除く）を敷地内の汚水排水管に接続する場合には，トラップますを設ける。

○ 自然流下式の排水立て管の管径は，一般に，上部から下部までを同一の管径とする。

○ 通気管の大気開口部は，窓・換気口等の開口部付近に設ける場合，当該開口部の上端から60cm以上立ち上げるか，又は当該開口部から水平に3m以上離す。

○ 通気管の横管は，その階の最も高い位置にある衛生器具のあふれ縁より15cm以上情報で横走りさせて配管する。

○ 給湯設備に設ける加熱装置と膨張タンクをつなぐ膨張管には，止水弁を設けてはならない。

4．電気設備

4-1．電気設備に関する問題

【問題80】 電気設備に関する次の記述のうち，最も不適当なものはどれか。

1．住宅（特別の場合を除く）及び人の触れやすい白熱電灯・蛍光灯に電気を供給する屋内電路の対地電圧は，150V以下とする。

2．300V以下の低圧用機器の鉄台の接地には，一般に，B種接地工事を行う。

3．進相コンデンサは，電動機の力率改善を目的として，電動機と並列に接続する。

4．一般の需要家に供給される電力には，低圧・高圧・特別高圧の三種類の電圧があり，低圧は直流で750V以下，交流で600V以下である。

5．電力の供給において，負荷容量，電線の太さ・長さが同一であれば，配電電圧を高くするほうが，配電線路における電力損失が少なくなる。

解説　電気設備の理解

1．**対地電圧**とは，接地を行う電路の場合，**電線と大地との間の電圧**をいいます。住宅及び人の触れやすい白熱電灯・蛍光灯に電気を供給する**屋内電路の対地電圧**は，原則として**150V以下**としなければなりません。

2．**接地工事**は，各種類ごとに接地抵抗値，接地棒の太さ，接地極の埋設深さなどが定められています。

低圧用の接地は，C種又はD種です。

第4章　建築設備

人が触れる恐れのある電気機器の安全性を確保する目的の接地工事（保安用）では，電圧が**300V以下**の低圧用の場合は**D種接地工事**，電圧が300Vを超える低圧用の場合は**C種接地工事**，高圧又は特別高圧用の場合は**A種接地工事**と定められています。なお，B種接地工事は，情報通信系設備用（機能用）です。

3．**進相コンデンサ**は，力率改善に用いるコンデンサで，力率を改善することによって，負荷電流が減少し，電圧降下及び電力損失を軽減できます。このとき，進相コンデンサは，電動機と**並列**になるように接続します。

4．**電圧**は，低圧，高圧，特別高圧の3種類に区分され，**低圧**は直流で750V以下，交流で600V以下です。

電圧の種類

	直流	交流
低圧	750V 以下	600V 以下
高圧	750V を超え 7,000V	600V を超え 7,000V 以下
特別高圧	7,000V を超えるもの	

電圧：高，電流：小
⇩
電力損失：少ない

5．「電力＝電流×電圧」の関係から，同じ電力を供給する場合，**電圧を高く**すると電流が少なくなり，配電線路における電力損失は少なくなります。
　また，配電線の太さは，流れる電流の量によって決まるので，電流が少なくなると，**電線を細く**することができます。

正解　2

【問題81】電気設備に関する次の記述のうち，最も不適当なものはどれか。

1．同一電線管に収める電線本数が多くなると，電線の許容電流は大きくなる。

2．建築物の受電電圧は，一般に，契約電力により決定される。

3．300V以下の低圧用機器の鉄台の接地には，一般に，D種接地工事を行う。

4．低圧屋内配線において，合成樹脂製可とう管は，コンクリート内に埋設してもよい。

5．中小規模の事務所ビルにおいて，電灯・コンセント用幹線の電気方式には，一般に，単相3線式100V／200Vが用いられる。

解説

1．同一電線管に収める**電線本数**が多くなると，電線の**許容電流**は小さくなります。また，管内に収める電線本数が多くなると，発熱量が増大し，効率が悪くなるので，本数に制限があります。

2．**受電電圧**とは，電力会社から供給を受ける配電電圧のことで，契約電力により決定されます。なお，契約電力が**50kW以上**の場合，高圧引込みとなり**受変電設備の設置**が必要です。

契約電力と供給電圧

契約電力	電力会社の供給電圧	備考
50kw未満	低圧　100V，200V	一般用工作物
50kw以上～2,000kw未満	高圧　6,000V	自家用電気工作物
2,000kw以上	特別高圧　20または30kV以上	

3．【問題80】の解説の2を参照してください。

4．**合成樹脂管**（合成樹脂製電線管，合成樹脂可とう電線管，CD管）による配線は，耐腐食性があり強度もあるので，コンクリート内に埋設してもよいです。

5．**単相3線式$\frac{100V}{200V}$**は，1つの回路から100Vと200Vを取り出すことが可能で，電灯やコンセントのほか，200V用の冷暖房機器・エレベーターなどへの供給に用いられます。一般に，中小規模の事務所ビルに適しています。

正解　1

5．防災・消防設備

5-1．防災・消防設備に関する問題

【問題82】防災・消防設備に関する次の記述のうち，最も不適当なものはどれか。

1. 自動火災報知設備の定温式感知器は，周囲温度が一定の温度上昇率になったときに作動する。

2. 非常用の照明装置の予備電源は，停電時に，充電を行うことなく30分間継続して点灯できるものとする。

3. 閉鎖型スプリンクラー設備には，湿式，乾式，予作動式の三種類がある。

4. 屋内消火栓設備における2号消火栓の警戒区域は，原則として，水平距離15m以内である。

5. 非常警報設備の非常ベルは，音響装置の中心から1m離れた位置で90dB以上の音圧が必要である。

解説 防災・消防設備の理解

1. 自動火災報知設備の**定温式**感知器は，周囲の温度が**一定の温度以上**になったときに作動します。

感知器の種類

感知器		作動方法
熱感知器	定温式	周囲の温度が一定温度になると作動する。
	差動式	周囲の温度が急激に上昇し，上昇率が一定の率を超えたときに作動する。
	補償式	定温式と差動式の両方の機能をもつ
煙感知器	イオン化式	煙の濃度が一定以上になり，煙による空気中のイオンの変化で作動する。
	光電式	煙の濃度が一定以上になり，煙による光の乱反射または遮光を検出して作動する。

・定温式：温度が一定の値以上
・差動式：温度の上昇率が一定以上

2．非常用の照明装置には，停電時にも点灯できるように**予備電源（非常電源）**が必要です。予備電源は，蓄電池等による予備電源で，**30分間充電することなく点灯できる**ものとします。

予備電源の最低容量

種　類	最低容量
警報設備	10分間
誘導灯	20分間
非常用照明	30分間
排煙設備	
消火設備（水，泡）	30分間
（ガス，粉末）	60分間

非常用の照明装置の予備電源
・直接照明，床面の照度1lx以上
・30分間以上点灯

3．**スプリンクラー設備**とは，天井や小屋裏に消火用配管を行い，これにスプリンクラーヘッドを取付け，火災の発生熱によりヘッドが開いて散水消火する設備です。閉鎖型スプリンクラー設備には，次のような種類があります。

第4章　建築設備

閉鎖型スプリンクラー設備の種類

湿式	ヘッドまで常時，加圧充水しておく，最も一般的な方式。
乾式	配管内は圧縮空気を充満しておく，凍結の恐れのある寒冷地に適している。
予作動式	ヘッドとは別に設ける感知器と連動して予作動弁を開き散水する方式で，誤作動による被害が許されない電算機室等に適している。

4．**屋内消火栓設備**は，在居者による初期消火の消火設備で，1号消火栓と2号消火栓があります。倉庫，工場，指定可燃物の貯蔵所等には，放水量の大きい**1号消火栓**を採用し，社会福祉施設，病院，ホテルには，一人でも操作が可能な**2号消火栓**を採用します。

　　2号消火栓の警戒区域は，原則として，**水平距離15m以内**です。

屋内消火栓設備

	1号消火栓	2号消火栓
警戒区域半径	25m	15m
ノズル先端の放水圧力	0.17Mpa以上	0.25Mpa以上
放水量	130ℓ／分以上	60ℓ／分以上
用途	倉庫，工場など	病院，ホテルなど
備考	2人で操作	1人で操作可能

・1号消火：25m，2人以上で消火
・2号消火：15m，1人で操作可能

5．**非常警報設備**は，火災の発生を在館者などに知らせる設備で，非常ベル，自動式サイレン，放送設備の3種類があります。**非常ベル及び自動式サイレンの音響装置**は，その中心から**1m**離れた位置で**90dB以上**の音圧が必要です。

正解　1

【問題83】防災・消防設備に関する次の記述のうち，最も不適当なものはどれか。

1. 避雷設備は，高さ20mを超える建築物において，その高さ20mを超える部分を雷撃から保護するように設ける。
2. 非常用エレベーターは，火災時における消防隊の消火活動などに使用することを主目的とした設備である。
3. 非常電源には，非常電源専用受電設備，自家発電設備，蓄電池設備及び燃料電池設備の4種類がある。
4. 水噴霧消火設備は，油火災の消火には適さない。
5. 自動火災報知設備の発信機は，手動によって火災信号を受信機に発信するものである。

解説

1. 避雷設備は，**高さ20mを超える建築物**において，その高さ20mを超える部分を雷撃から保護するように設けます。一般の建築物に避雷設備を設置する場合，突針から**保護角60度以内**が，保護範囲となります。
2. **非常用エレベーター**は，**災害時における消防活動等を目的**として設置され，災害時には，一般の使用は禁じられているが，平常時には，一般の乗用エレベーターとしての使用が可能です。
3. **非常電源**には，非常電源専用受電設備，自家発電設備，蓄電池設備及び燃料電池設備の**4種類**があり，その配線は耐熱処理が必要です。
4. **水噴霧消火設備**は，天井に設置した水噴霧ヘッドから水を霧状に噴射し，おもに冷却作用と窒息作用によって消火します。**電気火災や油火災**に対して有効です。
5. **自動火災報知設備の発信機**は，火災を発見した人が手動で押しボタンを押し，火災信号を受信機に発信するものです。

正解　4

得点力アップのポイント

○ 非常用エレベーターは，火災時における消防隊の消火活動などに使用する目的で設置される。
○ 非常警報設備は，火災が発生したときには起動装置を手動で操作し，音響装置により報知する設備である。
○ 自動火災報知設備の定温式感知器は，周囲の温度が一定の温度以上になったときに作動する。
○ 水噴霧消火設備は，油火災に対して有効である。
○ 不活性ガス消火設備は，電気火災に適している。
○ 火災発生時において，フラッシュオーバーに至る時間が長いほうが，避難に有利である。
○ 住宅用防災警報器を屋内の天井面に取り付ける場合には，壁又は梁から0.6m以上，換気口等の空気吹出し口から1.5m以上離れた位置とする。

6．省エネルギー・環境

6-1．省エネルギー・省資源に関する問題

【問題84】 建築設備における省エネルギー・省資源に関する次の記述のうち，最も不適当なものはどれか。

1．太陽電池の変換効率は，一般に，アモルファスシリコンより単結晶シリコンのほうが高い。

2．全熱交換型換気扇は，換気による冷暖房負荷を低減することができる。

3．雨水利用システムにおける雨水の集水場所は，一般に，屋根や屋上である。

4．給湯設備において，給湯エネルギー消費係数（CEC／HW）が大きいシステムの採用は，省エネルギーに有効である。

5．受変電設備において，負荷に合わせて変圧器の台数制御を行うことは，省エネルギーに有効である。

解説　省エネルギー・省資源の理解

1．太陽電池とは，太陽光を電気エネルギーに変換して発電するもので，変換材料として主にシリコン半導体を用います。

太陽電池の種類には，単結晶シリコンタイプ，多結晶シリコンタイプ，アモルファス（非結晶）シリコンタイプなどがあります。最も初期からある**単結晶シリコンタイプ**は，**変換効率が高い**が高価です。このため，現在は単結

・エネルギー消費係数(CEC)：小さい
・建築物の環境性能効率(BEE)：大きい
　ほど，省エネです。

第4章　建築設備　　　　　　　　175

晶シリコンタイプよりも変換効率は低いが，コスト面から安価な多結晶シリコンタイプが主流となっています。**アモルファスシリコンタイプ**は，電卓などで使われているものであり，低コストであるが結晶型より**変換効率**が**劣り**ます。

2. **全熱交換型**の換気設備は，室内からの排気と取り入れ外気との間で，**顕熱**（温度変化だけに消費される熱）のみならず空気中の水分等の**潜熱**（温度を変えずに相変化だけに消費される熱）も同時に交換する換気設備です。

　全熱交換器を使用した場合，夏期及び冬期の**冷暖房負荷**や**潜熱**（加湿・除湿）**負荷**が軽減でき，冷凍機・ボイラー等の熱源装置容量を小さくすることができます。

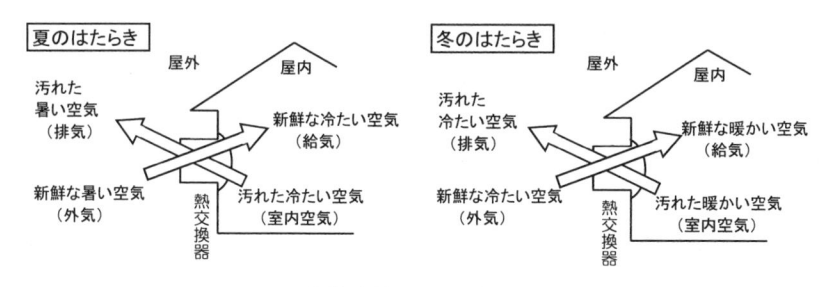

全熱交換器のはたらき

3. **雨水利用システム**は，雨水を集水して**貯留槽**で**浄化**し，便器の洗浄水や散水などに利用するシステムです。**雨水の集水場所**は，面積が広く不純物の混入の少ない**屋根**や**屋上**が一般的に適しています。

4. エネルギー消費係数（CEC）とは，**空調（AC）・換気（V）・照明（L）・給湯（HW）・エレベーター（EV）**の**5種類**の年間消費係数で示されており，数値が大きいほどエネルギー消費量が大きいことを示しています。

　したがって，**給湯エネルギー消費係数（CEC/HW）の小さなシステムを**採用する方が，**省エネルギー**に**有効**です。

5. 受変電設備の変圧器は，設備機器の稼動に使われていないときも一定の電力が消費しています。負荷に合わせて変圧器を停止して，台数制御を行うことは，省エネルギーに有効です。

正解　4

【問題85】建築設備における省エネルギー・省資源に関する次の記述のうち，最も不適当なものはどれか。

1. タスク・アンビエント照明方式による省エネルギー効果は，在席率が低い事務所の執務空間の場合，特に期待できる。
2. 給湯設備において，給湯エネルギー消費係数（CEC／HW）が大きいシステムの採用は，省エネルギーに有効である。
3. 外気冷房は，中間期や冬期において冷房負荷が存在するときに，省エネルギー効果が期待できる。
4. 雨水利用システムにおける雨水の集水場所は一般に屋根や屋上である。
5. 受変電設備に高効率変圧器を用いることは，省エネルギーに有効である。

解説

1. **タスク・アンビエント照明方式**とは，**全般照明**と作業場所ごとの**タスク照明**により，必要な照度を確保する照明方式です。在席率が低い事務所の執務空間の場合，タスク照明を調整することにより，**省エネルギー効果が期待できます**。
2. 【問題84】の解説の4を参照してください。
　給湯エネルギー消費係数（CEC／HW）の小さいシステムの採用の方が，省エネルギーに有効です。
3. **外気冷房**とは，外気温が室内の温度より低い場合に，外気を取り入れて室内を冷房することをいいます。中間期や冬期において，冷房負荷が発生する場合（コンピュータ室など）に，省エネルギー効果が期待できます。
4. 【問題84】の解説の3を参照してください。
5. 受変電設備の変圧器は，電気設備機器の中でも年間を通じてエネルギーの浪費と電力コストの損失をもたらしやすい。受変電設備に高効率変圧器を用いることは，電力損失を減少させ，省エネルギーに有効です。

正解　2

6-2. 環境に配慮した建築設備計画に関する問題

【問題86】 環境に配慮した建築設備計画に関する次の記述のうち，最も不適当なものはどれか。

1. 事務所ビルにおいて，日射による窓部からの熱負荷を抑制するために，エアフローウィンドウシステムを採用した。

2. 給湯設備において，給湯エネルギー消費係数（CEC／HW）が小さくなるようにシステムを計画した。

3. 電気設備において，配電線路の電力損失を少なくするために，配電電圧をなるべく低くした。

4. 換気設備において，外気負荷を少なくするために，全熱交換型換気扇を用いた。

5. 空気調和設備において，中間期及び冬期における冷房用エネルギーを削減するために，外気冷房システムを採用した。

解説　環境に配慮した設備計画の理解

1. エアフローウインドウは，窓に空調システムを取り入れたもので，窓を二重サッシ又は二重ガラスとし，その間の空気層に空調の還気を通すことで，外部からの熱を処理するシステムです。

　空気層にブラインドを内蔵する場合，ブラインドが吸収した日射熱を外部に排出できるため，**窓部からの熱負荷を抑制**することができます。

エアフローウインドウ

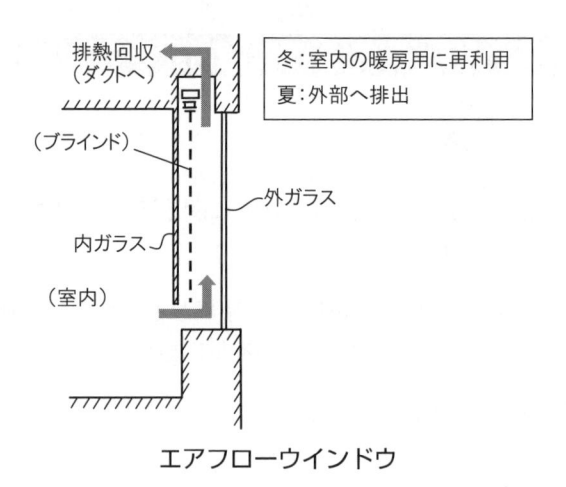

2．【問題84】の解説の4を参照してください。
3．【問題80】の解説の5を参照してください。
　　「電力＝電流×電圧」の関係から，同じ電力を供給する場合，**電圧を高くすると電流が少なくなり，配電線路における電力損失は少なくなります。**
4．【問題84】の解説の2を参照してください。
5．【問題85】の解説の3を参照してください。

正解　3

得点力アップのポイント

○　窓システムにおいて，日射による窓部からの熱負荷低減を図るには，一般に，エアバリアよりダブルスキンのほうが効果が高い。
○　CASBEE（建築環境総合性能評価システム）により算出されるBEE（建築物の環境効率）の数値が大きくなるような環境対策を行うと，建築物の環境性能が高まる。
○　給湯設備において，給湯エネルギー消費係数（CEC／HW）が小さいシステムの採用は，省エネルギーに有効である。
○　タスク・アンビエント照明方式は，一般に，全般照明方式に比べて，室内の冷房負荷が小さくなる。
○　成績係数（COP）の大きいルームエアコンの採用は，省エネルギーに有効である。
○　ペリメーター年間熱負荷係数（PAL）の値を小さくすることは，省エネルギーに有効である。
○　電気設備において，配電電圧が高いほうが配電経路における電力損失が少ない。

第2編

学科Ⅱ

法　規

全25問のうち，建築基準法20問，建築士法2問，関係法令3問が出題されます。建築基準法を中心に，正答を法令集から見つけ出せるようにしましょう。なお，建築士法は必ずマスターしましょう。

第1章

建築基準法

　建築基準法は毎年20問出題されます。法令集の持ち込みが可能ですが，基本的な内容は，法令集を開かなくても判別できるようにしましょう。
　法令集を開きながらの学習となり慣れるまで時間を要しますが，比較的，正答率の高い科目です。まず次のことを心掛けると良いでしょう。
・問題に対して，どの条文を確認すれば良いかを理解する。
・計算問題は，法令集なしで解けるようにする。
・条文を確認すれば，法令集にアンダーライン等でマークする。
なお，法規は建築基準法を理解すれば合格点に達します。

1. 用語の定義

1-1. 用語に関する問題

【問題1】用語に関する次の記述のうち，建築基準法上，誤っているものはどれか。

1. 老人福祉施設の用途に供する建築物は，「特殊建築物」である。
2. 地震の震動を支える火打材は，「構造耐力上主要な部分」である。
3. 建築物に設ける消火用の貯水槽は，「建築設備」である。
4. コンクリートは，「耐水材料」である。
5. 住宅の屋根について行う過半の修繕は，「建築」である。

解説　用語の定義の理解

建築基準法に用いられている主な用語は，**建築基準法第2条**（以下，法第2条と略記）及び**建築基準法施行令第1条**（以下，令第1条と略記）に規定されています。

1. 〔法第2条第二号，法別表第1〕

特殊建築物は，**法2条第二号，法別表第1**に該当するものをいいます。また，法別表第1の類似の用途として，**令115条の3**があり，法別表第1

法別表第1（い）欄に掲げる特殊建築物

項	分　類	令第115条の3	令第19条
(1)項	不特定多数の人が集まる建築物	───	───
(2)項	就寝，宿泊を伴う建築物	一号	1項
(3)項	教育・文化・スポーツ関連の建築物	二号	───
(4)項	商業・サービス関連の建築物	三号	───
(5)項	大火になりやすい建築物	───	───
(6)項	出火の危険性が高い建築物	四号	───

第1章　建築基準法

（2）項の用途に含まれるものとして，**令19条第1項**（児童福祉施設等に類するもの）が該当します。

したがって，**老人福祉施設**の用途に供する建築物は，令19条第1項に該当し，**特殊建築物**です。

> 専用住宅や事務所は，「特殊建築物」に該当しません。

2．〔令第1条第三号〕

基礎，土台，筋かい，方づえ，**火打材**などで，**地震その他の震動や衝撃を支えるもの**は，**構造耐力上主要な部分**です。なお，**法第2条第五号**に規定されている**主要構造部**と混同しないようにしてください。

3．〔法第2条第三号〕

建築物に設ける消火用の設備は，**建築設備**です。

4．〔令第1条第四号〕

耐水材料とは，れんが，石，人造石，**コンクリート**，アスファルト，陶磁器，ガラスその他これらに類する耐水性の建築材料をいいます。

5．〔法第2条第十三号，第十四号〕

法第2条第十三号により，**建築**とは，建築物を**新築**し，**増築**し，**改築**し，又は**移転**することをいいます。**屋根の過半の修繕**は，法第2条第十四号により，**大規模の修繕**に該当します。

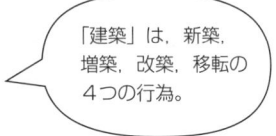

> 「建築」は，新築，増築，改築，移転の4つの行為。

正解　5

【問題2】 用語に関する次の記述のうち，建築基準法上，誤っているものはどれか。

1．「大規模の修繕」及び「大規模の模様替」は，「建築」に含まれる。

2．ボーリング場の用途に供する建築物は，「特殊建築物」である。

3．建築物の自重及び積載荷重を支える最下階の床版は，「構造耐力上主要な部分」である。

4．その者の責任において，建築物の建築工事の実施のために必要な図面

（現寸図その他これに類するものを除く。）及び仕様書を作成することは、「設計」である。

5．「遮炎性能」とは、通常の火災時における火炎を有効に遮るために防火設備に必要とされる性能をいう。

解説

1．【問題1】の解説の5を参照してください。
「**大規模の修繕**」及び「**大規模の模様替**」は、「**建築**」に含まれません。
2．【問題1】の解説の1を参照してください。
ボーリング場は、法別表第1（い）欄**(3)項**に該当する特殊建築物です。
3．【問題1】の解説の2を参照してください。
令第1条第三号により、**構造耐力上主要な部分**は、基礎、基礎ぐい、壁、柱、小屋組、土台、斜材、**床版**、屋根版又は横架材で、建築物の自重若しくは積載荷重、積雪荷重、風圧、土圧若しくは水圧又は地震その他の震動若しくは衝撃を支えるものをいいます。
4．〔法第2条第十号〕、〔建築士法第2条第5項〕
建築士法第2条第5項により、「**設計図書**とは、建築物の建築工事の実施のために必要な図面（現寸図その他これに類するものを除く。）及び仕様書を、**設計**とは、その者の責任において設計図書を作成することをいう。」と規定されています。
5．〔法第2条第九号の二ロ〕
法第2条第九号の二ロかっこ書きにより、**遮炎性能**とは、通常の火災時における火炎を有効に遮るために**防火設備**に必要とされる性能をいいます。

遮炎性能と準遮炎性能

性能	定義	技術的基準
遮炎性能	法第2条第九の二号ロ	令第109条の2
準遮炎性能	法第64条	令第136条の2の3

正解　1

第1章 建築基準法

【問題3】 用語に関する次の記述のうち，建築基準法上，誤っているものはどれか。

1. 土台は，「主要構造部」である。
2. 倉庫は，「特殊建築物」である。
3. 建築主事を置く市町村の区域については，原則として，当該市町村の長が，「特定行政庁」である。
4. ドレンチャーは，「防火設備」である。
5. 建築物に設ける屎尿浄化槽は，「建築設備」である。

解説

1．〔法第2条第五号〕
　法第2条第五号により，**主要構造部**とは，**壁，柱，床，はり，屋根又は階段**をいい，**土台は，これらに該当しません**。なお，**土台**は，令第1条第三号により，**構造耐力上主要な部分**に該当します。
2．【問題1】の解説の1を参照してください。
　倉庫は，法別表第1（い）欄（5）項に該当する特殊建築物です。
3．〔法第2条第三十五号〕

主要構造部

主要構造部	主要構造部から除かれる部分 （構造上重要でない下記の部分）
壁	間仕切壁
柱	間柱，附け柱
床	揚げ床，最下階の床，廻り舞台の床
はり	小ばり
屋根	ひさし
階段	局部的な小階段，屋外階段

基礎や土台は，主要構造部ではありません。

法第2条第三十五号により，**特定行政庁**とは，**建築主事を置く市町村の区域**については当該**市町村の長**をいい，その他の市町村の区域については**都道府県知事**をいいます。

4．〔**法第2条第九号の二ロ**〕，〔**令第109条第1項**〕

令第109条第1項により，防火戸，ドレンチャーその他火炎を遮る設備は，**防火設備**です。

5．【問題1】の解説の3を参照してください。

法第2条第三号により，建築物に設ける**汚物処理の設備**は，**建築設備**です。

正解　1

【問題4】用語に関する次の記述のうち，建築基準法上，誤っているものはどれか。

1．自動車車庫の用途に供する建築物は，「特殊建築物」である。

2．建築物の自重を支える基礎は，「構造耐力上主要な部分」である。

3．建築物の壁について行う過半の修繕は，「建築」である。

4．耐火建築物以外の建築物で，主要構造部を準耐火構造とし，外壁の開口部で延焼のおそれのある部分に所定の防火設備を有するものは，「準耐火建築物」である。

5．床が地盤面下にある階で，床面から地盤面までの高さがその階の天井の高さの $\frac{1}{3}$ のものは，「地階」である。

解説

1．【問題1】の解説の1を参照してください。

自動車車庫は，法別表第1(い)欄(6)項に該当する特殊建築物です。

2．【問題1】の解説の2を参照してください。

令第1条第三号により，建築物の自重を支える**基礎**は，**構造耐力上主要な部分**です。

第1章 建築基準法

3. 【問題1】の解説との5を参照してください。
   法第2条第五号により，**壁は主要構造部に該当します**。また，**法第2条第十四号**により，建築物の**主要構造部**の1種以上について行う**過半の修繕**は，**大規模の修繕**です。

4. 〔法第2条第九号の三〕
   準耐火建築物とは，耐火建築物以外の建築物で，「**主要構造部を準耐火構造としたもの**」又は，「主要構造部を準耐火構造としたものと同等の**準耐火性能を有するもの**として所定の技術的基準に適合するもの」に該当し，外壁の開口部で延焼のおそれのある部分に，法第2条第九号ロに規定する**防火設備**を有する建築物をいいます。

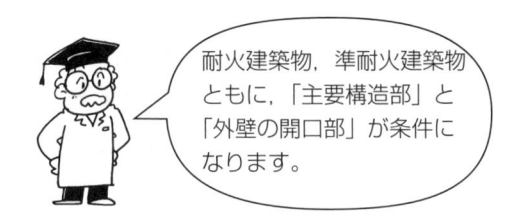

   > 耐火建築物，準耐火建築物ともに，「主要構造部」と「外壁の開口部」が条件になります。

5. 〔令第1条第二号〕
   地階とは，「床が地盤面下にある階で，**床面から地盤面までの高さ**がその階の**天井の高さ**の $\frac{1}{3}$ 以上のものをいう。」と規定されています。

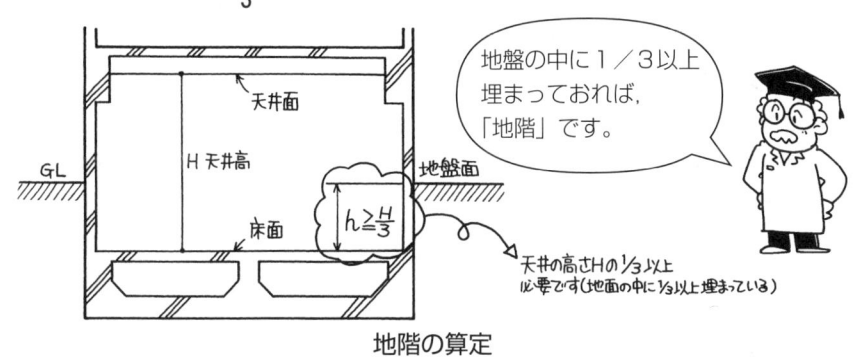

   > 地盤の中に1／3以上埋まっておれば，「地階」です。

   地階の算定

   正解　3

【問題5】用語に関する次の記述のうち，建築基準法上，誤っているものはどれか。

1. 娯楽のために継続的に使用する室は，「居室」である。

2. 通常の火災が終了するまでの間当該火災による建築物の倒壊及び延焼を防止するために当該建築物の部分に必要とされる性能を，「準耐火性能」という。

3. 図書館の用途に供する建築物は，「特殊建築物」である。

4. 住宅に附属する厚さ15cmの塀で，幅員5mの道路に接して設けられるものは，「延焼のおそれのある部分」に該当する。

5. 土地に定着する観覧のための工作物は，屋根がなくても「建築物」である。

解説

1. 〔法第2条第四号〕
居室とは，「居住，執務，作業，集会，娯楽その他これらに類する目的のために**継続的に使用する室**をいう。」と規定されています。

2. 〔法第2条第七号の二〕
法第2条第七号の二により，**準耐火性能**とは，「通常の火災による**延焼を抑制する**ために当該建築物の部分に必要とされる性能をいう。」と規定されています。

防火・耐火性能

性能	定義	技術的基準
耐火性能	法第2条第七号	令第107条
準耐火性能	法第2条第七号の二	令第107条の2
防火性能	法第2条第八号	令第108条
準防火性能	法第23条	令第109条の6

条文を確認しよう！

第1章 建築基準法

なお，同条第七号より，**耐火性能**とは，「通常の火災が終了するまでの間当該火災による建築物の**倒壊及び延焼を防止**するために当該建築物の部分に必要とされる性能をいう。」と規定されています。

3．【問題1】解説の1を参照してください。
図書館は，法別表第1(い)欄**(3)項**に該当する特殊建築物です。

4．〔法第2条第六号〕
延焼の恐れのある部分とは，「**隣地境界線，道路中心線**又は同一敷地内の2以上の建築物相互の外壁間の中心線から，**1階にあっては3m以下，2階以上にあっては5m以下**の距離にある建築物の部分をいう。」と規定されています。

また，住宅に附属する塀は，同条第一号により，建築物に該当します。

したがって，設問の幅員5mの道路に接して設けられた塀は，道路中心線からの距離が2.5mとなり，延焼の恐れのある部分に該当します。

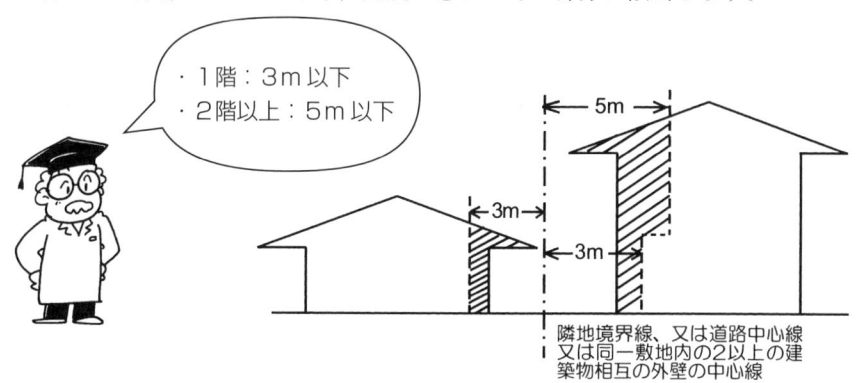

・1階：3m以下
・2階以上：5m以下

延焼の恐れのある部分

5．〔法第2条第一号〕
土地に定着する工作物のうち，**観覧のための工作物**は，屋根の有無に関係なく**建築物**に該当します。

正解　2

得点力アップのポイント

○ 特殊建築物の屋根の過半の修繕は,「建築」に該当しない。
○ 構造耐力上主要な部分である基礎は,「主要構造部」ではない。
○ 鉄道のプラットフォームの上家は,「建築」ではない。
○ 土地に定着する観覧のための工作物は,屋根がなくても「建築物」である。
○ 風圧又は地震その他の震動若しくは衝撃を支える火打材は,「構造耐力上主要な部分」である。
○ 避難上有効なバルコニーがあっても,直接地上へ通ずる出入口のない階は「避難階」ではない。
○ 「準遮炎性能」とは,建築物の周囲において発生する通常の火災における火炎を有効に遮るために防火性能に必要とされる性能をいう。
○ 「遮炎性能」とは,通常の火災時における火炎を有効に遮るために防火設備に必要とされる性能をいう。
○ 長屋又は共同住宅の隣接する住戸からの日常生活に伴い生ずる音を衛生上支障がないように低減するために界壁に必要とされる性能を,「遮音性能」という。
○ 建築物に関する工事を請負契約によらないで自らその工事をする者は,「建築主」である。

1-2. 面積, 高さ, 階数の算定

【問題6】 図のような建築物に関する次の記述のうち, 建築基準法上, 正しいものはどれか。ただし, 国土交通大臣が高い開放性を有すると認めて指定する構造の部分はないものとする。

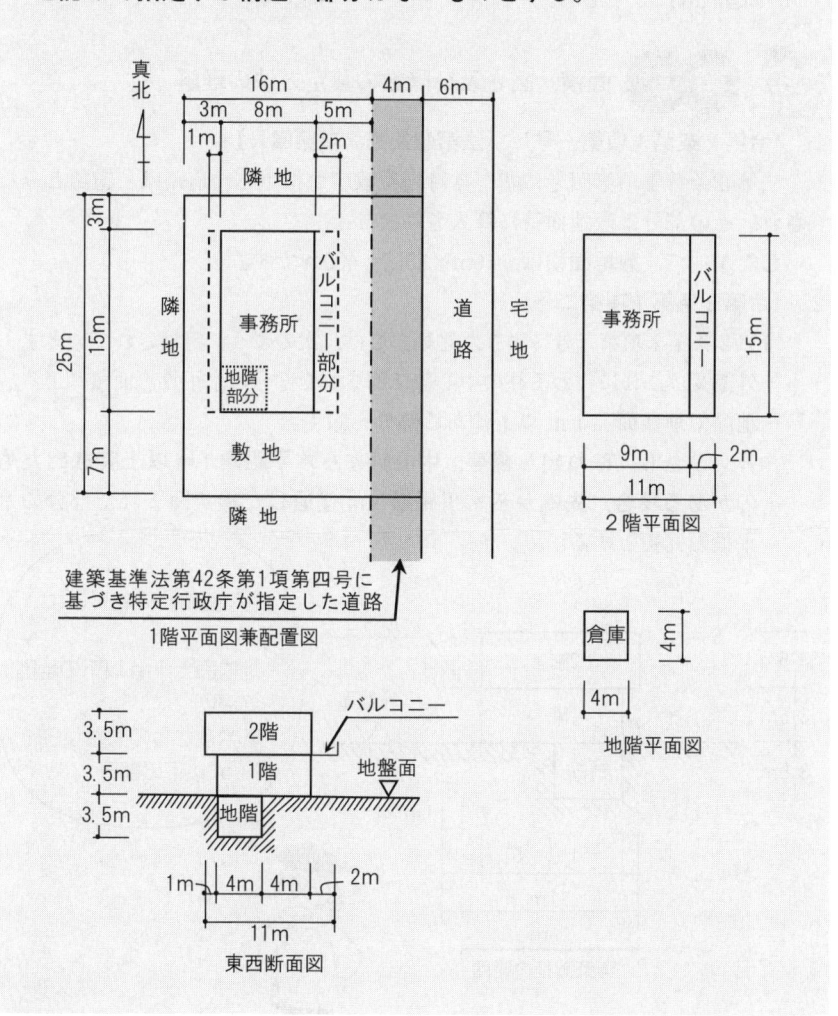

1. 敷地面積は，500m²である。

2. 建築面積は，150m²である。

3. 延べ面積は，286m²である。

4. 高さは，10.5mである。

5. 階数は，3である。

解説 面積，高さ及び階数の算定方法の理解

1. 〔令第2条第1項第一号〕，〔法第42条第1項第四号〕

　　法第42条第1項第四号に基づき特定行政庁が指定した道路は，**道路**とみなされ，その部分は敷地面積に算入されません。

　　したがって，**敷地面積**は，16m×25m＝**400m²**です。

2. 〔令第2条第1項第二号〕

　　令第2条第1項第二号により，建築面積は，次のように定義されています。
   - 外壁又はこれに代わる柱の中心線で囲まれた部分の水平投影面積による。
   - 地階で地盤面上1m以下にある部分を除く。
   - 軒，ひさし，**はね出し縁等，中心線から水平距離1m以上突き出たものがある場合，先端から水平距離1m後退した線で囲まれた部分の水平投影面積とする。**

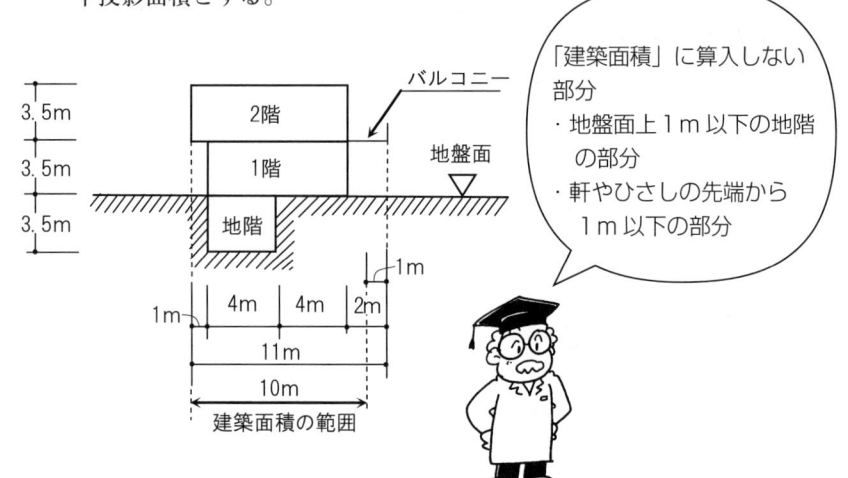

「建築面積」に算入しない部分
・地盤面上1m以下の地階の部分
・軒やひさしの先端から1m以下の部分

したがって，建築面積は，$(11m - 1m) \times 15m = $ **150m²**です。

3．〔令第2条第1項第四号〕

　令第2条第1項第四号により，延べ面積は，各階の床面積の合計です。

　　ただし，バルコニーは床面積に算入しません。

　　2階の床面積：$9m \times 15m = 135m^2$

　　1階の床面積：$8m \times 15m = 120m^2$

　　地階の床面積：$4m \times 4m = 16m^2$

　したがって，延べ面積は，$135m^2 + 120m^2 + 16m^2 = $ **271m²**です。

4．〔令第2条第1項第六号〕

　令第2条第1項第六号により，建築物の高さは，地盤面からの高さです。
したがって，高さは，$3.5m + 3.5m = $ **7.0m** です。

5．〔令第2条第1項第八号〕

　令第2条第1項第八号により，階数は，次のように定義されています。

・昇降機塔，装飾塔など，屋上部分の水平投影面積の合計が，建築物の建築面積の $\frac{1}{8}$ 以内の場合，階数に算入しない。

・**地階の倉庫**，機械室などの建築物の部分で，上記と同様，$\frac{1}{8}$ 以内の場合，階数に算入しない。

・建築物の一部が吹抜きとなっている場合など，建築物の部分によって階数を異にする場合においては，これらの階数のうち最大なものによる。

したがって，地階の床面積$16m^2$ < 建築面積$150m^2 \times \frac{1}{8} = 18.75m^2$となり，地階は階数に算入しません。**階数**は**2**です。

正解　2

建築面積の $\frac{1}{8}$ 以下のものは，「階数」に算入しない。
・屋上部分：昇降機塔，装飾塔，物見塔・地階：機械室，倉庫

【問題7】 図のような一様に傾斜した敷地に建てられた建築物について，敷地面積，建築面積及び建築物の高さの組合せとして，建築基準法上，正しいものは，次のうちどれか。ただし，国土交通大臣が高い開放性を有すると認めて指定する構造の部分はないものとする。

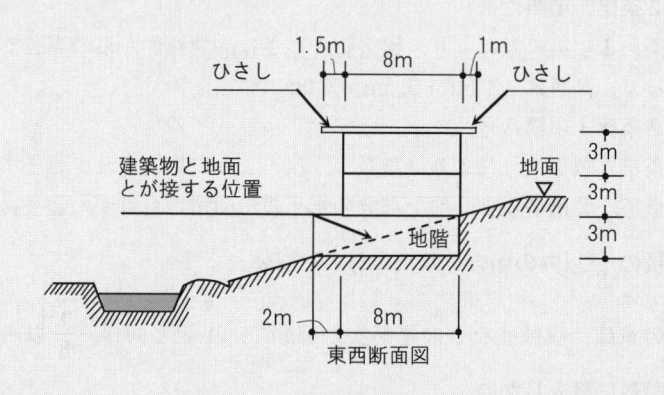

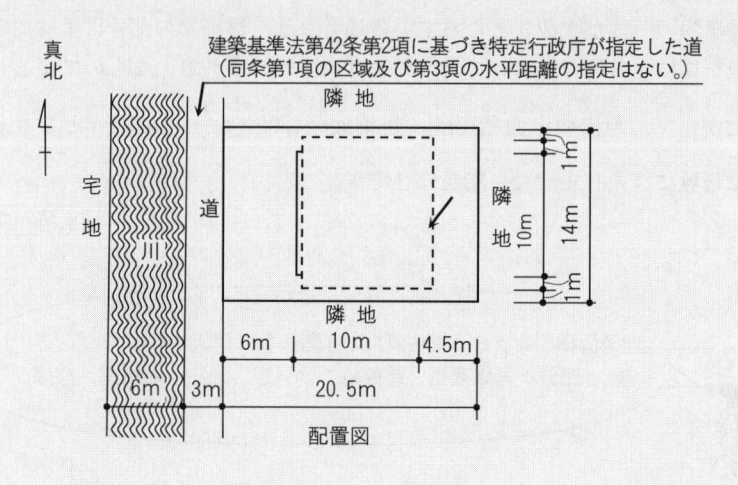

東西断面図

配置図

第1章　建築基準法

	敷地面積	建築面積	建築物の高さ
1.	273m²	85m²	6.0m
2.	273m²	85m²	7.5m
3.	273m²	100m²	7.5m
4.	280m²	85m²	9.0m
5.	280m²	100m²	9.0m

解　説

○敷地面積の算定〔令第2条第1項第一号〕

令第2条第1項第一号により，敷地面積は，次のように定義されています。
・敷地面積は，敷地の水平投影面積による。
・法第42条第2項，第3項，第5項の規定によって，道路の境界線とみなされる線と道との間の部分の敷地は，算入しない。

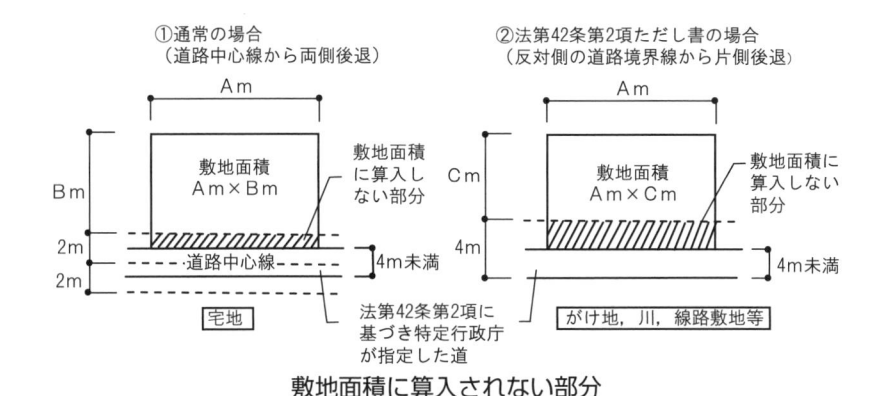

①通常の場合
（道路中心線から両側後退）

②法第42条第2項ただし書の場合
（反対側の道路境界線から片側後退）

敷地面積 Am×Bm
敷地面積に算入しない部分
道路中心線
4m未満
宅地
法第42条第2項に基づき特定行政庁が指定した道

敷地面積 Am×Cm
敷地面積に算入しない部分
4m未満
がけ地，川，線路敷地等

敷地面積に算入されない部分

道路境界線の後退は，中心後退と片側後退があります。

第2編　学科Ⅱ・法規

したがって，西側の道の反対側が川の場合，川の境界線から道の側に水平距離 4 m の線を道路の境界線とみなします。

　敷地面積は，(20.5m — 1 m) ×14m = **273m²**です。

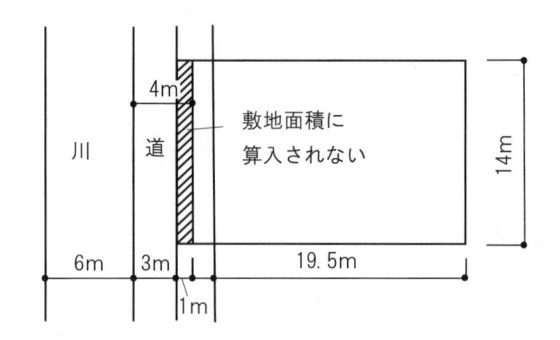

```
    ┌────┬──────────────────────┐
    │ 4m │                      │
    │    │   敷地面積に         │
川  │道  │   算入されない       │ 14m
    │    │                      │
    │    │                      │
    └────┴──────────────────────┘
  6m  3m        19.5m
        1m
```

○建築面積の算定〔令第2条第1項第二号〕

　【問題6】の解説の2を参照してください。

　下記の図より，建築面積の範囲は，地盤上1mを超える部分（下記の高さの算定を参照）となり，最大の水平投影面積は地階の部分になります。

　したがって，**建築面積**は，10m×10m = **100m²**です。

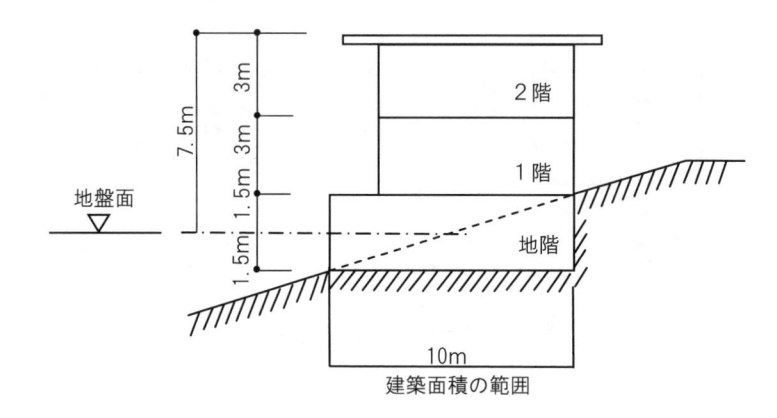

建築面積の範囲

○建築物の高さの算定〔令第2条第1項第六号〕

　【問題6】の解説の4を参照してください。

　地盤面は令第2条第2項により，建築物が周囲の地面と接する位置の**平均の高さにおける水平面**をいい，その接する位置の高低差が3mを超える場合は，**高低差3m以内ごとの平均の高さにおける水平面**です。設問の場合の地

盤面は，地階の高さの中間の位置になります。

したがって，建築物の高さは，1.5m＋3m＋3m＝7.5m です。

正解　3

【問題8】第一種低層住居専用地域内に建つ，図のような建築物に関する次の記述のうち，建築基準法上，誤っているものはどれか。ただし，用途地域以外の地域，地区等は考慮しないものとし，国土交通大臣が高い開放性を有すると認めて指定する構造の部分はないものとする。

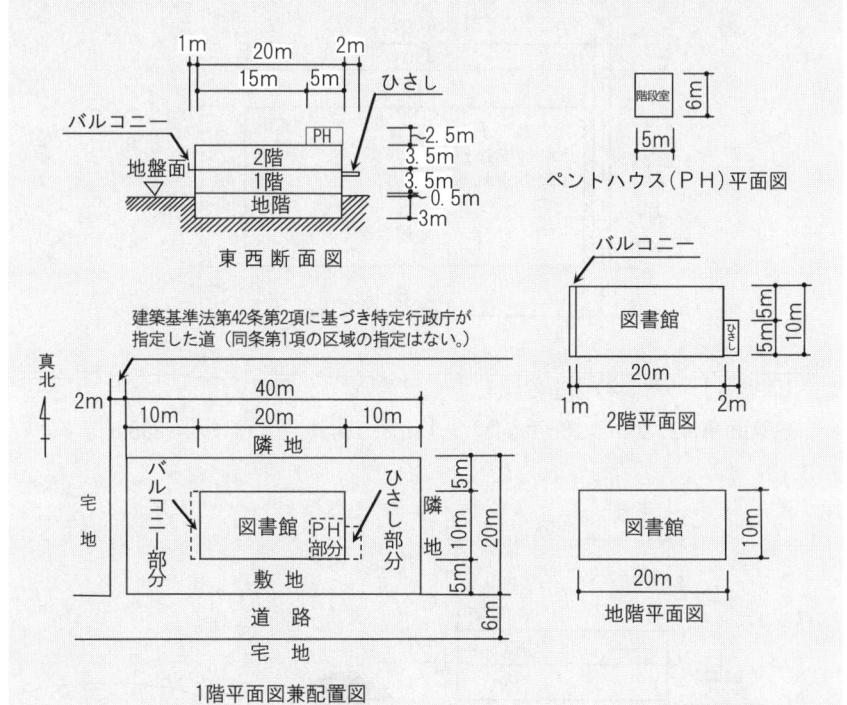

1．敷地面積は，780m²である。

2．建築面積は，205m²である。

3．延べ面積は，630m²である。

4．建築基準法第55条第1項の規定により算定する建築物の高さは，10mである。

5．階数は，3である。

解説

1．【問題7】の解説の**敷地面積の算定**を参照してください。
   敷地面積は，(40m－1m)×20m=**780m²**です。

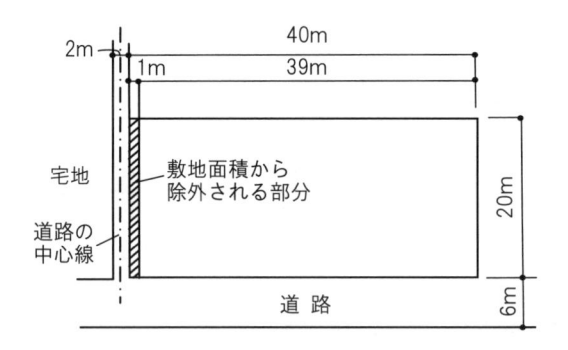

2．【問題6】の解説の2を参照してください。
   建築面積は，20m×10m(本体)＋1m×5m(ひさし部分)=**205m²**です。

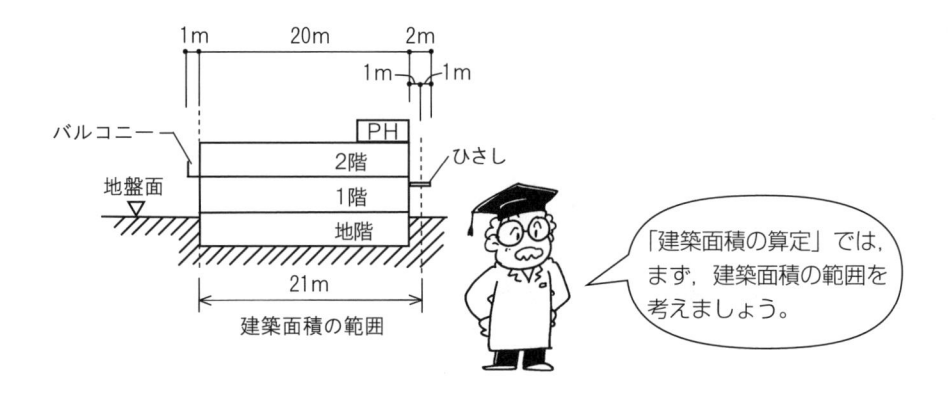

「建築面積の算定」では，まず，建築面積の範囲を考えましょう。

3．【問題6】の解説の3を参照してください。
　　　PH階の床面積：5m×6m=30m²
　　　2階の床面積：20m×10m=200m²
　　　1階の床面積：20m×10m=200m²
　　　地階の床面積：20m×10m=200m²
　したがって，**延べ面積**は，30m²+200m²+200m²+200m²=**630m²**です。

4．〔令第2条第1項第六号ロ〕
　階段室等の建築物の屋上部分の水平投影面積の合計が，当該建築物の**建築面積**の$\frac{1}{8}$以内の場合，その部分の高さは，**法第55条第1項の規定**の適用時における高さの算定では，5mまでは当該建築物の高さに算入しません。
　したがって，PH階の床面積30m²＞建築面積205m²×$\frac{1}{8}$=25.625m²となり，PH階の部分も高さに算入します。
　建築物の高さは，0.5m+3.5m+3.5m+2.5m=**10m**です。

5．【問題6】の【解説と正解】の5を参照してください。
　PH階の床面積30m²＞建築面積205m²×$\frac{1}{8}$=25.625m²となり，PH階の部分も階数に算入します。**階数**は**4**です。

正解　5

1-3. 建築面積の算定

【問題9】 図のような地面の一部が一様に傾斜した敷地に建てられた建築物の建築面積として，建築基準法上，正しいものは，次のうちどれか。ただし，国土交通大臣が高い開放性を有すると認めて指定する構造の部分はないものとする。

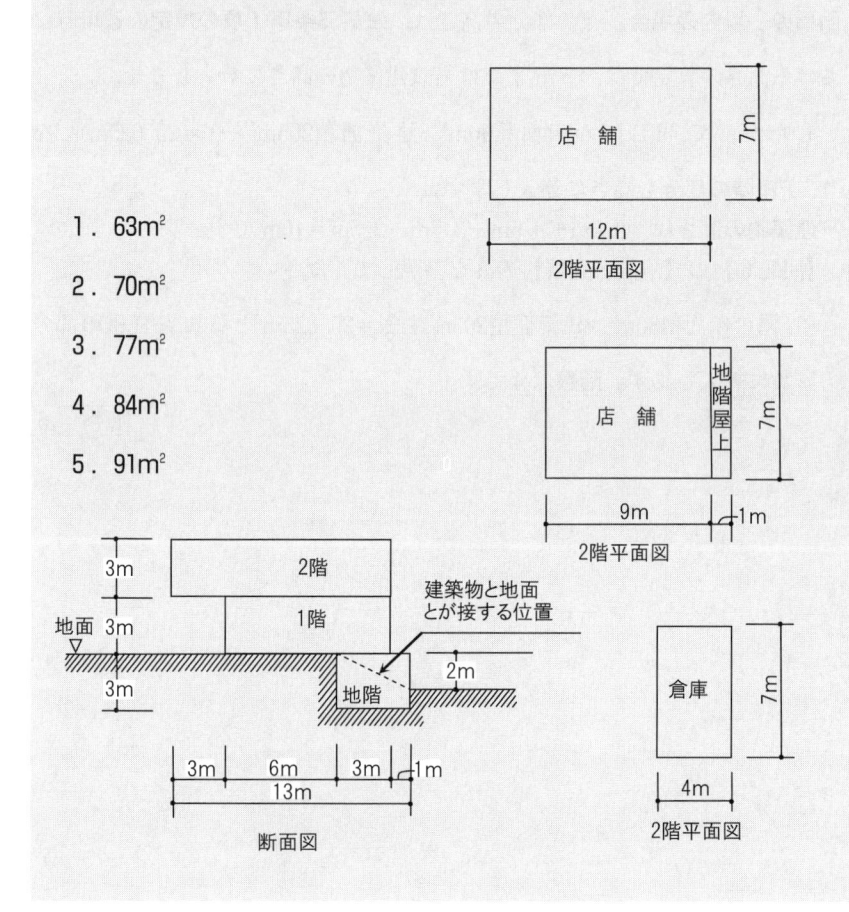

1. 63m²
2. 70m²
3. 77m²
4. 84m²
5. 91m²

第1章　建築基準法

解説　建築面積の算定の理解

○建築面積の算定〔令第2条第1項第二号〕

【問題6】の解説の2を参照してください。

令第2条第2項により、「地盤面」とは、建築物が周囲の地面と接する位置の平均の高さにおける水平面をいいます。

まず、地盤面に高低差がある場合、**平均地盤面を算定**します。（図①参照）

地面－2m位置を基準にして、建築物が周囲の地面と接する面積を算定します。

〔面積〕①：$4m \times 2m \times 1/2 = 4m^2$
　　　　②：$6m \times 2m = 12m^2$
　　　　③：$7m \times 2m = 14m^2$

求める面積は、$4m^2 \times 2 + 12m^2 \times 2 + 14m^2 =$ **46m²** です。

また、〔全長〕$= 4m + 6m + 7m + 6m + 4m + 7m =$ **34m** により、**地面－2m位置からの高さ X** は、X＝〔面積〕÷〔全長〕$= 46m^2 \div 34m ≒$ **1.35m** となります。

したがって、地階部分は、**平均地盤面上1m以下に該当し**、建築面積には算入しません。**建築面積**は、$12m \times 7m =$ **84m²** です。（図②参照）

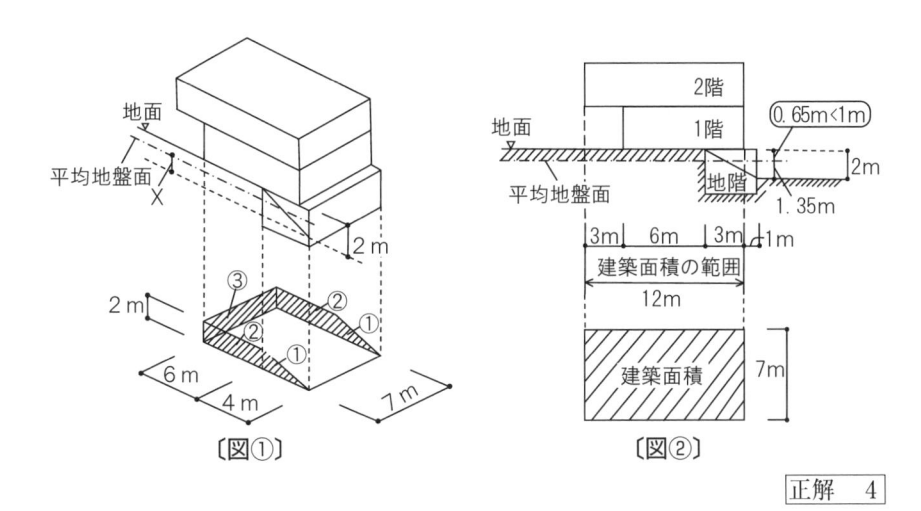

〔図①〕

〔図②〕

正解　4

【問題10】図のような建築物の建築面積として、建築基準法上、正しいものは、次のうちどれか。ただし、国土交通大臣が高い開放性を有すると認めて指定する構造の部分はないものとする。

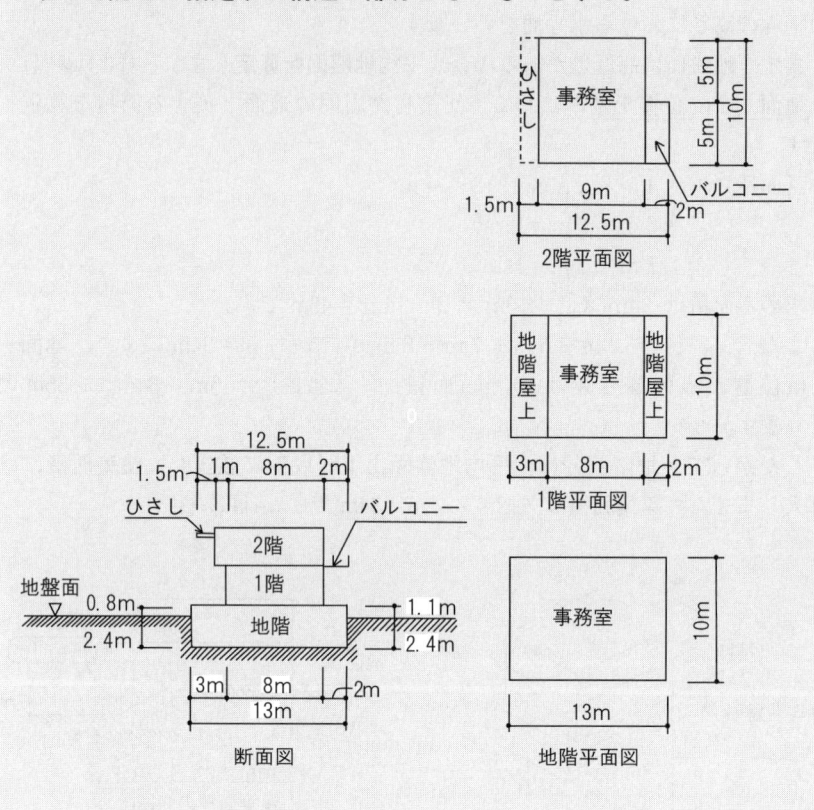

1. 100㎡
2. 105㎡
3. 115㎡
4. 125㎡
5. 130㎡

第1章　建築基準法

解説

【問題6】の解説の2を参照してください。

設問において，最大の水平投影面積は地階になりますが，**地盤面上1m以下にある左側の部分は除かれます。**

また，**外壁等の中心線の1m以上突き出した左側のひさしは，**その端から1m後退した部分まで，建築面積に算入されます。

したがって，**建築面積は，**下図より，$11.5\mathrm{m} \times 10\mathrm{m} = \mathbf{115\mathrm{m}^2}$です。

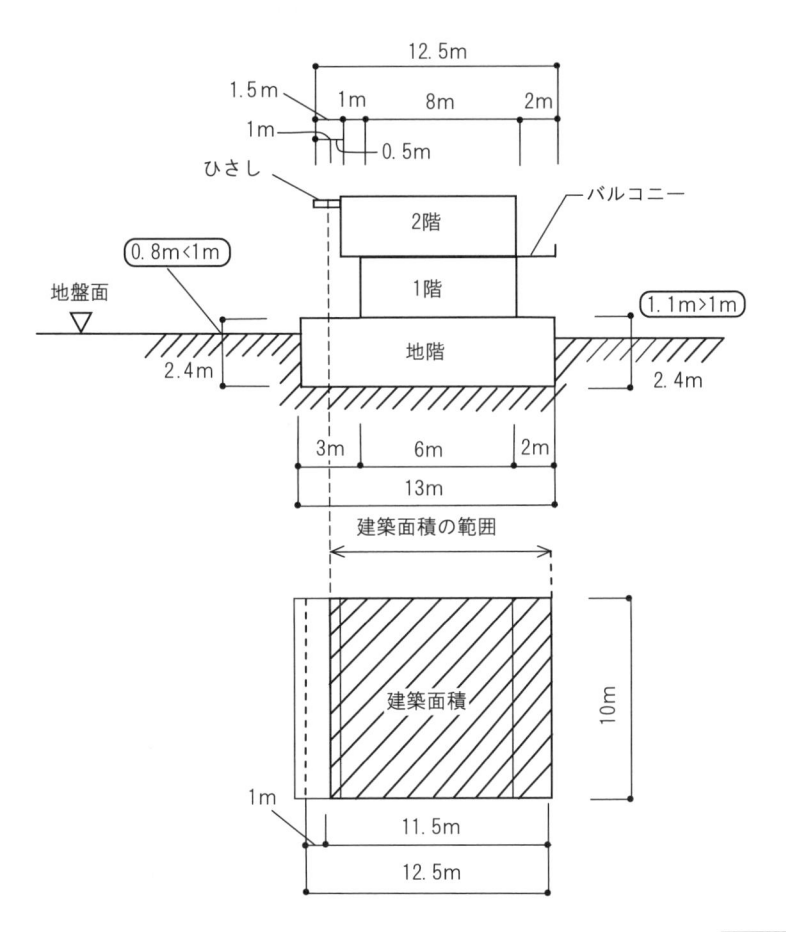

正解　3

2．建築手続

2-1．確認済証の交付に関する問題

【問題11】次の行為のうち，建築基準法上，全国どの場所においても，確認済証の交付を受ける必要があるものはどれか。

1．木造2階建，延べ面積100m²，高さ8mの事務所から物品販売業を営む店舗への用途の変更

2．鉄骨造，高さ4mの広告板の築造

3．鉄骨造平家建，延べ面積100m²の倉庫の新築

4．鉄筋コンクリート造平家建，延べ面積150m²の飲食店の大規模の修繕

5．鉄筋コンクリート造平家建，延べ面積200m²の巡査派出所の新築

解説 確認を要する建築物等の理解

確認を要する建築物は，**法第6条**で規定されています。その他，次の条文も確認する必要があります。

- 用途変更：法第87条，令第137条の17
- 建築設備への準用：法第87条の2，令第146条
- 工作物への準用：法第88条，令第138条
- 仮設建築物：法第87条

> 確認済証の交付の問題は，まず法第6条を開きましょう。

1．〔法第87条第1項〕

法第87条第1項で，「建築物の用途を変更して**第6条第1項第一号の特殊建築物**のいずれかとする場合においては，法第6条の規定を準用する。」と規定されています。

設問の物品販売業は，法別表第1（い）欄（4）項の特殊建築物（令第115条の3第三号）に該当しますが，**床面積が100m²を超えていないので**，第6条第1項第一号の特殊建築物に該当せず，確認済証の交付を受ける必要はあり

ません。

2．〔法第88条第1項，令第138条〕
　法第88条第1項により，工作物で政令で指定するもの（令第138条第1項，第2項）は，法第6条の規定を準用し，確認済証の交付を受ける必要があります。

確認を要する建築物等

区域	条文	用途構造等	規模	工事種別
全国	法第6条第1項第一号	特殊建築物※	延べ面積＞100m²	○建築　○大規模の修繕・模様替　○用途変更※
〃	法第6条第1項第二号	大規模木造建築物	階数≧3又は延べ面積＞500m² 高さ13mもしくは軒高9mを超えるもの	〃
〃	法第6条第1項第三号	大規模木造以外	階数≧2又は延べ面積＞200m²	〃
〃	法第87条の2（令146）	建築設備，エスカレーター，エレベーター等		○設置
〃	法第88条（令138）	工作物		○築造
都市計画区域内若しくは準都市計画区域内，準景観地区内および知事指定区域内	法第6条第1項第四号	上記以外のすべての建築物		○建築

※　学校，病院，診療所，劇場，映画館，演芸場，公会堂，集会場，百貨店，マーケット，公衆浴場，ホテル，旅館，下宿，共同住宅，寄宿舎，自動車車庫，養老院，児童福祉施設等（令第19条参照），体育館，博物館，美術館，図書館，ボーリング場，スキー場，水泳場，スポーツの練習場，展示場，舞踏場，キャバレー，カフェー，ナイトクラブ，バー，遊戯場，待合，料理店，飲食店，物品販売業の店舗，倉庫，自動車修理工場，映画スタジオ，テレビスタジオ（令第115の3）

※　用途変更は特殊建築物の場合に限る（法第87条及び令第137条の17）

除外　① 防火地域，準防火地域外の増・改築，移転で延べ面積10m²以内のもの（法第6条第2項）
　　　② 工事用仮設建築物，災害応急復旧仮設建築物（法第85条）
　　　③ 国，都道府県等の建築物（実体的には確認申請と相違はないが別個の手続による）法第18条
　　　④ 法第3条第1項に該当する建築物

したがって，**令第138条第1項第三号**により，高さ4mの広告板は，確認済証の交付を受ける必要はありません。

「全国どこの場所においても・・・」の場合，第四号のチェックは不要です。

3．〔法第6条第1項各号〕
　鉄骨造平家建，延べ面積100m²の**倉庫（別表1（い）欄（5）項）**は，法第6条第1項第一号～第三号に該当しません。また，同条第四号の都市計画区域等以外の区域では，確認済証の交付を受ける必要はありません。

100m²超える特殊建築物のチェックを最初にすると良いです。

4．〔法第6条第1項各号〕
　鉄筋コンクリート造平家建，<u>延べ面積150m²の飲食店（別表1（い）欄（4）項）は，法第6条第1項第一号に該当し，全国どの場所においても，確認済証の交付を受ける必要があります。</u>

5．〔法第6条第1項各号〕
　巡査派出所は，**法別表第1（い）欄の特殊建築物ではない**ので，法第6条第1項第一号に該当しません。また，鉄筋コンクリート造**平家建**，延べ面積200m²は，法第6条第1項第三号にも該当しません。
　したがって，同条第四号の都市計画区域等以外の区域では，確認済証の交付を受ける必要はありません。

専用住宅，事務所，機械製作工場，巡査派出所は，法別表第1（い）欄に該当しない特殊建築物です。

正解　4

第1章　建築基準法　　　207

【問題12】次の行為のうち，建築基準法上，全国どの場所においても，確認済証の交付を受ける必要があるものはどれか。

1．鉄骨造，高さ4mの装飾塔の築造

2．鉄骨造平家建，延べ面積100m²の物品販売業を営む店舗の新築

3．鉄骨造2階建，延べ面積60m²の一戸建住宅の移転

4．鉄筋コンクリート造平家建，延べ面積140m²の事務所における床面積50m²の増築

5．鉄筋コンクリート造平家建，延べ面積200m²の事務所の改築

第2編　学科Ⅱ・法規

解説

1．【問題11】の解説の2を参照してください。

　令第138条第1項第三号により，高さ4mの装飾塔は，確認済証の交付を受ける必要はありません。

2．【問題11】の解説の3を参照してください。

　鉄骨造平家建，延べ面積100m²の**物品販売業を営む店舗（別表1（い）欄（4）項）**は，法第6条第1項第一号〜第三号に該当しません。また，同条第四号の都市計画区域等以外の区域では，確認済証の交付を受ける必要はありません。

3．〔法第6条第1項各号〕

　鉄骨造2階建，延べ面積60m²の一戸建住宅は，**法第6条第1項第三号**に該当し，全国どの場所においても，確認済証の交付を受ける必要があります。

4．〔法第6条第1項各号〕

　法第6条第1項かっこ書きにより，建築物が**増築後（法第6条第2項の場合は除く）**において，法第6条第1項第一号から第三号までに掲げる規模のものとなる場合は，確認済証の交付が必要です。

　設問の建築物の増築後は，**鉄筋コンクリート造平家建，延べ面積190m²の事務所**となりますが，法第6条第1項第一号〜第三号に該当しないので，確認済証の交付を受ける必要はありません。

増築によって法第6条第1項第一号～第三号になる場合も確認済証の交付が必要です。

5．【問題11】の解説の5を参照してください。
　　事務所は，**法別表第1（い）欄の特殊建築物ではない**ので，法第6条第1項第一号に該当しません。また，鉄筋コンクリート造**平家建**，延べ面積200m²は，法第6条第1項第三号にも該当しません。
　　したがって，同条第四号の都市計画区域等以外の区域では，確認済証の交付を受ける必要はありません。

正解　3

【問題13】次の行為のうち，建築基準法上，全国どの場所においても，確認済証の交付を受ける必要があるものはどれか。

1．木造2階建，延べ面積150m²，高さ8mの一戸建住宅の新築
2．鉄骨造平家建，延べ面積100m²の集会場の新築
3．工事を施工するために現場に設ける鉄骨造2階建，延べ面積200m²の仮設事務所の新築
4．鉄骨造平家建，延べ面積200m²の屋根を帆布としたスポーツの練習場の移転
5．鉄筋コンクリート造2階建，延べ面積300m²の共同住宅から事務所への用途変更

解説

1．〔法第6条第1項第二号〕
　　木造2階建，延べ面積150m²，高さ8mの一戸建住宅は，法第6条第1項

第1章　建築基準法

第二号に該当せず，確認済証の交付を受ける必要がありません。

2．〔法第6条第1項第一号，第三号〕

　鉄骨造平家建，延べ面積100m²の**集会場**（別表1（い）欄（1）項）は，法第6条第1項第一号及び第三号に該当せず，確認済証の交付を受ける必要がありません。

3．〔**法第85条第2項**〕

　法第85条第2項で，「災害があった場合において建築する・・・**応急仮設建築物**又は工事を施工するために**現場に設ける事務所**，下小屋，材料置場その他これらに類する**仮設建築物**については，法第6条から第7条の6まで，・・・の規定は，適用しない。」と規定されています。

　工事を施工するために現場に設ける仮設事務所は，確認済証の交付は不要です。

4．〔**法第6条第1項第一号**〕

　延べ面積200m²の屋根を帆布とした**スポーツの練習場**（別表1（い）欄（3）項）は，**法第6条第1項第一号**に該当し，確認済証の交付を受ける必要があります。

　なお，**法第84条の2**により，**屋根を帆布としたスポーツの練習場**は，法第22条から第26条などの規定が除外されていますが，**法第6条は適用されま**す。

5．【問題11】の解説の1を参照してください。

　事務所は，**特殊建築物ではないので**，確認済証の交付を受ける必要がありません。

正解　4

得点力アップのポイント

次の行為は，建築基準法上，全国どこにおいても，確認済証の交付を受ける必要がある。

- 鉄筋コンクリート造2階建，延べ面積90m²の一戸建住宅の大規模の修繕。
- 木造平家建，延べ面積110m²，高さ6mの倉庫の大規模の修繕。
- 木造2階建，延べ面積200m²の飲食店の大規模の修繕。
- 木造2階建，延べ面積150m²，高さ8mの事務所から飲食店への用途変更。
- 木造2階建，高さ8m，延べ面積150m²の一戸建住宅から美術館への用途変更。
- 木造平家建，延べ面積190m²，高さ5mの美容院から倉庫への用途変更。

2-2. 建築手続に関する問題

【問題14】次の記述のうち，建築基準法上，誤っているものはどれか。

1. 建築主は，階数が3以上の鉄筋コンクリート造の共同住宅を新築する場合，2階の床及びこれを支持する梁に鉄筋を配置する工程に係る工事を終えたときは，建築主事又は指定確認検査機関の中間検査を申請しなければならない。

2. 指定確認検査機関は，完了検査の引受けを行ったときは，その旨を証する書面を建築主に交付するとともに，その旨を建築主事に通知しなければならない。

3. 建築主事等は，建築主事が完了検査の申請を受理した日から7日以内に，当該工事に係る建築物及びその敷地が建築基準関係規定に適合しているかどうかを検査しなければならない。

4. 建築物の除却の工事を施工しようとする者は，当該工事に係る部分の床面積の合計が10m^{2}を超える場合，その旨を特定行政庁に届け出なければならない。

5. 特定行政庁，建築主事又は建築監視員は，建築物の工事監理者に対して，当該建築物の施工の状況に関する報告を求めることができる。

解説　建築手続の理解

建築基準法による主な手続きの種類を，次に示します。

> 手続きに関する問題は，法第6条〜第18条を開きましょう。

第1章 建築基準法

主な手続きの種類

手続きの種類		条　文	提出者	提出先
確認申請	建築物	法第6条,法第6条の2	建築主	建築主事又は指定確認検査機関
	用途変更	法第87条		
	建築設備	法第87条の2		
	工作物	法第88条	築造主	
中間検査申請		法第7条の3,法第7条の4	建築主	建築主事又は指定確認検査機関
工事完了検査申請		法第7条,法第7条の2		
仮使用承認申請		法第7条の6		特定行政庁（工事完了検査受理前）
				建築主事（工事完了検査受理後）
定期報告		法第12条第1項,第3項	所有者（管理者）	特定行政庁
建築工事届		法第15条第1項	建築主	建築主事を経由して都道府県知事
建築工事除却届			工事施工者	
計画通知		法第18条第2項	建築主（国等）	建築主事
許可申請		法第43条,法第44条他	建築主	特定行政庁
工事中の安全計画届		法第90条の3		

1．〔法第7条の3第1項〕

　法第7条の3第1項で，「建築主は，法第6条第1項の規定による工事が次の各号のいずれかに該当する工程（**「特定工程」**という。）を含む場合において，当該特定工程に係る工事を終えたときは，その都度，国土交通省令で定めるところにより，**建築主事の検査を申請**しなければならない。
　　一．**階数が3以上である共同住宅**の床及びはりに鉄筋を配置する工事の工程のうち**政令（令第11条）で定める工程**
　　二．〔略〕　　」と規定されています。
　また，令第11条により，政令で定める工程が，「**2階の床及びこれを支持するはりに鉄筋を配置する工事の工程**とする。」と規定されています。

2．〔法第7条の2第3項〕
　法第7条の2第3項により，指定確認検査機関は，「**完了検査**の引受けを行ったときは，国土交通省令で定めるところにより，その旨を証する**書面を建築主に交付**するとともに，その旨を**建築主事に通知**しなければならない。」と規定されています。

3．〔法第7条第4項〕
　法第7条第4項により，「**建築主事が完了検査の申請を受理した場合**においては，**建築主事等**は，その申請を**受理した日から7日以内**に，当該工事に係る建築物及びその敷地が**建築基準関係規定**に適合しているかどうかを検査しなければならない。」と規定されています。

・中間検査：4日以内に申請，4日以内に検査
・完了検査：4日以内に申請，7日以内に検査

4．〔法第15条第1項〕
　法第15条第1項により，「**建築主が建築物を建築しようとする場合又は建築物の除却の工事を施工する者が建築物を除却しようとする場合**においては，これらの者は，<u>**建築主事を経由して，その旨を都道府県知事に届け出なければならない**</u>。ただし，当該建築物又は当該工事に係る部分の床面積の合計が**10m²以内である場合**においては，この限りでない。」と規定されています。

5．〔法第12条第5項〕
　法第12条第5項により，「**特定行政庁，建築主事又は建築監視員は，次に掲げる者に対して**，建築物の敷地，構造，建築設備若しくは用途又は建築物に関する工事の計画若しくは**施工の状況に関する報告を求めることができる。**
　　一．建築物若しくは建築物の敷地の所有者，管理者若しくは占有者，建築主，設計者，**工事監理者**又は工事施工者
　　二～四．〔略〕　　」と規定されています。

正解　4

【問題15】次の記述のうち，建築基準法上，誤っているものはどれか。
　1．指定確認検査機関が確認済証の交付をした建築物の計画について，特定行政庁が建築基準関係規定に適合しないと認め，その旨を建築主及び

第1章　建築基準法　　213

指定確認検査機関に通知した場合においては，当該確認済証は，その効力を失う。

2．指定確認検査機関は，中間検査の引受けを行った場合においては，その旨を証する書面を建築主に交付するとともに，その旨を建築主事に通知しなければならない。

3．指定確認検査機関は，中間検査を行った場合においては，中間検査報告書を建築主事に提出しなければならない。

4．指定確認検査機関が，工事の完了の日から4日が経過する日までに，完了検査を引き受けた場合においては，建築主は，建築主事に完了検査の申請をすることを要しない。

5．建築物の新築工事の完了検査の申請が受理された後においては，当該建築物の完了検査の検査済証の交付を受ける前の仮使用の承認をするのは，建築主事である。

解説

1．〔法第6条の2第11項〕

　法第6条の2第11項により，「**特定行政庁**は，確認審査報告書の提出を受けた場合において，確認済証の交付を受けた建築物の計画が**建築基準関係規定に適合しない**と認めるときは，当該建築物の**建築主**及び**指定確認検査機関**にその旨を**通知**しなければならない。この場合において，**当該確認済証は，その効力を失う。**」と規定されています。

2．〔法第7条の4第2項〕

　法第7条の4第2項により，「指定確認検査機関は，**中間検査**の引受けを行ったときは，国土交通省令で定めるところにより，その旨を証する**書面を建築主に交付**するとともに，その旨を**建築主事に通知**しなければならな

・建築主事→通知
・特定行政庁→提出

い。」と規定されています。

3．〔法第7条の4第6項〕
　法第7条の4第6項により、「指定確認検査機関は、**中間検査をしたときは**、・・・、**中間検査報告書を作成し**、・・・、これを**特定行政庁に提出しなければならない**。」と規定されています。

4．〔法第7条の2第1項〕
　法第7条の2第1項により、「指定確認検査機関が、・・・**工事の完了の日から4日が経過する日までに**、当該工事に係る建築物及びその敷地が建築基準関係規定に適合しているかどうかの検査（**完了検査**）を引き受けた場合において、・・・、**法第7条第1項から第3項までの規定（建築主事による完了検査）は、適用しない**。」と規定されています。

5．〔法第7条の6〕
　法第7条の6第1項第一号により、**仮使用の承認の申請**は、原則として、**特定行政庁**に対して行いますが、完了検査の申請が建築主事により**受理された後においては建築主事**に対して行います。

正解　3

【問題16】鉄筋コンクリート造3階建、延べ面積300m²の共同住宅の新築工事における建築基準法上の手続きに関する次の記述のうち、誤っているものはどれか。

1．当該工事をしようとする場合、建築主は、原則として、建築主事を経由して、建築工事届を都道府県知事に届け出なければならない。

2．当該工事について確認済証の交付を受けた後に、当該建築物の計画において国土交通省令で定める軽微な変更を行おうとする場合、建築主は、改めて、確認済証の交付を受ける必要はない。

3．2階の床及びこれを支持する梁に鉄筋を配置する工程に係る工事を終えた場合、建築主は、建築主事又は指定確認検査機関の中間検査を申請しなければならない。

第1章　建築基準法　　215

4．完了検査を申請する前に当該建築物の一部を使用しようとする場合，建築主は，建築主事又は指定確認検査機関の仮使用の承認を受けなければならない。

5．建築主は，原則として，当該工事が完了した日から4日以内に建築主事又は指定確認検査機関の完了検査を申請しなければならない。

解説

1．【問題14】の解説の4を参照してください。

2．〔法第6条第1項〕
法第6条第1項により，確認済証の交付を受けた後に，建築物の**計画の変更**を行おうとする場合，建築主は，改めて，確認済証の交付を受ける必要がありますが，**国土交通省令（規則第3条の2）で定める軽微な変更**は除かれています。

3．【問題14】の解説の1を参照してください。

・受理前→特定行政庁
・受理後→建築主事

4．【問題15】の解説の5を参照してください。

5．〔**法第7条第1項及び第2項，法第7条の2第1項**〕
建築主は，原則として，当該**工事が完了した日**から**4日以内**に建築主事又は指定確認検査機関の完了検査を申請しなければなりません。

正解　4

得点力アップのポイント

○　指定確認検査機関は，建築物に関する完了検査の引受けを工事完了日の前に行ったときは，工事が完了した日又は当該検査の引受けを行った日のいずれか遅い日から7日以内に，当該検査をしなければならない。
○　建築主は，階数が3以上である鉄筋コンクリート造の共同住宅を新築する場合，2階の床及びこれを支持する梁に鉄筋を配置する工程に係る工事を終えたときは，建築主事又は指定確認検査機関の中間検査を申請しなければならない。
○　建築主は，建築物の用途の変更に係る確認済証の交付を受けた場合において，当該工事を完了したときは，建築主事に届け出なければならない。

第2編　学科Ⅱ・法規

3．一般構造

3-1．採光に関する問題

【問題17】 第一種低層住居専用地域内（建築基準法第86条第10項に規定する公告対象区域外とする。）において，川（幅4.0m）に面して図のような断面をもつ住宅の1階の居室の開口部（幅2.0m，面積4.0m²）の「採光に有効な部分の面積」として，建築基準法上，正しいものは，次のうちどれか。

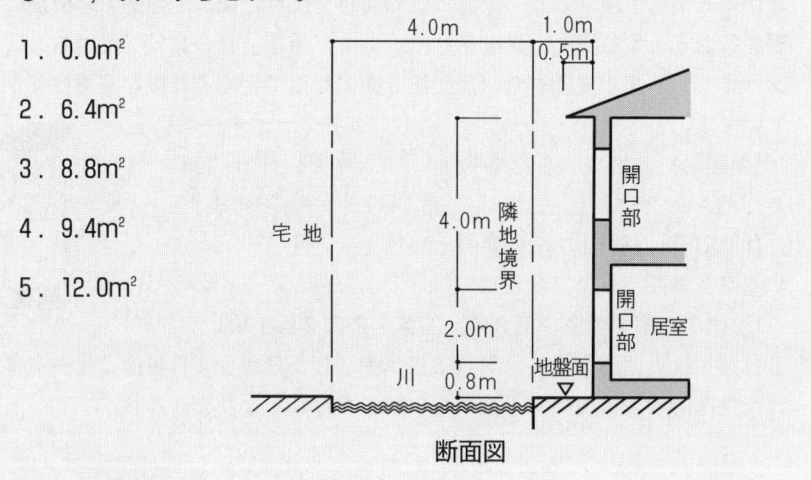

1. 0.0m²
2. 6.4m²
3. 8.8m²
4. 9.4m²
5. 12.0m²

断面図

解説 居室の採光及び有効採光面積の算定方法の理解

〔令第20条〕

令第20条第1項で，「・・・採光に有効な部分の面積は，当該居室の開口部ごとの面積に，それぞれ採光補正係数を乗じて得た面積を合計して算定するものとする。」と規定されています。

また，採光補正係数は，令第20条第2項で規定されています。

○開口部の面積は，設問から4.0m²です。
○第一種低層住居専用地域内において，設問の採光補正係数を求めます。
　なお，敷地が水面（川）に面する場合においては，敷地境界線はその水面の

第1章 建築基準法

幅$\frac{1}{2}$だけ外側にあるものとみなします。

採光補正係数

用途地域	採光補正係数 計算式	計算式の例外
(1) 1種・2種低層住専地域 1種・2種中高層住専地域 1種・2種準住居地域	$D/H \times 6 - 1.4$ ただし、計算値が3を超えた場合は3	・道路面の開口部で、左記の計算値が1未満の場合…1 ・道路面にない開口部で、D が7m以上、左記の計算値が1未満の場合…1 ・道路面にない開口部で、D が7m未満、左記の計算値が負数の場合…0
(2) 準工業地域 工業地域 工業専用地域	$D/H \times 8 - 1$ ただし、計算値が3を超えた場合は3	・道路面の開口部で、左記の計算値が1未満の場合…1 ・道路面にない開口部で、D が5m以上、左記の計算値が1未満の場合…1 ・道路面にない開口部で、D が5m未満、左記の計算値が負数の場合…0
(3) 近隣商業地域 商業地域 用途地域無指定	$D/H \times 10 - 1$ ただし、計算値が3を超えた場合は3	・道路面の開口部で、左記の計算値が1未満の場合…1 ・道路面にない開口部で、D が4m以上、左記の計算値が1未満の場合…1 ・道路面にない開口部で、D が4m未満、左記の計算値が負数の場合…0

〔注〕① 開口部が天窓の場合は、計算値の3倍となる。3を超えた場合は3とする。
② 窓・開口部の外側に幅90cm以上の縁側（ヌレ縁は除く）等がある場合は、計算値の0.7倍となる。
③ ふすま・障子等で仕切られた2室は、1室とみなす（法第28・4）。

$$採光補正係数 = \frac{D}{H} \times 6.0 - 1.4 = \frac{2.5m}{5.0m} \times 6.0 - 1.4 = \mathbf{1.6}$$

○**採光に有効な部分の面積**を求めます。

採光に有効な部分の面積 ＝（開口部の面積）×（採光補正係数）
$$= 4.0m^2 \times 1.6 = \mathbf{6.4m^2}$$

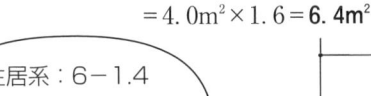

・住居系：6 - 1.4
・工業系：8 - 1.0
・商業系：10 - 1.0
を暗記すると良いです。

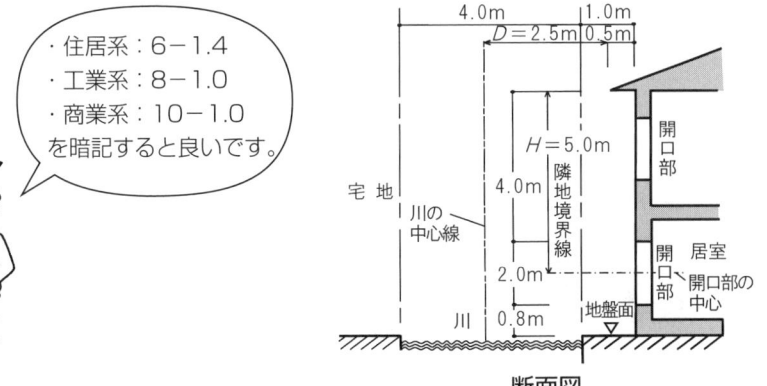

断面図

正解　2

【問題18】第一種住居地域内（建築基準法第86条第10項に規定する公告対象区域外とする。）において，図のような断面をもつ住宅の1階の居室の開口部（幅2.0m，面積4.0m²）の「採光に有効な部分の面積」として，建築基準法上，正しいものは，次のうちどれか。

1．2.4m²
2．4.0m²
3．6.4m²
4．8.8m²
5．12.0m²

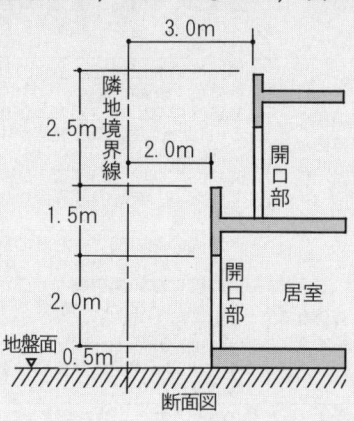

断面図

解説

【問題17】の解説を参照してください。

○開口部の面積は，設問から**4.0m²**です。

○採光関係比率 $\left(\dfrac{D}{H}\right)$ は，最も小さい数値となります。

A 点の $\dfrac{D}{H} = \dfrac{3.0\text{m}}{5.0\text{m}} = \dfrac{3}{5}$

B 点の $\dfrac{D}{H} = \dfrac{2.0\text{m}}{2.5\text{m}} = \dfrac{4}{5}$

したがって，A 点の場合の採光関係比率 $\dfrac{D}{H} = \dfrac{3}{5}$ となります。

○第一種住居地域内において，設問の**採光補正係数**を求めます。

採光補正係数 $= \dfrac{D}{H} \times 6.0 - 1.4 = \dfrac{3}{5} \times 6.0 - 1.4 =$ **2.2**

○**採光に有効な部分の面積**を求めます。

採光に有効な部分の面積 ＝（開口部の面積）×（採光補正係数）
$$= 4.0 \text{m}^2 \times 2.2$$
$$= 8.8 \text{m}^2$$

開口部の基準は，高さの中心線であることに注意してください。

断面図

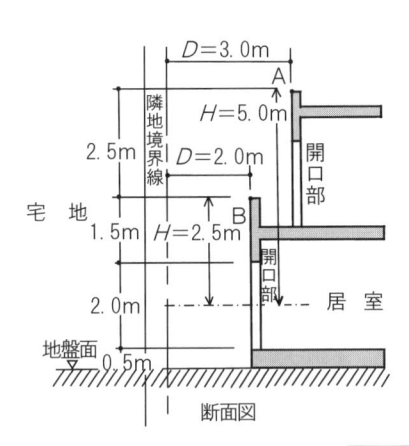

正解　4

【問題19】第二種低層住居専用地域内（建築基準法第86条第10項に規定する公告対象区域外とする。）において，図のような断面をもつ幼稚園の1階に教室（開口部は幅1.5m，面積3m²とする。）を計画する場合，建築基準法上，「居室の採光」の規定に適合する当該教室の床面積の最大値は，次のうちどれか。ただし，図に記載されているものを除き，採光のための窓その他の開口部はないものとし，国土交通大臣が定める基準は考慮しないものとする。

1．24.0m²

2．33.0m²

3．39.0m²

4. 45.0m²

5. 46.2m²

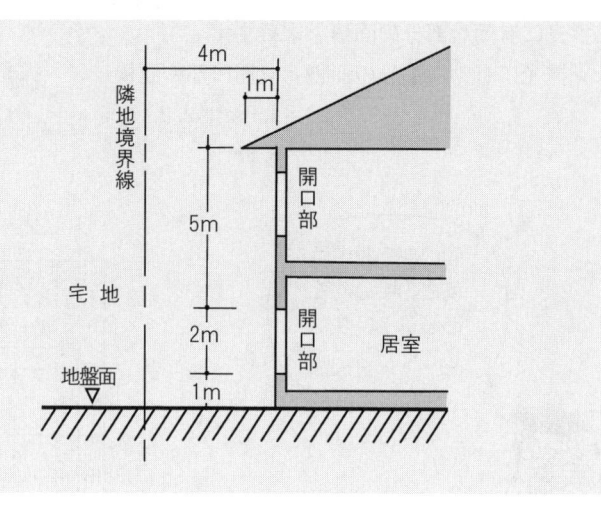

解説

【問題17】の解説を参照してください。

○**開口部の面積**は，設問から **3 m²** です。

○第二種低層住居専用地域内において，設問の**採光補正係数**を求めます。

$$採光補正係数 = \frac{D}{H} \times 6.0 - 1.4 = \frac{3.0\text{m}}{6.0\text{m}} \times 6.0 - 1.4 = \mathbf{1.6}$$

○**採光に有効な部分の面積**を求めます。

採光に有効な部分の面積 =（開口部の面積）×（採光補正係数）
= 3 m² × 1.6
= **4.8m²**

第1章　建築基準法

採光の割合は,
・学校関連：$\frac{1}{5}$
・就寝を伴う施設：$\frac{1}{7}$
・その他：$\frac{1}{10}$
を目安に。

断面図

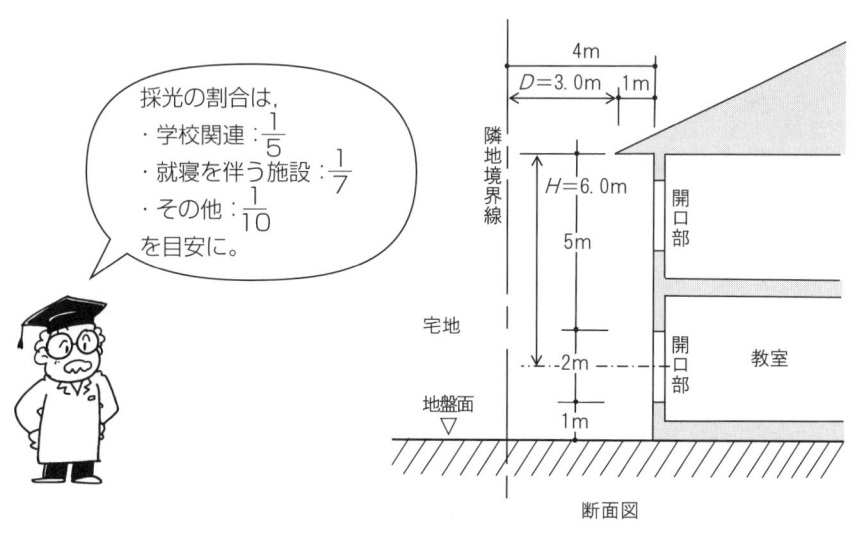

○**居室の床面積の最大値**を求めます。

令第19条第3項の表（一）より，採光に有効な部分の面積は，教室の床面積の$\frac{1}{5}$以上必要ですので，設問の居室の床面積の最大値は，**採光に有効な部分の面積の5倍**となります。

したがって，4.8m²×5 =**24m²**となります。

正解　4

3-2．換気に関する問題

【問題20】図のような平面を有する集会場（床面積の合計は42m²，天井の高さはすべて2.5mとする。）の新築において，集会室に機械換気設備を設けるに当たり，ホルムアルデヒドに関する技術的基準による必要有効換気量として，建築基準法上，正しいものは，次のうちどれか。ただし，常時開放された開口部は図中に示されているもののみとし，居室については，国土交通大臣が定めた構造方法及び国土交通大臣の認定は考慮しないものとする。

1. 21.0m²／時
2. 28.5m²／時
3. 31.5m²／時
4. 35.0m²／時
5. 47.5m²／時

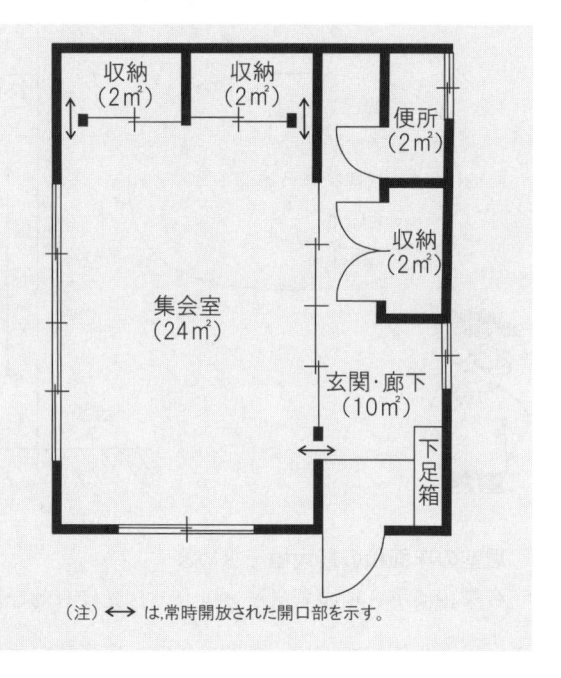

収納（2㎡）　収納（2㎡）
便所（2㎡）
収納（2㎡）
集会室（24㎡）
玄関・廊下（10㎡）
下足箱

（注）↔ は, 常時開放された開口部を示す。

解説　換気設備の理解

〔令第20条の8〕

令第20条の8第1項第一号により，ホルムアルデヒドに関する技術的基準による**必要有効換気量 Vr**〔m³／h〕は，次式で算定した数値以上とします。

　　Vr＝n×A×h

　　n：住宅等の居室は0.5, その他の居室は0.3
　　A：居室の床面積〔m²〕
　　h：居室の天井の高さ〔m〕

なお，令第20条の7第1項第一号により，**居室の床面積Aの算定**は，常時開放された開口部を通じて，これと相互に通気が確保される廊下その他の建築物の部分を含みます。

したがって，$A＝24m²＋2m²＋2m²＋10m²＝38m²$，$n＝0.3$，$h＝2.5m$となり，$Vr＝n×A×h＝0.3×38×2.5＝28.5$〔m³／h〕です。

正解　2

第1章　建築基準法

【問題21】建築物の換気又は換気設備等に関する次の記述のうち，建築基準法上，誤っているものはどれか。ただし，国土交通大臣の定めた構造方法及び国土交通大臣の認定は考慮しないものとする。

1．旅館の調理室（換気上有効な開口部があるものとする。）において，発熱量の合計が 2 kW の火を使用する器具のみを設けた場合には，換気設備を設けなくてもよい。

2．地階に居室を有する建築物に設ける換気，暖房又は冷房の設備の風道は，原則として，不燃材料で造らなければならない。

3．住宅の浴室（常時開放された開口部はないものとする。）において，密閉式燃焼器具のみを設けた場合には，換気設備を設けなくてもよい。

4．水洗便所には，採光及び換気のため直接外気に接する窓を設け，又はこれに代わる設備をしなければならない。

5．機械換気設備は，換気上有効な給気機及び排気機，換気上有効な給気機及び排気口又は換気上有効な給気口及び排気機を有する構造としなければならない。

解説

1．〔法第28条第3項〕，〔令第20条の3第1項第三号〕

　法第28条第3項により，**火を使用する設備若しくは器具を設けたものには**，原則として，令第20条の3第2項で定める技術的基準に従って，換気設備を設けなければならなりません。

　ただし，令第20条の3第1項第三号により，「**発熱量の合計が 6 kW 以下の火を使用する設備又は器具を設けた室（調理室を除く。）で換気上有効な開口部を設けたもの**」は，換気設備が不要ですが，調理室は除かれているので換気設備が必要です。

2．〔令第129条の2の5第1項第六号〕

　令第129条の2の5第1項第六号により，「地階を除く階数が3以上である

建築物，**地階に居室を有する建築物**又は延べ面積が3,000m²を超える建築物に設ける**換気，暖房又は冷房の設備の風道**・・・は，**不燃材料**で造ること。」と規定されています。

3．〔**法第28条第3項**〕，〔**令第20条の3第1項第一号**〕

令第20条の3第1項第一号により，**密閉式燃焼器具**のみを設けた場合は，換気設備は不要です。

4．〔**令第28条**〕

令第28条により，「便所には，採光及び換気のため**直接外気に接する窓**を設けなければならない。ただし，水洗便所で，**これに代わる設備**をした場合においては，この限りでない。」と規定されています。

5．〔**令第129条の2の6第2項第一号**〕

令第129条の2の6第2項第一号により，機械換気設備の構造は，「換気上有効な給気機及び排気機，換気上有効な給気機及び排気口又は換気上有効な給気口及び排気機を有すること。」と規定されています。

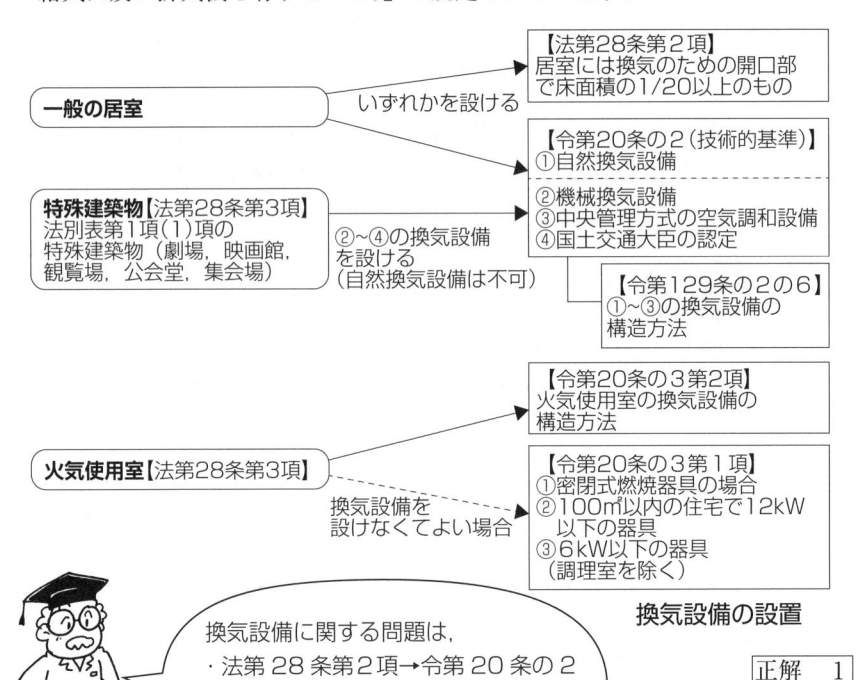

```
一般の居室 ──いずれかを設ける──▶【法第28条第2項】
                                居室には換気のための開口部
                                で床面積の1/20以上のもの

                              ▶【令第20条の2（技術的基準）】
                                ①自然換気設備
特殊建築物【法第28条第3項】      ②機械換気設備
法別表第1項(1)項の              ③中央管理方式の空気調和設備
特殊建築物（劇場，映画館，   ②~④の換気設備   ④国土交通大臣の認定
観覧場，公会堂，集会場）   を設ける
                         (自然換気設備は不可) ▶【令第129条の2の6】
                                              ①~③の換気設備の
                                              構造方法

                              ▶【令第20条の3第2項】
                                火気使用室の換気設備の
                                構造方法

火気使用室【法第28条第3項】
                                ▶【令第20条の3第1項】
                                  ①密閉式燃焼器具の場合
                    換気設備を      ②100m²以内の住宅で12kW
                    設けなくてよい場合  以下の器具
                                  ③6kW以下の器具
                                  （調理室を除く）
```

換気設備の設置

換気設備に関する問題は，
・法第28条第2項→令第20条の2
・法第28条第3項→令第20条の3
の2つの流れを理解しましょう。

正解　1

第1章　建築基準法

3-3．一般構造に関する問題

【問題22】 木造2階建，延べ面積150m²の一戸建住宅の計画に関する次の記述のうち，建築基準法に適合するものはどれか。ただし，国土交通大臣の認定は考慮しないものとし，火を使用する器具は，「密閉式燃焼器具等又は煙突を設けた器具」ではないものとする。

1. 1階の居室の床を木造とし，床下をコンクリート等で覆わなかったので，外壁の床下部分には，壁の長さ4.5mごとに，面積300cm²の換気孔のみを設け，これにねずみの侵入を防ぐための設備を取り付けた。

2. 子供部屋の天井の高さを，2.0mとした。

3. 発熱量の合計が11kWの火を使用する器具のみを設けた洗面所には，換気上有効な開口部を設けたので，換気設備を設けなかった。

4. 階段（直階段）のけあげの寸法を24cm，踏面の寸法を18cmとした。

5. 発熱量の合計が12kWの火を使用する器具のみを設けた調理室（床面積8m²）には，当該調理室の床面積の$\frac{1}{10}$以上の有効開口面積を有する開口部を換気上有効に設けたので，換気設備を設けなかった。

解説　一般構造の理解

　一般構造のポイントとなる条文は，建築基準法では**法第28条〜法第30条**，建築基準法施行令では**令第19条〜令第27条**です。

1. 〔令第22条第二号〕
　　令第22条第二号により，**最下階の居室の床が木造**である場合，原則として，「外壁の床下部分には，**壁の長さ5m以下**ごとに，**面積300cm²以上の換気孔**を設け，これにねずみの侵入を防ぐための設備をすること。」と規定されています。なお，床下をコンクリート等で覆う場合は除きます。

2. 〔令第21条第1項〕
　　令第21条第1項により，「**居室の天井の高さは，2.1m以上**でなければな

らない。」と規定されています。
3．【問題21】の解説の1を参照してください。
　　発熱量の合計が6kWを超えているので，換気設備が必要です。
4．〔令第23条第1項ただし書き〕
　　令第23条第1項ただし書きにより，「住宅の階段の**けあげは23cm以下**，**踏面は15cm以上**」と規定されています。
5．〔法第28条第3項〕，〔令第20条の3第1項第二号〕
　　令第20条の3第1項第二号により，「**床面積の合計が100m²以内の住宅**又は住戸に設けられた**調理室**（**発熱量の合計が12kW以下**の火を使用する設備又は器具を設けたものに限る。）で，当該調理室の**床面積の$\frac{1}{10}$以上**の有効開口面積を有する窓その他の開口部を換気上有効に設けたもの」は，換気設備が不要です。
　　設問の一戸建住宅は，床面積の合計が100m²を超えているので，換気設備が必要です。

正解　1

【問題23】木造2階建の一戸建住宅の一般構造に関する次の記述のうち，建築基準法に適合しないものはどれか。

1．高さ1m以下の階段の部分には，手すりを設けなかった。

2．1階の床の高さは，直下の地面からその床の上面までを45cmとしたので，床下をコンクリートで覆わないこととした。

3．回り階段の部分における踏面の寸法を，踏面の狭い方の端から30cmの位置において，16cmとした。

4．便所の天井の高さを，2.0mとした。

5．階段に代わる傾斜路に幅15cmの手すりを設けたので，当該傾斜路の幅の算定に当たっては，手すりはないものとみなした。

解説

1．〔令第25条第4項〕
　令第25条第4項により，**高さ1m以下の階段の部分には**，令第25条第1項～第3項の規定は適用されません。

2．〔令第22条第一号〕
　令第22条第一号により，**最下階の居室の床が木造**である場合，原則として，「床の高さは，直下の地面からその床の上面まで**45cm以上とすること。**」と規定されています。なお，床下をコンクリート等で覆う場合は除きます。

3．〔令第23条第1項ただし書き〕，〔令第23条第2項〕
　令第23条第1項ただし書きにより，「住宅の階段のけあげは**23cm以下**，踏面は**15cm以上**」と規定されています。
　また，令第23条第2項により，「回り階段の部分における踏面の寸法は，**踏面の狭い方の端から30cmの位置において測るものとする。**」と規定されています。

　住宅の階段とEV機械室への階段の踏面15cm以上，け上げ23cm以下は同じです。

4．【問題22】の解説の2を参照してください。
　便所は居室に該当せず，天井の高さについての規定は適用されません。

5．〔令第26条第2項〕，〔令第23条第3項〕
　令第26条第2項により，令第23条～令第25条の規定（けあげ及び踏面に関する部分を除く。）は，**傾斜路に準用**されます。
　したがって，令第23条第3項により，手すりの幅が**10cmを限度**として，ないものとみなされます。

正解　5

3-4. 天井の高さの算定

【問題24】 図のような一様に傾斜した勾配天井部分をもつ居室の天井の高さを算定する場合，建築基準法上，その高さとして，正しいものは，次のうちどれか。

1. 2.600m
2. 2.750m
3. 2.800m
4. 2.875m
5. 2.900m

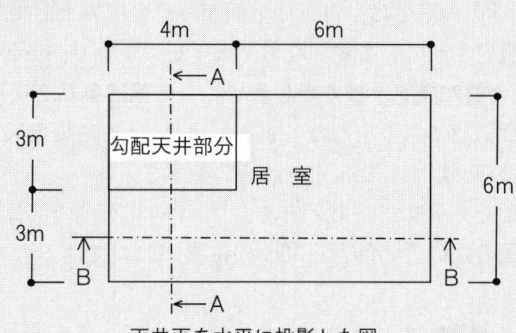

天井面を水平に投影した図

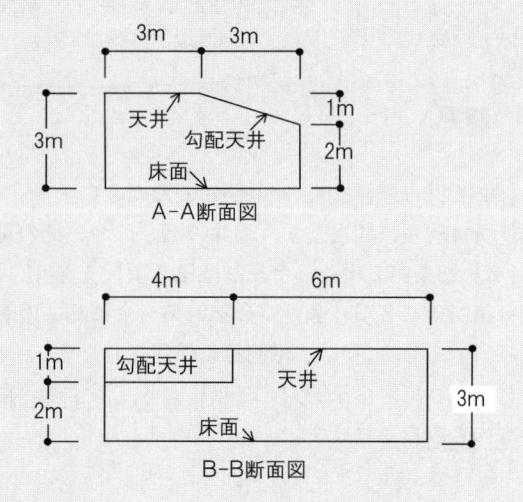

A-A断面図

B-B断面図

解説　天井の高さの算定方法の理解

〔令第21条第2項〕

令第21条第2項により、「天井の高さは、室の床面から測り、一室で天井の高さの異なる部分がある場合においては、その平均の高さによるものとする。」と規定されています。

したがって、天井の高さ＝$\dfrac{室容積}{床面積}$で求めることができます。

- 室容積＝（直方体全体の容積）－（勾配天井部分の容積）

    ＝（10m×6m×3m）－（4m×3m×1m×$\dfrac{1}{2}$）

    ＝180m³－6m³

    ＝174m³

- 室容積＝10m×6m＝60m²

- 天井の高さ＝$\dfrac{174m^3}{60m^2}$＝2.9m

「居室の天井の高さ 2.1m 以上」を覚えるとともに、算定方法を理解しましょう。

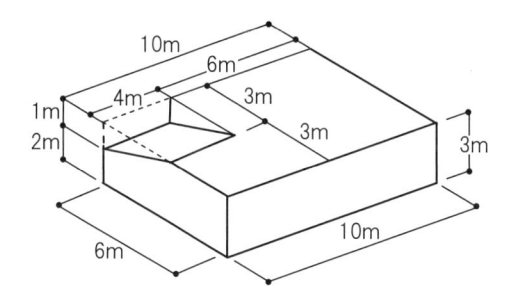

正解　5

【問題25】張り間方向に図のような断面（けた行方向には同一とする。）を有する居室の天井の高さを算定する場合，建築基準法上，その高さとして，正しいものは，次のうちどれか。

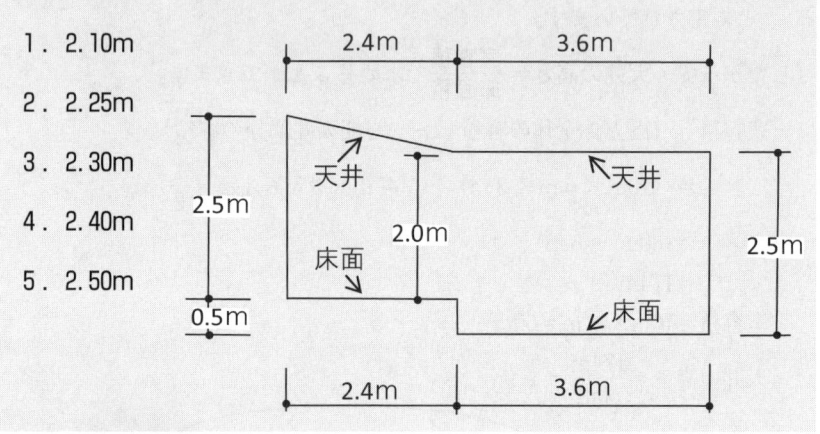

1. 2.10m
2. 2.25m
3. 2.30m
4. 2.40m
5. 2.50m

解説

【問題24】の解説を参照してください。

室の奥行きが一定の場合，**室の断面積を底辺の長さで割る**ことにより，平均の天井の高さを求めることができます。

①の断面積：$2.4m \times 0.5m \times \dfrac{1}{2} = 0.6m^2$

②の断面積：$2.4m \times 2.0m = 4.8m^2$

③の断面積：$3.6m \times 2.5m = 9.0m^2$

・室の断面積：①＋②＋③＝$0.6m^2 + 4.8m^2 + 9.0m^2 = 14.4m^2$
・底辺の長さ：$2.4m + 3.6m = 6.0m$
・天井の高さ＝$\dfrac{14.4m^2}{6.0m} = \underline{2.4m}$

第1章　建築基準法

正解　4

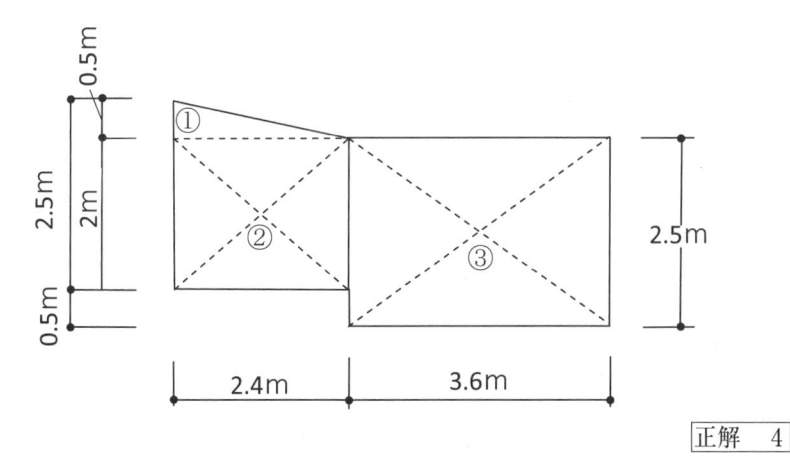

得点力アップのポイント

○　旅館の調理室において，発熱量の合計が5？の火を使用する器具のみを設けた場合には，換気設備を設けなければならない。
○　水栓便所には，採光又は換気のため直接外気に接する窓を設け，又はこれに代わる設備をしなければならない。
○　乗用エレベーターには，停電の場合においても，床面で1ルクス以上の照度を確保することができる照明装置を設けなければならない。
○　地上2階建，延べ面積1,000m²の建築物に設ける冷暖房設備の風道は，不燃材料で造らなくてもよい。
○　居室以外の室において，密閉式燃焼器具のみを設けた場合には，換気設備を設けなくてもよい。

4．構造強度・構造計算

4-1．構造強度に関する問題

【問題26】補強コンクリートブロック造の塀に関する次の記述のうち，建築基準法に適合しないものはどれか。ただし，構造計算等による安全性の確認等は行わないものとし，国土交通大臣が定めた構造方法及び国土交通大臣の認定は考慮しないものとする。

1．塀は，高さを2.2m，壁の厚さを10cmとした。

2．塀の壁内には，径9mmの鉄筋を縦横に80cmの間隔で配置した。

3．高さ2mの塀に，長さ3.2mごとに，径9mmの鉄筋を配置した控壁で基礎の部分において壁面から高さの$\frac{1}{5}$以上突出したものを設けた。

4．塀の壁内に配置する鉄筋の縦筋をその径の40倍以上基礎に定着させたので，縦筋の末端は，基礎の横筋にかぎ掛けしなかった。

5．塀の基礎で直接土に接する部分の鉄筋に対するコンクリートのかぶり厚さは，捨コンクリート部分を除いて6cmとした。

補強CB造の塀→令第79条の8
組積造の塀→令第61条

解説 補強コンクリートブロック造の塀に関するの構造強度の理解

1．〔令第62条の8第一号，第二号〕

令第62条の8第一号により，「高さは，2.2m以下とすること。」と規定され，同条第二号により，「壁の厚さは，15cm（高さ2mの以下の塀にあって

第1章　建築基準法

は，10cm) 以上とすること。」と規定されています。

2．〔令第62条の8 第四号〕

　令第62条の8 第四号により，「壁内には，径9mm以上の鉄筋を縦横に80cm以下の間隔で配置すること。」と規定されています。

3．〔令第62条の8 第五号〕

　令第62条の8 第五号により，高さ1.2mを超える場合には，「長さ3.4mメートル以下ごとに，径9mm以上の鉄筋を配置した控壁で基礎の部分において壁面から高さの$\frac{1}{5}$以上突出したものを設けること。」と規定されています。

4．〔令第62条の8 第五号〕

　令第62条の8 第五号により，「・・・配置する鉄筋の末端は，かぎ状に折り曲げて，縦筋にあっては壁頂及び基礎の横筋に，横筋にあってはこれらの縦筋に，それぞれかぎ掛けして定着すること。ただし，縦筋をその径の40倍以上基礎に定着させる場合にあっては，縦筋の末端は，基礎の横筋にかぎ掛けしないことができる。」と規定されています。

5．〔令第71条第1項〕，〔令第79条第1項〕

　「かぶり厚さ」は，令第79条で規定されています。

　令第71条第1項により，鉄筋コンクリート造と他の構造（補強コンクリートブロック造）とを併用する構造部分については，鉄筋コンクリート造の規定も適用します。

　令第79条第1項により，「鉄筋に対するコンクリートのかぶり厚さは，耐力壁以外の壁又は床にあっては2cm以上，耐力壁，柱又ははりにあっては3cm以上，直接土に接する壁，柱，床若しくははり又は布基礎の立上り部分にあっては4cm以上，基礎（布基礎の立上り部分を除く。）にあっては捨コンクリートの部分を除いて6cm以上としなければならない。」と規定されています。

正解　1

【問題27】軽量骨材を使用しない鉄筋コンクリート造平家建，延べ面積100m²の建築物の構造耐力上主要な部分に関する次の記述のうち，建築基準法上，誤っているものはどれか。ただし，構造計算等による安全性の確認等は行わないものとし，国土交通大臣が定めた構造方法は考慮しないものとする。

1．柱の中央部の帯筋の間隔は，20cm以下で，かつ，最も細い主筋の径の15倍以下としなければならない。

2．柱の主筋の断面積の和は，コンクリートの断面積の0.8%以上としなければならない。

3．耐力壁の厚さは，12cm以上としなければならない。

4．床版の最大曲げモーメントを受ける部分における引張鉄筋の間隔は，短辺方向において20cm以下，長辺方向において30cm以下で，かつ，床版の厚さの3倍以下としなければならない。

5．主筋の継手を引張力の最も小さい部分に設ける場合，その重ね長さは，主筋の径（径の異なる主筋をつなぐ場合にあっては，細い主筋の径）の25倍以上としなければならない。

解説 鉄筋コンクリート造に関する構造強度の理解

RC造に関する規定
令第71条～令第79条

1．〔令第77条第三号〕
令第77条第三号により，「帯筋の径は，6mm以上とし，その間隔は，**15cm**

（柱に接着する壁，はりその他の横架材から上方又は下方に**柱の小径の2倍以内の距離にある部分**においては，10cm）**以下**で，かつ，最も細い主筋の径の15倍以下とすること。」と規定されています。

2．〔令第77条第六号〕

令第77条第六号により，「**主筋の断面積の和は**，コンクリートの断面積の0.8%以上とすること。」と規定されています。

3．〔令第78条の2第1項第一号〕

令第78条の2第1項第一号により，「厚さは，**12cm以上とすること**。」と規定されています。

4．〔令第77条の2第1項第二号〕

令第77条の2第1項第二号により，「最大曲げモーメントを受ける部分における**引張鉄筋の間隔は**，**短辺方向において20cm以下**，**長辺方向において30cm以下**で，かつ，**床版の厚さの3倍以下とすること**。」と規定されています。

5．〔令第73条第2項〕

令第73条第2項により，「主筋又は耐力壁の鉄筋（「主筋等」）の**継手の重ね長さは**，継手を構造部材における**引張力の最も小さい部分に設ける場合**にあっては，主筋等の径（径の異なる主筋等をつなぐ場合にあっては，細い主筋等の径。）の**25倍以上**とし，継手を**引張り力の最も小さい部分以外の部分**に設ける場合にあつては，主筋等の径の**40倍以上**としなければならない。」と規定されています。

正解　1

4-2．構造計算に関する問題

【問題28】構造計算に関する次の記述のうち，建築基準法上，**誤っている**ものはどれか。

1．積雪荷重は，原則として，積雪の単位荷重に屋根の水平投影面積及びその地方における垂直積雪量を乗じて計算しなければならない。

2．特定行政庁が指定する多雪区域における建築物の構造計算に当たって

は，構造耐力上主要な部分の断面に生ずる長期の応力度として，固定荷重，積雪荷重及び地震力による応力度の合計を用いなければならない。

3．密実な砂質地盤の長期に生ずる力に対する許容応力度は，国土交通大臣が定める方法による地盤調査を行わない場合，200kN／m²とすることができる。

4．倉庫業を営む倉庫における床の積載荷重は，3,900N／m²未満としてはならない。

5．映画館の客席における床の積載荷重は，建築物の実況によらないで，柱の垂直荷重による圧縮力を計算する場合，そのささえる床の数に応じて減らすことができない。

解説　構造計算に関する問題の理解

学科Ⅲ（構造）で覚えなければならない数値は，覚えましょう。

1．〔令第86条第1項〕
　令第86条第1項により，「**積雪荷重は，積雪の単位荷重に屋根の水平投影面積**及びその地方における**垂直積雪量**を乗じて計算しなければならない。」と規定されています。

2．〔令第82条第二号〕
　令第82条第二号により，特定行政庁が指定する**多雪区域**における構造耐力上主要な部分の断面に生ずる**長期の応力度**は，次のとおりです。
　　・常時：G（固定荷重）$+P$（積載荷重）
　　・積雪時：G（固定荷重）$+P$（積載荷重）$+0.7S$（積雪荷重）
　したがって，長期において，地震力は考慮しません。なお，積載荷重は考慮します。

第1章 建築基準法

荷重・外力の組合せ

種類	状態	一般の場合	多雪区域の場合
長期に生ずる力	常時	G+P	G+P
	積雪時		G+P+0.7S
短期に生ずる力	積雪時	G+P+S	G+P+S
	暴風時	G+P+W	G+P+W
			G+P+0.35S+W
	地震時	G+P+K	G+P+0.35S+K

G：固定荷重による力　P：積載荷重による力　S：積雪荷重による力
W：風圧力による力　　K：地震力による力

多雪区域の0.7S，0.35Sをポイントに覚えましょう。

3．〔令第93条〕

令第93条の表により，**密実な砂質地盤**の**長期**に生ずる力に対する**許容応力度**は，国土交通大臣が定める方法による地盤調査を行わない場合，200kN／m² とすることができます。

地盤の許容応力度（kN／m³）

地盤	長期許容応力度	短期許容応力度
岩盤	1,000	長期の2倍
密実な砂質地盤	200	
砂質地盤（液状化の恐れのないもの）	50	
硬い粘土質地盤	100	
粘土質地盤	20	
堅いローム層	100	
ローム層	50	

4．〔令第85条第3項〕

令第85条第3項により，「**倉庫業を営む倉庫における床の積載荷重**は，・・・実況に応じて計算した数値が1m²つき3,900N未満の場合においても，3,900Nとしなければならない。」と規定されています。

5．〔令第85条第2項〕
　令第85条第2項により，「柱又は基礎の垂直荷重による圧縮力を計算する場合においては，・・・，そのささえる床の数に応じて，・・・減らすことができる。ただし，**同条第1項の表の（5）に掲げる室**の床の積載荷重については，この限りでない。」と規定されています。
　したがって，**映画館の客席**は，**令第85条第1項の表（5）**に該当し，減らすことはできません。

正解　2

【問題29】構造計算に関するイ～ニの記述について，建築基準法上，正しいもののみの組合せは，次のうちどれか。

　イ．地震時に液状化のおそれのない砂質地盤の短期に生ずる力に対する許容応力度は，国土交通大臣が定める方法による地盤調査を行わない場合，50kN／m²としなければならない。

　ロ．建築物に作用する荷重及び外力としては，固定荷重，積載荷重，積雪荷重，風圧力，地震力のほか，建築物の実況に応じて，土圧，水圧，震動及び衝撃による外力を採用しなければならない。

　ハ．特定行政庁が指定する多雪区域内において，特別の定めがない場合，積雪荷重を計算する際の積雪の単位荷重は，積雪量1cmごとに1m²につき10N以上としなければならない。

　ニ．風圧力の計算に当たり，建築物に近接してその建築物を風の方向に対して有効にさえぎる他の建築物がある場合においては，その方向における速度圧は，所定の数値の$\frac{1}{2}$まで減らすことができる。

1．イとロ
2．イとハ
3．イとニ

4．ロとハ

5．ロとニ

解説

イ．【問題28】の解説の3を参照してください。
地震時に液状化のおそれのない**砂質地盤**の短期に生ずる力に対する**許容応力度**は，100kN／m²です。

ロ．〔令第83条第1項及び第2項〕
令第83条第1項及び第2項により，正しいです。

ハ．〔令第86条第2項〕
令第86条第2項により，「**積雪の単位荷重は，積雪量1cmごとに1m²につき20N以上としなければならない。**」と規定されています。

ニ．〔令第87条第3項〕
令第87条第3項により，正しいです。
したがって，正しいもののみの組合せは，ロとニです。

正解　5

【問題30】構造計算に関する次の記述のうち，建築基準法上，誤っているものはどれか。

1．屋根ふき材については，国土交通大臣が定める基準に従った構造計算によって，風圧に対して構造耐力上安全であることを確かめなければならない。

2．雪下ろしを行う慣習のある地方においては，その地方における垂直積雪量が1mを超える場合においても，積雪荷重は，雪下ろしの実況に応じて垂直積雪量を1mまで減らして計算することができる。

3．店舗の売場に連絡する廊下における柱の構造計算をする場合の積載荷重については，実況に応じて計算しない場合，2,400N／m²に床面積を

4．地盤が著しく軟弱な区域として特定行政庁が指定する区域内では、木造建築物（建築基準法施行令第46条第2項第一号に掲げる基準に適合するものを除く。）の地震力の計算において、必要保有水平耐力を計算する場合を除き、標準せん断力係数は、0.3以上としなければならない。

5．ローム層の長期に生ずる力に対する許容応力度は、国土交通大臣が定める方法による地盤調査を行わない場合、50kN/m^{2}とすることができる。

解説

1．〔令第82条の4〕

令第82条の4により、「**屋根ふき材、外装材**及び**屋外に面する帳壁**については、国土交通大臣が定める基準に従った**構造計算**によって風圧に対して構造耐力上安全であることを確かめなければならない。」と規定されています。

2．〔令第86条第6項〕

令第86条第6項により、「**雪下ろしを行う慣習のある地方**においては、その地方における垂直積雪量が1mを超える場合においても、積雪荷重は、雪下ろしの実況に応じて**垂直積雪量を1mまで減らして計算**することができる。」と規定されています。

3．〔令第85条第1項〕

令第85条第1項の**表（7）項**により、店舗の売場に連絡する**廊下**は、（5）項の「その他の場合」の数値によります。

したがって、**柱の構造計算をする場合**の積載荷重は、**表（ろ）欄（5）項の「その他の場合」の数値である3,200N/m^2**です。

積載荷重

室の種類		構造計算の対象	(い) 床の構造計算をする場合 (単位 N/m²)	(ろ) 大ばり，柱又は基礎の構造計算をする場合 (単位 N/m²)	(は) 地震力を計算する場合 (単位 N/m²)
(1)	住宅の居室，住宅以外の建築物における寝室又は病室		1,800	1,300	600
(2)	事務室		2,900	1,800	800
(3)	教室		2,300	2,100	1,100
(4)	百貨店又は店舗の売場		2,900	2,400	1,300
(5)	劇場，映画館，演芸場，観覧場，公会堂，集会場その他これらに類する用途に供する建築物の客席又は集会室	固定席の場合	2,900	2,600	1,600
		その他の場合	3,500	3,200	2,100
(6)	自動車車庫及び自動車通路		5,400	3,900	2,000
(7)	廊下，玄関又は階段		(3)から(5)までに掲げる室に連絡するものにあっては，(5)の「その他の場合」の数値による。		
(8)	屋上広場又はバルコニー		(1)の数値による。ただし，学校又は百貨店の用途に供する建築物にあっては(4)の数値になる。		

4．〔令第88条第2項〕

令第88条第2項により，「**標準せん断力係数は，0.2以上**としなければならない。ただし，**地盤が著しく軟弱な区域**として特定行政庁が国土交通大臣の定める基準に基づいて規則で指定する区域内における**木造の建築物**にあっては，**0.3以上**としなければならない。」と規定されています。

5．【問題28】の解説の3を参照してください。

令第93条の表により，**ローム層の長期**に生ずる力に対する許容応力度は，50kN/m²です。

正解　3

4-3. 木造の軸組みに関する問題

【問題31】 図のような木造瓦葺2階建，延べ面積160m²の建築物に設ける構造耐力上必要な軸組を，厚さ4.5m×幅9cmの木材の筋かいを入れた軸組とする場合，1階の張り間方向の当該軸組の長さの合計の最小限必要な数値として，建築基準法上，正しいものは，次のうちどれか。ただし，特定行政庁がその地方における過去の風の記録を考慮してしばしば強い風が吹くと認めて規則で指定する区域ではないものとする。

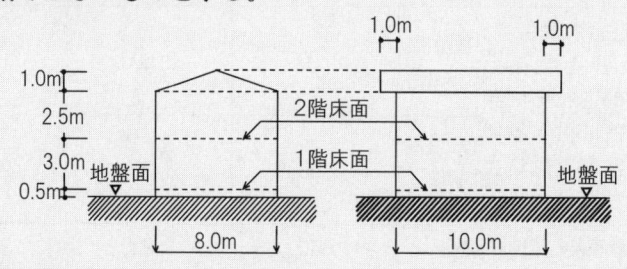

1. 930.0cm
2. 1,200.5cm
3. 1,320.0cm
4. 1,337.5cm
5. 1,675.0cm

解説 構造耐力上必要な軸組長さの算定

〔令第46条第4項〕

令第46条第4項により，構造体力上**必要な軸組長さは，地震力に対する必要な軸組長さ**（床面積×表2の数値）と，**風圧力に対する必要な軸組長さ**（見付面積×表3の数値）をそれぞれ求め，**大きい方の数値**となります。

第1章　建築基準法

・地震力→
　床面積に関連
・風圧力→
　見付け面積に関連

○地震力に対する必要な軸組長さ
　・1階の床面積：8m×10m＝80m²
　・表2の数値：33cm／m²（木造瓦葺の建築物は令第43条第1項の表の（3））
　・必要な軸組長さ：80m²×33cm／m²＝**2,640cm**

○風圧力に対する必要な軸組長さ（1階の張り間方向）
　・1階のけた行方向の見付面積（図を参照）：
　　12.0m×1.0m＋10.0m×4.15m＝53.5m²

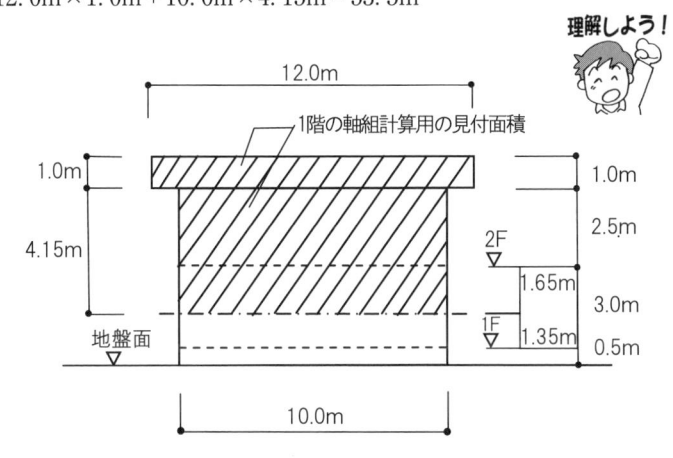

理解しよう！

　・表3の数値：50cm／m²
　・必要な軸組長さ：53.5m²×50cm／m²＝**2,675cm**

　したがって，構造耐力上必要な軸組長さは，2,675cmです。
　また，設問より，厚さ4.5m×幅9cmの木材の筋かいを入れた軸組とする場合，令第46条第4項の表1（4）項の倍率は2となるため，最小限必要な実長は，2,675cm÷2＝**1,337.5cm**となります。

正解　4

【問題32】図のような平面を有する木造平家建の倉庫の構造耐力上必要な軸組の長さを算定するに当たって，張り間方向とけた行方向における「壁を設け又は筋かいを入れた軸組の部分の長さに所定の倍率を乗じて得た長さの合計（構造耐力上有効な軸組の長さ）」の組合せとして，建築基準法上，正しいものは，次のうちどれか。

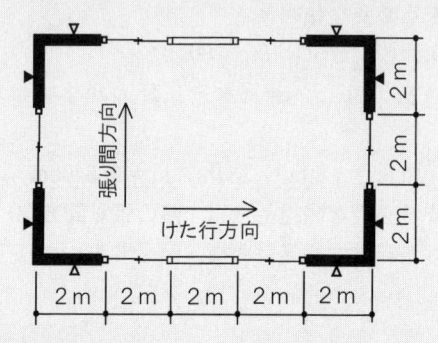

■ 木ずりを柱及び間柱の両面に打ち付けた壁を設けた軸組
□ 木ずりを柱及び間柱の片面に打ち付けた壁を設けた軸組
▲ 厚さ4.5cmで幅9.0cmの木材の筋かいをたすき掛けに入れた軸組
△ 厚さ4.5cmで幅9.0cmの木材の筋かいを入れた軸組

	構造耐力上有効な軸組の長さ	
	張り間方向	けた行方向
1.	32m	18m
2.	36m	24m
3.	36m	26m
4.	40m	24m
5.	40m	26m

解説　構造耐力上有効な軸組長さの算定

【問題31】の解説を参照してください。

令第46条第4項により，張り間方向とけた行方向における**構造耐力上有効な軸組の長さ**は，それぞれの方向につき，表1の軸組の種類の欄に掲げる区分に応じて**当該軸組の長さに同表の倍率の欄に掲げる数値**を乗じて得た長さの合計として算定します。（軸組の長さ×倍率）

○張り間方向
- 木ずり（両面）：倍率1
- 筋かい（たすき掛け）：倍率2×2＝4
- 有効な軸組の長さ：2m×（1＋4）×4ヶ所＝**40m**

壁の種類に応じた倍率がポイントです。

○けた行方向

〔種類1〕
- 木ずり（両面）：倍率1
- 筋かい（片掛け）：倍率2
- 有効な軸組の長さ：2m×（1＋2）×4ヶ所＝24m

〔種類2〕
- 木ずり（片面）：倍率0.5
- 筋かい（なし）：倍率0
- 有効な軸組の長さ：2m×0.5×2ヶ所＝2m

したがって，〔種類1〕と〔種類2〕の合計が有効な軸組の長さで，24m＋2m＝**26m**となります。

正解　5

得点力アップのポイント

○ 鉄骨造平家建，延べ面積200m²，高さ9mの倉庫を新築する場合，構造計算によりその構造が安全であることを確かめなくてもよい。
○ 鉄骨造4階建，延べ面積300m²，高さ13mの教会を新築する場合，建築基準法上，構造計算が必要で，構造計算適合性判定の対象となる。
○ 鉄筋コンクリート造平家建，延べ面積100m²の建築物において，軽量骨材を使用する場合，柱に取り付けるはりの引張り鉄筋は，柱の主筋に溶接する場合を除き，柱に定着される部分の長さをその径の50倍以上としなければならない。
○ 鉄骨造平家建，延べ面積150m²の建築物において，構造耐力上主要な部分である柱における圧縮材の有効細長比は，200以下としなければならない。

5．耐火・避難

5-1．耐火建築物・準耐火建築物に関する問題

【問題33】次の建築物のうち，建築基準法上，耐火建築物又は準耐火建築物としなければならないものはどれか。ただし，防火地域及び準防火地域外にあるものとする。

1．各階の床面積が500m²の2階建の飲食店

2．各階の床面積が200m²の2階建の有料老人ホーム

3．各階の床面積が150m²の2階建の共同住宅

4．各階の床面積が100m²の3階建の事務所

5．床面積が200m²の平家建の機械製作工場

解説 耐火・準耐火としなければならない特殊建築物の理解

耐火建築物・準耐火建築物としなければならない特殊建築物は，**法第27条**に規定されています。
①**耐火建築物**としなければならない場合
・法別表第1（い）欄の特殊建築物で，（ろ）欄又は（は）欄に該当するもの
・劇場，映画館又は演芸場の用途に供するもので，主階が1階にないもの
②**準耐火建築物**としなければならない場合
・法別表第1（い）欄の特殊建築物で，（に）欄に該当するもの
〔（2）項及び（4）項は，2階の部分の床面積に限る〕

・用途による耐火・準耐火→別表1から
・2階以上に劇場，映画館，演芸場→耐火
・3階以上→耐火
をポイントに考えましょう。

第1章　建築基準法

法別表第1

(い)欄	(ろ)欄：階	耐火建築物 (は)欄：床面積の合計	耐火建築物又は準耐火建築物 (に)欄：床面積の合計
(1)	3階以上	200m²（屋外観覧席1,000m²）以上	――
(2)	3階以上	――	300m²以上（2階の部分）
(3)	3階以上	――	2,000m²以上
(4)	3階以上	3,000m²以上	500m²以上（2階の部分）
(5)	――	200m²（3階以上の部分）以上	1,500m²以上
(6)	3階以上	――	150m²以上

③法別表第1（い）欄の特殊建築物の用途は，令第115条の3にも規定されています。

④防火地域以外において，3階を下宿，共同住宅，寄宿舎とする建築物は，令第115条の2の2で定める技術的基準の準耐火建築物とすることができます。

1．〔法別表第1, 令第115条の3〕

　　飲食店は，令第115条の3第三号により，法別表第1（い）欄**(4)項**に該当します。

　　したがって，設問の建築物は，**2階の部分の面積が500m²以上**であるため，（に）欄に該当し，<u>耐火建築物又は準耐火建築物</u>としなければなりません。

2．〔法別表第1, 令第115条の3, 令19条第1項〕

　　有料老人ホームは，令19条第1項及び令第115条の3第一号により，法別表第1（い）欄**(2)項**に該当します。

　　したがって，設問の建築物は，（ろ）欄，（に）欄に該当せず，耐火建築物又は準耐火建築物とする必要はありません。

3．〔法別表第1〕

　　共同住宅は，法別表第1（い）欄**(2)項**に該当します。

　　したがって，設問の建築物は，（ろ）欄，（に）欄に該当せず，耐火建築物又は準耐火建築物とする必要はありません。

4．〔法別表第1〕

　　事務所は，法別表第1（い）欄の特殊建築物に該当せず，耐火建築物又は準耐火建築物とする必要はありません。

5.〔法別表第1〕
　機械製作工場は，法別表第1(い)欄の特殊建築物に該当せず，耐火建築物又は準耐火建築物とする必要はありません。

正解　1

【問題34】次の建築物のうち，建築基準法上，耐火建築物としなければならないものはどれか。ただし，防火地域及び準防火地域外にあるものとする。

1．平家建の自動車車庫（延べ面積が200m^2）

2．平家建の集会場（客席の床面積が200m^2）

3．2階建の倉庫（延べ面積が200m^2）

4．2階建の診療所（患者の収容施設があり，延べ面積が300m^2）

5．2階建の飲食店（延べ面積が300m^2）

解説

【問題33】の解説を参照してください。

1．〔法別表第1〕
　自動車車庫は，法別表第1(い)欄(6)項に該当し，設問の建築物は，(は)欄に該当するので，**耐火建築物又は準耐火建築物**とする必要があります。
　したがって，必ずしも耐火建築物とする必要はありません。

2．〔法別表第1〕
　集会場は，法別表第1(い)欄(1)項に該当し，**各席の床面積が200m^{2}以上**の場合，(に)欄に該当するので，**耐火建築物**とする必要があります。

3．〔法別表第1〕
　倉庫は，法別表第1(い)欄(5)項に該当します。
　したがって，設問の建築物は，(ろ)欄，(に)欄に該当せず，耐火建築物又は準耐火建築物とする必要はありません。

4．〔法別表第1〕
　診療所は，法別表第1(い)欄(2)項に該当します。

したがって，設問の建築物は，(ろ)欄,(に)欄に該当せず，耐火建築物又は準耐火建築物とする必要はありません。

5．〔法別表第1, 令第115条の3〕
　　飲食店は，令第115条の3第三号により，法別表第1(い)欄(4)項に該当します。
　　したがって，設問の建築物は，(ろ)欄〜(に)欄に該当せず，耐火建築物又は準耐火建築物とする必要はありません。

正解　2

5-2. 防火区画等に関する問題

【問題35】建築物の防火区画，防火壁，間仕切壁等に関する次の記述のうち，建築基準法上，正しいものはどれか。ただし，耐火性能検証法，防火区画検証法，階避難安全検証法及び全館避難安全検証法による安全性の確認は行わないものとする。

1．建築面積200m²の事務所の小屋組が木造である場合においては，原則として，けた行間隔12m以内ごとに小屋裏に準耐火構造の隔壁を設けなければならない。

2．配電管が共同住宅の各戸の界壁を貫通する場合においては，当該管と界壁とのすき間をモルタルその他の不燃材料で埋めなければならない。

3．1階の一部を診療所（患者の収容施設がないもの），その他の部分を事務所の用途に供する3階建の建築物においては，診療所の部分とその他の部分とを防火区画しなければならない。

4．老人福祉施設の用途に供する部分の防火上主要な間仕切壁は，防火構造とし，小屋裏又は天井裏に達せしめなければならない。

5．主要構造部を準耐火構造とした3階建，延べ面積200m²の一戸建住宅においては，階段の部分とその他の部分とを防火区画しなければならない。

解説 防火区画（面積・高層・竪穴・異種用途区画）の理解

防火区画とは，耐火建築物及び準耐火建築物において，政令で定められた方法により防火区画し，建築物内における延焼や煙の拡大を防止し，火災による被害を一定区域内におさえようとしたものです。**区画の種類**としては，**面積・高層・竪穴・異種用途区画**があり，主に，**令第112条**で規定されています。

令第112条による防火区画の構成

区画の種類	項	対象建築物		区画面積等	防火設備の種類
面積区画	1	・主要構造部が耐火構造のもの ・準耐火建築物		1,500m²以内 （1時間準耐火）	特定防火設備 （煙又は熱感知）
	2	準耐火建築物としなければならない制限を受けるもの （法27条，法62条，法67条の2関係）	・法第2条第九号の三イ （令107条の2） ・法第2条第九号の三ロ （令第109条の3一号）	500m²以内 （1時間準耐火）	
	3		・法第2条第九号の三イ （令115条の2の2） ・法第2条第九号の三ロ （令109条の3二号）	1,000m²以内 （1時間準耐火）	
	4	2項，3項の適用除外			
高層区画	5	11階以上の部分	内装：不燃・準不燃材料以外	100m²以内（耐火）	防火設備 （煙又は熱感知）
	6		内装：準不燃材料	200m²以内（耐火）	特定防火設備 （煙又は熱感知）
	7		内装：不燃材料	500m²以内（耐火）	
	8	5項，6項，7項の適用除外⇒階段室等及び200m²区画の共同住宅の住戸は除く			
竪穴区画	9	主要構造部が準耐火構造（耐火構造を含む）で，地階又は3階以上に居室を有する建築物		階段室や吹抜 （準耐火）	防火設備 （煙感知及び遮炎性能）
防火区画と接する外壁	10	スパンドレル・庇・袖壁等の構造			
	11				
異種用途区画	12	建築物の一部が法第24条各号に該当する場合		当該部分とその他の部分 （準耐火）	防火設備 （煙感知及び遮炎性能）
	13	建築物の一部が法第27条各号に該当する場合		当該部分とその他の部分 （1時間準耐火）	特定防火設備 （煙感知及び遮炎性能）
防火設備の構造	14	特定防火設備又は法第2条第九号の二ロに規定する防火設備			
防火区画の貫通部分	15	給水管，配電管等			
	16	換気・冷暖房設備の風道			

第1章 建築基準法

- 面積区画→第1項～第3項 ・竪穴区画→第9項
- 異種用途区画→第12項，第13項

をポイントに理解しましょう。

1．〔令第114条第3項〕

　令第114条第3項により，「**建築面積が300m²を超える建築物**の小屋組が**木造である場合**においては，**けた行間隔12m以内**ごとに小屋裏に準耐火構造の隔壁を設けなければならない。」と規定されています。

2．〔令第114条第5項〕，〔令第112条第5項〕

　令第114条第5項により，配電管が共同住宅の各戸の**界壁を貫通**する場合においては，**令第112条第15項の規定**が準用されます。

　したがって，配電管が**界壁を貫通**する場合においては，当該管と界壁とのすき間を，モルタルその他**不燃材料**で埋めなければなりません。

3．〔令第112条第12項及び第13項〕

　令第112条第12項により，建築物の一部が，**法第24条各号**のいずれかに該当する場合，その部分とその他の部分とを防火区画しなければなりません。

　また，令第112条第13項により，建築物の一部が，**法第27条第1項各号又は同条第2項各号**のいずれかに該当する場合，その部分とその他の部分とを防火区画しなければなりません。

　したがって，1階の一部を診療所（患者の収容施設がないもの）の場合，いずれにも該当しないので，防火区画する必要はありません。

4．〔令第114条第2項〕

　老人福祉施設は，令第19条第1項により児童福祉施設等に該当します。

　また，令第114条第2項により，「・・・，**児童福祉施設等**，・・・の用途に供する建築物の当該用途に供する部分については，その防火上主要な**間仕切壁を準耐火構造**とし，小屋裏又は天井裏に達せしめなければならない。」と規定されています。

5．〔令第112条第9項第二号〕

　令第112条第9項第二号により，**階数が3以下で延べ面積が200m²以内の一戸建ての住宅**の階段の部分と，その他の部分とは**防火区画しなくても良い**です。

正解　2

【問題36】建築物の防火区画，間仕切壁等に関する次の記述のうち，建築基準法上，誤っているものはどれか。ただし，耐火性能検証法，防火区画検証法，階避難安全検証法及び全館避難安全検証法による安全性の確認は行わないものとする。

1. 主要構造部を準耐火構造とした3階建，延べ面積180m²の共同住宅においては，原則として，共用の階段の部分とその他の部分とを防火区画しなければならない。

2. 3階建の事務所の一部が自動車車庫(床面積60m²)である場合においては，自動車車庫の部分とその他の部分とを防火区画しなければならない。

3. 長屋の各戸の界壁は，準耐火構造とし，小屋裏又は天井裏に達せしめなければならない。

4. 建築面積が300m²の建築物の小屋組が木造である場合においては，原則として，けた行間隔12m以内ごとに小屋裏に準耐火構造の隔壁を設けなければならない。

5. 配電管が病院の防火上主要な間仕切壁を貫通する場合においては，当該管と当該間仕切壁とのすき間をモルタルその他の不燃材料で埋めなければならない。

・防火区画→令第112条
・間仕切り壁等→令第114条

1. 〔令第112条第9項〕

令第112条第9項により，「**主要構造部を準耐火構造とし，かつ，地階又は3階以上の階に居室を有する建築物の住戸の部分**，吹抜けとなっている部分，**階段の部分**，昇降機の昇降路の部分，ダクトスペースの部分・・・については，当該部分と**その他の部分**とを**準耐火構造**の床若しくは壁又は法第2条第九号の二ロに規定する**防火設備**で区画しなければならない。」と規定されています。

第1章　建築基準法　253

　なお，同条同項第二号の除外規定は，**共同住宅の住戸内の規定**で，設問の**共用の階段**には適用されません。
2．【問題35】の解説の3を参照してください。
　　自動車車庫（床面積60m²）は，**法第24条第二号に該当する**ので，自動車車庫の部分と，その他の部分とを防火区画する必要があります。
3．〔令第114条第1項〕
　　令第114条第1項により，「**長屋又は共同住宅の各戸の界壁**は，準耐火構造とし，小屋裏又は天井裏に達せしめなければならない。」と規定されています。
4．【問題35】の解説の1を参照してください。
　　令第114条第3項により，**建築面積が300m²を超えていない**ので，小屋裏に**準耐火構造の隔壁**を設ける必要はありません。
5．【問題35】の解説の2を参照してください。

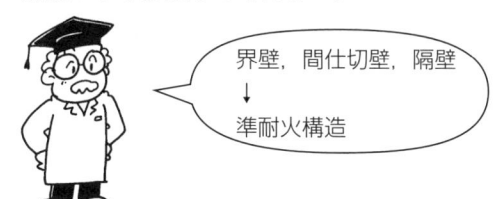

界壁，間仕切壁，隔壁
↓
準耐火構造

正解　4

5-3．避難施設等に関する問題

【問題37】避難施設等に関する次の記述のうち，建築基準法上，誤っているものはどれか。

1．飲食店の2階にあるバルコニーの周囲に設ける手すり壁等の安全上必要な高さは，1.1m以上としなければならない。

2．避難階以外の階で，その階を客席を有する集会場の用途に供するものには，その階から避難階又は地上に通ずる2以上の直通階段を設けなければならない。

3．スポーツの練習場には，非常用の照明装置を設けなくてもよい。

4．主要構造部が準耐火構造である建築物の階のうち，当該階が階避難安

全性能を有するものであることについて，階避難安全検証法により確かめられたものであっても，屋内に設ける避難階段の構造の規定は適用される。

5．主要構造部が準耐火構造である建築物で，当該建築物が全館避難安全性能を有するものであることについて，全館避難安全検証法により確かめられたものであっても，排煙設備の設置及び構造の規定は適用される。

解説 避難施設に関する規定の理解

　避難施設に関する規定は，**令第116条の2〜令第128条の3**に規定されています。災害時における避難のための廊下，避難階段，出入口，居室から階段までの距離，避難階段の構造と設置，非常用の照明装置，さらに屋外への出口，屋上広場等が規定されています。

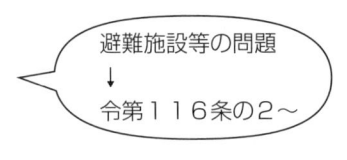

避難施設等の問題
↓
令第１１６条の２〜

1．〔**令第117条第1項**〕，〔**令第126条第1項**〕
　飲食店は，令第115条の3第三号により，**法別表第1（い）欄（4）項**に該当する特殊建築物で，**令第117条第1項で規定する適用の範囲**に含まれます。
　令第126条第1項により，「屋上広場又は**2階以上の階にあるバルコニー**その他これに類するものの周囲には，安全上必要な**高さが1.1m以上の手すり壁**，さく又は金網を設けなければならない。」と規定されています。
2．〔**令第121条第1項第一号**〕
　令第121条第1項第一号により，「劇場，映画館，演芸場，観覧場，公会堂又は**集会場**の用途に供する階でその階に客席，集会室その他これらに類するものを有するもの」は，避難階又は地上に通ずる**2以上の直通階段**を設けなければなりません。
3．〔**令第126条の4第三号**〕，〔**令第126条の2第1項第二号**〕
　スポーツの練習場は，令第126条の2第1項第二号により，**学校等に該当**

します。したがって，令第126条の4第三号により，**学校等**には**非常用の照明装置**を設ける必要はありません。

4．〔令第129条の2第1項〕

令第129条の2第1項により，**階避難安全検証法**により確かめられた場合，一定の規定が適用されませんが，**屋内に設ける避難階段の構造の規定（令第123条第1項）**は，これに該当しないので適用されます。

階避難安全検証法と全館避難安全検証法による検証により除外される規定

内容		条文	階避難	全館避難
防火区画	11階以上の100m²区画	令第112条第5項	—	○
	竪穴区画	令第112条第9号	—	○
	異種用途区画	令第112条第12項，第13項	—	○
避難階段	廊下の幅	令第119条	○	○
	直通階段までの歩行距離	令第120条	○	○
	避難階段の構造	令第123条第1項第一号（耐火構造の壁）	—	○
		令第123条第1項第六号（防火設備）	—	○
	屋外階段の構造	令第123条第2項第二号（防火設備）	—	○
	特別避難階段の構造	令第123条第3項第一号（付室の設置）	○	○
		令第123条第3項第二号（耐火構造の壁）	—	○
		令第123条第3項第九号（防火設備）	○(1)	○
		令第123条第3項第十一号（付室等の面積）	○	○
	1,500m²を超える物販店舗の避難階段，特別避難階段	令第124条第1項第一号（階段の幅）	—	○
		令第124条第1項第二号（出入口の幅）	○	○
避難階における歩行距離		令第125条第1項	—	○
物販店舗の屋外出口の幅		令第125条第3項	—	○
排煙設備		令第126条の2（排煙設備の設置）	○	○
		令第126条の3（排煙設備の構造）	○	○
内装制限		令第129条	○(2)	○(2)

○：除外される規定
（1）：屋内からバルコニー又は付室に通ずる出入口に限る。
（2）：調理室，車庫，階段については除外されない。

廊下の幅，歩行距離，排煙設備，内装制限（一部）は，どちらの検証法でも除外されます。

5．〔令第129条の2の2第1項〕
　令第129条の2の2第1項により，**全館避難安全検証法**により確かめられた場合，一定の規定が適用されません。
　したがって，**排煙設備の設置及び構造の規定（令第126条の2及び令第126条の3）**は，これに該当し適用除外となります。

正解　5

【問題38】共同住宅（3階建，高さ12m，各階の床面積100m²）の避難施設等に関する次の記述のうち，建築基準法上，誤っているものはどれか。ただし，避難上の安全の検証は行わないものとする。

1．3階の部分に設置する非常用の進入口には，原則として，奥行き1m以上，長さ4m以上のバルコニーを設けなければならない。

2．階段の部分には，排煙設備を設けなくてもよい。

3．避難階が1階の場合，2階から1階又は地上に通ずる2以上の直通階段を設けなければならない。

4．各住戸には，非常用の照明装置を設けなくてもよい。

5．2階以上の階にあるバルコニーの周囲には，安全上必要な高さが1.1m以上の手すり壁等を設けなければならない。

解説

1．〔令第126条の6〕，〔令第126条の7第五号〕
　令第126条の6により，「建築物の**高さ31m以下の部分にある3階以上の階**には，**非常用の進入口**を設けなければならない。」と規定されています。
　また，令第126条の7第五号により，「進入口には，**奥行き1m以上，長さ4m以上のバルコニー**を設けること。」と規定されています。

2．〔令第126条の6第1項第三号〕
　令第126条の6第1項第三号により，**階段の部分**には，排煙設備を設ける必要はありません。

第1章　建築基準法

3．〔令第121条第1項第五号〕，〔令第121条第2項〕

　　法第27条第1項第一号および法別表第1（ろ）欄（2）項により，**3階以上の階を共同住宅**とするものは，原則として，**耐火構造**とする必要があります。令第121条第2項により，主要構造部が**準耐火構造**であるか，又は**不燃材料で造られている建築物**について同条第1項の規定を適用する場合には，その床面積を**2倍の数値**として適用します。

　　したがって，令第121条第1項第五号により，**共同住宅**の用途に供する階でその階における居室の床面積の合計が，200m^2（＝100m^2×2）を超えるものは，2以上の直通階段を設けなければなりません。

　　設問の場合，避難階以外の各階の床面積の合計が200m^2（＝100m^2×2）となり，2以上の直通階段を設ける必要はありません。

4．〔令第126条の4第一号〕

　　令第126条の4第一号により，**共同住宅の住戸**には，非常用の照明装置を設ける必要はありません。

5．【問題37】の解説の1を参照してください。

正解　3

> 学校等は，排煙設備，非常照明，内装制限の規定を受けません。

得点力アップのポイント

○　平家建自動車車庫（床面積300m^2）は，耐火建築物又は準耐火建築物としなければならない。
○　建築基準法第22条第1項の市街地の区域内にある木造建築物で，「2階建，延べ面積150m^{2}の寄宿舎」は，その外壁及び軒裏で延焼のおそれのある部分を防火構造としなくてもよい。
○　2階建，延べ面積300m^{2}の事務所の一部が自動車車庫（当該用途に供する部分の床面積が100m^2）である場合において，自動車車庫の部分とその他の部分とを防火区画しなければならない。
○　2階建の建築物（各階の床面積が100m^2）で，1階が物品販売業を営む店舗，2階が事務所であるものは，物品販売業を営む店舗とその他の部分とを防火区画しなくてもよい。
○　避難階が1階である2階建の診療所（主要構造部が不燃材料で造られている。）で，2階における病室の床面積の合計が60m^{2}であるものには，2以上の直通階段を設けなくてもよい。
○　平家建，延べ面積300m^{2}の物品販売業を営む店舗の屋外への出口の幅の合計は，1.8m以上としなくてもよい。
○　ボーリング場には，非常用の照明装置を設けなくてもよい。

6．内装制限

6-1．内装制限に関する問題

【問題39】 建築基準法第35条の２の規定による内装の制限に関する次の記述のうち，建築基準法上，正しいものはどれか。ただし，自動式の消火設備及び排煙設備は設けないものとする。

1．火を使用する設備を設けた調理室は，その構造，規模にかかわらず，内装の制限を受ける。

2．耐火建築物及び準耐火建築物以外の建築物に設ける物品販売業を営む店舗で，その用途に供する部分の床面積の合計が200m²以上のものは，内装の制限を受ける。

3．内装の制限を受ける調理室等は，その壁及び天井の室内に面する部分の下地及び仕上げを，不燃材料又は準不燃材料としなければならない。

4．3階建，延べ面積500m²の博物館は，すべて内装の制限を受ける。

5．内装の制限を受ける特殊建築物の居室から地上に通ずる主たる廊下の壁及び天井の室内に面する部分の仕上げは，準不燃材料又は難燃材料でしなければならない。

解　説　内装制限の理解

内装制限の規定は，制限を受けるものとして**令第128条の４**で規定され，仕上げの方法として**令第129条**で規定されています。

内装制限を受ける場合，準不燃材料以上が多いです。

第1章 建築基準法

内装制限の対象と仕上げ方法

令第128条の4		制限を受けるもの	令第129条	仕上げ方法		備考
				居室	通路	
第1項	第一号	一定規模以上の特殊建築物，法別表第1(1)(2)(4)項	第1項	難燃※	準不燃	3階以上の階に居室を有する建築物の当該各用途に供する居室の天井は，準不燃
	第二号	自動車車庫，自動車修理工場	第2項	準不燃	準不燃	
	第三号	地階の特殊建築物，法別表第1(1)(2)(4)項	第3項	準不燃	準不燃	
第2項		階数3以上：500m²超	第4項	難燃※	準不燃	
第3項		階数2：1,000m²超 階数1：3,000m²超				
第4項		火気使用室 住宅：最上階以外の階 非住宅：すべて	第6項	準不燃	─	主要構造部が耐火構造のものは除く
令第128条の3の2		無窓居室	第5項	準不燃	準不燃	
			第7項	自動式消火設備＋排煙設備（仕上げの制限を受けない）		

※：1.2m以下の腰壁部分を除く。

> 主要構造部を耐火構造とした火気使用室は，内装制限を受けません。

1．〔令第128条の4第4項〕

令第128条の4第4項により，火を使用する設備を設けた調理室は，原則として，内装の制限を受けますが，同条同項かっこ書きにより，**主要構造部を耐火構造**としたものは除かれています。

2．〔令第128条の4第1項第一号〕

物品販売業を営む店舗は，令第115条の３第三号により，法別表１(い)欄(４)項に該当する建築物です。
　令第128条の４第１項第一号表(３)により，その他の建築物(耐火建築物及び準耐火建築物以外の建築物)で，当該用途に供する床面積の合計が200m²以上のものは，内装の制限を受けます。

３．〔令第128条の４第４項〕，〔令第129条第６項〕
　令第129条第６項により，「内装の制限を受ける調理室等は，その壁及び天井の室内に面する部分の仕上げを，同条第１項第二号イ（準不燃材料）又はロ（イに掲げる仕上げに準ずるものとして国土交通大臣が定める方法により国土交通大臣が定める材料の組合せによつてしたもの）に掲げる仕上げとしなければならない。」と規定されています。
　したがって，下地においては制限を受けておらず，不燃材料又は準不燃材料に限定されていません。

４．〔令第128条の４第１項第一号，同条第２項〕
　博物館は，令第115条の３第二号により，法別表１(い)欄(３)項に該当する建築物で，令第128条の４第１項第一号に該当しません。
　また，同条第２項により，階数が３以上で，延べ面積が500m²を超えるものは内装の制限を受けますが，設問の博物館は該当しません。
　したがって，3階建，延べ面積500m²の博物館は，内装の制限を受けません。

５．〔令第129条〕
　令第129条により，内装の制限を受ける特殊建築物の居室から地上に通ずる主たる廊下の壁及び天井の室内に面する部分の仕上げは，同条第129条第１項第二号イ(準不燃材料)又はロに掲げる仕上げとしなければなりません。
　したがって，難燃材料とすることはできません。

正解　2

【問題40】次の建築物のうち，その構造及び床面積に関係なく建築基準法第35条の２の規定による内装制限を受けるものはどれか。ただし，自動式の消火設備及び排煙設備は設けないものとする。

１．自動車車庫

2．演芸場

3．旅館

4．飲食店

5．体育館

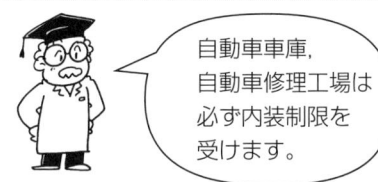

解説

> 自動車車庫，自動車修理工場は必ず内装制限を受けます。

1．〔令第128条の4第1項第二号〕
　令第128条の4第1項第二号により，「**自動車車庫又は自動車修理工場の用途に供する特殊建築物**」は，その構造及び床面積に関係なく内装制限を受けます。

2．〔令第128条の4第1項第一号〕
　演芸場は，**法別表1(い)欄(1)項**に該当する建築物で，令第128条の4第1項第一号表(1)により，その構造及び床面積に応じて内装制限を受けます。

3．〔令第128条の4第1項第一号〕
　旅館は，**法別表1(い)欄(2)項**に該当する建築物で，令第128条の4第1項第一号表(2)により，その構造及び床面積に応じて内装制限を受けます。

4．〔令第128条の4第1項第一号〕
　飲食店は，令第115条の3第三号により，**法別表1(い)欄(4)項**に該当する建築物で，令第128条の4第1項第一号表(4)により，その構造及び床面積に応じて内装制限を受けます。

5．〔令第128条の4第1項第一号〕
　体育館は，**法別表1(い)欄(3)項**に該当する建築物で，令第128条の4第1項各号のいずれにも該当しません。
　また，体育館は，令第126条の2第1項第二号により，**学校等に該当**し，同条第2項又は第3項からのぞかれています。
　したがって，体育館は，その構造及び床面積に関係なく内装制限を受けません。

正解　1

得点力アップのポイント

○ 主要構造部を耐火構造とした体育館は，その規模にかかわらず，内装の制限を受けない。

○ 地階に映画館（客席の床面積の合計80m^2）が設けられた特殊建築物で，その用途に供する部分は，内装の制限を受ける。

○ 鉄骨造2階建，延べ面積165m^2の一戸建住宅の2階にある火を使用する設備を設けた調理室は，内装の制限を受けない。

○ 内装制限を受けるホテルであっても，その規模にかかわらず，居室から地上に通ずる主たる廊下の床面については，内装制限を受けない。

○ 主要構造部を耐火構造とした平家建，延べ面積80m^2の飲食店において，こんろその他火を使用する設備を設けた調理室は，内装制限を受けない。

7．道路

7-1．道路等に関する問題

【問題41】都市計画区域内における道路に関する次の記述のうち，建築基準法上，誤っているものはどれか。ただし，特定行政庁による道路幅員に関する区域の指定はないものとする。

1．建築基準法第42条第1項第五号の規定により，特定行政庁から位置の指定を受けて道を築造する場合，道の幅を6m以上とすれば，袋路状道路（その一端のみが他の道路に接続したもの）であっても，道の延長は35mを超えることができる。

2．道路内であっても地盤面下には，建築物を設けることができる。

3．地区計画の区域内において，建築基準法第68条の7第1項の規定により特定行政庁が指定した予定道路内には，敷地を造成するための擁壁を突き出して築造することができない。

4．地区計画の区域外において，自転車歩行者専用道路となっている幅員5mの道路法による道路にのみ10m接している敷地には，建築物を建築することができない。

5．災害があった場合において建築する応急仮設建築物である官公署の敷地は，道路に2m以上接しなくてもよい。

解説 道路等に関する規定の理解

道路等に関する規定は，**法第42条～法第47条及び令第144条の4～令第145条**に規定されています。

1．〔**法第42条第1項第五号**〕，〔**令第144条の4第1項第一号ニ**〕

法第42条第1項第五号，及び令第144条の4第1項第一号ニにより，道の**幅員が6m以上**の場合，その延長に関係なく**袋路状道路**とすることができます。

2．〔法第44条〕

　法第44条第1項により，建築物は道路内に建築してはなりませんが，同条同項第一号で，**地盤面下に設ける建築物**は除外されています。

3．〔法第68条の7第4項〕

　法第68条の7第4項により，「同条第1項の規定により**予定道路が指定された場合においては，当該予定道路を法第42条第1項に規定する道路**とみなして，**法第44条の規定を適用**する。」と規定されています。

　したがって，**法第44条第1項**により，**敷地を造成するための擁壁**は，予定道路内に突き出して築造してはなりません。

4．〔法第43条第1項〕

　法第43条第1項により，建築物の敷地は，除外されている道路（自動車専用道路等）を除き，**道路に2m以上接しなければなりません。**

　この除外されている道路に，**自転車歩行者専用道路となっている道路法による道路（法第42条第1項第一号）**は該当しないので，設問の敷地に建築物を建築することができます。

> 自動車専用道路に2m以上接していても建築できません。

5．〔法第85条第2項〕

　法第85条第2項により，災害があった場合において建築する**応急仮設建築物**については，法第3章の規定は適用されないので，法第3章である**法第43条（敷地等と道路との関係）の規定**は適用されません。

正解　4

【問題42】都市計画区域内のイ～ニの敷地について，建築基準法上，道路と敷地との関係で，原則として，建築物を建築することができないもののみの組合せは，次のうちどれか。

　イ．地区計画の区域内で，建築基準法第68条の7第1項の規定により特定

第1章 建築基準法

　行政庁が指定した幅員6mの予定道路にのみ3m接している敷地

ロ．幅員4mの市道にのみ2m接している敷地

ハ．幅員25mの自動車専用道路にのみ6m接している敷地

ニ．幅員4mの私道で，特定行政庁からその位置の指定を受けたものにのみ2.5m接している敷地

1．イとロ
2．イとハ
3．ロとハ
4．ロとニ

解説

【問題41】の解説の4を参照してください。

　法第43条第1項により，建築物の敷地は，原則として，**道路に2m以上接**しなければなりません。

イ．**地区計画の区域内における予定道路**は，法第42条第1項各号の**道路に該当しない**ので，原則として，建築物を建築することができません。

ロ．**市道**は道路法第3号第四号により，法第42条第1項第一号の**道路に該当**し，原則として，建築物を建築することができます。

ハ．**自動車専用道路**は，法第43条第1項第一号により，建築物の敷地が接しなければならない**道路から除外**されています。したがって，建築物を建築することができません。

ニ．法第42条第1項第五号により，土地を建築物の敷地として利用するため，特定行政庁からその**位置の指定を受けた道**は，建築基準法上の**道路に該当**し，建築物を建築することができます。

　したがって，建築物を建築することができないもののみの組合せは，イとハです。

正解　2

得点力アップのポイント

○ 密集市街地整備法による新設の事業計画のある幅員6mの道路で，2年以内にその事業が執行される予定のものを特定行政庁が道路として指定する場合，建築審査会の同意を得なくてもよい。

○ 幅員12mの市道沿いの幅2mの水路にのみ4m接している敷地には，原則として，建築物を建築することができない。

○ 建築基準法第3章の規定が適用された後に築造された幅員4mの農道にのみ2m接している敷地には，原則として，建築物を建築することができない。

○ 道路内であっても，特定行政庁の許可を受ければ，公衆便所を建築することができる。

○ 道路内の公共用歩廊は，特定行政庁の許可を受ければ，建築することができない。

8．用途地域

8-1．用途地域に関する問題（1）

【問題43】 2階建，延べ面積300m²の次の建築物のうち，建築基準法上，新築してはならないものはどれか。ただし，特定行政庁の許可は受けないものとし，用途地域以外の地域，地区等は考慮しないものとする。

1．第一種低層住居専用地域内の児童厚生施設

2．第二種低層住居専用地域内の保健所

3．第二種住居地域内のぱちんこ屋

4．準住居地域内の劇場で，客席の部分の床面積の合計が180m²のもの

5．工業専用地域内の銀行の支店

解説　用途地域内における建築制限を理解

　用途地域は，**都市計画法第9条**で規定されています。この規定により定められた用途地域内では，法第48条及び**法別表第2**により，建築物の用途による建築制限を規定しています。用途地域に関する問題は，まず法別表第2から考えることが大切です。また，各項目に対する施行令に注意してください。

建築可能な用途

すべての用途地域内で建築可能	工業専用地域以外の地域で建築可能
・神社，寺院，教会 ・保育所 ・公衆浴場 ・診療所 ・巡査派出所，公衆電話所	・住宅 ・共同住宅，寄宿舎又は下宿 ・老人ホーム，身体障害者福祉ホーム ・図書館

1．〔**法別表第2（い）項第九号**〕，〔**令第130条の4第二号**〕

　　法別表第2（い）項第九号，及び令第130条の4第二号により，**児童厚生施**

設で延べ面積が600m²以内のものは，新築することができます。

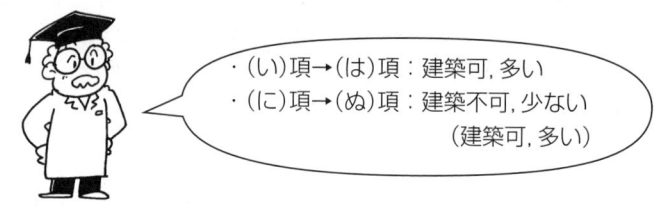

・(い)項→(は)項：建築可，多い
・(に)項→(ぬ)項：建築不可，少ない
　　　　　　　　（建築可，多い）

2．〔法別表第2(ろ)項〕
　保健所は，法別表第2(ろ)項各号に該当せず，新築することができません。

3．〔法別表第2(へ)項〕
　ぱちんこ屋は，法別表第2(へ)項各号に該当せず，新築することができます。

4．〔法別表第2(と)項第五号〕
　法別表第2(と)項第五号により，**劇場**で，**客席の部分の床面積の合計が200m²未満**のものは，新築することができます。

5．〔法別表第2(を)項〕
　銀行の支店は，法別表第2(を)項各号に該当せず，新築することができます。

正解　2

【問題44】次の建築物のうち，建築基準法上，新築することができるものはどれか。ただし，特定行政庁の許可は受けないものとし，用途地域以外の地域，地区等は考慮しないものとする。

1．第一種低層住居専用地域内の2階建，延べ面積700m²の老人福祉センター

2．第二種低層住居専用地域内の2階建，延べ面積300m²の店舗

3．第一種中高層住居専用地域内の平家建，延べ面積150m²の自動車修理工場

4．第二種中高層住居専用地域内の平家建，延べ面積15m²の畜舎

5．工業専用地域内の2階建，延べ面積300m²の寄宿舎

解説

1．〔法別表第2（い）項第九号〕，〔令第130条の4第二号〕
　法別表第2（い）項第九号，及び令第130条の4第二号により，**老人福祉センター**で延べ面積が600m²以内のものは新築することができます。
　したがって，延べ面積700m²の場合，新築することができません。

2．〔法別表第2（ろ）項第二号〕
　法別表第2（ろ）項第二号により，**店舗**は，その用途に供する部分の**床面積の合計が150m²以内**のもので，**2階以下**の場合に新築することができます。
　したがって，延べ面積300m²の場合，新築することができません。

3．〔法別表第2（は）項〕
　自動車修理工場は，法別表第2（は）項各号に該当せず，新築することができません。

4．〔法別表第2（に）項第六号〕，〔令第130条の7〕
　法別表第2（に）項第六号，及び令第130条の4第二号により，**畜舎**は，床面積の合計が15m²を超えるものは，新築することができません。
　したがって，<u>延べ面積15m²の場合は，新築することができます</u>。

5．〔法別表第2（を）項第三号〕
　寄宿舎は，法別表第2（を）項第三号に該当し，新築することができません。

正解　4

【問題45】2階建，延べ面積300m²の次の建築物のうち，建築基準法上，新築してはならないものはどれか。ただし，特定行政庁の許可は受けないものとし，用途地域以外の地域，地区等は考慮しないものとする。

1．工業地域内の図書館

2．第一種住居地域内の保健所

3．第一種中高層住居専用地域内の宅地建物取引業を営む店舗

4．第二種低層住居専用地域内の学習塾

5．第一種低層住居専用地域内の地方公共団体の支所

解説

1．〔法別表第2（る）項〕
　図書館は，法別表第2（る）項各号に該当せず，新築することができます。
2．〔法別表第2（ほ）項第四号〕，〔令第130条の7の2第一号〕
　法別表第2（ほ）項第四号かっこ書，及び令第130条の7の2第一号により，**保健所**は，規模に関係なく新築することができます。
3．〔法別表第2（は）項第五号〕，〔令第130条の5の3第三号〕
　法別表第2（は）項第五号，及び令第130条の5の3第三号より，**宅地建物取引業を営む店舗**は，その用途に供する部分の**床面積の合計が500m²以内**のもので，**2階以下**の場合に新築することができます。
4．〔法別表第2（ろ）項第二号〕，〔令第130条の5の2第五号〕
　法別表第2（ろ）項第二号，及び令第130条の5の2第五号により，学習塾は，その用途に供する部分の**床面積の合計が150m²以内**のもので，**2階以下**の場合に新築することができます。
　したがって，延べ面積300m²の場合，新築することができません。
5．〔法別表第2（い）項第九号〕，〔令第130条の4第二号〕
　法別表第2（い）項第九号，及び令第130条の4第二号により，**地方公共団体の支所で延べ面積が600m²以内**のものは新築することができます。

正解　4

8-2．用途地域に関する問題（2）

【問題46】図のような敷地及び建築物（2階建，延べ面積600m²）の配置において，次の建築物のうち，建築基準法上，新築することがで

第1章　建築基準法　　　271

きるものはどれか。ただし，特定行政庁の許可は受けないものとし，用途地域以外の地域，地区等は考慮しないものとする。

1．カラオケボックス
2．旅館
3．飲食店
4．地方公共団体の支所
5．事務所

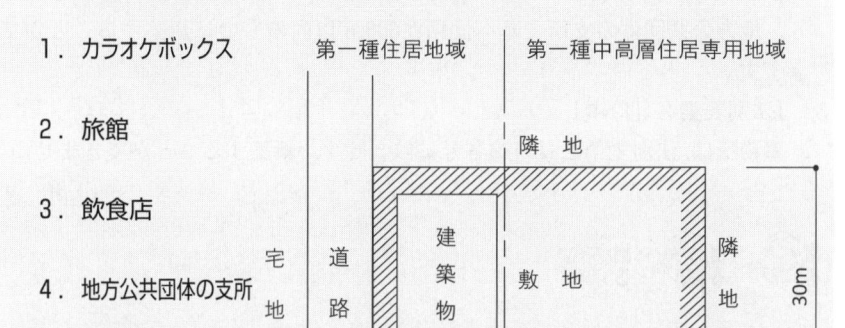

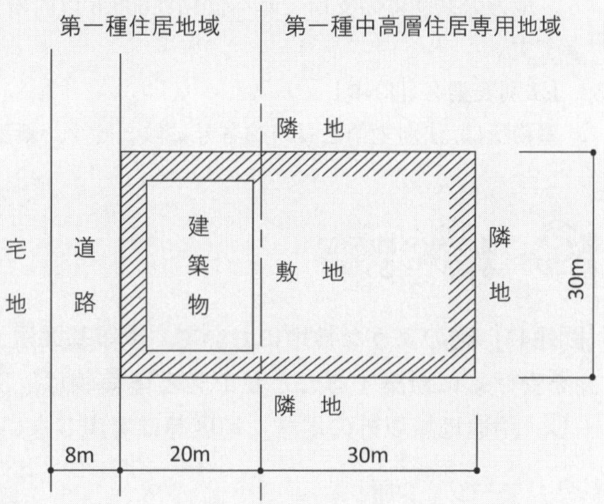

第一種住居地域　　第一種中高層住居専用地域

宅地　道路　建築物　敷地　隣地　隣地　隣地

8m　20m　30m　30m

解説

用途地域の内外にわたる敷地
↓
建築物の位置に関係なく，過半を占める用途地域

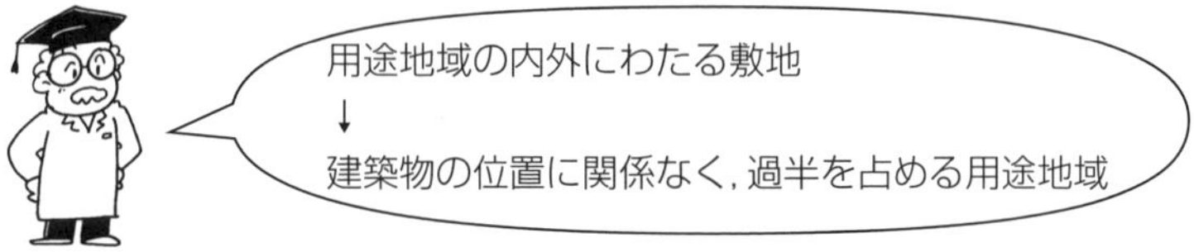

〔法第91条〕
　法第91条により，**用途地域内の建築制限において，敷地が用途地域の異なる地域の内外にわたる場合，建築物の位置に関わらず，その敷地の全部について敷地の過半の属する地域の規定**が適用されます。
　したがって，この敷地の場合，**第一種中高層住居専用地域**の規定が適用されます。

1．〔法別表第2（は）項〕
　カラオケボックスは，法別表第2（は）項各号に該当せず，新築することができません。
2．〔法別表第2（は）項〕
　旅館は，法別表第2（は）項各号に該当せず，新築することができません。
3．〔法別表第2（は）項第五号〕
　法別表第2（は）項第五号により，**飲食店は2階以下で延べ面積500m²以内**の場合に新築することができますが，延べ面積600m²は新築することができ

第2編　学科Ⅱ・法規

ません。

4．〔法別表第2(は)項第一号,(い)項第九号〕,〔令第130条の4第二号〕
　　法別表第2(は)項第一号,(い)項第九号,及び令第130条の4第二号により，**地方公共団体の支所で延べ面積が600m²以内**のものは新築することができます。

5．〔法別表第2(は)項〕
　　事務所は,法別表第2(は)項各号に該当せず,新築することができません。

正解　4

【問題47】図のような敷地において，建築基準法上，特定行政庁の許可を受けずに新築することができる建築物は，次のうちどれか。ただし，用途地域以外の地域，地区等は考慮しないものとする。

1．マージャン屋
2．客席の部分の床面積の合計が190m²の演芸場
3．原動機を使用する自動車修理工場で，作業場の床面積の合計が150m²のもの
4．原動機を使用する印刷所
5．料理店

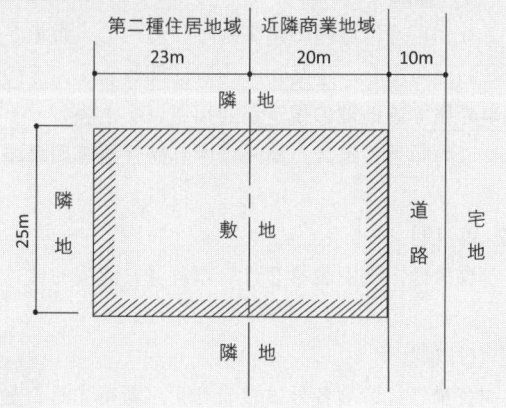

解説

【問題46】の解説を参照してください。

第1章　建築基準法

この敷地の場合，**第二種住居地域**の規定が適用されます。

1．〔**法別表第2（へ）項**〕

マージャン屋は，法別表第2（へ）項各号に該当せず，新築することができます。

2．〔**法別表第2（へ）項第三号**〕

演芸場は，法別表第2（へ）項第三号に該当し，新築することができません。

3．〔**法別表第2（へ）項第二号**〕

法別表第2（へ）項第二号により，**原動機を使用する工場で作業場の床面積の合計が50m²超えるもの**は，新築することができません。

4．〔**法別表第2（へ）項第一号，（と）項第三号（12）**〕

法別表第2（へ）項第一号，（と）項第三号（12）により，**原動機を使用する印刷所**は，新築することができません。

5．〔**法別表第2（へ）項第一号，（ち）項第二号**〕

法別表第2（へ）項第一号，（ち）項第二号により，**料理店**は，新築することができません。

正解　1

【問題48】図のような敷地及び建築物の配置において，建築基準法上，新築してはならない建築物は，次のうちどれか。ただし，特定行政庁の許可は受けないものとし，用途地域以外の地域，地区等は考慮しないものとする。

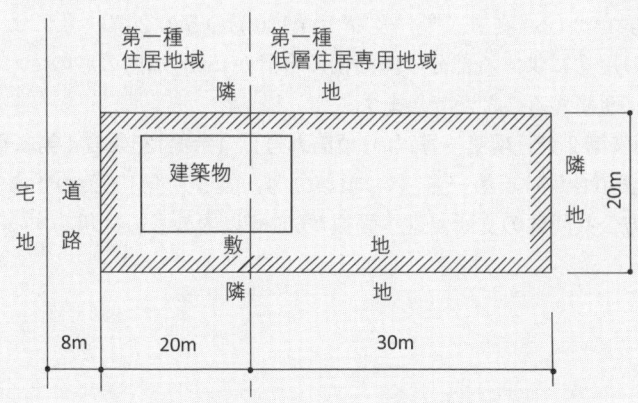

1．神社

2．消防署

3．老人ホーム

4．平家建，延べ面積150m²の食堂

5．延べ面積500m²の地方公共団体の支所

解説

【問題46】の解説を参照してください。

この敷地の場合，**第二種低層住居専用地域**の規定が適用されます。

1．〔法別表第2（ろ）項第一号，（い）項第五号〕

　法別表第2（ろ）項第一号，（い）項第五号により，**神社**は，新築することができます。

2．〔法別表第2（ろ）項〕

　消防署は，法別表第2（ろ）項各号に該当せず，新築することができません。

3．〔法別表第2（ろ）項第一号，（い）項第六号〕

　法別表第2（ろ）項第一号，（い）項第六号により，**老人ホーム**は，新築することができます。なお，老人ホームは，**工業専用地域以外**のすべての用途地域で新築することができます。

4．〔法別表第2（ろ）項第二号〕，〔令第130条の5の2第一号〕

　法別表第2（ろ）項第二号，及び令第130条の5の2第一号により，**食堂**は，その用途に供する部分の**床面積の合計**が150m²以内のもので，**2階以下**の場合に新築することができます。

5．〔法別表第2（ろ）項第一号，（い）項第九号〕，〔令第130条の4第二号〕

　法別表第2（ろ）項第一号，（い）項第九号，及び令第130条の4第二号により，**地方公共団体の支所で延べ面積が600m²以内**のものは新築することができます。

正解　2

得点力アップのポイント

○ 第二種住居地域内の保健所は，新築することができる。
○ 料理店は，準住居地域内に新築してはならない。
○ 原動機を使用する自動車修理工場で，作業場の床面積の合計が150m^2のものは，第二種住居地域に新築してはならない。
○ 専修学校は，第一種住居地域内に新築することができる。
○ カラオケボックスは，第二種住居地域内に新築することができる。
○ 旅館は，第一種中高層住居専用地域に新築してはならない。
○ 2階建，延べ面積500m^2の日刊新聞の印刷所は，近隣商業地域内に新築することができる。
○ 第二種低層住居専用地域内の2階建，延べ面積300m^2の併用住宅で，1階を床面積150m^2の学習塾，2階を床面積150m^2の住宅としたものは，新築することができる。

9. 建ぺい率

9-1. 建築面積の最高限度の算定

【問題49】 図のような敷地において，建築基準法上，新築することができる建築物の建築面積の最高限度は，次のうちどれか。ただし，図に記載されているものを除き，地域，地区等及び特定行政庁の指定等はないものとする。

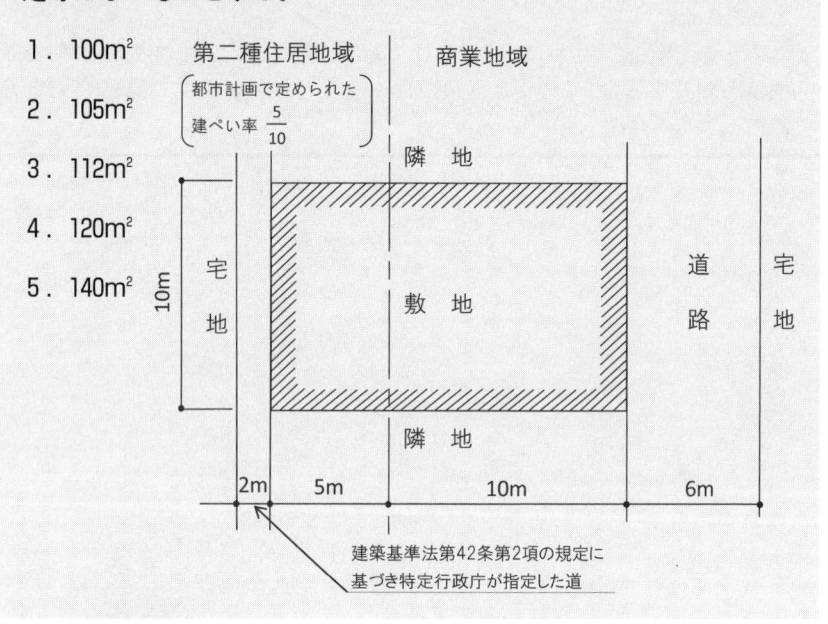

1. 100m²
2. 105m²
3. 112m²
4. 120m²
5. 140m²

第二種住居地域　　商業地域
都市計画で定められた建ぺい率 $\dfrac{5}{10}$

隣地／敷地／隣地　宅地／道路／宅地
10m
2m　5m　10m　6m

建築基準法第42条第2項の規定に基づき特定行政庁が指定した道

解説　建ぺい率による建築面積の算定

〔建築面積の最大値〕

法第53条第2項により，建築物の敷地が建ぺい率の異なる2以上にわたる場合については，それぞれの地域について計算して得た数値の合計以下とします。

（第一種住居地域内）（5m − 1m）× 10m × $\dfrac{5}{10}$ = 40m² × $\dfrac{5}{10}$ = 20m²

なお，**法第42条第2項の規定に基づく特定行政庁が指定した道に接続する場**

商業地域の建ぺい率の限度は，$\frac{8}{10}$ です。

合の敷地面積の算定については，【問題7】の解説を参照してください。

（商業地域内） $10m \times 10m \times \frac{8}{10} = 100m^2 \times \frac{8}{10} = 80m^2$

したがって，建築面積の最大値は，$20m^2 + 80m^2 = 100m^2$ となります。

正解　1

【問題50】図のような敷地において，建築基準法上，新築することができる事務所の建築面積の最高限度は，次のうちどれか。ただし，図に記載されているものを除き，地域，地区等及び特定行政庁の指定等はないものとする。

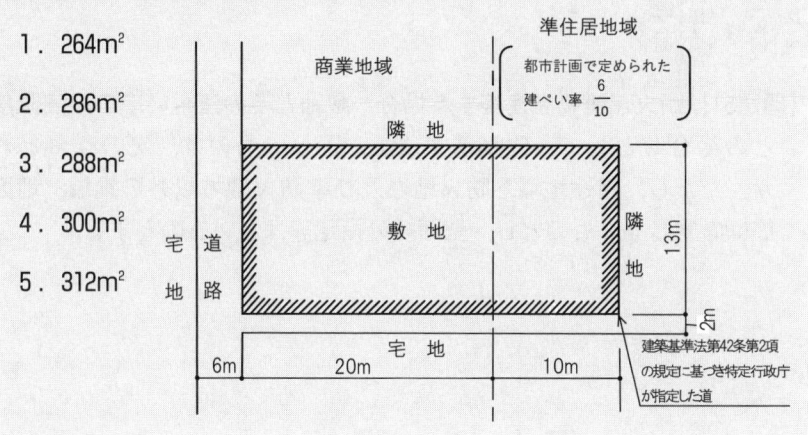

1. $264m^2$
2. $286m^2$
3. $288m^2$
4. $300m^2$
5. $312m^2$

> ・建築面積＝敷地面積 × 建ぺい率
> ・延べ面積＝敷地面積 × 容積率
> です。

【問題49】の解説を参照してください。

（商業地域内）　$20m × (13m - 1m) × \dfrac{8}{10} = 240m^2 × \dfrac{8}{10} = 192m^2$

（準住居地域内）　$10m × (13m - 1m) × \dfrac{6}{10} = 120m^2 × \dfrac{6}{10} = 72m^2$

したがって，建築面積の最大値は，$192m^2 + 72m^2 = 264m^2$ となります。

正解　1

9-2. 建ぺい率に関する問題

【問題51】耐火建築物を建築する場合，敷地とその建ぺい率の最高限度との組合せとして，建築基準法上，正しいものは，次のうちどれか。ただし，用途地域，防火地域及び準防火地域以外の地域，地区等は考慮しないものとし，壁面線の指定等はないものとする。

第1章 建築基準法

	敷　地	建ぺい率の最高限度
1.	第二種住居地域（都市計画で定められた建ぺい率5/10）内，かつ，準防火地域内で，角地の指定のある敷地	$\frac{7}{10}$
2.	近隣商業地域（都市計画で定められた建ぺい率8/10）内，かつ，防火地域内で，角地の指定のない敷地	$\frac{9}{10}$
3.4.	商業地域内，かつ，準防火地域内で，角地の指定のある敷地	$\frac{8}{10}$
5.	準工業地域（都市計画で定められた建ぺい率6/10）内，かつ，防火地域内で，角地の指定のない敷地	$\frac{7}{10}$
	工業地域（都市計画で定められた建ぺい率6/10）内，かつ，防火地域内で，角地の指定のある敷地	$\frac{7}{10}$

解説　建ぺい率の最高限度

建ぺい率に関する緩和措置及び適用除外については，〔**法第53条第3項**〕，及び〔**法第53条第5項**〕で規定されています。

（1）法第53条第3項

① 建ぺい率の限度が$\frac{8}{10}$とされている**地域外**で，かつ，**防火地域内**にある**耐火建築物**の場合，$\frac{1}{10}$を加えます。

② **街区の角にある敷地**又はこれに準ずる敷地で特定行政庁が指定するものの内にある建築物の場合，$\frac{1}{10}$を加えます。

③ ①及び②に該当する場合，その両方が適用され，$\frac{2}{10}$を加えます。

（2）法第53条第5項

① 建ぺい率の限度が$\frac{8}{10}$とされている**地域内**で，かつ，**防火地域内**にある**耐火建築物**の場合，建ぺい率の限度は適用除外され，$\frac{10}{10}$となります。

建ぺい率の緩和措置・適用除外

	原則	①街区の角にある敷地	②防火地域内にある耐火建築物	①かつ②
・商業地域 ・建ぺい率8／10の地域	8／10	＋1／10	適用除外 (10／10)	適用除外 (10／10)
・建ぺい率8／10以外の地域	都市計画で決定	＋1／10	＋1／10	＋2／10

1．〔**法第53条第3項第二号**〕に該当し，$\dfrac{5}{10}+\dfrac{1}{10}=\dfrac{6}{10}$となります。

2．〔**法第53条第5項第一号**〕に該当し，建ぺい率の限度は適用除外され，$\dfrac{10}{10}$となります。

3．〔**法第53条第3項第二号**〕に該当し，$\dfrac{8}{10}+\dfrac{1}{10}=\dfrac{9}{10}$となります。

4．〔**法第53条第3項第一号**〕に該当し，$\dfrac{6}{10}+\dfrac{1}{10}=\dfrac{7}{10}$となります。

5．〔**法第53条第3項第三号**〕に該当し，$\dfrac{6}{10}+\dfrac{2}{10}=\dfrac{8}{10}$となります。

したがって，正しい選択肢は，4です。

正解　4

【問題52】建築物及び敷地の条件とその建ぺい率の最高限度との組合せとして，建築基準法上，正しいものは，次のうちどれか。ただし，特定行政庁による角地及び壁面線の指定等はないものとする。

第1章 建築基準法

	建築物の構造	敷地 用途地域（都市計画で定められた建ぺい率）	防火地域又は準防火地域の指定	建ぺい率の最高限度
1.	耐火建築物	第二種中高層住居専用地域 $\left(\dfrac{6}{10}\right)$	準防火地域	$\dfrac{7}{10}$
2.	耐火建築物	近隣商業地域 $\left(\dfrac{8}{10}\right)$	防火地域	$\dfrac{9}{10}$
3.	耐火建築物	準工業地域 $\left(\dfrac{6}{10}\right)$	防火地域	$\dfrac{8}{10}$
4.	準耐火建築物	近隣商業地域 $\left(\dfrac{6}{10}\right)$	準防火地域	$\dfrac{7}{10}$
5.	準耐火建築物	商業地域	防火地域	$\dfrac{8}{10}$

解説

【問題51】の解説を参照してください。

1. 準防火地域内においては，緩和措置は適用されず，$\dfrac{6}{10}$ となります。

2. 〔**法第53条第5項第一号**〕に該当し，建ぺい率の限度は適用除外され，$\dfrac{10}{10}$ となります。

3. 〔**法第53条第3項第一号**〕に該当し，$\dfrac{6}{10}+\dfrac{1}{10}=\dfrac{7}{10}$ となります。

4. 準防火地域内においては，緩和措置は適用されず，$\dfrac{6}{10}$ となります。

5. 防火地域内ですが，耐火建築物ではないので，法第53条第5項第一号に該当せず，$\dfrac{8}{10}$ となります。

したがって，正しい選択肢は，5です。

正解　5

10. 容積率

10−1. 延べ面積の最高限度の算定

【問題53】図のような敷地において，建築基準法上，新築することができる建築物の延べ面積の最高限度は，次のうちどれか。ただし，図に記載されているものを除き，地域，地区等及び特定行政庁の指定等はないものとし，建築物には，共同住宅，自動車車庫等の用途に供する部分，エレベーター及び地階はないものとする。

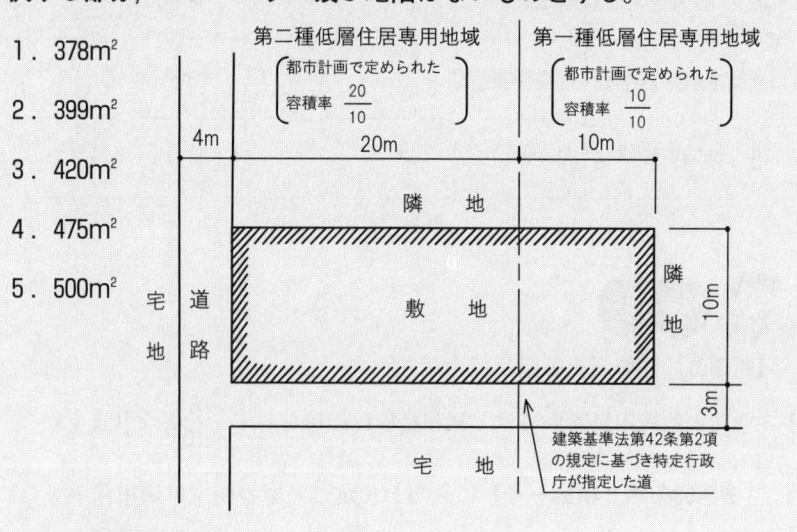

1. 378m²
2. 399m²
3. 420m²
4. 475m²
5. 500m²

第二種低層住居専用地域（都市計画で定められた容積率 $\frac{20}{10}$）

第一種低層住居専用地域（都市計画で定められた容積率 $\frac{10}{10}$）

4m　20m　10m

隣地

敷地

隣地 10m

3m

建築基準法第42条第2項の規定に基づき特定行政庁が指定した道

宅地　道路　宅地

解説　容積率による延べ面積の算定

〔容積率の限度〕

道路幅員による容積率
・住居系：幅員×4／10
・その他：幅員×6／10

法第52条第2項により，前面道路の幅員が12m未満の場合，道路幅員（道

路が2以上の場合は最大のもの）による容積率と指定容積率のいずれか小さい方とします。
（第二種低層住居専用地域内）

  道路幅員による容積率：$4 \times \dfrac{4}{10} = \dfrac{16}{10} <$ 指定容積率：$\dfrac{20}{10}$

したがって，$\dfrac{16}{10}$ となります。

（第一種低層住居専用地域内）

  道路幅員による容積率：$4 \times \dfrac{4}{10} = \dfrac{16}{10} >$ 指定容積率：$\dfrac{10}{10}$

したがって，$\dfrac{10}{10}$ となります。

〔延べ面積の算定〕

　法第52条第7項により，用途地域ごとに，延べ面積を求めて合計します。また，敷地面積には，令第2条第1項第一号により，法第42条第2項の道路とみなされる部分の面積（道路中心線から2m）は算入しません。
（第二種低層住居専用地域内）

  $20\text{m} \times (10\text{m} - 0.5\text{m}) \times \dfrac{16}{10} = 190\text{m}^2 \times \dfrac{16}{10} = 304\text{m}^2$

（第一種低層住居専用地域内）

  $10\text{m} \times (10\text{m} - 0.5\text{m}) \times \dfrac{10}{10} = 95\text{m}^2 \times \dfrac{10}{10} = 95\text{m}^2$

したがって，延べ面積の最大値は，$304\text{m}^2 + 95\text{m}^2 = 399\text{m}^2$ となります。

正解　2

【問題54】図のような敷地において，建築基準法上，新築することができる建築物の延べ面積の最高限度は，次のうちどれか。ただし，図に記載されているものを除き，地域，地区等及び特定行政庁の指定等はないものとし，建築物には，住宅，自動車車庫等の用途に供する部分，エレベーター及び地階はないものとする。

```
1. 240m²
2. 312m²
3. 360m²
4. 468m²
5. 500m²
```

準住居地域 [都市計画で定められた容積率 $\frac{50}{10}$]

解説

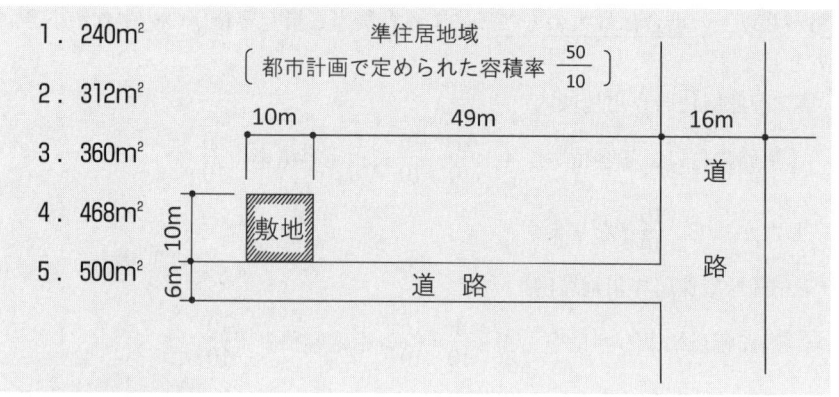

〔特定道路による前面道路幅員の緩和〕

　法第52条第9項及び令第135条の17により，敷地が**特定道路**（幅員15m以上）から**70m以内**にあり，特定道路に接続する前面道路が**6m以上12m未満**なので，前面道路の幅員6mにWaを割増しします。

$$Wa = \frac{(12-6) \times (70-49)}{70} = \frac{6 \times 21}{70} = 1.8m$$

　前面道路の幅員は，6m＋1.8m＝7.8mとなります。

〔容積率の限度〕

　道路幅員による容積率：$7.8 \times \frac{4}{10} = \frac{31.2}{10} < $ 指定容積率：$\frac{50}{10}$

　したがって，$\frac{31.2}{10}$となります。

〔延べ面積の算定〕

$$10m \times 10m \times \frac{31.2}{10} = 100m² \times \frac{31.2}{10} = 312m²$$

前面道路の幅員を「幅員＋Wa」として考えます。

正解　2

【問題55】図のような敷地において，建築基準法上，新築することができる建築物の延べ面積の最高限度は，次のうちどれか。ただし，図

第 1 章　建築基準法

に記載されているものを除き，地域，地区等及び特定行政庁の指定等は考慮しないものとし，建築物には，住宅，自動車車庫等の用途に供する部分，エレベーター及び地階はないものとする。

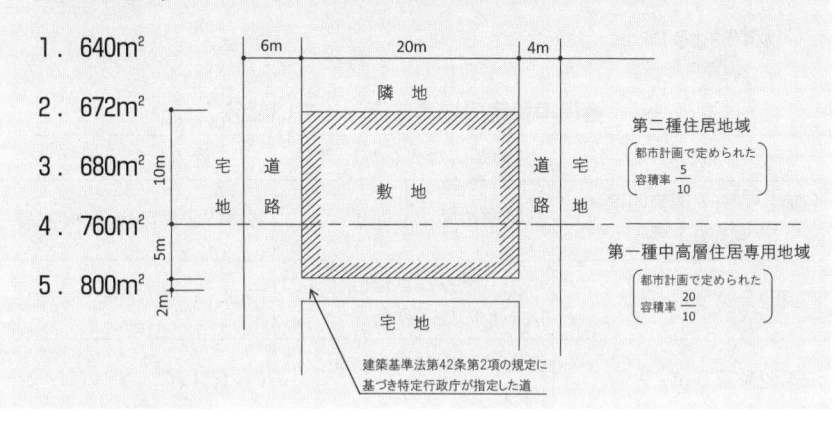

1. 640m²
2. 672m²
3. 680m²
4. 760m²
5. 800m²

（図：敷地は20m×10m，北側6m・南側4mの道路に面し，南側2mは建築基準法第42条第2項の規定に基づき特定行政庁が指定した道。北側は第二種住居地域（都市計画で定められた容積率 5/10），南側は第一種中高層住居専用地域（都市計画で定められた容積率 20/10），周囲は宅地・隣地）

解説

【問題53】の解説を参照してください。

〔容積率の限度〕

（第二種住居地域内）

$$道路幅員による容積率：6 \times \frac{4}{10} = \frac{24}{10} < 指定容積率：\frac{30}{10}$$

したがって，$\frac{24}{10}$ となります。

（第一種中高層住居専用地域内）

$$道路幅員による容積率：6 \times \frac{4}{10} = \frac{24}{10} > 指定容積率：\frac{20}{10}$$

したがって，$\frac{20}{10}$ となります。

〔延べ面積の算定〕

（第二種住居地域内）

$$20\text{m} \times 10\text{m} \times \frac{24}{10} = 200\text{m}^2 \times \frac{24}{10} = 480\text{m}^2$$

（第一種中高層住居専用地域内）

$$20\text{m} \times (5\text{m} - 1\text{m}) \times \frac{20}{10} = 80\text{m}^2 \times \frac{20}{10} = 160\text{m}^2$$

したがって，延べ面積の最大値は，$480\text{m}^2 + 160\text{m}^2 = 640\text{m}^2$ となります。

正解　1

容積率算定の場合に算入しない部分

条　文	容積率に算入しない部分	算入しない限度
令第2条第1項第四号イ，及び第3項第1号	自動車車庫，駐輪場	敷地内の建築物全体の $\frac{1}{5}$
法第52条第3項	地階（天井が地盤面上1m以下）の住宅部分	原則として，住宅部分の $\frac{1}{3}$
法第52条第6項	共同住宅の共用の廊下又は階段	原則として，すべて

10-2. 容積率に関する問題

【問題56】都市計画区域内における建築物の延べ面積（容積率の算定の基礎となるもの），容積率及び防火地域内の建築制限等に関する次の記述のうち，建築基準法上，正しいものはどれか。ただし，防火地域及び用途地域以外の地域，地区等並びに特定行政庁の指定等は考慮しないものとする。

1. 防火地域内の同一敷地内に「2階建，延べ面積90m^{2}の住宅」と「平家建，延べ面積50m^{2}の倉庫」を新築する場合，二つの建築物のいずれも耐火建築物としなければならない。

2. 住宅の地階でその天井が地盤面からの高さ1m以下にあるものの住宅の用途に供する部分の床面積は，原則として，当該住宅の住宅の用途に供する部分の床面積の合計の $\frac{1}{3}$ を限度として延べ面積には算入しない。

3. 第一種低層住居専用地域内の専用住宅の容積率は，その敷地内に政令

で定める規模以上の空地（道路に接して有効な部分が政令で定める規模以上であるものに限る。）を有し，かつ，その敷地面積が政令で定める規模以上である場合，当該地域に関する都市計画で定められた容積率の1.5倍以下とすることができる。

4．用途地域の指定のない区域内の建築物の容積率は，地方公共団体が土地利用の状況等を考慮し当該区域を区分して条例で定める。

5．建築物の地階にある倉庫で，その部分の水平投影面積の合計が当該建築物の延べ面積の$\frac{1}{8}$以下のものは，当該建築物の階数には算入しない。

解説 容積率の緩和規定の理解

1．〔法第61条〕

　法第61条により，「**防火地域内**においては，**階数が3以上**であり，又は延べ面積が**100m²**を超える建築物は**耐火建築物**とし，その他の建築物は耐火建築物又は準耐火建築物としなければならない。」と規定されています。

　設問の建築物は，いずれも**耐火建築物又は準耐火建築物**としなければなりません。

2．〔法第52条第3項〕

　法第52条第3項により，容積率の算定の基礎となる延べ面積には，**住宅の用途に供する地階**で，その天井が地盤面からの高さ1m以下にあるものの床面積は，**住宅部分の床面積の合計**の$\frac{1}{3}$**を限度として**算入しません。

3．〔法第52条第8項〕

　第一種低層住居専用地域内の専用住宅は，法第52条第8項に該当せず，同項の規定は適用されません。

4．〔法第52条第1項第六号〕

　法第52条第1項第六号により，「用途地域の指定のない区域内の建築物の容積率は，$\frac{5}{10}$，$\frac{8}{10}$，$\frac{10}{10}$，$\frac{20}{10}$，$\frac{30}{10}$又は$\frac{40}{10}$のうち，**特定行政庁**が土地利用の状況等を考慮し当該区域を区分して都道府県都市計画審議会の議を経て定めるもの」と規定されています。

5．〔令第2条第1項第八号〕

【問題6】の解説の5を参照してください。

建築面積の$\frac{1}{8}$以下のものは，当該建築物の階数には算入しません。

正解　2

【問題57】都市計画区域内における建築物の延べ面積（容積率の算定の基礎となるもの），容積率及び建ぺい率に関する次の記述のうち，建築基準法上，正しいものはどれか。ただし，用途地域以外の地域，地区等及び特定行政庁の指定等は考慮しないものとする。

1．共同住宅の共用のエレベーターの昇降路の床面積は，原則として，延べ面積に算入する。

2．建築物の敷地が容積率の制限の異なる区域にわたる場合においては，当該敷地の全部について，敷地の過半の属する区域の容積率の制限を適用する。

3．敷地に接する道路の幅員によって，原則として，建築物の建ぺい率の制限が異なる。

4．建築物の自動車車庫等の用途に供する部分の床面積は，原則として，当該建築物の各階の床面積の合計の$\frac{1}{5}$を限度として延べ面積には算入しない。

5．建築物の屋上部分にある階段室で，水平投影面積の合計が当該建築物の建築面積の$\frac{1}{8}$以内の場合においては，その部分の床面積は，原則として，延べ面積には算入しない。

解説

1．〔法第52条第6項〕

法第52条第8項により，「・・・建築物の容積率の算定の基礎となる延べ

面積には，政令で定める**昇降機（エレベーター）の昇降路の部分**又は**共同住宅の共用の廊下若しくは，階段の用に供する部分**の床面積は，算入しないものとする。」と規定されています。
　したがって，共同住宅の共用のエレベーターの昇降路の部分の床面積は，延べ面積に算入しません。

2．〔法第52条第7項〕
　法第52条第7項により，建築物の敷地が容積率の制限の異なる区域にわたる場合，それぞれの区域ごとに算定したものの合計以下とします。

3．〔法第53条〕，〔法第52条第2項〕
　法第53条により，建築物の**建ぺい率の制限**は，敷地に接する**道路の幅員**に関係しません。なお，法第52条第2項により，建築物の容積率の制限は，前面道路の幅員によって異なります。

4．〔令第2条第1項第四号イ及び，同条第3項第一号〕
　建築物の容積率の算定の基礎となる延べ面積には，**自動車車庫等**の用途に供する部分の床面積は，当該建築物の各階の床面積の合計の$\frac{1}{5}$**を限度として**延べ面積には算入しません。

5．〔令第2条第1項第四号〕，〔令第2条第1項第六号ロ，及び第八号〕
　令第2条第1項第四号により，階段室などの建築物の**屋上部分の床面積**は，**延べ面積に算入**します。なお，緩和規定があるのは，**高さの算定**（令第2条第1項第六号ロ），及び**階数の算定**（同条同項第八号）です。

正解　4

得点力アップのポイント

○　商業地域内で，かつ，防火地域内にある耐火建築物は，建ぺい率の制限を受けない。
○　用途地域の指定のない区域内の建築物についても，容積率の制限の規定が適用される。
○　敷地に対する道路の幅員によって，建築物の建ぺい率の制限は異ならない。
○　階段室，昇降機塔等の建築物の屋上部分で，水平投影面積の合計が当該建築物の建築面積の$\frac{1}{8}$以下の場合においては，その部分の床面積は，原則として，延べ面積に算入する。
○　建築物の敷地面積に関する制限は，景観地区に関する都市計画においても定められている。
○　用途地域に関する都市計画において建築物の敷地面積の最低限度が定められた地域内に巡査派出所を新築しようとする場合については，その敷地面積を当該最低限以上としなくてもよい。

11. 高さ制限

11−1．高さの最高限度の算定

【問題58】図のような敷地（補強コンクリートブロック造，高さ1.4mで，透かしのない塀が，出入口を除き，周囲にある。）において，建築物を新築する場合，建築基準法上，A点における地盤面からの建築物の高さの最高限度は，次のうちどれか。ただし，敷地は平坦で敷地，隣地及び道路の相互間の高低差並びに門はなく，また，図に記載されているものを除き，地域，地区等及び特定行政庁の指定等はないものとし，日影規制（日影による中高層の建築物の高さの制限）及び天空率は考慮しないものとする。なお，建築物は，すべての部分において，高さの最高限度まで建築されるものとする。

1．8.75m
2．10.00m
3．11.25m
4．12.50m
5．13.75m

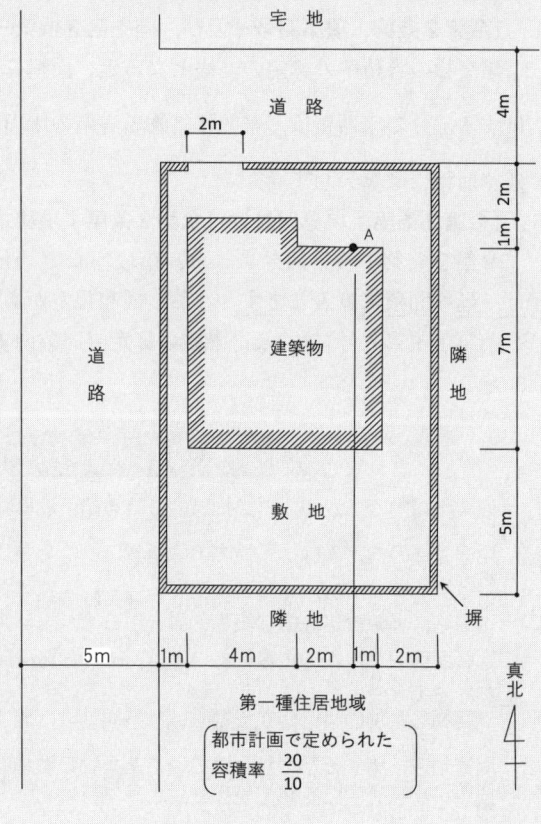

解説　斜線制限の理解

斜線制限（建築物の高さの制限）には，主に**道路斜線制限（法第56条第１項第一号）**，**隣地斜線制限（法第56条第１項第二号）**，**北側斜線制限（法第56条第１項第三号）**があります。これらの計算規定及び緩和規定等を理解してください。

○道路高さ制限〔法第56条第１項第一号〕

・前面道路幅員の確認〔法第56条第６項，令第132条第１項〕

　　令第132条第１項により，北側の前面道路についても５mの幅員を有するものとみなします。

・後退距離による緩和〔法第56条第２項，令第130条の12〕

　　設問の「高さ1.4mで，透かしのない塀」の場合，後退距離による緩和の規定は適用されません。

・水平距離 L の確認〔法第56条第２項〕

　　北側：$L_1 = 5\,\text{m} + 2\,\text{m} + 1\,\text{m} = 8\,\text{m}$

　　西側：$L_2 = 5\,\text{m} + 1\,\text{m} + 4\,\text{m} + 2\,\text{m} = 12\,\text{m}$

・適用距離の確認〔法別表第３（は）欄第１項〕

　　L_1，L_2とも，20mを超えていないので，A点は北側，西側の道路高さ制限を受けます。

・高さの最高限度の算定

　　$L_1 < L_2$より，北側道路による制限高さが高さの限度となります。

　　したがって，道路高さ制限による高さの限度 H_1 は，

　　$H_1 = 8\,\text{m} \times 1.25 = \underline{10\,\text{m}}$

○隣地高さ制限〔法第56条第１項第二号〕

　　第一種住居専用地域内の隣地高さ制限は，高さが**20m**を超える場合が対象となります。道路高さ制限の結果から，検討しなくてもよいです。

○北側高さ制限〔法第56条第１項第三号〕

　　第一種住居専用地域の場合，北側高さ制限は適用されません。

　　以上により，A点の高さの最高限度は，道路高さ制限による10mです。

正解　2

住居系の倍率は、1.25 です。

高さ制限（L はそれぞれの高さ制限における水平距離）

高さ制限	住居系			商業系・工業系
	低層住居専用	中高層住居専用	その他	その他
絶対高さ（法55条）	10m 又は12m	—	—	—
道路高さ（法53条1項第一号）	1.25L	1.25(1.5*)L	1.25(1.5*)L	1.5L
隣地高さ（法53条1項第二号）	—	20m+1.25L	20m+1.25L	31m+2.5L
北側高さ（法53条1項第三号）	5m+1.25L	10m+1.25L	—	—

※は、法第56条第3項、第4項が適用される区域

【問題59】 図のような敷地において、建築物を新築する場合、建築基準法上、A点及びB点における地盤面からの建築物の高さの最高限度の組合せとして、正しいものは、次のうちどれか。ただし、都市計画において定められた建築物の高さの限度は12mであり、敷地は平坦で、敷地、隣地及び道の相互間の高低差並びに門及び塀はなく、また、図に記載されているものを除き、地域、地区等及び特定行政庁の指定等はないものとし、日影規制（日影による中高層の建築物の高さの制限）及び天空率は考慮しないものとする。なお、建築物は、すべての部分において、高さの最高限度まで建築されるものとする。

	A点	B点
1.	8.75m	7.50m
2.	8.75m	8.00m
3.	10.00m	7.50m
4.	10.00m	8.00m
5.	11.25m	8.00m

第1章　建築基準法

解説

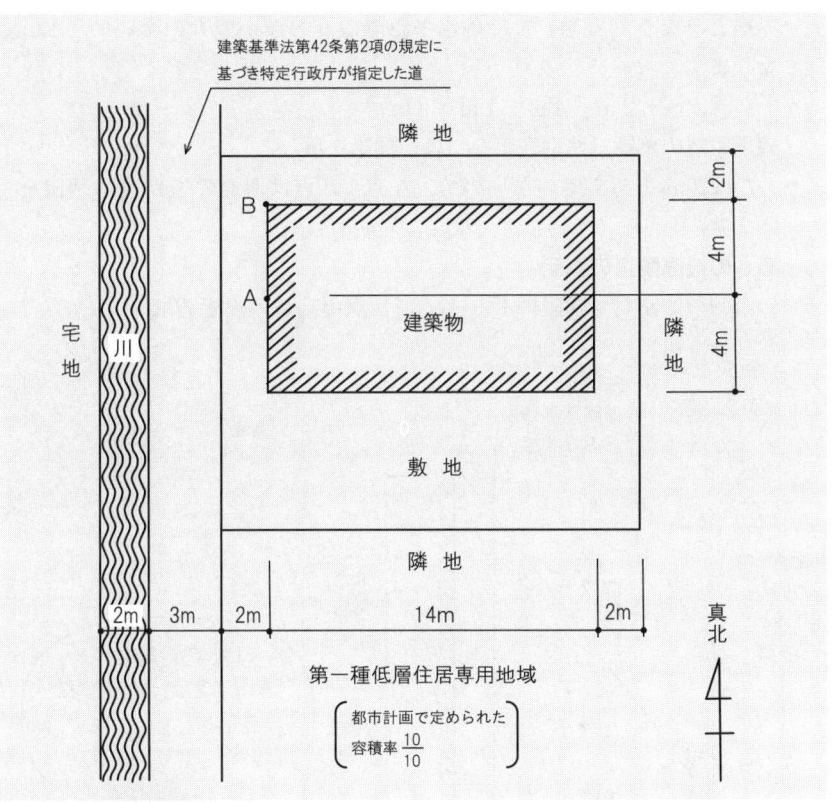

【問題58】の解説を参照してください。
○道路高さ制限〔法第56条第1項第一号〕
・前面道路幅員の確認
〔法第42条第2項，法第56条第6項，令第134条第1項〕
法第42条第2項により，道路の反対側に川があるので，川と道路の境界線から4mの位置が**道路境界線とみなされる線**となります。
また，法第56条第6項及び令第134条第1項により，前面道路の反対側に川がある場合，**道路の反対側の境界線**は，川の反対側の境界線にあるものとみなします。

・A点，B点の水平距離Lの確認〔法第56条第2項〕
法第56条第2項より，後退距離は建築物から前面道路の境界線（道路境

界線とみなされる線）までの水平距離のうち最小のものをいい，1mとなります。

$L_1 = 1m + 2m + 4m + 1m = 8m$

・適用距離の確認〔法別表第3（は）欄第1項〕

L_1は20mを超えていないので，A点，B点は西側の道路高さ制限を受けます。

・高さの最高限度の算定

西側の道路高さ制限によるA点，B点の高さの限度H_1は，

$H_1 = 8m \times 1.25 = \underline{10m}$

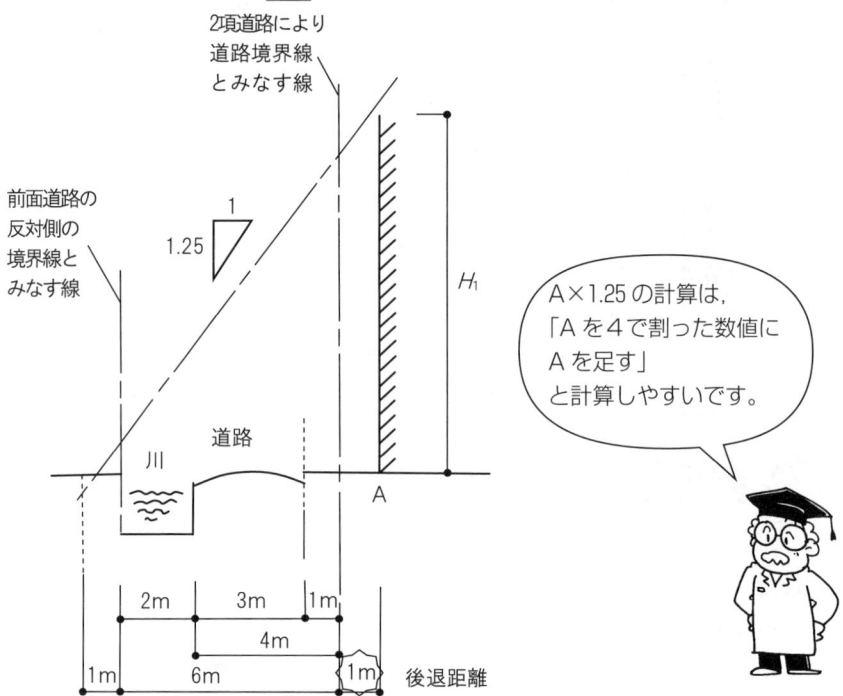

> A×1.25の計算は，「Aを4で割った数値にAを足す」と計算しやすいです。

○隣地高さ制限〔法第56条第1項第二号〕

第一種低層住居専用地域内の場合，隣地高さ制限は適用されません。

○北側高さ制限〔法第56条第1項第三号〕

・真北方向の水平距離Lの確認

A点：$L_{3A} = 2m + 4m = 6m$

B点：$L_{3B} = 2m$

第1章　建築基準法

・高さの最高限度の算定
　A点，B点の北側高さ制限による高さの限度 H_3 は，
　　A点：$H_{3A} = 5\,m + 6\,m \times 1.25 = \underline{12.5m}$
　　B点：$H_{3B} = 5\,m + 2\,m \times 1.25 = \underline{7.5m}$
　以上により，A点の高さは，道路高さ制限による10mで，B点の高さは，北側高さ制限による7.5m です。

正解　3

【問題60】図のように，前面道路の路面の中心から0.4m高い平坦な敷地（出入口を除き敷地の周囲に高さ1.0mの生垣があり，門及び塀はないものとする。）において，建築物を新築する場合，建築基準法上，A点における地盤面からの建築物の高さの最高限度は，次のうちどれか。ただし，道路側を除き，隣地との高低差はなく，また，図に記載されているものを除き，地域，地区等及び特定行政庁の指定等はないものとし，日影規制（日影による中高層の建築物の高さの制限）及び天空率は考慮しないものとする。なお，建築物は，すべての部分において，高さの最高限度まで建築されるものとする。

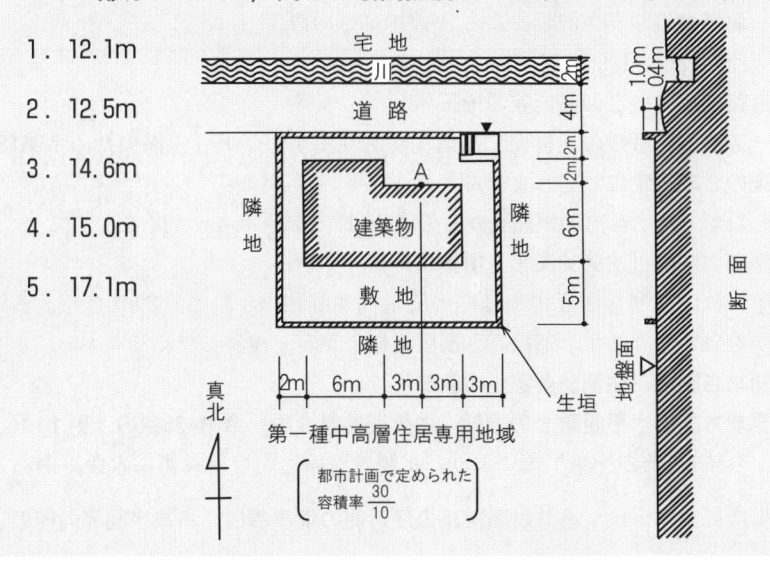

1．12.1m
2．12.5m
3．14.6m
4．15.0m
5．17.1m

解説

【問題58】の解説を参照してください。

○道路高さ制限〔法第56条第1項第一号〕
・前面道路幅員の確認〔法第56条第6項，令第134条第1項〕
　　法第56条第6項及び令第134条第1項により，前面道路の反対側に川がある場合，**道路の反対側の境界線は，川の反対側の境界線にあるもの**とみなします。
・後退距離による緩和〔法第56条第2項，令第130条の12〕
　　設問の「高さ1.0mの生垣」の場合，後退距離による緩和の規定が適用されます。
・水平距離Lの確認〔法第56条第2項〕
　　法第56条第2項より，後退距離は建築物から前面道路の境界線までの水平距離のうち最小のものをいい，2mとなります。
　　$L_1 = 2m + 2m + 4m + 2m + 2m = 12m$
・適用距離の確認〔法別表第3（は）欄第1項〕
　　L_1は20mを超えていないので，A点は北側の道路高さ制限を受けます。
・高さの最高限度の算定
　　北側の道路高さ制限によるA点の高さの限度H_1は，
　　$H_1 = 12m \times 1.25 = \underline{15m}$
・道路面と敷地との高低差の補正
　　道路面と敷地の地盤面に高低差がありますが，1m未満のため**令第135条の2の規定**に該当しません。
　　したがって，**A点の地盤面からの高さは，15m − 0.4m = 14.6m**です。
○隣地高さ制限〔法第56条第1項第二号〕
　　第一種中高層住居専用地域内の隣地高さ制限は，高さが**20m**を超える場合が対象となります。道路高さ制限の結果から，検討しなくてもよいです。
○北側高さ制限〔法第56条第1項第三号〕
・真北方向の水平距離Lの確認〔法第56条第6項，令第135条の4第1項〕
　　令第135条の4第1項により，北側の前面道路の反対側に水面等がある場合においては，**当該前面道路の反対側の境界線は，当該水面等の幅の$\frac{1}{2}$**

だけ**外側**にあるものとみなします。

A 点からの真北方向の水平距離 L_3 は，$L_3 = 1m + 4m + 2m + 2m = 9m$

・高さの最高限度の算定

北側高さ制限による高さの限度 H_3 は，$H_3 = 10m + 9m × 1.25 = \underline{21.25m}$

以上により，A 点の高さの最高限度は，H_1，H_3 の最小値である道路高さ制限による14.6m です。

水面等がある場合の境界線
・道路斜線→反対側
・北側斜線→幅の$\frac{1}{2}$だけ外側

正解　3

11−2．高さ制限又は日影規制に関する問題

【**問題61**】建築物の高さの制限又は日影規制（日影による中高層の建築物の高さの制限）に関する次の記述のうち，建築基準法上，正しいものはどれか。ただし，用途地域以外の地域，地区等及び地形の特殊性に関する特定行政庁の定めはないものとする。

1．北側高さ制限において，建築物の敷地が北側で公園に接する場合，その公園に接する隣地境界線は，当該公園の幅の$\frac{1}{2}$だけ外側にあるものとみなす。

2．建築物の高さは，第一種低層住居専用地域内においては10m を，第二種低層住居専用地域内においては14m を超えてはならない。

3．道路高さ制限において，建築物の敷地の地盤面が前面道路より1 m 以上高い場合においては，その前面道路は，敷地の地盤面と前面道路との高低差から1 m を減じたものの$\frac{1}{2}$だけ高い位置にあるものとみなす。

4．日影規制を適用するか否かの建築物の高さの算定は，地盤面からの高さではなく，平均地盤面からの高さによる。

5．用途地域の指定のない区域内においては，日影規制は適用しない。

解説　高さの制限・日影規制の理解

1．〔法第56条第6項〕，〔令第135条の4第1項第一号〕

令第135条の4第1項第一号により，「・・・建築物の敷地が北側で**水面，線路敷**・・・に接する場合においては，・・・当該**水面，線路敷**・・・に接する隣地境界線は，当該**水面，線路敷**・・・の幅の$\frac{1}{2}$だけ**外側**にあるものとみなす。」と規定され，公園には適用されません。

2．〔法第55条第1項〕

法第55条第1項により，「**第一種低層住居専用地域又は第二種低層住居専用地域内**においては，建築物の高さは，10m又は12mのうち当該地域に関する都市計画において定められた建築物の高さの限度を超えてはならない。」と規定されています。

3．〔法第56条第6項〕，〔令第135条の2第1項〕

令第135条の2第1項により，「建築物の敷地の**地盤面が前面道路より1m以上高い場合**においては，その前面道路は，敷地の地盤面と前面道路との高低差から1mを減じたものの$\frac{1}{2}$だけ高い位置にあるものとみなす。」と規定されています。

4．〔法第56条の2第1項〕，〔法別表4〕

令第2条第1項第六号により，建築物の高さの算定は原則として地盤面からの高さによります。

また，法第56条の2第1項による日影規制において，法別表4（ろ）欄の**制限を受ける建築物の高さは地盤面からの高さ**により，同表（は）欄の**日影の測定面の高さは平均地盤面からの高さ**によります。

5．〔法第56条の2第1項〕，〔法別表4〕

法別表4（い）欄4項により，**用途地域の指定のない**区域内においても，日影規制は適用されます。

正解　3

第1章　建築基準法

【問題62】日影規制（日影による中高層の建築物の高さの制限）に関する次の記述のうち，建築基準法上，誤っているものはどれか。ただし，用途地域以外の地域，地区等及び特定行政庁の定め等は考慮しないものとする。

1. 日影規制における「平均地盤面からの高さ」とは，当該建築物が周囲の地面と接する位置の平均の高さにおける水平面からの高さをいう。

2. 商業地域内にある高さが10mを超える建築物が，冬至日において，隣接する第一種住居地域内の土地に日影を生じさせる場合は，当該建築物が第一種住居地域内にあるものとみなして，日影規制を適用する。

3. 建築物の敷地が幅員12mの道路に接する場合においては，当該道路の反対側の境界線から当該敷地の側に水平距離5mの線を敷地境界線とみなして，日影規制を適用する。

4. 建築物の敷地の平均地盤面が隣地（建築物があるもの）又はこれに連接する土地（建築物があるもの）で日影の生ずるものの地盤面より1m以上低い場合においては，その建築物の敷地の平均地盤面は，原則として，当該高低差の$\frac{1}{2}$だけ高い位置にあるものとみなして，日影規制を適用する。

5. 第一種中高層住居専用地域内にある高さが10mを超える建築物は，原則として，平均地盤面からの高さが4m又は6.5mのうちから地方公共団体が条例で指定する水平面に生じる日影について日影規制を適用する。

解説

1.〔法別表4〕
　法別表4により，「この表において，平均地盤面からの高さとは，当該建築物が周囲の地面と接する位置の平均の高さにおける水平面からの高さをい

うものとする。」と規定されています。
2．〔法第56条の2第4項〕
　　法第56条の2第4項により，「**対象区域外にある高さが10mを超える建築物**で，冬至日において，**対象区域内の土地に日影を生じさせる**ものは，当該**対象区域内にある建築物**とみなして，同条第1項の規定を適用する。」と規定されています。
3．〔法第56条の2第3項〕，〔令第135条の12第1項第一号ただし書き〕
　　令第135条の12第1項第一号ただし書きにより，「当該**道路，水面，線路敷**・・・の幅が**10mを超える**ときは，当該**道路，水面，線路敷**・・・の**反対側の境界線**から当該敷地の側に**水平距離5mの線**を敷地境界線とみなす。」と規定されています。
4．〔法第56条の2第3項〕，〔令第135条の12第1項第二号〕
　　令第135条の12第1項第二号により，「建築物の敷地の平均地盤面が隣地又はこれに連接する土地で日影の生ずるものの地盤面より**1m以上低い場合**においては，その建築物の敷地の平均地盤面は，当該**高低差から1mを減**じたものの$\frac{1}{2}$**だけ高い位置**にあるものとみなす。」と規定されています。
5．〔法第56条の2第1項〕，〔法別表4〕
　　法別表4（は）欄2項により，**第一種・第二種中高層住居専用地域内**における日影規制は，原則として，**平均地盤面からの高さが4m又は6.5m**のうちから，**地方公共団体が条例で指定**する水平面に生じる日影について適用されます。

正解　4

得点力アップのポイント

○　商業地域内において，隣地高さ制限によりその高さが制限される建築物について天空率を適用する場合，天空率を算定する位置は，隣地境界線からの水平距離が12.4mだけ外側の線上の位置とする。

○　日影規制において，地方公共団体が条例で，用途地域の指定のない区域を対象区域とし，軒の高さが7mを超える建築物又は地階を除く階数が3以上の建築物を指定した場合においては，平均地盤面からの高さが1.5mの水平面に生じる日影について，日影規制を適用する。

○　道路高さ制限において，前面道路の反対側に公園がある場合，当該前面道路の反対側の境界線は，当該公園の反対側の境界線にあるものとみなす。

12. 防火・準防火地域

12-1. 防火・準防火地域内の建築物に関する問題

【問題63】 次の記述のうち，建築基準法上，誤っているものはどれか。ただし，地階及び防火壁はないものとし，防火地域及び準防火地域以外の地域，地区等は考慮しないものとする。

1. 準防火地域内の3階建，延べ面積250m^{2}の図書館は，耐火建築物としなければならない。

2. 防火地域内の高さ2mの広告塔で，建築物の屋上に設けるものは，その主要な部分を不燃材料で造り，又はおおわなければならない。

3. 準防火地域内の建築物に附属する高さ2mの門は，すべて木造とすることができる。

4. 準防火地域内の外壁が準耐火構造の建築物は，その外壁を隣地境界線に接して設けることができる。

5. 防火地域及び準防火地域にわたり新築される2階建，延べ面積200m^{2}の住宅は，耐火建築物としなければならない。

解説 防火・準防火地域内の建築制限の理解

1. 〔法第62条第1項〕，〔法別表1〕
   図書館は，令第115条の3第二号により，法別表1(い)欄(3)項に該当し，3階以上の階を図書館の用途に供するものは，耐火建築物としなければなりません。

特殊建築物の場合は，別表1の確認もするように。

2．〔法第66条〕

　法第66条により，「**防火地域内**にある**看板，広告塔**，装飾塔その他これらに類する工作物で，**建築物の屋上に設けるもの又は高さ3mをこえるもの**は，その主要な部分を**不燃材料**で造り，又はおおわなければならない。」と規定されています。したがって，建築物の屋上に設けた広告塔は，高さに関係なく適用されます。

3．〔法第62条第2項〕

　法第62条第2項により，「**準防火地域内**にある**木造建築物等**は，その外壁及び軒裏で延焼のおそれのある部分を**防火構造**とし，**これに附属する高さ2mを超える門又は塀**で当該門又は塀が建築物の1階であるとした場合に延焼のおそれのある部分に該当する部分を不燃材料で造り，又はおおわなけれ

防火地域内の建築物（法第61条）

建築物の制限	建築物の規模等
耐火建築物	・階数≧3（地階を含む） ・延べ面積＞100m²
耐火建築物又は準耐火建築物	階数≦2，かつ，延べ面積≦100m²

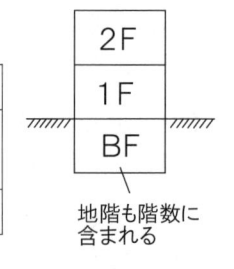

地階も階数に含まれる

準耐火地域内の建築物（法第62条）

建築物の制限	建築物の規模等
耐火建築物	・階数≧4（地階を除く） ・延べ面積＞1,500m²
耐火建築物又は準耐火建築物	階数≦3，（地階を除く）かつ， 500m²＜延べ面積≦1,500m²
耐火建築物，準耐火建築物，又は政令で定める技術的基準に適合する建築物	地上の階数＝3，（地階を除く）かつ， 延べ面積≦500m²

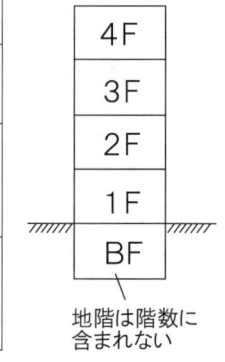

地階は階数に含まれない

「防火地域内，3F以上，100m²超」の耐火建築物から確認しましょう。

ばならない。」と規定されています。
　したがって，建築物に附属する高さ2mの門は該当せず，すべて木造とすることができます。

4．〔法第65条〕
　法第65条により，「**防火地域又は準防火地域内**にある建築物で，外壁が**耐火構造**のものについては，その外壁を隣地境界線に接して設けることができる。」と規定されています。

5．〔法第61条〕，〔法第67条第2項〕
　法第67条第2項により，原則として，**建築物が防火地域及び準防火地域にわたる場合**においては，その**全部**について**防火地域内**の建築物に関する規定を適用します。
　また，法第61条により，延べ面積が100m²を超える建築物なので，**耐火建築物**としなければなりません。

正解　4

【問題64】次の記述のうち，建築基準法上，誤っているものはどれか。ただし，地階及び防火壁はないものとし，防火地域及び準防火地域以外の地域，地区等は考慮しないものとする。

1．防火地域内にある平家建，延べ面積100m²の店舗は，耐火建築物又は準耐火建築物としなければならない。

2．防火地域内にある平家建，延べ面積200m²の機械製作工場で，主要構造部が不燃材料で造られたものは，耐火建築物としなければならない。

3．準防火地域内にある木造2階建，延べ面積110m²の住宅は，隣地境界線から2m離れたところに外壁がある場合においては，原則として，その外壁を防火構造としなければならない。

4．防火地域内にある高さ4mの広告看板は，その主要な部分を不燃材料で造り，又はおおわなければならない。

5．防火地域内にある建築物で，外壁が耐火構造のものについては，その外壁を隣地境界線に接して設けることができる。

解説

1．〔法第61条〕
　法第61条により，「**防火地域内**においては，**階数が3以上**であり，又は**延べ面積が100m²を超える建築物は耐火建築物**とし，その他の建築物は**耐火建築物又は準耐火建築物**としなければならない。」と規定されています。

2．〔法第61条第二号〕
　法第61条第二号により，**機械製作工場**で主要構造部が**不燃材料**で造られたものは，耐火建築物とする必要はありません。

3．【問題63】の解説の3を参照してください。
4．【問題63】の解説の2を参照してください。
5．【問題63】の解説の4を参照してください。

正解　2

【問題65】次の記述のうち，建築基準法上，誤っているものはどれか。ただし，防火地域及び準防火地域以外の地域，地区等は考慮しないものとする。

1．準防火地域内の2階建，延べ面積300m²の物品販売業を営む店舗は，耐火建築物又は準耐火建築物としなければならない。

2．準防火地域内の木造2階建，延べ面積150m²の住宅は，その外壁の開口部で延焼のおそれのある部分に，準遮炎性能を有する防火設備を設けなければならない。

3．準防火地域内の建築物で，外壁が耐火構造のものは，その外壁を隣地境界線に接して設けることができる。

4．防火地域内の広告塔で，建築物の屋上に設けるものは，その主要な部分を不燃材料で造り，又はおおわなければならない。

5．準耐火建築物の延べ面積200m²の木造2階建の住宅は，防火地域及び準防火地域にわたって新築してはならない。

解説

1. 〔法第62条〕,〔法別表1〕

　法第62条第1項により,**準防火地域内**において,**地階を除く階数が3以下**で,**延べ面積**500m²以下の建築物は,耐火建築物又は準耐火建築物とする必要はありません。

　また,**物品販売業を営む店舗**は,令第115条の3第三号により,**法別表1(い)欄(4)項**に掲げる特殊建築物ですが,(ろ)欄～(に)欄のいずれにも該当しないので,耐火建築物又は準耐火建築物とする必要はありません。

2. 〔法第64条〕

　法第64条により,「**防火地域又は準防火地域内**にある建築物は,その**外壁の開口部で延焼のおそれのある部分**に,・・・**防火設備**(その構造が準遮炎性能に関して令第136条の2の3で定める技術的基準に適合するもの・・・)を設けなければならない。」と規定されています。

3. 【問題63】の解説の4を参照してください。
4. 【問題63】の解説の2を参照してください。
5. 【問題63】の解説の5を参照してください。

正解　1

得点力アップのポイント

○ 準防火地域内において木造建築物等として新築する場合,外壁及び軒裏で延焼のおそれのある部分を防火構造としなければならない。

○ 防火地域内の高さ4mの看板は,その主要な部分を不燃材料で造り,又はおおわなければならない。

○ 準防火地域内の2階建,延べ面積400m²の物品販売業を営む店舗は,耐火建築物又は準耐火建築物のいずれともしなくてよい。

○ 防火地域内においては,建築物に付属する高さ2mの門は,木造とすることができる。

○ 準防火地域内の3階建,延べ面積300m²の共同住宅は,耐火建築物以外の建築物とすることができる。

○ 準防火地域内の2階建,延べ面積400m²の倉庫は,耐火建築物又は準耐火建築物のいずれともしなくてよい。

13. その他

13-1. 建築基準法に関する問題

【問題66】次の記述のうち，建築基準法上，誤っているものはどれか。

1. 確認済証の交付を受けた後でなければすることができない建築物の建築工事を，確認済証の交付を受けないで行った工事施工者には罰則が適用される。

2. 建築監視員は，緊急の必要がある場合においては，所定の手続によらないで，建築基準法の規定に違反した建築物の所有者に対して，仮に，使用禁止又は使用制限の命令をすることができる。

3. 建築基準法の構造耐力の規定に違反する建築物の設計を建築主が故意に指示し，やむを得ず建築士がそれに従って設計及び工事監理をした場合，当該建築士には罰則が適用されない。

4. 指定確認検査機関が確認済証の交付をした建築物の計画について，特定行政庁が建築基準関係規定に適合しないと認め，その旨を建築主及び指定確認検査機関に通知した場合には，当該確認済証は，その効力を失う。

5. 特定行政庁が建築基準法の規定に違反した建築物の建築主に対して，工事の施工の停止又は違反を是正するために必要な措置をとることを命じた場合，その命令に違反した建築主には罰則が適用される。

解説

1. 〔法第99条第1項第二号〕

　法第99条第1項第二号により，**法第6条第14項の規定**（確認済証の交付を受けた後でなければすることができない規定）に違反した場合における当該建築物の**工事施工者**は，1年以下の懲役又は100万円以下の罰金に処せられます。

2. 〔法第9条の2〕，〔法第9条第7項〕

　法第9条の2により，「**特定行政庁は**，・・・，当該市町村又は都道府県

第1章 建築基準法

の職員のうちから**建築監視員**を命じ，**法第9条第7項及び第10項**に規定する特定行政庁の権限を行なわせることができる。」と規定されています。

また，法第9条第7項により，「**特定行政庁は，緊急の必要がある場合に**おいては，前5項の規定にかかわらず，これらに定める手続によらないで，仮に，**使用禁止又は使用制限の命令をすることができる。**」と規定されています。

3．〔法第98条第1項第二号，第2項〕，〔法第99条第1項第五号，第2項〕

法第98条第1項第二号，法第99条第1項第五号により，**建築基準法の構造耐力の規定（法第20条）に違反した設計者**には，罰則が適用されます。

また，法第98条第2項，法第99条第2項により，建築主が当該違反を故意に指示した場合は，建築主に対しても同じ罰則が適用されます。

4．【問題15】の解説の1を参照してください。

5．〔法第98条第1項第一号〕，〔法第9条第1項〕

法第98条第1項第一号により，**法第9条第1項の規定**による特定行政庁又は建築監視員の命令に違反した者は，3年以下の懲役又は300万円以下の罰金に処せられます。

なお，法第9条第1項により，「**特定行政庁は，**建築基準法令の規定又はこの法律の規定に基づく許可に付した条件に**違反した建築物**・・・については，当該建築物の建築主，・・・に対して，当該工事の**施工の停止**を命じ，又は，相当の猶予期限を付けて，・・・**違反を是正するために必要な措置**をとることを命ずることができる。」と規定されています。

正解　3

【問題67】次の記述のうち，建築基準法上，誤っているものはどれか。

1．延べ面積150m²の事務所を飲食店に用途を変更する場合においては，確認済証の交付を受ける必要がある。

2．屋根及び外壁が帆布で造られ，間仕切壁を有しない，平家建，床面積2,000m²の水泳場には，「簡易な構造の建築物に対する制限の緩和」の規定が適用される。

3．文化財保護法の規定による伝統的建造物群保存地区内においては，市

町村は，国土交通大臣の承認を得て，条例で，建築基準法令の所定の規定の全部若しくは一部を適用せず，又はこれらの規定による制限を緩和することができる。

4．高さ2mの擁壁には，建築基準法第20条の規定が準用されない。

5．非常災害が発生した区域で特定行政庁が指定するもの（防火地域以外の区域とする。）の内において，その災害が発生した日から2月以内にその工事に着手する応急仮設建築物については，建築基準法令の規定は，適用されない。

解説

1．【問題11】の解説の1を参照してください。

2．〔法第84条の2〕，〔令第136条の9第二号〕

　法第84条の2により，「**簡易な構造の建築物に対する制限の緩和**」の規定**が適用**される建築物は，**令第136条の9各号**に該当する建築物です。

　令第136条の9第二号により，「**屋根及び外壁が帆布**その他これに類する材料で造られている建築物又は建築物の部分（間仕切壁を有しないものに限る。）で，令第136条の9第一号ロからニまでのいずれかに該当し，かつ，**階数が1で床面積が3,000m²以内**であるもの」と規定されています。

3．〔法第85条の3〕

　法第85条の3により，「文化財保護法・・・の**伝統的建造物群保存地区内**においては，**市町村**は，・・・，国土交通大臣の承認を得て，条例で，・・・規定の全部若しくは一部を適用せず，又はこれらの規定による**制限を緩和**することができる。」と規定されています。

4．【問題11】の解説の2を参照してください。

　法第88条第1項により，工作物で政令で指定するもの（令第138条第1項，第2項）は，法第20条の規定を準用します。

　したがって，**令第138条第1項第五号**により，高さ2mの擁壁は，建築基準法第20条の規定が準用されません。

5．〔法第85条第1項〕

　法第85条第1項により，「**非常災害があった場合**において，その発生した区域又はこれに隣接する区域で**特定行政庁が指定**するものの内においては，

第1章 建築基準法　　309

災害により破損した建築物の応急の修繕又は・・・**応急仮設建築物の建築**でその**災害が発生した日から1月以内**にその工事に着手するものについては，建築基準法令の規定は，適用しない。ただし，防火地域内に建築する場合については，この限りでない。」と規定されています。

正解　5

【問題68】木造3階建，延べ面積200m²の一戸建住宅の新築に関する次の記述のうち，建築基準法上，誤っているものはどれか。

1．工事の施工者は，当該工事現場の見易い場所に，建築主，設計者，工事施工者及び工事の現場管理者の氏名又は名称並びに当該工事に係る建築基準法第6条第1項の確認があった旨の表示をしなければならない。

2．2階及び3階のバルコニーの周囲には，安全上必要な高さが1.1m以上の手すり壁，さく等を設けなければならない。

3．建築物の高さが13mを超える場合，建築主は，一級建築士又は二級建築士である工事監理者を定めなければ，その工事をすることができない。

4．準防火地域内においては，外壁の開口部の構造及び面積，主要構造部の防火の措置等について，防火上必要な所定の基準に適合する建築物とすれば新築することができる。

5．第一種中高層住居専用地域内で，日影による中高層の建築物の高さの制限に関する条例により指定された区域内においては，北側高さ制限は適用されない。

解説

1．〔法第89条第1項〕

　法第89条第1項により，「・・・**工事の施工者**は，当該工事現場の見易い場所に，・・・，建築主，設計者，工事施工者及び工事の現場管理者の氏名又は名称並びに当該工事に係る同項（法第6条第1項）の**確認があった旨の表示**をしなければならない。」と規定されています。

なお，設問の建築物は，法第6条第1項第二号に該当する建築物です。
2．〔令第126条第1項〕
　　令第126条第1項により，「屋上広場又は2階以上の階にあるバルコニーその他これに類するものの周囲には，安全上必要な高さが**1.1m以上の手すり壁，さく又は金網**を設けなければならない。」と規定されています。なお，設問の建築物は，令第117条第1項に該当し，**適用の範囲**に含まれます。
3．〔**法第5条の4第4項**〕，〔**建築士法第3条第1項**〕
　　法第5条の4第4項により，「**建築主**は，・・・工事をする場合においては，それぞれ建築士法第3条第1項，第3条の2第1項若しくは第3条の3第1項に規定する**建築士**・・・である**工事監理者**を定めなければならない。」と規定されています。
　　また，建築士法第3条第1項第二号により，**木造**の建築物で**高さ13mを超えるもの**は**一級建築士**でなければ**設計又は工事監理**をしてはなりません。
4．〔**法第62条第1項**〕
　　法第62条第1項により，「準防火地域内においては，・・・，**地階を除く階数が3である建築物**は耐火建築物，準耐火建築物又は外壁の開口部の構造及び面積，主要構造部の防火の措置その他の事項について防火上必要な政令（令第136条の2）で定める**技術的基準**に**適合する建築物**としなければならない。」と規定されています。
5．〔**法第56条第1項第三号かっこ書き**〕
　　法第56条第1項第三号かっこ書きにより，**第一種・第二種中高層住居専用地域内の日影規制の対象区域**においては，**北側高さ制限**は適用されません。

正解　3

得点力アップのポイント

○　工事を施工するために現場に設ける事務所は，建築基準法第20条（構造耐力）の規定が適用される。
○　高さ2mの擁壁には，建築基準法第20条の規定が準用されない。
○　建築物の屋根を造り，又はふく材料の制限は，用途地域の種類と関係なく定められている。
○　道路内の建築制限に関する規定は，都市計画地域又は準都市計画地域内に限り，適用される。
○　高さ5mの広告塔は，建築基準法第37条（建築材料の品質）の規定が準用される。

第2章

関係法令

　関係法令からは毎年5問出題されます。建築士法から2問，融合問題として，2～3問程度出題されます。
建築士法以外の法令として，5年に1問程度出題される法令もありますが，まずは次の内容を中心に建築士法を学習しましょう。
・二級建築士が行うことのできる設計・工事監理の範囲を理解する。
・二級建築士の業務内容を理解する。
・建築士事務所に関連する内容を理解する。
　なお，関係法令は，条文が開ければ点数にしやすい分野です。

1. 建築士法

1-1. 建築士等に関する問題

【問題69】 二級建築士に関する次の記述のうち，建築士法上，誤っているものはどれか。

1. 二級建築士は，常に品位を保持し，業務に関する法令及び実務に精通して，建築物の質の向上に寄与するように，公正かつ誠実にその業務を行わなければならない。

2. 二級建築士は，設計図書の一部を変更した場合であっても，その設計図書に二級建築士である旨の表示をして記名及び押印をしなければならない。

3. 二級建築士は，工事監理を行う場合において，工事が設計図書のとおりに実施されていないと認めるときは，直ちに，工事施工者に対して，その旨を指摘し，当該工事を設計図書のとおりに実施するよう求め，当該工事施工者がこれに従わないときは，その旨を建築主に報告しなければならない。

4. 二級建築士は，一級建築士でなければ設計又は工事監理をしてはならない建築物について，原則として，建築工事契約に関する事務及び建築工事の指導監督の業務を行うことができる。

5. 建築士事務所に属する二級建築士は，5年ごとに，登録講習機関が行う所定の二級建築士定期講習を受けなければならない。

解説　建築士法の理解

1．〔建築士法第2条の2〕

建築士法第2条の2により，「建築士は，常に**品位を保持**し，業務に関する法令及び**実務に精通**して，建築物の**質の向上**に寄与するように，**公正かつ誠実**にその業務を行わなければならない。」と規定されています。

2．〔建築士法第20条第1項〕
　建築士法第20条第1項により，「二級建築士は，その設計図書に，二級建築士である旨の表示をして**記名及び押印**をしなければならないです。設計図書の一部を**変更した場合も同様**とします。

3．〔建築士法第18条第3項〕
　建築士法第18条第3項により，「建築士は，工事監理を行う場合において，工事が設計図書のとおりに実施されていないと認めるときは，直ちに，**工事施工者**に対して，その旨を指摘し，当該工事を設計図書のとおりに実施するよう求め，当該工事施工者がこれに従わないときは，その旨を**建築主に報告**しなければならない。」と規定されています。

4．〔建築士法第21条〕
　建築士法第21条により，**建築士は，設計及び工事監理**を行うほか，原則として，**建築工事契約に関する事務，建築工事の指導監督，建築物に関する調査又は鑑定**及び建築物の建築に関する法令又は条例の規定に基づく**手続の代理**その他の業務を行うことができます。
　なお，**設計及び工事監理以外**の業務は，建築士の区分に関係なく行うことができます。

5．〔建築士法第22条の2〕，〔建築士法規則第17条の36〕
　建築士法第22条の2により，**二級建築士（建築士事務所に属するものに限る）は，登録講習機関が行う講習**を受けなければなりません。
　また，建築士法規則第17条の36により，**受講期間**は，直近のものを受けた日の属する年度の翌年度の開始の日から起算して**3年**です。

二級建築士の定期講習：3年以内
建築士事務所登録の有効期間：5年

正解　5

【問題70】次の記述のうち，建築士法上，誤っているものはどれか。

1. 二級建築士は，鉄骨造2階建，延べ面積500m²，高さ10m，軒の高さ9mの集会場（オーディトリアムを有するもの）の新築に係る設計を，原則として，してはならない。

2. 建築士は，工事監理を行う場合において，工事が設計図書のとおりに実施されていないと認めるときは，直ちに，工事施工者に対して，その旨を指摘し，当該工事を設計図書のとおりに実施するよう求め，当該工事施工者がこれに従わないときは，その旨を特定行政庁に報告しなければならない。

3. 二級建築士が，業務に関して不誠実な行為をしたときは，その免許を与えた都道府県知事は，当該二級建築士に対し，業務の停止，免許の取消し等の処分をすることができる。

4. 建築士は，大規模の建築物の建築設備に係る設計を行う場合において，建築設備士の意見を聴いたときは，設計図書において，その旨を明らかにしなければならない。

5. 二級建築士は，他の二級建築士の設計した設計図書の一部を変更しようとするときは，当該二級建築士の承諾を求めなければならないが，承諾を求めることのできない事由があるときは，自己の責任において，その設計図書の一部を変更することができる。

解説

二級建築士は，建築士法第3条第1項各号に該当しない建築物の設計・工事監理ができます。

1. 〔建築士法第3条第1項各号〕
建築士法第3条第1項各号に該当する建築物は，**一級建築士**でなければ設計又は工事監理を行うことができません。
設問の建築物は，**鉄骨造で延べ面積が300m²を超えている**ので，建築士法

第3条第1項第三号に該当し，一級建築士でなければ設計できません。
2．【問題69】の解説の3を参照してください。
　その旨を特定行政庁に報告するのではなく，**建築主に報告**しなければなりません。
3．〔建築士法第10条第1項〕
　建築士法第10条第1項により，「・・・**都道府県知事**は，その免許を受けた・・・二級建築士・・・が次の各号のいずれかに該当する場合においては，当該・・・二級建築士・・・に対し，戒告し，若しくは**1年以内の期間**を定めて業務の停止を命じ，又はその**免許を取り消す**ことができる。
　一．この法律若しくは建築物の建築に関する他の法律又はこれらに基づく命令若しくは条例の規定に違反したとき。
　二．**業務に関して不誠実な行為をしたとき。**」と規定されています。
4．〔建築士法第20条第5項〕
　建築士法第20条第5項により，「建築士は，大規模の建築物・・・の建築設備に係る設計又は工事監理を行う場合において，**建築設備に関する知識及び技能につき国土交通大臣が定める資格を有する者**（建築士法規則第17条の18による建築設備士）の意見を聴いたときは，・・・設計図書又は・・・報告書において，その旨を明らかにしなければならない。」と規定されています。
5．〔建築士法第19条〕
　建築士法第19条により，「・・・，二級建築士・・・は，他の・・・，二級建築士・・・の設計した**設計図書の一部を変更しようとするときは**，当該・・・，二級建築士・・・の承諾を求めなければならない。ただし，承諾を求めることのできない事由があるとき，・・・は，**自己の責任**において，その設計図書の一部を**変更することができる。**」と規定されています。

正解　2

【問題71】建築士等に関する次の記述のうち，建築士法上，誤っているものはどれか。

1．二級建築士は，構造計算によって建築物の安全性を確かめた場合は，その旨の証明書を設計の委託者に交付しなければならない。

2．建築士は，設計等を業として行おうとするときは，建築士事務所を定めて，その建築士事務所について，都道府県知事（都道府県知事が指定事務所登録機関を指定したときは，原則として，当該機関）の登録を受けなければならない。

3．二級建築士は，鉄筋コンクリート造3階建，延べ面積300m^2，高さ9mのワンルームマンションの新築に係る設計をすることができる。

4．二級建築士は，一級建築士でなければ設計又は工事監理をしてはならない建築物について，その新築工事の確認申請の手続の代理業務を行うことができない。

5．都道府県知事（都道府県知事が都道府県指定登録機関を指定したときは，原則として，当該機関）は，二級建築士名簿を，一般の閲覧に供しなければならない。

解説

1．〔建築士法第20条第2項〕
　建築士法第20条第2項により，原則として，「・・・，二級建築士・・・は，**構造計算によって建築物の安全性を確かめた場合**においては，遅滞なく，国土交通省令で定めるところにより，その旨の**証明書を設計の委託者に交付**しなければならない。」と規定されています。

2．〔建築士法第23条第1項〕
　建築士法第23条第1項により，「・・・，二級建築士・・・は，他人の求めに応じ報酬を得て，**設計等を業として行おうとするときは**，・・・，二級建築士事務所・・・を定めて，その**建築士事務所**について，**都道府県知事の登録**を受けなければならない。」と規定されています。
　なお，建築士法第26条の3第1項により，「**都道府県知事**は，指定事務所登録機関に，事務所登録等事務を行わせることができる。」と規定されています。

3．【問題70】の解説の1を参照してください。
　設問の建築物は，**建築士法第3条第1項第三号**の規模以下であり，二級建築士で設計することができます。

4．【問題69】の解説の4を参照してください。

設計及び工事監理以外の業務は，建築士の区分に関係なく行うことができます。

> 設計及び工事監理についてのみ，建築士の資格要件が定められています。

5．〔建築士法第6条第2項〕
建築士法第6条第2項により，「国土交通大臣は一級建築士名簿を，**都道府県知事は二級建築士名簿**及び木造建築士名簿を，それぞれ一般の閲覧に供しなければならない。」と規定されています。

なお，建築士法第10条の20第1項により，「都道府県知事は，都道府県指定登録機関に，二級建築士・・・の登録の実施に関する事務並びに二級建築士名簿・・・を一般の閲覧に供する事務を行わせることができる。」と規定されています。

正解　4

1-2．建築士事務所に関する問題

【問題72】建築士事務所に関する次の記述のうち，建築士法上，誤っているものはどれか。

1．建築士以外の者であっても，建築士事務所の開設者となることができる。

2．建築士事務所の開設者は，当該建築士事務所の業務の実績等を記載した書類等を，当該建築士事務所に備え置き，設計等を委託しようとする者の求めに応じ，閲覧させなければならない。

3．建築士事務所の開設者は，設計受託契約を建築主と締結しようとするときは，あらかじめ，当該建築主に対し，管理建築士等をして，作成する設計図書の種類，設計に従事することとなる建築士の氏名等を記載し

た書面を交付して説明をさせなければならない。

4．建築士事務所の開設者は，委託者の許諾を得た場合には，委託を受けた設計又は工事監理の業務を建築士事務所の開設者以外の者に再委託することができる。

5．管理建築士は，建築士として3年以上の設計等の業務に従事した後，登録講習機関が行う所定の管理建築士講習の課程を修了した建築士でなければならない。

解説　建築士事務所に関する問題

1．〔建築士法第23条第1項〕
　　建築士法第23条第1項により，「・・・，**二級建築士**・・・又はこれらの**者を使用する者**は，他人の求めに応じ報酬を得て，設計等を業として行おうとするときは，・・・，二級建築士事務所・・・を定めて，その建築士事務所について，都道府県知事の登録を受けなければならない。」と規定されています。
　　したがって，建築士以外の者（建築士を使用する者）も，建築士事務所の開設者となることができます。

2．〔建築士法第24条の6〕
　　建築士法第24条の6により，「**建築士事務所の開設者**は，国土交通省令で定めるところにより，次に掲げる書類を，当該建築士事務所に備え置き，設計等を委託しようとする者の求めに応じ，閲覧させなければならない。
　　一．**当該建築士事務所の業務の実績を記載した書類**
　　二．**当該建築士事務所に属する建築士の氏名及び業務の実績を記載した書類**
　　三～四．略」と規定されています。

3．〔建築士法第24条の7第1項〕
　　建築士法第24条の7第1項により，「**建築士事務所の開設者**は，・・・「設計受託契約」又は「工事監理受託契約」を建築主と締結しようとするときは，あらかじめ，当該**建築主**に対し，**管理建築士等**をして，設計受託契約又は工事監理受託契約の内容及びその履行に関する次に掲げる事項について，これらの事項を**記載した書面を交付して説明**をさせなければならない。

第2章　関係法令

一．設計受託契約にあっては，**作成する設計図書の種類**
二．略
三．当該設計又は工事監理に従事することとなる**建築士の氏名**・・・
四～六．略」と規定されています。

4．〔建築士法第24条の3第1項〕
　建築士法第24条の3第1項により，「**建築士事務所の開設者**は，**委託者の許諾を得た場合**においても，委託を受けた設計又は工事監理の業務を**建築士事務所の開設者以外の者**に委託してはならない。」

　　　建築士事務所の開設者以外の者
　　　（建築士事務所登録を行っていない個人の建築士等）に
　　　設計・工事監理を委託してはいけない。

5．〔建築士法第24条第2項〕
　建築士法第24条第2項により，「・・・建築士事務所を管理する建築士（「**管理建築士**」）は，建築士として**3年以上の設計その他の国土交通省令で定める業務に従事した後，登録講習機関が行う**・・・**講習**の課程を修了した建築士でなければならない。」と規定されています。

　　　建築士の実務経験3年には，
　　　一級，二級の別はありません。

正解　4

【問題73】建築士事務所に関する次の記述のうち，建築士法上，誤っているものはどれか。

1．建築士以外の者であっても，建築士事務所の開設者となることができる。

2．建築士事務所の開設者は，委託者の許諾を得た場合であっても，委託を受けた共同住宅（階数が3で，床面積の合計が1,000m²）の新築工事に係る設計の業務を，一括して他の建築士事務所の開設者に委託してはならない。

3．管理建築士は，他の建築士事務所の管理建築士を兼ねることはできない。

4．建築士事務所の登録は，5年間有効であり，その更新の登録を受けようとする者は，有効期間満了の目前30日までに登録申請書を提出しなければならない。

5．建築士事務所の開設者は，建築士事務所の所在地について変更があったときは，30日以内に，その旨を当該所在地を管轄する都道府県知事（都道府県知事が指定事務所登録機関を指定したときは，原則として，当該指定事務所登録機関）に届け出なければならない。

解説

1．【問題72】の解説の1を参照してください。

2．〔建築士法第24条の3第2項〕，〔建築士法施行令第8条〕

建築士法第24条の3第2項により，階数が3以上で，かつ，床面積の合計が1,000m²以上の共同住宅（建築士法施行令第8条）の新築工事は，「**建築士事務所の開設者は，委託者の許諾を得た場合**においても，委託を受けた設計又は工事監理の業務を，**一括して他の建築士事務所の開設者に委託してはならない。**」と規定されています。

3．〔建築士法第24条第1項〕

建築士法第24条第1項により，「建築士事務所の開設者は，・・・，二級建築士事務所・・・ごとに，それぞれ当該・・・，二級建築士事務所・・・を**管理する専任の**・・・，**二級建築士**・・・を置かなければならない。」と規定されています。

4．〔建築士法第23条第2項〕

建築士法第23条第2項により，建築士事務所の登録は，**5年間**有効です。
また，建築士法第23条第3項及び建築士法施行規則第18条により，その**更新の登録を受けようとする者は，有効期間満了の目前30日までに登録申請書**

を提出しなければなりません。

5．〔建築士法第23条の5第1項〕
　建築士法第23条の5第1項により，「**建築士事務所の開設者**は，建築士法第23条の2第一号又は第三号から第五号までに掲げる事項について**変更があったときは，2週間以内**に，その旨を当該**都道府県知事**に届け出なければならない。」と規定されています。

正解　5

建築士事務所の変更：14日以内
建築士免許の変更：30日以内

【問題74】次の記述のうち，建築士法上，誤っているものはどれか。

1．建築士事務所を管理する管理建築士は，建築士として建築物の設計，工事監理等に関する業務に3年以上従事した後，登録講習機関が行う管理建築士講習の課程を修了した建築士でなければならない。

2．建築士事務所に属する建築士は，登録講習機関が行う所定の定期講習を，当該定期講習のうち直近のものを受けた日の属する年度の翌年度の開始の日から起算して3年ごとに受講しなければならない。

3．建築士事務所の開設者は，委託者の許諾を得た場合であっても，委託を受けた設計又は工事監理の業務を建築士事務所の開設者以外の者に再委託することは禁止されている。

4．建築士事務所の開設者は，設計受託契約前に，あらかじめ，当該建築主に対し，管理建築士等をして，作成する設計図書の種類，当該設計に従事する建築士の氏名，その者の建築士の資格の別，報酬の額及び支払の時期等を記載した書面を交付して，これらの重要事項の説明をさせなければならない。

5．建築士事務所に属する建築士が当該建築士事務所の業務として作成した設計図書又は工事監理報告書で、建築士事務所の開設者が保存しなければならないものの保存期間は、当該図書を作成した日から10年間である。

解説

1．【問題72】の解説の5を参照してください。
2．【問題69】の解説の5を参照してください。
3．【問題72】の解説の4を参照してください。
4．【問題72】の解説の3を参照してください。
5．〔建築士法第24条の4第2項〕
　建築士法第24条の4第2項，建築士法施行規則第21条第4項及び第5項により、**建築士事務所の開設者**は、国土交通省令で定めるところにより、その建築士事務所の業務に関する所定の図書を**作成した日から起算して15年間保存**しなければならなりません。

帳簿・図書の保存期間は、ともに15年です。

正解　5

得点力アップのポイント

○　二級建築士は、一級建築士でなければ設計又は工事監理をしてはならない建築物について、原則として建築物に関する調査又は鑑定の業務を行うことができる。
○　二級建築士は、鉄骨造2階建、延べ面積300m²、高さ9mの美術館の新築に係る設計をすることができる。
○　二級建築士は、鉄骨造3階建、延べ面積150m²、高さ11m、軒の高さ10mの事務所の新築に係る設計をすることができない。
○　建築士事務所に属する二級建築士は、建築物の設計又は工事監理の業務に従事しなくても、登録講習機関が行う二級建築士定期講習を受けなければならない。
○　二級建築士は、自らが建築主となる建築物のみの設計をする場合、建築士事務所を定めて、登録を受けなくてもよい。
○　建築士事務所の登録は、5年間有効であり、その更新の登録を受けようとする者は、有効期間満了の日前30日までに登録申請書を提出しなければならない。
○　建築士事務所の開設者は、事業年度ごとに、設計等の業務に関する報告書を作成し、毎事業年度経過後3月以内に当該建築士事務所に係る登録をした都道府県知事に提出しなければならない。

2．その他の法令

2-1．関係法令総合

【問題75】 次の記述のうち，正しいものはどれか。

1. 「都市計画法」上，市街化区域内で，病院を建築するために行う1,200 m²の開発行為については，開発許可を必要としない。

2. 「建設業法」上，住宅工事のみを請け負うことを営業とする者は，その規模にかかわらず，建設業の許可を受けなくてもよい。

3. 「宅地建物取引業法」上，自ら所有する不動産の賃貸及び管理をする行為は，宅地建物取引業に当たる。

4. 「住宅の品質確保の促進等に関する法律」上，住宅新築請負契約においては，請負人は，注文者に引き渡した時から10年間，住宅の構造耐力上主要な部分等の瑕疵（構造耐力又は雨水の浸入に影響のないものを除く。）について，所定の担保の責任を負うが，特約によりその期間を短縮することができる。

5. 「特定住宅瑕疵担保責任の履行の確保等に関する法律」上，原則として，瑕疵担保責任保険契約の締結又は瑕疵担保保証金の供託を行わなければならないのは，新築住宅の建設工事の請負人である建設業者又は売主である宅地建物取引業者である。

解説

> 都市計画法施行令第21条第二十六号イ〜ホは，許可を受ける必要がある建築物です。

1．〔都市計画法第29条第1項〕

都市計画法第29条第1項第一号により，**市街化区域内**においては，**1,000 m²以上の開発行為は**，**開発許可を必要とします**。

また，**病院・診療所等**は，同法同条第1項第三号に該当せず（都市計画法施行令第21条各号に定める**公益上必要な建築物に該当しない**，同条第二十六

号で除外), 開発許可を必要とします。
2．〔建設業法第3条第1項ただし書き〕
　　建設業法第3条第1項ただし書きにより、建設業法施行令第1条の2第1項で定める軽微な建設工事のみを請け負うことを営業とする者は、建設業の**許可が不要**です。
　　建設業法施行令第1条の2第1項により、「・・・ただし書の政令で定める軽微な建設工事は、工事一件の請負代金の額が**建築一式工事**にあっては1,500万円に満たない工事又は延べ面積が150m^{2}に満たない**木造住宅工事**、**建築一式工事以外**の建設工事にあつては500万円に満たない工事とする。」と規定され、金額や規模に関係します。
3．〔宅地建物取引業法第2条第二号〕
　　宅地建物取引業法第2条第二号により、**宅地建物取引業**とは、「宅地若しくは建物の**売買若しくは交換**又は宅地若しくは建物の**売買、交換若しくは貸借の代理若しくは媒介**をする行為で業として行なうものをいう。」と規定されています。
　　したがって、自ら所有する不動産の賃貸及び管理をする行為は該当しません。
4．〔住宅の品質確保の促進等に関する法律第94条第1項、第2項〕
　　住宅の品質確保の促進等に関する法律第94条第1項により、「住宅新築請負契約においては、**請負人**は、注文者に引き渡した時から**10年間、住宅の構造耐力上主要な部分等の瑕疵**（構造耐力又は雨水の浸入に影響のないものを除く。次条において同じ。）について、・・・**担保の責任を負う。**」と規定され、同条第2項により、この規定に反する特約で注文者に不利なものは、無効となります。なお、同法第97条により、瑕疵担保責任期間の伸長等の特例（20年以内）はありますが、短縮の規定はありません。
5．〔特定住宅瑕疵担保責任の履行の確保等に関する法律第3条第1項、第2項〕、〔同法第11条第1項、第2項〕
　　原則として、**建設業者**は、住宅建設瑕疵担保保証金の供託又は**住宅建設瑕疵担保責任保険契約の締結**を、**宅地建物取引業者**は、**住宅販売**瑕疵担保保証金の供託又は**住宅販売**瑕疵担保責任保険契約の締結を行わなければなりません。

正解　5

第2章 関係法令

【問題76】 次の記述のうち，誤っているものはどれか。

1. 「高齢者，障害者等の移動等の円滑化の促進に関する法律」上，事務所は，「特別特定建築物」である。

2. 「建築物の耐震改修の促進に関する法律」上，建築物の耐震改修の計画が建築基準法第6条第1項の規定による確認を要するものである場合において，所管行政庁が計画の認定をしたときは，同法第6条第1項の規定による確認済証の交付があったものとみなす。

3. 「建築物の耐震改修の促進に関する法律」上，「耐震改修」とは，地震に対する安全性の向上を目的として，増築，改築，修繕，模様替若しくは一部の除却又は敷地の整備をすることをいう。

4. 「都市計画法」上，都市計画区域又は準都市計画区域内において，図書館法に規定する図書館の用に供する施設である建築物の建築のために行う1,500m²の開発行為は，開発許可を必要としない。

5. 「住宅の品質確保の促進等に関する法律」上，新築住宅の売買契約において，住宅の構造耐力上主要な部分等の瑕疵担保責任の期間は，注文者又は買主に引き渡した時から20年以内とすることができる。

解説

1. 〔高齢者，障害者等の移動等の円滑化の促進に関する法律第2条第十七号〕，〔同法施行令第5条〕

　高齢者，障害者等の移動等の円滑化の促進に関する法律第2条第十七号により，**特別特定建築物**は，同法施行令第5条各号に該当するもので，**事務所**は該当しません。

　なお，同法第2条第十六号，同法施行令第4条第八号により，**特定建築物**に該当します。

2. 〔建築物の耐震改修の促進に関する法律第8条第8項〕

　建築物の耐震改修の促進に関する法律第8条第8項により，「・・・建築

物の耐震改修の計画が**建築基準法第6条第1項の規定による確認**・・・を要するものである場合において，**所管行政庁が計画の認定**をしたときは，同法第6条第1項・・・の規定による確認済証の交付があったものとみなす。」と規定されています。

3．〔建築物の耐震改修の促進に関する法律第2条第2項〕

建築物の耐震改修の促進に関する法律第2条第2項により，「・・・**耐震改修**とは，地震に対する安全性の向上を目的として，**増築，改築，修繕，模様替**若しくは一部の除却又は**敷地の整備**をすることをいう。」と規定されています。

4．〔都市計画法第29条第1項〕

都市計画法第29条第1項各号に該当する場合は開発許可を必要としません。したがって，図書館法に規定する**図書館**の用に供する施設は，**第三号に該当し，開発許可を必要としません。**

5．【問題75】の解説の4を参照してください。

正解　1

【問題77】次の記述のうち，誤っているものはどれか。

1．市街化調整区域内において，木造2階建，延べ面積200m²の，医療法に基づく診療所を新築しようとする場合は，都市計画法上，原則として，都道府県知事の許可を受ける必要がある。

2．宅地造成工事規制区域内の宅地造成において，切土又は盛土をする土地の面積が500m²を超える場合は，宅地造成等規制法上，原則として，都道府県知事の許可を受ける必要がある。

3．市町村が施行する土地区画整理事業の施行地区内において，事業計画の決定の公告後，換地処分があった旨の公告のある日までは，建築物の改築を行う場合には，土地区画整理法上，都道府県知事の許可を受ける必要がある。

4．木造2階建，延べ面積500m²の共同住宅の新築工事は，「建設工事に係る資材の再資源化等に関する法律」上，原則として，分別解体等をしなければならない。

5．元請の建設業者が請け負った，木造2階建，延べ面積500m²の共同住宅の新築工事の場合は，あらかじめ発注者の書面による承諾が得られれば，建設業法上，一括して他人に請け負わせることができる。

解説

1．【問題75】の解説の1を参照してください。
　市街化調整区域内において，医療法に基づく**診療所**は，都市計画法第29条第1項第二号，及び第三号に該当せず，都道府県知事の許可を受ける必要があります。

2．〔宅地造成等規制法第2条，第8条〕，〔宅地造成等規制法施行令第3条〕
　宅地造成等規制法第2条第二号，**宅地造成等規制法施行令第3条第四号**により，**切土又は盛土**をする土地の面積が500m²を超えるものは宅地造成に該当します。
　また，宅地造成等規制法第8条により，「宅地造成工事規制区域内において行われる**宅地造成**に関する**工事**については，造成主は，当該工事に着手する前に，国土交通省令で定めるところにより，**都道府県知事の許可を受けなければならない。**」と規定されています。

3．〔土地区画整理法第76条第1項〕
　土地区画整理法第76条第1項により，同法第76条第1項第四号の**事業計画の決定**の公告後，同法第103条第4項の**換地処分**があった旨の公告のある日までは，建築物の改築を行う場合には，**都道府県知事の許可を受ける必要があります。**

4．〔建設工事に係る資材の再資源化等に関する法律第9条第1項〕
　建設工事に係る資材の再資源化等に関する法律第9条第1項により，「**特定建設資材**を用いた建築物等に係る解体工事又は**その施工に特定建設資材を使用する新築工事等**であって，**対象建設工事**の受注者又は自主施工者は，正当な理由がある場合を除き，分別解体等をしなければならない。」と規定されています。
　また，同法施行令第1条第三号により，**木材**は**特定建設資材**に該当し，同法施行令第2条第1項第二号により，**床面積が500m²以上の新築**又は増築の工事は，**対象建設工事**に該当します。

5．〔建設業法第22条第3項〕，〔建設業法施行令第6条の3〕

建設業法第22条第3項，建設業法施行令第6条の3により，元請の建設業者が請け負った**共同住宅の新築工事**の場合，あらかじめ**発注者の書面による承諾**を得た場合であっても，一括して他人に請け負わせることができません。

正解　5

得点力アップのポイント

○ 「都市計画法」上，町村の都市計画施設の区域内において，木造平家建，延べ面積150m²の住宅を改築しようとする者は，都道府県知事の許可を受けなくてもよい。

○ 「特定住宅瑕疵担保責任の履行の確保等に関する法律」上，「住宅販売瑕疵担保責任保険契約」は，新築住宅の引渡しを受けた時から10年以上の期間にわたって有効でなければならない。

○ 自らが所有する不動産の賃貸及び管理をする行為は，「宅地建物取引業法」上，宅地建物取引業に該当しない。

○ 「住宅の品質確保の促進等に関する法律」上，住宅の屋根版で，風圧等を支えるものは，「構造耐力上主要な部分」である。

○ 「建設工事に係る資材の再資源化等に関する法律」上，木造2階建，延べ面積500m²の共同住宅の新築工事は，原則として，分別解体等をしなければならない。

○ 飲食店は，「高齢者，障害者の移動等の円滑化の促進に関する法律」上，「特別特定建築物」に該当する。

○ 「建築物の耐震改修の促進に関する法律」上，認定業者は，当該計画の認定を受けた計画に係る耐震改修の事業の完了の予定年月日を4月延長しようとするときは所管行政庁の変更の認定を受けなければならない。

第3編

学科Ⅲ

構　造

> 全25問のうち，構造力学6～7問，一般構造12～13問，建築材料6問が出題されます。構造力学が苦手な場合でも，半分程度は点数にしましましょう。また，建築材料は点数にしやすい項目です。

第1章

構 造 力 学

　構造力学は，近年6問出題され，力のつり合い，反力・応力，トラス，断面の性質，座屈，応力度から各1問出題されます。
　計算問題が中心で難しいように思われがちですが，問題のパターンがある程度決まっているので，過去問を中心に次の内容をおさえましょう。
・断面の性質や座屈の問題など，公式を覚えるだけで解ける問題を理解する。
・反力の求め方，応力の求め方，トラスの求め方などの解答手順を理解する。
・問題を解く際には，必ず図や計算式を転記する。
　なお，理解するのに時間を要しますが，1度理解してしまえば点数にしやすい分野です。

1．力のつり合い

1-1．合力の作用線までの距離に関する問題

【問題1】 図のような分布荷重の合力の作用線からA点までの距離として，正しいものは，次のうちどれか。

1. 1.6m
2. 2.2m
3. 2.6m
4. 2.8m
5. 3.4m

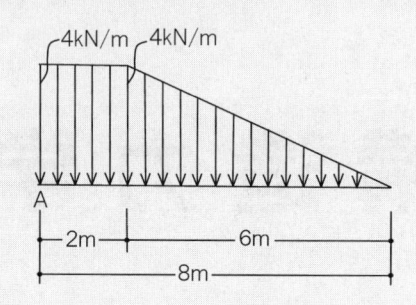

解説　平行な力の合成と分解の理解

平行な力の合成や分解に関する問題には，**バリニオンの定理（分力のモーメントの総和＝合力のモーメント）** を用います。

(1) 図のように分布荷重を2つに分けて，それぞれの集中荷重を P_1, P_2 とし，合力 R を求めます。

$$P_1 = 4 \times 2 = 8 \text{ [kN]}$$

$$P_2 = 4 \times 6 \times \frac{1}{2} = 12 \text{ [kN]}$$

$$\therefore R = P_1 + P_2 = 8 + 12 = 20 \text{ [kN]}$$

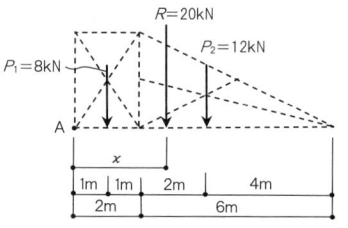

- P_1, P_2 の大きさは，図形の面積です。
- 作用位置は，
  - P_1：荷重範囲を1：1に分ける位置
  - P_2：荷重の大きい方から1：2に分ける位置

（2）バリニオンの定理より，**分力 P_1, P_2 のモーメントの総和**と，**合力 R のモーメント**は等しいです。

・A点を回転の中心とした分力のモーメントの総和 M_A を求めます。

$$M_A = 8 \times 1 + 12 \times 4 = 8 + 48 = 56$$

・合力の作用線からA点までの距離を χ とし，合力 R のモーメント M'_A を求めます。

$$M'_A = 20 \times \chi$$

したがって，$M_A = M'_A$ より，

$$56 = 20 \times \chi$$

$$\chi = \frac{56}{20} = \underline{2.8 \ [m]}$$

モーメントは，「力 × 距離」で求めます。

正解　4

【問題2】図のような分布荷重の合力の作用線からA点までの距離として，正しいものは，次のうちどれか。

1. 4.5m
2. 5.0m
3. 5.1m
4. 5.2m
5. 5.5m

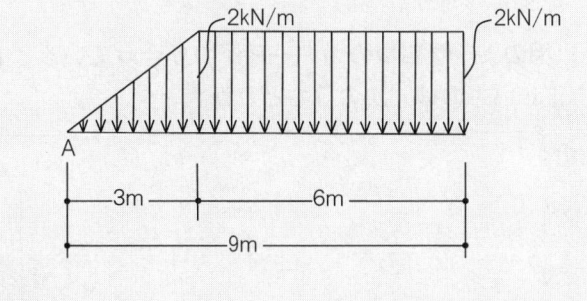

解説

【問題1】の解説を参照してください。

（1）図より，分力 P_1, P_2, 及び合力 R を求めます。

$$P_1 = 2 \times 3 \times \frac{1}{2} = 3 \ [kN]$$

$$P_2 = 2 \times 6 = 12 \ [kN]$$

$$\therefore R = P_1 + P_2 = 3 + 12 = 15 \ [kN]$$

（2）A点を回転の中心とした分力のモーメントの総和 M_A
$M_A = 3 \times 2 + 12 \times 6 = 6 + 72 = 78$
（3）A点までの距離を χ とした場合の合力 R のモーメント M'_A
$M'_A = 15 \times \chi$
したがって，$M_A = M'_A$ より，
$78 = 15 \times \chi$
$\chi = \dfrac{78}{15} = \underline{5.2 \text{〔m〕}}$

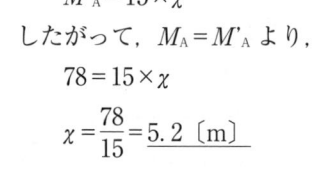

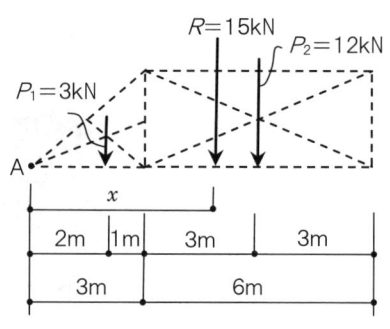

正解　4

1-2．力のつり合い・偶力に関する問題

【問題3】図のような四つの力 $P_1 \sim P_4$ がつり合っているとき，P_2 の値として，正しいものは，次のうちどれか。

1．30kN
2．24kN
3．18kN
4．12kN
5．6kN

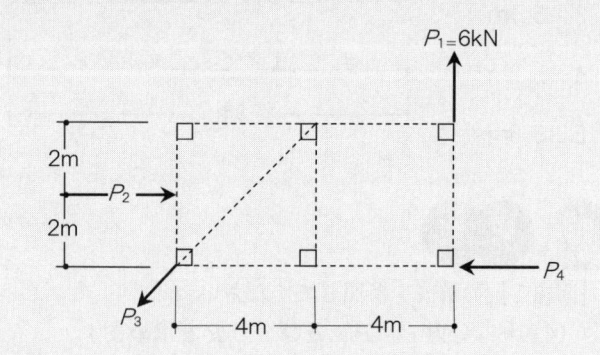

第1章 構造力学

解説 力のつり合いの理解

力の作用線上にある点を中心とした場合のモーメントはゼロになります。

したがって，求める P_2 以外の P_3 の作用線と，P_4 の作用線が交わる点 A を回転の中心としたモーメントのつり合いの条件式を考えます。

$\Sigma M_A = 0$ （A 点を中心とするモーメントの合計が 0 を示す）より，

$P_2 \times 2 - P_1 \times 8 = 0$

$P_2 \times 2 - 6 \times 8 = 0$

$P_2 \times 2 = 48$

$\therefore P_2 = 24 \text{〔kN〕}$

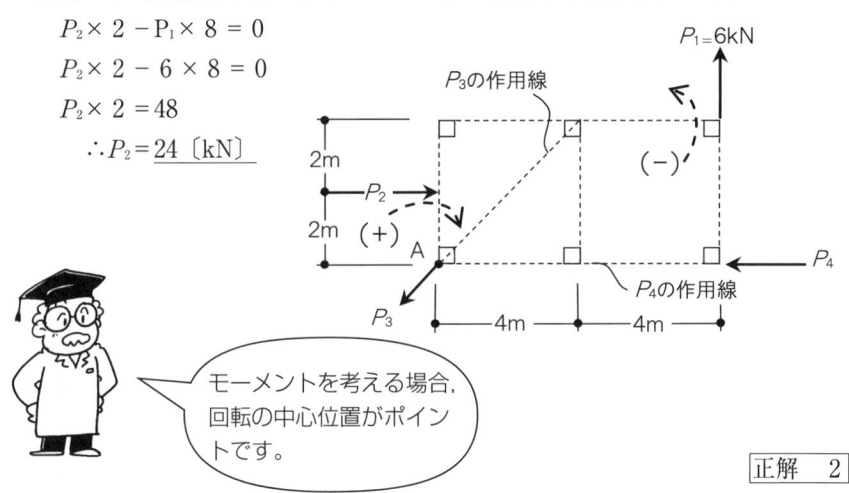

モーメントを考える場合，回転の中心位置がポイントです。

正解　2

【問題4】図のような四つの力 $P_1 \sim P_4$ がつり合っているとき，P_4 の値として，正しいものは，次のうちどれか。

1. 2kN
2. 3kN
3. 4kN
4. 5kN
5. 6kN

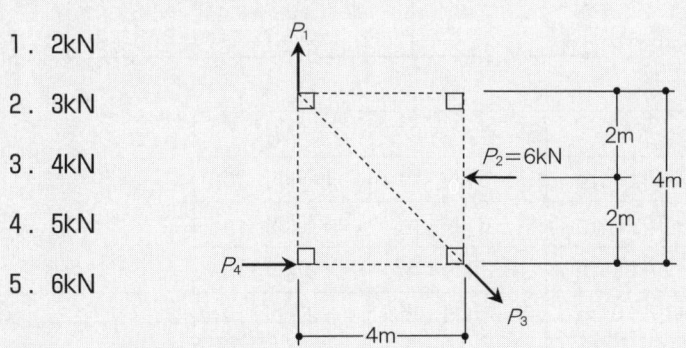

解説

【問題3】の解説を参照してください。

$\Sigma M_A = 0$ より，
$-P_4 \times 4 + P_2 \times 2 = 0$
$-P_4 \times 4 + 6 \times 2 = 0$
$12 = P_4 \times 4$
$\therefore P_4 = \underline{3}$ 〔kN〕

正解　2

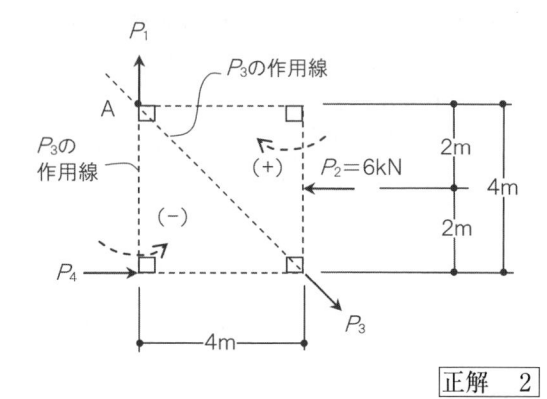

【問題5】 図のような平行な二つの力 P_1, P_2 による A, B, C の各点におけるモーメント M_A, M_B, M_C の値の組合せとして，正しいものは，次のうちどれか。ただし，モーメントの符号は，時計回りを正とする。

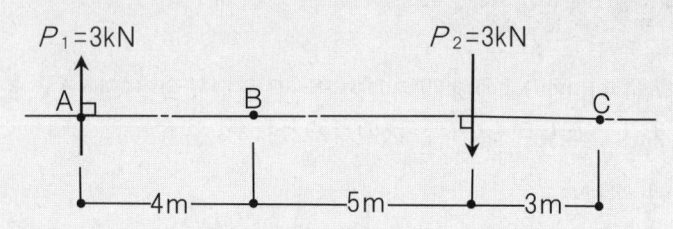

	M_A	M_B	M_C
1.	$+27 \text{kN} \cdot \text{m}$	$-3 \text{kN} \cdot \text{m}$	$+27 \text{kN} \cdot \text{m}$
2.	$-27 \text{kN} \cdot \text{m}$	$-3 \text{kN} \cdot \text{m}$	$+45 \text{kN} \cdot \text{m}$
3.	$+27 \text{kN} \cdot \text{m}$	$+27 \text{kN} \cdot \text{m}$	$+27 \text{kN} \cdot \text{m}$
4.	$+27 \text{kN} \cdot \text{m}$	$-27 \text{kN} \cdot \text{m}$	$+27 \text{kN} \cdot \text{m}$
5.	$-27 \text{kN} \cdot \text{m}$	$-27 \text{kN} \cdot \text{m}$	$-27 \text{kN} \cdot \text{m}$

解説 偶力のモーメントの理解

力 P_1 と P_2 は，互いに平行で，大きさが等しく，向きが反対の一対の力で，偶力と言います。

偶力のモーメントは，どの点についても常に一定で，次式で求めることができます。

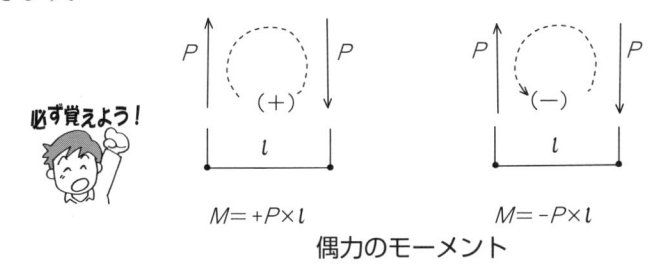

$M = +P \times l$　　　　$M = -P \times l$

偶力のモーメント

したがって，$M_A = M_B = M_C = +3 \times 9 = \underline{+27 \text{ [kN・m]}}$

正解　3

得点力アップのポイント

○ 力のつり合い条件式
$\Sigma X = 0$ （水平方向の力の合計が0を示す）
$\Sigma Y = 0$ （鉛直方向の力の合計が0を示す）
$\Sigma M = 0$ （モーメントの合計が0を示す）

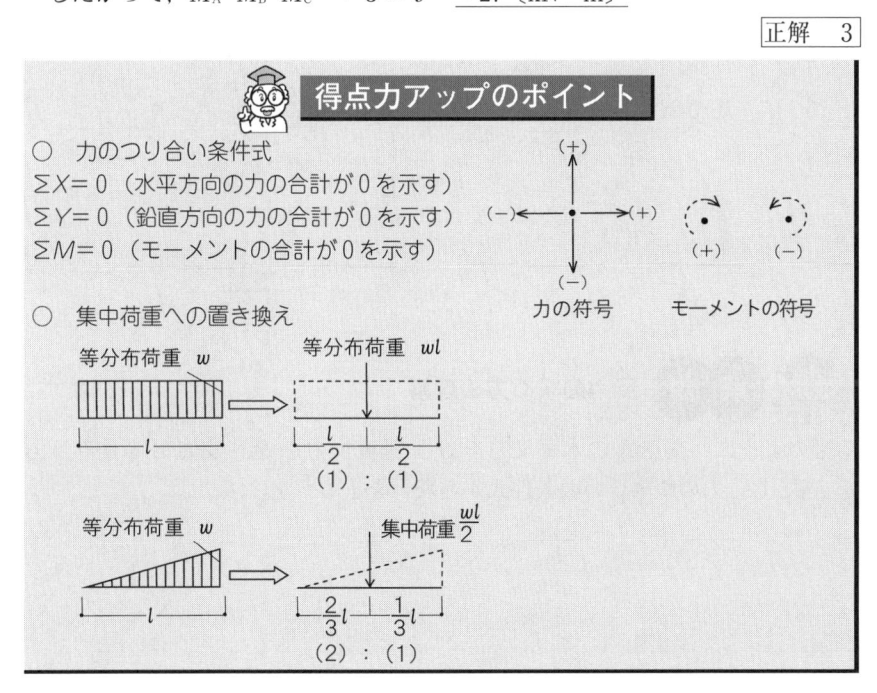

力の符号　　モーメントの符号

○ 集中荷重への置き換え

等分布荷重 w → 等分布荷重 wl
$\frac{l}{2}$: $\frac{l}{2}$
(1) : (1)

等分布荷重 w → 集中荷重 $\frac{wl}{2}$
$\frac{2}{3}l$: $\frac{1}{3}l$
(2) : (1)

2．反力

2-1．反力を求める問題

【問題6】 図のような外力を受ける静定ラーメンにおいて，支点A，Bに生じる鉛直反力 R_A，R_B の値の組合せとして，正しいものは，次のうちどれか。ただし，鉛直反力の方向は，上向きを「＋」，下向きを「－」とする。

	R_A	R_B
1.	+3.0kN	+6.0kN
2.	+4.5kN	+4.5kN
3.	+7.0kN	+2.0kN
4.	+9.5kN	－0.5kN
5.	+10.0kN	－1.0kN

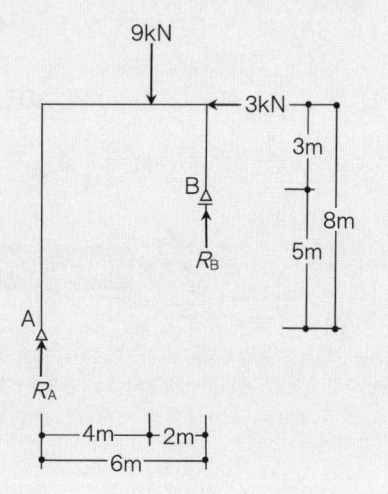

解説　反力の求め方の理解

図のように，支点Aの水平反力を H_A，垂直反力を R_A，支点Bの垂直反力を R_B とし，力のつり合いの条件式から反力を求めます。

第1章 構造力学

反力の種類

移動端	回転端	固定端
△ ↑V	H→△ ↑V	H→▨ ↑V M
V:鉛直反力	V:鉛直反力 H:水平反力	V:鉛直反力 H:水平反力 M:モーメント

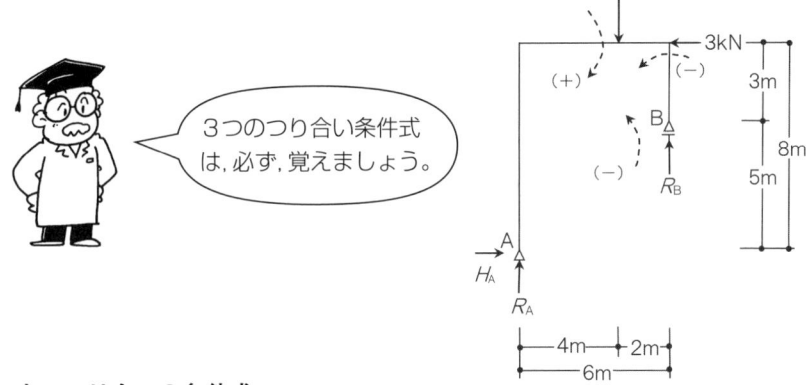

3つのつり合い条件式は,必ず,覚えましょう。

力のつり合いの条件式

（1） $\Sigma X = 0$ （水平方向の力の合計が0を示す）より,

$H_A - 3 = 0$　∴ $H_A = 3$〔kN〕

（2） $\Sigma Y = 0$ （垂直方向の力の合計が0を示す）より,

$R_A + R_B - 9 = 0$

∴ $R_A + R_B = 9$

（3） $\Sigma M_A = 0$ （A点を中心とするモーメントの合計が0を示す）より,

$9 \times 4 - 3 \times 8 - R_B \times 6 = 0$

$36 - 24 - R_B \times 6 = 0$

$12 = R_B \times 6$

∴ $R_B = \underline{2}$〔kN〕

したがって, $R_A + R_B = 9$ に, $R_B = 2$ を代入して,

$R_A + 2 = 9$　∴ $R_A = \underline{7}$〔kN〕

正解　3

【問題7】図のような外力を受ける静定ラーメンにおいて，支点 A,B に生じる鉛直反力 R_A, R_B の値の組合せとして，正しいものは，次のうちどれか。ただし，鉛直反力の方向は，上向きを「＋」，下向きを「－」とする。

	R_A	R_B
1.	－4kN	＋12kN
2.	＋8kN	0kN
3.	＋9kN	－1kN
4.	＋12kN	－4kN
5.	＋16kN	－8kN

解説

【問題6】の解説を参照してください。
つり合い条件式 $\Sigma M_A = 0$ より，
　$8 \times 2 - 4 \times 8 - R_B \times 4 = 0$
　$16 - 32 - R_B \times 4 = 0$
　$-16 = R_B \times 4$
　$\therefore R_B = \underline{-4}$ 〔kN〕
また，つり合い条件式 $\Sigma Y = 0$ より，
　$R_A + R_B - 8 = 0$
　$\therefore R_A + R_B = 8$
この式に，$R_B = -4$ を代入して，
　$R_A - 4 = 8$
　$\therefore R_A = \underline{12}$ 〔kN〕

つり合い条件式 $\Sigma M = 0$ から計算するとよいです。

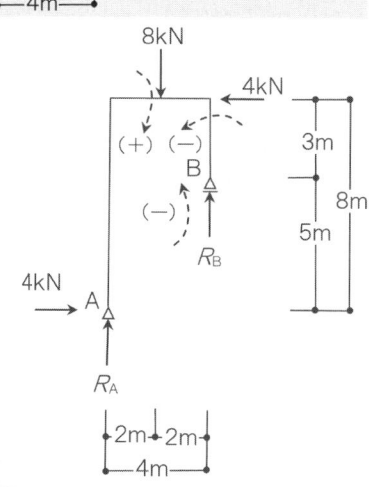

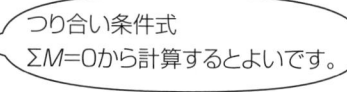

正解　4

【問題8】 図のような外力 P を受ける3ヒンジラーメンの支点 A に生じる水平反力を H_A，鉛直反力を V_A としたとき，それらの比 $H_A:V_A$ として，正しいものは，次のうちどれか。

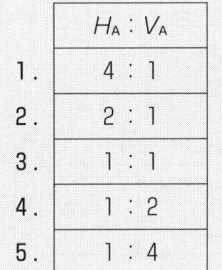

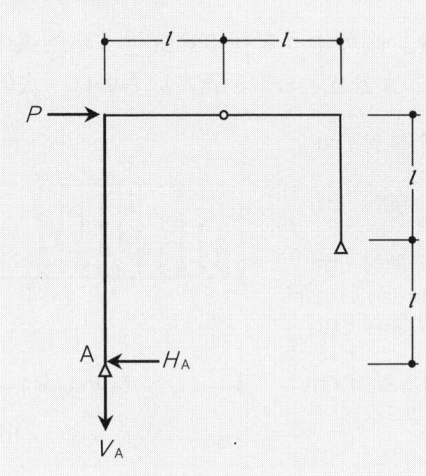

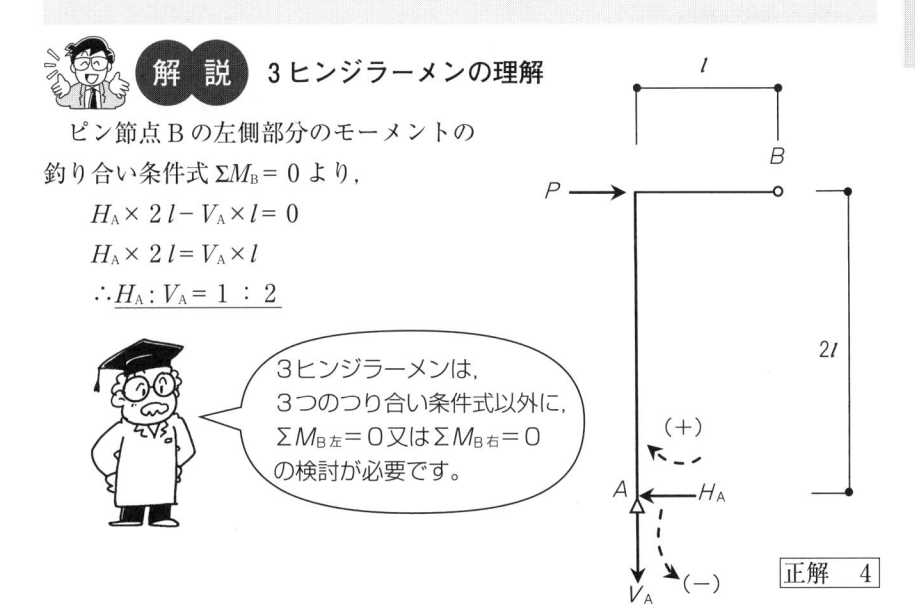

	$H_A:V_A$
1.	4 : 1
2.	2 : 1
3.	1 : 1
4.	1 : 2
5.	1 : 4

解説　3ヒンジラーメンの理解

ピン節点 B の左側部分のモーメントの釣り合い条件式 $\Sigma M_B = 0$ より，

$H_A \times 2l - V_A \times l = 0$

$H_A \times 2l = V_A \times l$

$\therefore H_A : V_A = 1 : 2$

3ヒンジラーメンは，3つのつり合い条件式以外に，$\Sigma M_{B左} = 0$ 又は $\Sigma M_{B右} = 0$ の検討が必要です。

正解　4

3．応力

3-1．曲げモーメントに関する問題

【問題9】図のような荷重を受ける単純梁のA点における曲げモーメントの大きさとして、正しいものは、次のうちどれか。

1. 5.6kN・m
2. 6.0kN・m
3. 6.8kN・m
4. 8.0kN・m
5. 12.8kN・m

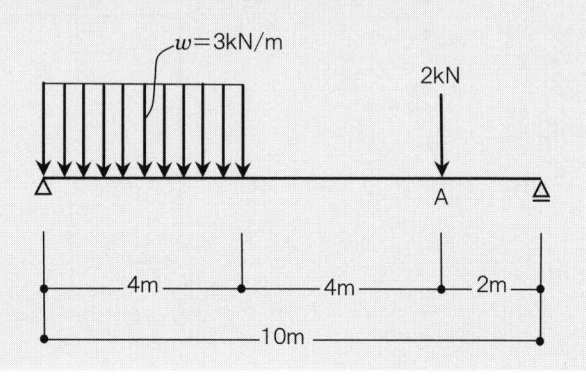

解説 部材内部に生じる曲げモーメントの理解

（1）図1のように，支点Bの垂直反力を V_B，支点Cの垂直反力を V_C とし，V_C を求めます。（支点Bの水平反力 $H_B = 0$）

つり合いの条件式 $\Sigma M_B = 0$ より，

$12 \times 2 + 2 \times 8 - V_C \times 10 = 0$

$24 + 16 - V_C \times 10 = 0$

$40 = V_C \times 10$

$\therefore V_C = 4$ 〔kN〕

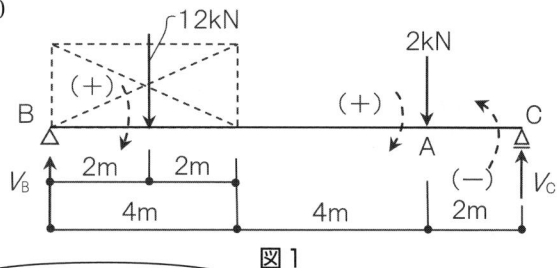

図1

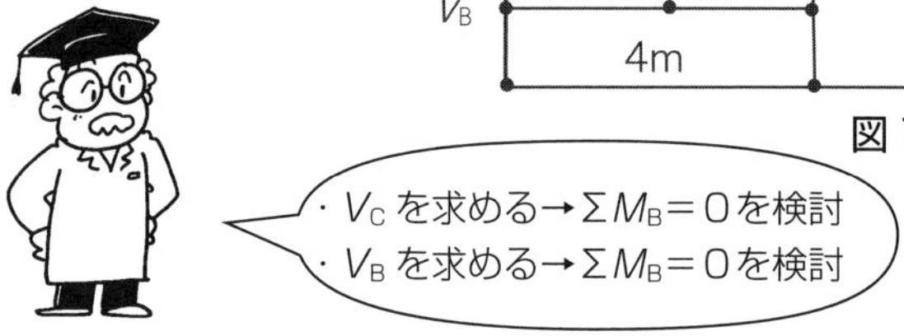

・V_C を求める → $\Sigma M_B = 0$ を検討
・V_B を求める → $\Sigma M_B = 0$ を検討

第1章　構造力学

（2）図2のように，A点に生じる曲げモーメントの大きさ M_A を仮定し，M_A を求めます。

$\Sigma M_A = 0$（A点を中心とするモーメントの合計が0を示す）より，

$M_A - V_C \times 2 = 0$

$M_A - 4 \times 2 = 0$

∴ $M_A = \underline{8}$ 〔kN・m〕

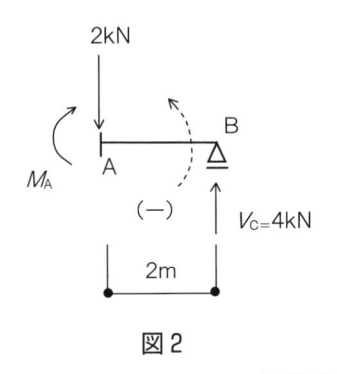

> M を求める場合，$\Sigma M = 0$ の回転の中心は，切断位置の点とします。

図2

正解　4

【問題10】図のような荷重を受ける単純梁のA点における曲げモーメントの大きさとして，正しいものは，次のうちどれか。

1．2kN・m
2．6kN・m
3．8kN・m
4．10kN・m
5．14kN・m

解説

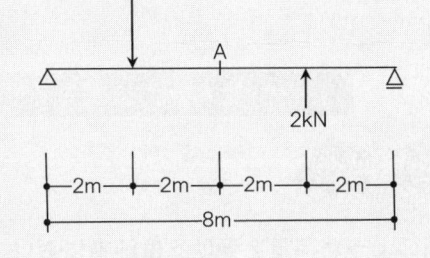

【問題9】の解説を参照してください。

（1）図1において，$\Sigma M_B = 0$ より，

$4 \times 2 - 2 \times 6 - V_C \times 8 = 0$

$8 - 12 - V_C \times 8 = 0$

$-4 = V_C \times 8$

$\therefore V_C = \underline{-0.5 \text{ (kN)}} \rightarrow V_C$ は下向きに0.5〔kN〕です。

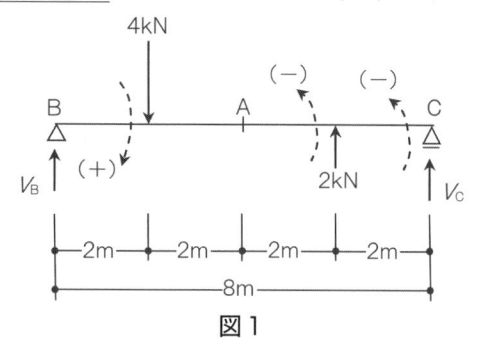

図1

（2）図2のように，A点に生じる曲げモーメントの大きさ M_A を仮定し，M_A を求めます。

$\Sigma M_A = 0$ より，

$M_A - 2 \times 2 + V_C \times 4 = 0$

$M_A - 4 + 0.5 \times 4 = 0$

$M_A - 4 + 2 = 0$

$\therefore M_A = \underline{2 \text{ 〔kN・m〕}}$

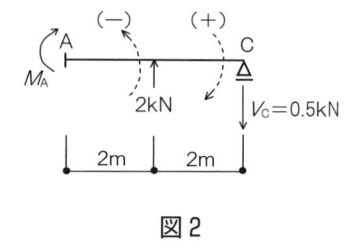

図2

正解　1

3-2. せん断力に関する問題

【問題11】図のような荷重を受ける単純梁において，B点の曲げモーメントの大きさと，A-B間のせん断力の大きさとの組合せとして，正しいものは，次のうちどれか。

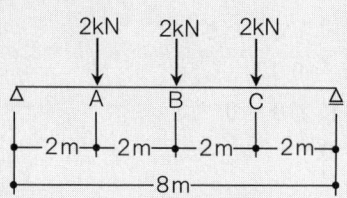

第1章 構造力学

	B点の曲げモーメント	A－B間のせん断力
1.	8 kN·m	0 kN
2.	8 kN·m	1 kN
3.	16 kN·m	0 kN
4.	16 kN·m	1 kN
5.	16 kN·m	2 kN

解説 部材内部に生じるせん断力の理解

荷重が左右対称ですので，図1で仮定した反力 V_D と V_E は等しく，大きさは全荷重6〔kN〕の $\frac{1}{2}$ です。

$$\therefore V_D = V_E = \frac{6}{2} = 3 \text{〔kN〕}$$

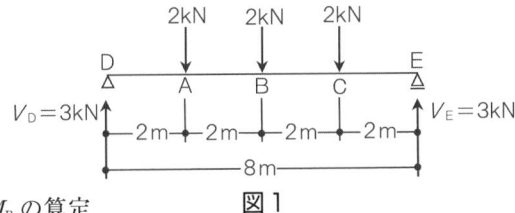

図1

（1）B点の曲げモーメント M_B の算定

図2のように，M_B を仮定します。

$\Sigma M_B = 0$ より，

$3 \times 4 - 2 \times 2 - M_B = 0$

$12 - 4 - M_B = 0$

$\therefore M_B = \underline{8}$ 〔kN·m〕

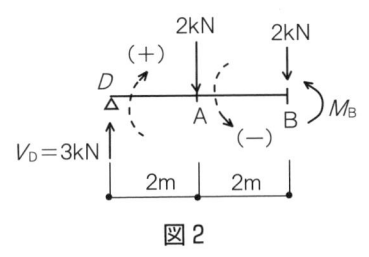

図2

・M を求める → $\Sigma M = 0$ を検討
・Q を求める → $\Sigma Y = 0$ 又は $\Sigma X = 0$ を検討

（2）A－B間のせん断力 Q_{AB} の算定

図3のように，Q_{AB} を仮定します。

$\Sigma Y = 0$ より，

$3 - 2 - Q_{AB} = 0$

$\therefore Q_{AB} = \underline{1}$ 〔kN〕

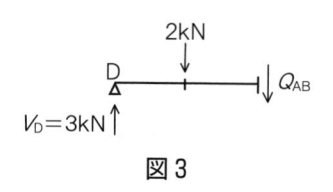

図3

正解　2

【問題12】図のような外力を受ける静定ラーメンにおいて，支点A，Bに生じる鉛直反力 R_A，R_B の値と，C点に生じるせん断力 Q_C の絶対値との組合せとして，正しいものは，次のうちどれか。ただし，鉛直反力の方向は，上向きを「＋」，下向きを「－」とする。

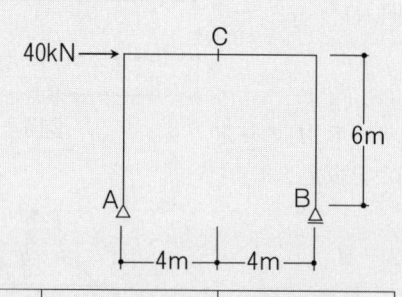

	R_A	R_B	Q_Cの絶対値
1.	－30kN	＋30kN	0kN
2.	－30kN	＋30kN	30kN
3.	＋30kN	＋30kN	30kN
4.	＋30kN	－30kN	0kN
5.	＋30kN	－30kN	30kN

第1章 構造力学

解 説

(1) 反力の算定

図1のように，支点A，Bに生じる鉛直反力をR_A，R_Bと仮定します。

$\Sigma M_A = 0$ より，

$40 \times 6 - R_B \times 8 = 0$

$240 = R_B \times 8$

$\therefore R_B = 30$〔kN〕

$\Sigma Y = 0$ より，

$R_A + R_B = 0$

$R_A + 30 = 0$

$\therefore R_A = -30$〔kN〕

(2) C点に生じるせん断力Q_Cの算定

図2のように，Q_Cを仮定します。

$\Sigma Y = 0$ より，

$Q_C + R_B = 0$

$Q_C + 30 = 0$

$\therefore Q_C = -30$〔kN〕

したがって，Q_Cの絶対値は，30〔kN〕です。

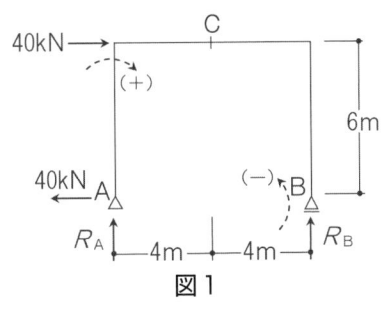

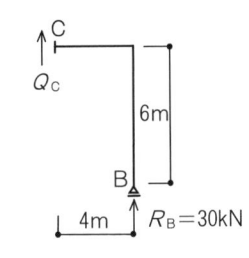

絶対値は，＋，－の符号に関係なく大きさを示します。

正解　2

得点力アップのポイント

○ 応力（部材内部に生じる力）の求め方

①応力を求める点で構造物を切断し，片方を選択します。ただし，選択する方に支点がある場合は，切断する前に反力を求めておきます。

[反力を求めるポイント]
・V_Aを求める場合→$\Sigma M_B = 0$ を使用
・V_Bを求める場合→$\Sigma M_A = 0$ を使用

求める点Cで切断する

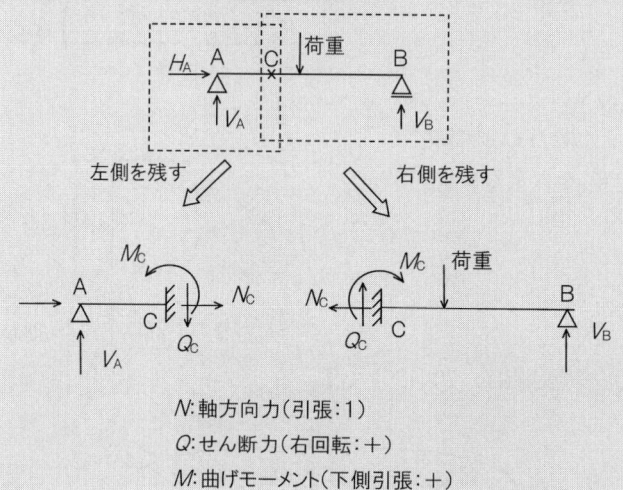

左側を残す　　　右側を残す

N：軸方向力（引張：＋）
Q：せん断力（右回転：＋）
M：曲げモーメント（下側引張：＋）

②応力を仮定して，つり合い条件式から応力を求めます。
・軸方向力を求める場合→$\Sigma X = 0$
・せん断力を求める場合→$\Sigma Y = 0$
・曲げモーメントを求める場合→$\Sigma M_C = 0$（回転の中心：応力を求める点C）

4．トラス

4-1．静定トラスに関する問題

【問題13】 図のような荷重を受ける静定トラスにおいて，部材 A，B，C に生じる軸方向力の組合せとして，正しいものは，次のうちどれか。ただし，軸方向力は，引張力を「＋」，圧縮力を「－」とする。

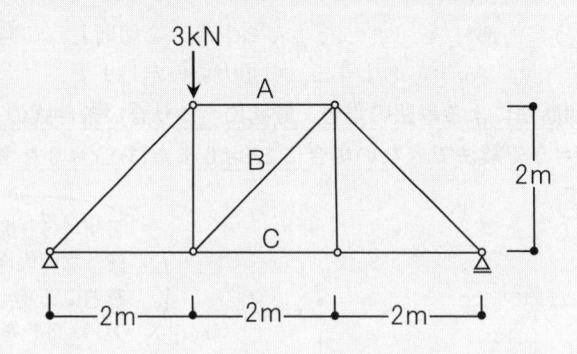

	A	B	C
1.	－2 kN	＋$\sqrt{2}$ kN	＋1 kN
2.	－2 kN	＋$\sqrt{2}$ kN	－1 kN
3.	－2 kN	－$\sqrt{2}$ kN	－1 kN
4.	＋2 kN	＋$\sqrt{2}$ kN	－1 kN
5.	＋2 kN	－$\sqrt{2}$ kN	＋1 kN

解説　トラスの解法（切断法）の理解

トラスの代表的な解法である切断法によって，部材 A，B，C に生じる軸方向力を求めます。

（1）図1のように，支点 D の垂直反力を V_D，支点 E の垂直反力を V_E とし，V_E を求めます。（→切断して右側の部材を残すため）

$\Sigma M_D = 0$ より,
$3 \times 2 - V_E \times 6 = 0$
$6 - V_E \times 6 = 0$
$\therefore V_E = \underline{1}$ 〔kN〕

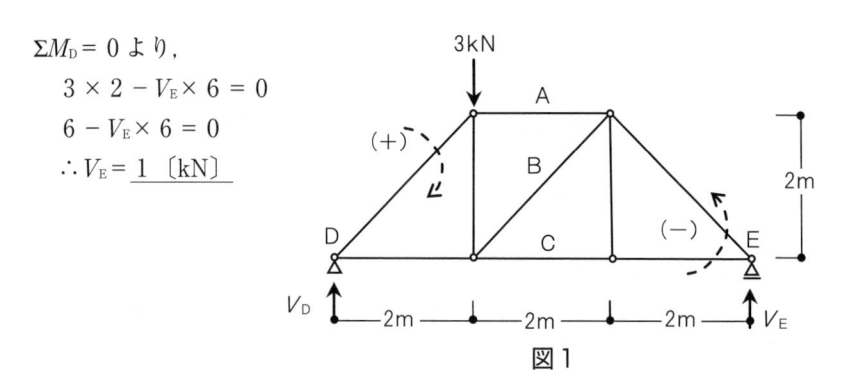

図1

(2) 図2のように，部材A，B，Cを含んでトラスを切断し，切断した部材の軸方向力を，N_A，N_B，N_Cのように，引張力で仮定します。
また，**切断法による解法の場合，最初に，つり合い条件式の $\Sigma M = 0$ を考え，$\Sigma M = 0$ で解法できない場合に $\Sigma X = 0$ または $\Sigma Y = 0$ を考えることが重要です。**

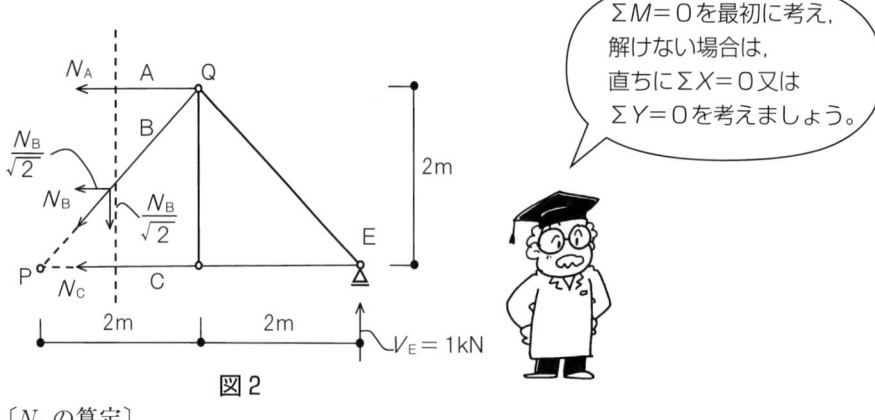

> $\Sigma M = 0$ を最初に考え，解けない場合は，直ちに $\Sigma X = 0$ 又は $\Sigma Y = 0$ を考えましょう。

図2

〔N_A の算定〕
  $\Sigma M_P = 0$ より，（点Pは，求める N_A 以外の力 N_B，N_C の作用線の交点）
  $-N_A \times 2 - V_E \times 4 = 0$
  $-N_A \times 2 - 1 \times 4 = 0$
  $-4 = N_A \times 2$
$\therefore N_A = \underline{-2}$ 〔kN〕

〔N_B の算定〕
  釣り合い条件式の $\Sigma M = 0$ で解法できない（求める N_B 以外の力 $N_A N_C$ の作用線の交点がない）ので，$\Sigma X = 0$ または $\Sigma Y = 0$ を考えます。

第1章　構造力学

また、$\Sigma X = 0$ または $\Sigma Y = 0$ を考える場合、図3のように、N_B を水平方向 $\dfrac{N_B}{\sqrt{2}}$、鉛直方向 $\dfrac{N_B}{\sqrt{2}}$ に分解します。

したがって、$\Sigma Y = 0$ より、

$$-\dfrac{N_B}{\sqrt{2}} + V_E = 0$$

$$-\dfrac{N_B}{\sqrt{2}} + 1 = 0$$

$$\dfrac{N_B}{\sqrt{2}} = 1$$

$$\therefore N_B = \sqrt{2} \ \text{[kN]}$$

図3

〔N_C の算定〕

$\Sigma M_Q = 0$ より、（点Qは、求める N_C 以外の力 N_A、N_B の作用線の交点）

$$N_C \times 2 - V_E \times 2 = 0$$

$$N_C \times 2 - 1 \times 2 = 0$$

$$N_C \times 2 = 2$$

$$\therefore N_C = \underline{1} \ \text{[kN]}$$

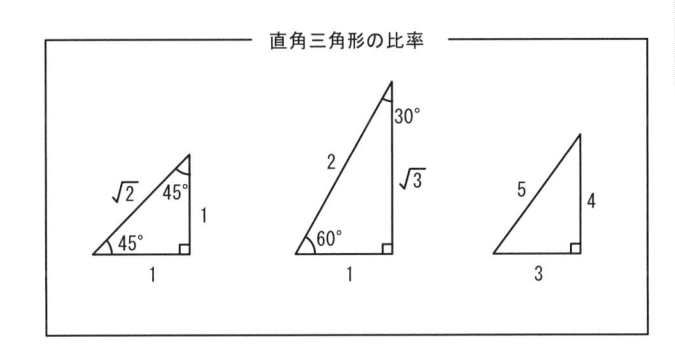

直角三角形の比率

必ず覚えよう！

正解　1

【問題14】図のような荷重を受ける静定トラスにおいて、部材Aに生じる軸方向力として、正しいものは、次のうちどれか。ただし、軸方向力は、引張力を「＋」、圧縮力を「－」とする。

1. $+2\sqrt{2}$ kN

2. $+\sqrt{2}$ kN

3. 0 kN

4. $-\sqrt{2}$ kN

5. $-2\sqrt{2}$ kN

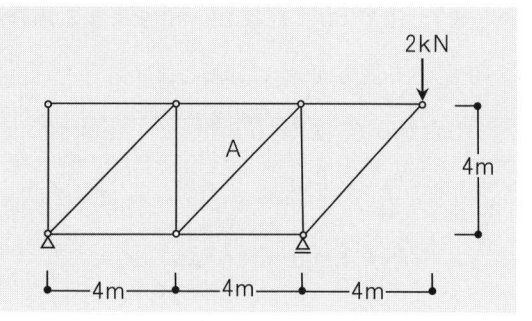

解説

【問題13】の解説を参照してください。

（1）図1のように，支点Bの垂直反力をV_B，支点Cの垂直反力をV_Cとし，V_Cを求めます。（→切断して右側の部材を残すため）

$\Sigma M_B = 0$ より，

$2 \times 12 - V_C \times 8 = 0$

$24 - V_C \times 8 = 0$

$\therefore V_C = \underline{3}$ 〔kN〕

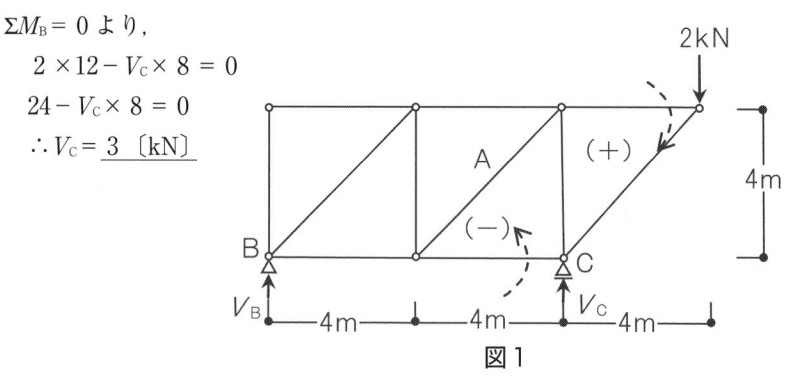

図1

（2）図2のように，部材Aを含んでトラスを切断し，切断した部材の軸方向力を，N_1，N_A，N_2のように，引張力で仮定します。

つり合い条件式の$\Sigma M = 0$で解法できないので，$\Sigma X = 0$または$\Sigma Y = 0$を考えます。

図2のように，N_Aを水平方向$\dfrac{N_A}{\sqrt{2}}$，鉛直方向$\dfrac{N_A}{\sqrt{2}}$に分解します。

$\Sigma Y = 0$ より，

$-\dfrac{N_A}{\sqrt{2}} + V_C - 2 = 0$

$-\dfrac{N_A}{\sqrt{2}} + 3 - 2 = 0$

第1章 構造力学

$$\frac{N_A}{\sqrt{2}} = 1$$

$$\therefore N_A = \sqrt{2} \ [kN]$$

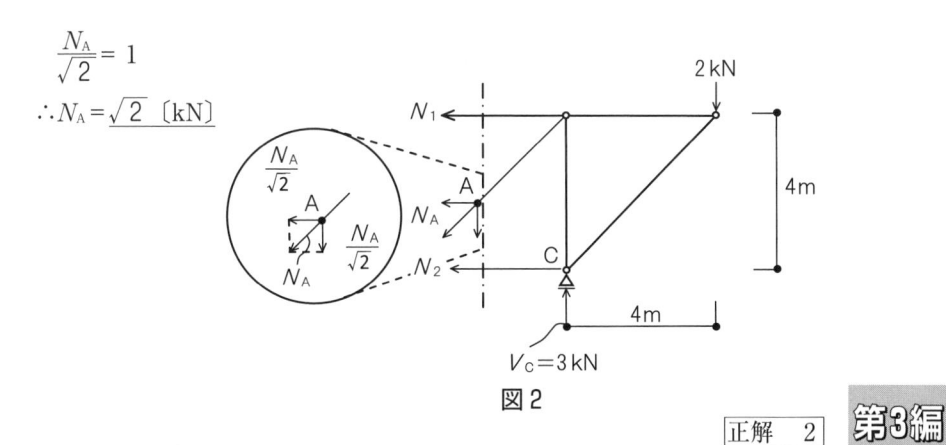

図2

正解 2

【問題15】
図のような外力を受ける静定トラスにおいて，部材 A，B，C に生じる軸方向力の組合せとして，正しいものは，次のうちどれか。ただし，軸方向力は，引張力を「＋」，圧縮力を「－」とする。

	A	B	C
1.	－1kN	－2kN	－1kN
2.	－1kN	－1kN	－2kN
3.	＋1kN	－1kN	－1kN
4.	＋1kN	＋1kN	－1kN
5.	＋2kN	＋2kN	－2kN

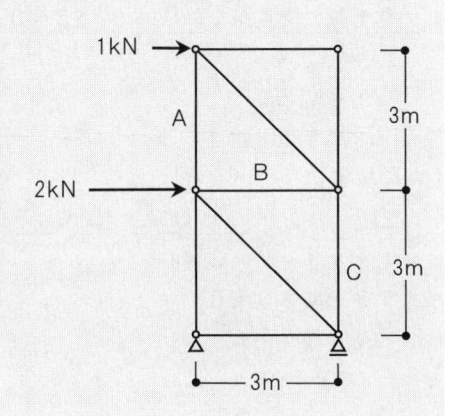

解説

【問題13】の解説を参照してください。

（1）図のように，部材 A，B，C を含んでトラスを切断し，切断した部材の軸方向力を，N_A，N_B，N_C のように，引張力で仮定します。

なお，支点を含まない部材を残す場合，反力の計算が不要です。

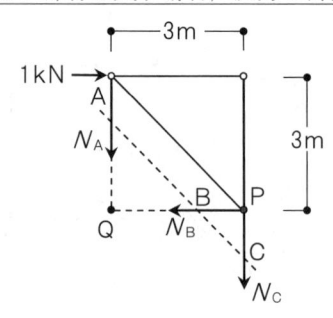

〔N_A の算定〕

$\Sigma M_P = 0$ より，（点 P は，求める N_A 以外の力 N_B, N_C の作用線の交点）

$1 \times 3 - N_A \times 3 = 0$

$3 - N_A \times 3 = 0$

$3 = N_A \times 3$

$\therefore N_A = \underline{1}$ 〔kN〕

〔N_B の算定〕

つり合い条件式の $\Sigma M = 0$ で解法できない（求める N_B 以外の力 N_A, N_C の作用線の交点がない）ので，$\Sigma X = 0$ または $\Sigma Y = 0$ を考えます。

$\Sigma X = 0$ より，

$1 - N_B = 0$

$\therefore N_B = \underline{1}$ 〔kN〕

〔N_C の算定〕

$\Sigma M_Q = 0$ より，（点 Q は，求める N_C 以外の力 N_A, N_B の作用線の交点）

$1 \times 3 + N_C \times 3 = 0$

$3 + N_C \times 3 = 0$

$N_C \times 3 = -3$

$\therefore N_C = \underline{-1}$ 〔kN〕

正解　4

得点力アップのポイント

○ トラス部材の応力（軸方向力）の求め方

①軸方向力を求める部分で構造物を切断し，片方を選択します。ただし，選択する方に支点がある場合は，切断する前に反力を求めておきます。

②トラス部材には，せん断力 Q や曲げモーメント M は生じないため，軸方向力 N のみを引張方向（＋方向）に仮定します。

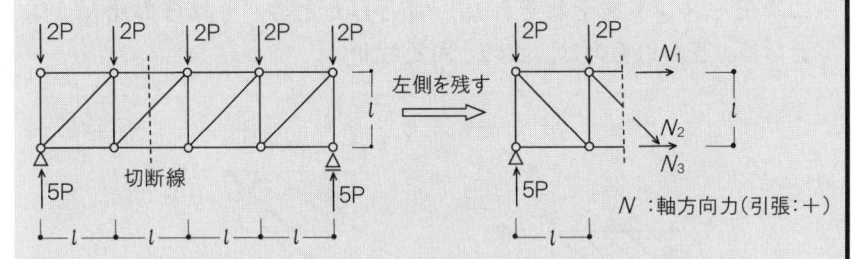

③つり合い条件式から軸方向力 N を求めます。
・N_1 を求める場合→N_2 と N_3 の作用線の交点を回転の中心 P→$\Sigma M_P = 0$
・N_3 を求める場合→N_1 と N_2 の作用線の交点を回転の中心 Q→$\Sigma M_Q = 0$
・N_2 を求める場合→N_2 を水平方向 N_X と鉛直方向 N_Y に分解→$\Sigma X = 0$ 又は $\Sigma Y = 0$
（※作用線の交点がなく$\Sigma M = 0$ が使用できない場合）

5. 断面の性質

5-1. 断面二次モーメントに関する問題

【問題16】 図のような断面A及び断面Bにおいて，X軸に関する断面二次モーメントをそれぞれ I_{XA}, I_{XB} としたとき，それらの比 $I_{XA}:I_{XB}$ として，正しいものは，次のうちどれか。

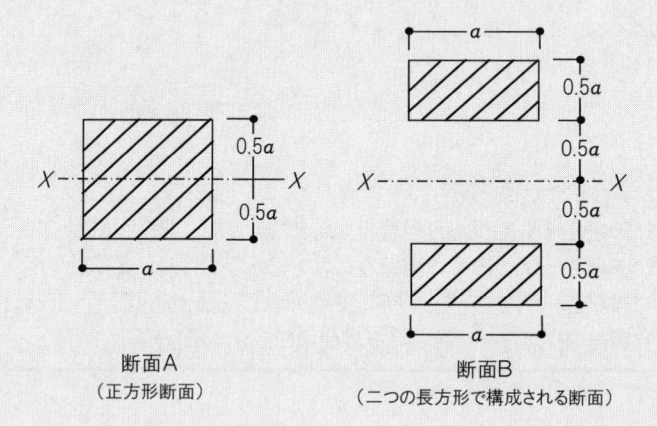

断面A
（正方形断面）

断面B
（二つの長方形で構成される断面）

	$I_{XA} : I_{XB}$
1.	1 : 8
2.	1 : 7
3.	1 : 6
4.	1 : 5
5.	1 : 3

第1章　構造力学

解説 断面二次モーメントの公式の暗記

（1）I_{XA} の算定

$$I_{XA} = \frac{a \times a^3}{12} = \frac{a^4}{12}$$

（2）I_{XB} の算定

　I_{XB} を求める場合，長方形全体の断面二次モーメント I_1 から，中空部分の断面二次モーメント I_2 を引いて求めます。（図を参照）

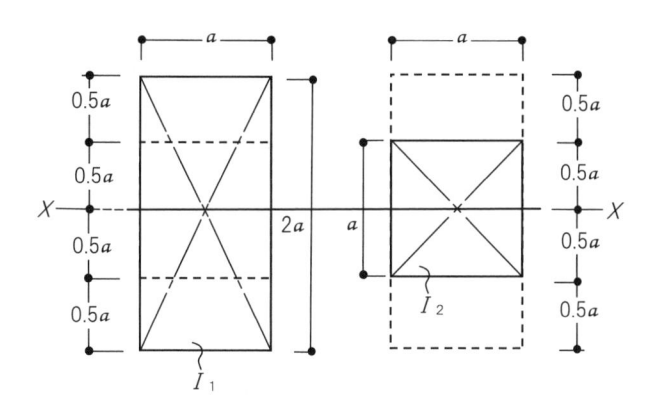

$$I_1 = \frac{a \times (2a)^3}{12} = \frac{a \times 8a^3}{12} = \frac{8a^4}{12}$$

$$I_2 = \frac{a \times a^3}{12} = \frac{a^4}{12}$$

$$\therefore I_{XB} = I_1 - I_2 = \frac{8a^4}{12} - \frac{a^4}{12} = \frac{7a^4}{12}$$

したがって，（1），（2）より，

$$I_{XA} : I_B = \frac{a^4}{12} : \frac{7a^4}{12} = 1 : 7$$

$I = \dfrac{bh^3}{12}$　$I = \dfrac{横 \times 縦 \times 縦 \times 縦}{12}$

正解　2

358　第3編　学科Ⅲ・構造

部材の断面性能

断面	断面積 A(cm²)	重心軸から縁までの距離 y (cm)	断面2次モーメント I(cm⁴)	断面係数 Z(m³)	断面2次半径 $i(\text{cm})=\sqrt{\dfrac{I}{A}}$
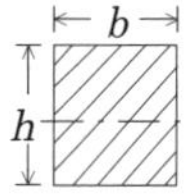 長方形 (b×h)	bh	$\dfrac{h}{2}$	$\dfrac{bh^3}{12}$	$\dfrac{bh^2}{6}$	$\dfrac{h}{\sqrt{12}}$
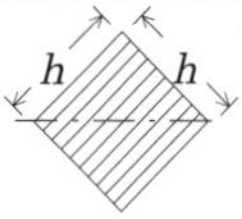 ひし形	h^2	$\dfrac{\sqrt{2}\,h}{2}$	$\dfrac{h^4}{12}$	$\dfrac{\sqrt{2}}{12}h^3$	$\dfrac{h}{\sqrt{12}}$
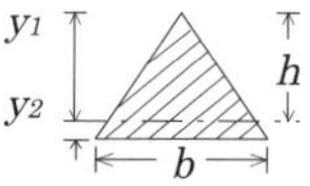 三角形	$\dfrac{bh}{2}$	$y_1=\dfrac{2h}{3},\ y_2=\dfrac{h}{3}$	$\dfrac{bh^3}{36}$	$Z_1=\dfrac{bh^2}{24},\ Z_2=\dfrac{bh^2}{12}$	$\dfrac{h}{\sqrt{18}}$
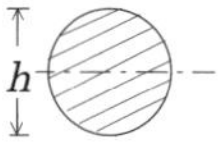 円	$\dfrac{\pi D^2}{4}$	$\dfrac{D}{2}$	$\dfrac{\pi D^4}{64}$	$\dfrac{\pi D^3}{32}$	$\dfrac{D}{4}$

【問題17】図のような中空断面における X 軸に関する断面二次モーメントの値として，正しいものは，次のうちどれか。

1. $\dfrac{23}{3}l^4$

2. $\dfrac{35}{3}l^4$

3. $\dfrac{40}{3}l^4$

4. $\dfrac{47}{3}l^4$

5. $\dfrac{119}{3}l^4$

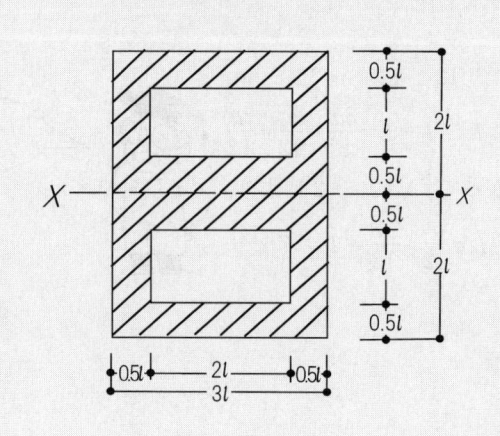

解説

設問の中空断面における X 軸に関する断面二次モーメント I_X を求める場合，図のように I_1, I_2, I_3 を考え，$I_1 - I_2 + I_3$ を計算します。

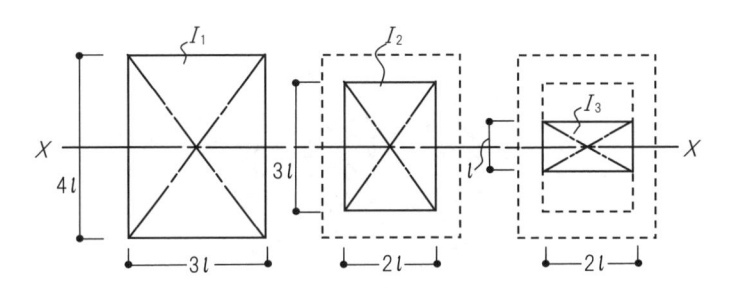

$$I_1 = \frac{3l \times (4l)^3}{12} = \frac{3l \times 4l \times 4l \times 4l}{12} = 16l^4$$

$$I_2 = \frac{2l \times (3l)^3}{12} = \frac{2l \times 3l \times 3l \times 3l}{12} = \frac{9}{2}l^4$$

$$I_3 = \frac{2l \times l^3}{12} = \frac{1}{6}l^4$$

したがって，$I_X = I_1 - I_2 + I_3$

$$= 16l^4 - \frac{9}{2}l^4 + \frac{1}{6}l^4$$

$$= \frac{96}{6}l^4 - \frac{27}{6}l^4 + \frac{1}{6}l^4$$

$$= \frac{70}{6}l^4$$

$$= \frac{35}{3}l^4$$

断面二次モーメントは，面積の計算と同じく，足したり引いたりできます。

正解 2

【問題18】図のような断面のX軸及びY軸に関する断面二次モーメントの値の差の絶対値として，正しいものは，次のうちどれか。

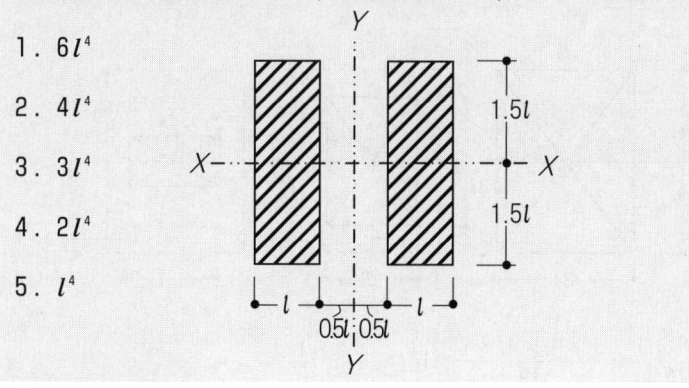

1. $6l^4$
2. $4l^4$
3. $3l^4$
4. $2l^4$
5. l^4

解説

（1）X軸に関する断面二次モーメント I_X の算定

図1により，I_X は，図心を通る軸についての断面二次モーメント I の2倍です。

$$I = \frac{l \times (3l)^3}{12} = \frac{l \times 3l \times 3l \times 3l}{12} = \frac{9}{4}l^4$$

$$\therefore I_X = I \times 2 = \frac{9}{4}l^4 \times 2 = \frac{9}{2}l^4$$

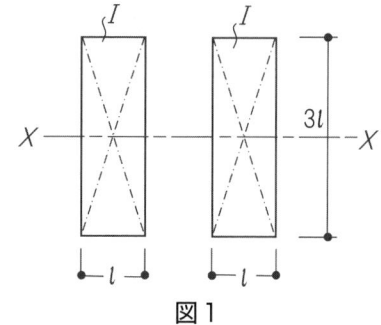

図1

（2）Y軸に関する断面二次モーメント I_Y の算定

I_Y を求める場合，長方形全体の断面二次モーメント I_1 から，中空部分の断面二次モーメント I_2 を引いて求めます。（図2を参照）

$$I_1 = \frac{3l \times (3l)^3}{12} = \frac{3l \times 3l \times 3l \times 3l}{12} = \frac{27}{4}l^4$$

$$I_2 = \frac{3l \times l^3}{12} = \frac{1}{4}l^4$$

$$\therefore I_Y = I_1 - I_2$$

$$= \frac{27}{4}l^4 - \frac{1}{4}l^4$$

$$= \frac{26}{4}l^4$$

$$= \frac{13}{2}l^4$$

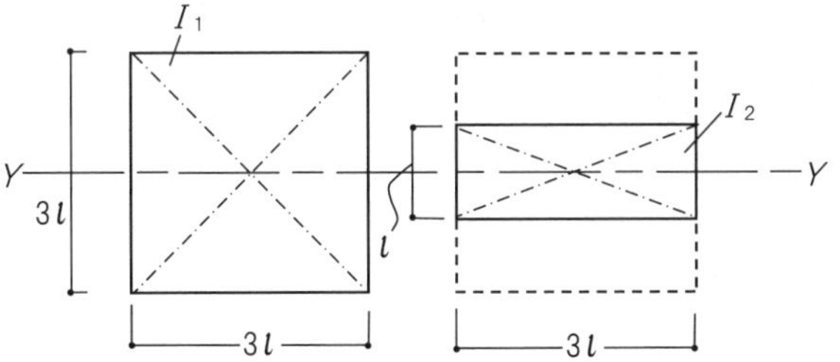

図2

（1），（2）より，

$$I_Y - I_X = \frac{13}{2}l^4 - \frac{9}{2}l^4$$

$$= \frac{4}{2}l^4 = \underline{2l^4}$$

正解　4

得点力アップのポイント

○ 図心軸を通るX軸に関する断面二次モーメントと断面係数
断面形状
断面二次モーメント I
断面係数 Z

断面形状	断面二次モーメント I	断面係数 Z
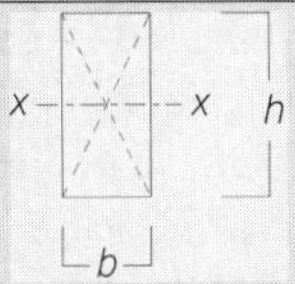	$\dfrac{bh^2}{12}$	$\dfrac{bh^2}{6}$
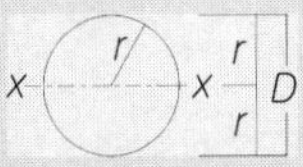	$\dfrac{\pi r^4}{4}$	$\dfrac{\pi r^3}{4}$
	$\dfrac{\pi D^4}{64}$	$\dfrac{\pi D^3}{32}$

第3編　学科Ⅲ・構造

6. 座屈

6-1. 弾性座屈荷重に関する問題

【問題19】 長柱の弾性座屈荷重に関する次の記述のうち，最も不適当なものはどれか。

1. 弾性座屈荷重は，材料のヤング係数に反比例する。
2. 弾性座屈荷重は，柱の座屈長さの2乗に反比例する。
3. 弾性座屈荷重は，柱の断面二次モーメントに比例する。
4. 弾性座屈荷重は，柱の両端の支持条件が「水平移動自由で両端固定の場合」と「水平移動拘束で両端ピンの場合」とでは，同じとなる。
5. 弾性座屈荷重は，柱の両端の支持条件がピンの場合より固定の場合のほうが大きい。

解説　弾性座屈荷重の理解

中心圧縮力を受ける部材が弾性域で座屈する弾性座屈荷重 P_k は，次式で表されます。

$$P_k = \frac{\pi^2 EI}{l_k^2}$$

π：円周率（3.14）
E：ヤング係数
I：座屈軸（弱軸）についての断面二次モーメント
l_k：座屈長さ（支持条件により，図のように決められています）

弱軸は，部材断面の長手方向に平行な軸です。

座屈形状と座屈長さ

支持条件	水平移動拘束			水平移動自由		
	両端固定	一端ピン 他端固定	両端ピン	両端固定	一端自由 他端固定	一端ピン 他端固定
座屈形状	l_k	l_k	l	l_k	l_k	l_k
座屈長さ l_k	$0.5l$	$0.7l$	l	l	$2l$	$2l$

←同じこと→

1. 弾性座屈荷重 P_k は，材料の**ヤング係数 E** に比例します。
2. 弾性座屈荷重 P_k は，柱の**座屈長さ l_k** の 2 乗に反比例します。
3. 弾性座屈荷重 P_k は，柱の**断面二次モーメント I** に比例します。
4. 柱の両端の支持条件の違いによる柱の座屈長さ l_k は，下記のとおりです。
    ①水平移動自由で両端固定の場合：$l_k = l$
    ②水平移動拘束で両端ピンの場合：$l_k = l$
    したがって，①と②の座屈長さ l_k は等しく，弾性座屈荷重 P_k は，同じになります。
5. 柱の両端の支持条件の違いによる柱の座屈長さ l_k は，下記のとおりです。
    ①両端の支持条件が**ピン**の場合：$l_k = l$
    ②両端の支持条件が**固定**の場合：$l_k = 0.5l$
    弾性座屈荷重は，柱の**座屈長さ l_k** の 2 乗に反比例し，支持条件が固定の場合のほうが大きくなります。

正解　1

弾性座屈荷重は，材料の圧縮強度には関係しません。

【問題20】図のような材の長さ及び材端の支持条件が異なる柱A,B,Cの弾性座屈荷重をそれぞれ P_A, P_B, P_C としたとき、それらの大小関係として、正しいものは、次のうちどれか。ただし、すべての柱の材質及び断面形状は同じものとする。

1. $P_A > P_B > P_C$
2. $P_A > P_C > P_B$
3. $P_B > P_A > P_C$
4. $P_B > P_A = P_C$
5. $P_C > P_A > P_B$

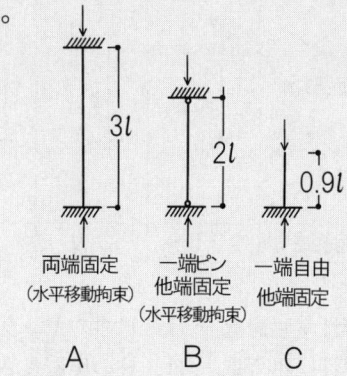

A: 両端固定（水平移動拘束）、長さ $3l$
B: 一端ピン他端固定（水平移動拘束）、長さ $2l$
C: 一端自由他端固定、長さ $0.9l$

解説

【問題19】の解説の弾性座屈荷重の式を参照してください。

柱の材質及び断面形状が同じですから、ヤング係数E、断面二次モーメントIは同じですので、弾性座屈荷重の大小関係は、柱の座屈長さ l_k で決まります。

- Aの座屈長さ l_{kA}：$3l \times 0.5 = 1.5l$
- Bの座屈長さ l_{kB}：$2l \times 0.7 = 1.4l$
- Cの座屈長さ l_{kC}：$0.9l \times 2.0 = 1.8l$

∴座屈長さ l_k の大小関係は、$l_{kC} > l_{kA} > l_{kB}$

したがって、弾性座屈荷重 P_k の大小関係は、座屈長さ l_k の2乗に反比例し、$P_B > P_A > P_C$ です。

弾性座屈荷重の問題は、オイラー式を書いてから考えましょう。

正解 3

第1章 構造力学

【問題21】図のような長さ l (m) の柱（材端条件は，両端ピン，水平移動拘束とする。）に圧縮力 P が作用したとき，次の l と I との組合せのうち，弾性座屈荷重が最も大きくなるものはどれか。ただし，I は断面二次モーメントの最小値とし，それぞれの柱は同一の材質で，断面は一様とする。

	l (m)	I (m⁴)
1.	3	10×10^{-5}
2.	3	8×10^{-5}
3.	2	6×10^{-5}
4.	2	4×10^{-5}
5.	1	2×10^{-5}

解説

弾性座屈荷重の大小関係は，$\dfrac{I}{l^2}$ の大小関係から判断できます。

（1）選択肢1と2の比較

　l が同じですので，I の大小関係から1のほうが弾性座屈荷重は大きいです。

（2）選択肢3と4の比較

　（1）と同様に考えて，3のほうが弾性座屈荷重は大きいです。

（3）したがって，1，3，5について $\dfrac{I}{l^2}$ を計算します。

　1. $\dfrac{10 \times 10^{-5}}{3^2} = \dfrac{10}{9} \times 10^{-5} \fallingdotseq 1.11 \times 10^{-5}$

　3. $\dfrac{6 \times 10^{-5}}{2^2} = \dfrac{6}{4} \times 10^{-5} = 1.5 \times 10^{-5}$

　5. $\dfrac{2 \times 10^{-5}}{1^2} = 2 \times 10^{-5}$

したがって，弾性座屈荷重が最も大きくなるものは，選択肢5です。

正解　5

【問題22】図のような材の長さ及び材端の支持条件が異なる柱A，B，Cの弾性座屈荷重をそれぞれP_A，P_B，P_Cとしたとき，それらの大小関係として，正しいものは，次のうちどれか。ただし，すべての柱の材質及び断面形状は同じものとする。

1. $P_C > P_A = P_B$
2. $P_B > P_A = P_C$
3. $P_B > P_C > P_A$
4. $P_A > P_B > P_C$
5. $P_A = P_C > P_B$

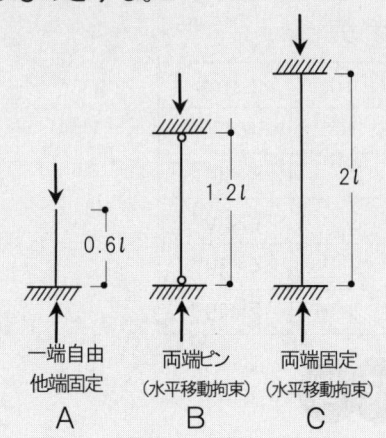

A：一端自由 他端固定（$0.6l$）
B：両端ピン（水平移動拘束）（$1.2l$）
C：両端固定（水平移動拘束）（$2l$）

解説

【問題20】の解説を参照してください。

- Aの座屈長さ l_{kA}：$0.6l \times 2.0 = 1.2l$
- Bの座屈長さ l_{kB}：$1.2l \times 1.0 = 1.2l$
- Cの座屈長さ l_{kC}：$2l \times 0.5 = 1.0l$

∴座屈長さ l_k の大小関係は，$l_{kA} = l_{kB} > l_{kC}$

したがって，弾性座屈荷重 P_k の大小関係は，座屈長さ l_k の2乗に反比例し，$P_C > P_A = P_B$ です。

正解　1

得点力アップのポイント

- 弾性座屈荷重は，柱の断面二次モーメントに比例する。
- 弾性座屈荷重は，材料のヤング係数に比例する。
- 弾性座屈荷重は，柱の曲げ剛性に比例する。
- 弾性座屈荷重は，柱の材端の条件がピンの場合より固定の場合のほうが大きい。

7．応力度

7-1．応力度に関する問題

【問題23】 図のような荷重を受ける単純梁に，断面60mm×100mmの部材を用いた場合，その部材に生じる最大曲げ応力度の大きさと最大せん断応力度の大きさとの組合せとして，正しいものは，次のうちどれか。ただし，部材の自重は無視するものとする。

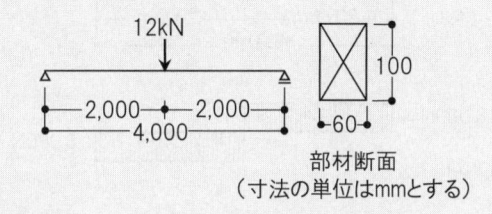

	最大曲げ応力度 (N/mm²)	最大せん断応力度 (N/mm²)
1.	60	1.3
2.	60	1.5
3.	120	1.0
4.	120	1.3
5.	120	1.5

解説　曲げ応力度とせん断応力度の理解

（1）最大せん断応力度の算定

部材に生じる最大せん断応力度 τ_{max}〔N/mm²〕は，次式で求めます。

$$\tau_{max} = 1.5 \times \frac{Q_{max}}{A}$$

Q_{max}：部材の最大せん断力〔N〕

A：部材の断面積〔mm²〕

Q 図より，$Q_{max} = 6,000$ 〔N〕

また，$A = 60 \times 100 = 6,000$ 〔mm²〕

したがって，$\tau_{max} = 1.5 \times \dfrac{Q_{max}}{A}$

$= 1.5 \times \dfrac{6,000}{6,000}$

$= \underline{1.5}$ 〔N/mm²〕

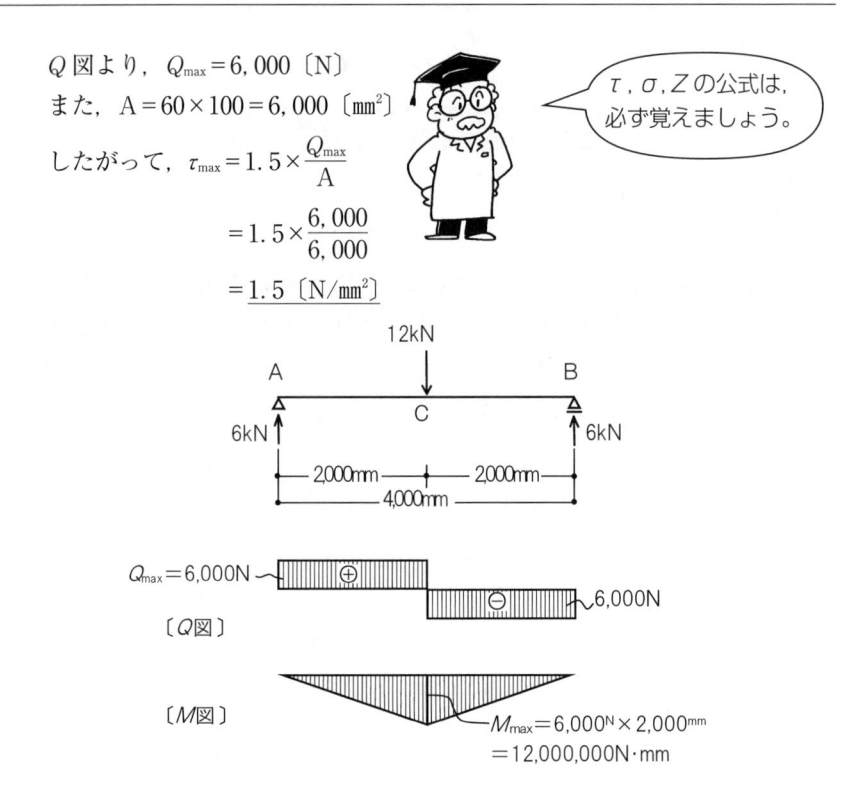

τ，σ，Zの公式は，必ず覚えましょう。

（2）最大曲げ応力度の算定

部材に生じる最大曲げ応力度 σ_{max} 〔N/mm²〕は，次式で求めます。

$$\sigma_{max} = \dfrac{M_{max}}{Z}, \quad Z = \dfrac{bh^2}{6}$$

M_{max}：部材の最大曲げモーメント〔N・mm〕

Z：断面係数

M 図より，$M_{max} = 6,000 \times 2,000 = 12,000,000$ 〔**N・mm**〕

また，$Z = \dfrac{bh^2}{6} = \dfrac{60 \times 100 \times 100}{6} = 100,000$ 〔mm³〕

したがって，$\sigma_{max} = \dfrac{M_{max}}{Z} = 12,000,000/100,000 = \underline{120}$ 〔N/mm²〕

正解　5

代表的な荷重条件によるQ図とM図

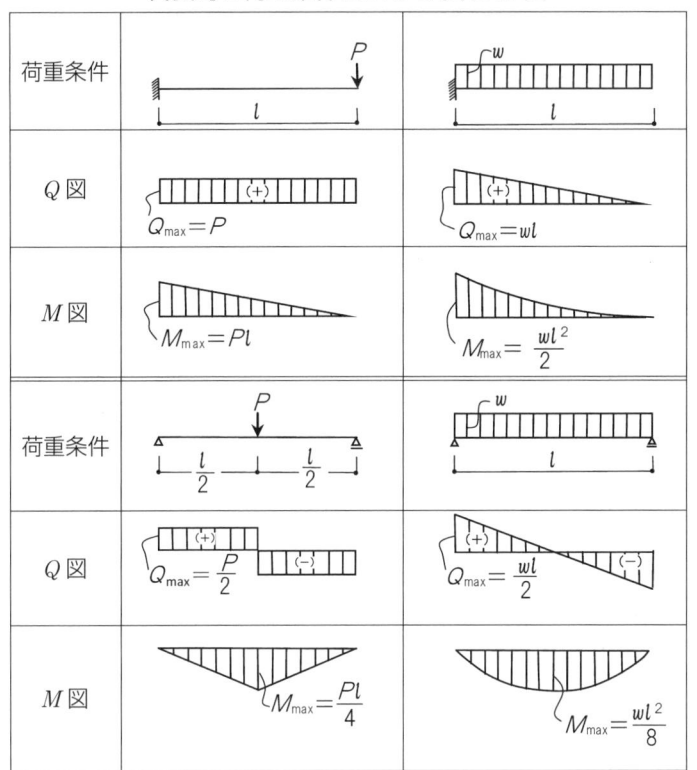

荷重条件	片持梁に先端集中荷重P、スパンl	片持梁に等分布荷重w、スパンl
Q図	$Q_{max} = P$	$Q_{max} = wl$
M図	$M_{max} = Pl$	$M_{max} = \dfrac{wl^2}{2}$
荷重条件	単純梁中央集中荷重P、スパンl（$\dfrac{l}{2}$, $\dfrac{l}{2}$）	単純梁等分布荷重w、スパンl
Q図	$Q_{max} = \dfrac{P}{2}$	$Q_{max} = \dfrac{wl}{2}$
M図	$M_{max} = \dfrac{Pl}{4}$	$M_{max} = \dfrac{wl^2}{8}$

【問題24】図のような荷重を受ける，スパンが等しく断面の異なる単純梁A及び単純梁Bにおいて，C_A点，C_B点に生じる最大曲げ応力度をそれぞれ σ_A，σ_B としたとき，それらの比 $\sigma_A : \sigma_B$ として，正しいのは，次のうちどれか。ただし，単純梁に用いる部材はいずれも同じ材質とし，自重は無視するものとする。

	$\sigma_A : \sigma_B$
1.	9 : 8
2.	9 : 4
3.	4 : 3
4.	3 : 4
5.	1 : 3

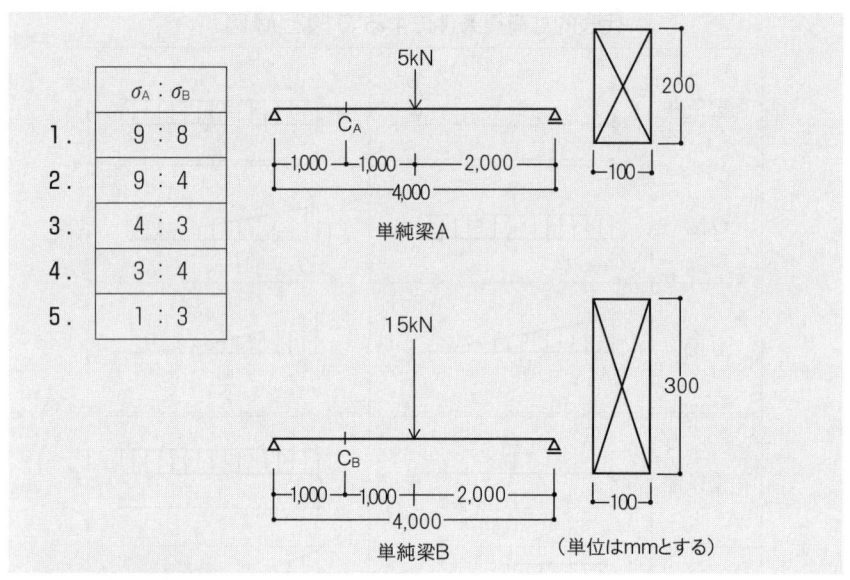

単純梁A

単純梁B

（単位はmmとする）

解説

【問題23】の解説を参照してください。

（1）σ_A の算定

　C_A 点に生じる曲げモーメントを M_{CA} とし，

　$\sigma_A = \dfrac{M_{CA}}{Z}$，$Z = \dfrac{bh^2}{6}$ を用いて計算します。

　M 図より，$M_{CA} = 2,500 \times 1,000 = 2,500,000$ 〔N・mm〕

　また，$Z = \dfrac{bh^2}{6} = \dfrac{100 \times 200 \times 200}{6} = \dfrac{2,000,000}{3}$ 〔mm³〕

　したがって，$\sigma_A = \dfrac{M_{CA}}{Z}$

　　　　　　　　　$= 2,500,000 \times \dfrac{3}{2,000,000}$

　　　　　　　　　$= \dfrac{75}{20} = \dfrac{15}{4}$

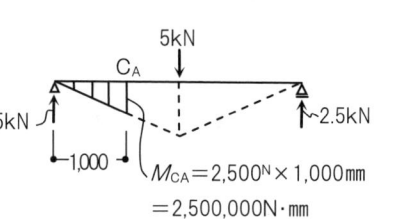

単純梁AのM図

$M_{CA} = 2,500^N \times 1,000$ mm $= 2,500,000$ N・mm

（2）σ_B の算定

　C_B 点に生じる曲げモーメントを M_{CB} とし，

　$\sigma_B = \dfrac{M_{CB}}{Z}$，$Z = \dfrac{bh^2}{6}$ を用いて計算します。

M 図より，$M_{CB}=7,500×1,000=7,500,000$ 〔N・mm〕

また，$Z=\dfrac{bh^2}{6}=\dfrac{100×300×300}{6}=1,500,000$ 〔mm³〕

したがって，$\sigma_B=\dfrac{M_{CB}}{Z}$

$=\dfrac{7,500,000}{1,500,000}$

$=\dfrac{75}{15}=\dfrac{15}{3}$

（1），（2）より，$\sigma_A:\sigma_B=\dfrac{15}{4}:\dfrac{15}{3}=\underline{3:4}$

$M_{CB}=7,500^N×1,000\text{mm}$
$=7,500,000\text{N・mm}$

単純梁BのM図

正解　4

【問題25】図のような荷重を受ける単純梁に断面100mm×200mmの部材を用いた場合，その部材が許容曲げモーメントに達するときの荷重Pの値として，正しいものは，次のうちどれか。ただし，部材の許容曲げ応力度は20N/mm²とし，自重は無視するものとする。

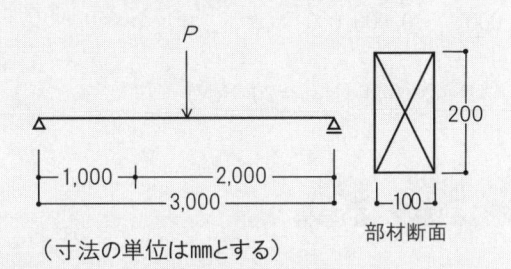

1．5kN
2．10kN
3．15kN
4．20kN
5．30kN

（寸法の単位はmmとする）
部材断面

解　説　部材の許容曲げ応力度の理解

許容応力度とは，部材の応力度の限界値です。**部材に生じる応力度**は，この許容応力度以下である必要があります。

したがって，次の関係式が成り立ちます。

部材に生じる曲げ応力度 $\sigma_b\left(=\dfrac{M}{Z}\right)$ ≦許容曲げ応力度 f_b

ここで，部材が許容曲げモーメント M_a に達したときの許容曲げ応力度を f_b

とした場合，$\dfrac{M_a}{Z}=f_b$ （$M_a=f_b×Z$）の関係式が成り立ちます。

(1) M_{max} の算定

A点の反力 V_A を求めます。

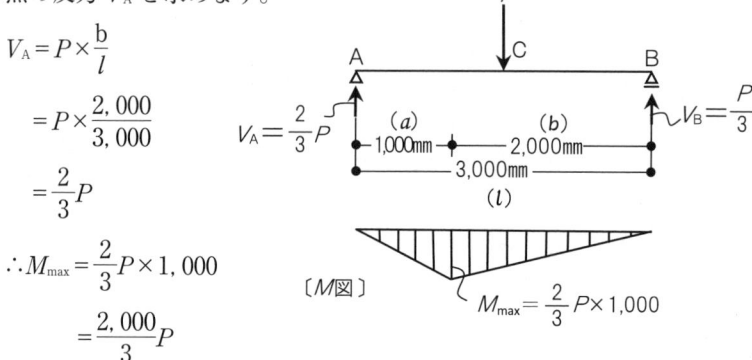

$$V_A = P \times \dfrac{b}{l}$$
$$= P \times \dfrac{2,000}{3,000}$$
$$= \dfrac{2}{3}P$$

$\therefore M_{max} = \dfrac{2}{3}P \times 1,000$
$= \dfrac{2,000}{3}P$

(2) 許容曲げモーメント M_a の算定

$$M_a = f_b \times Z = 20 \times \dfrac{100 \times 200 \times 200}{6}$$
$$= \dfrac{40,000,000}{3}$$

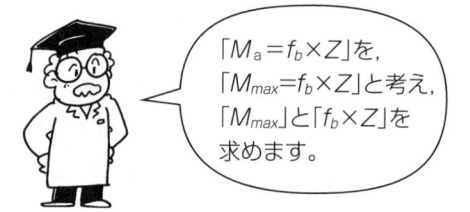

したがって，$M_{max} = M_a$ の関係から，

$\dfrac{2,000}{3}P = \dfrac{40,000,000}{3}$

$\therefore P = 20,000$ 〔N〕 = 20 〔kN〕

「$M_a = f_b \times Z$」を，「$M_{max} = f_b \times Z$」と考え，「M_{max}」と「$f_b \times Z$」を求めます。

正解 4

【問題26】図のような荷重を受ける単純梁に，断面120mm×200mmの部材を用いた場合，その部材が許容曲げモーメントに達するときの荷重 P の値として，正しいものは，次のうちどれか。ただし，部材の許容曲げ応力度は20N/mm²とし，自重は無視するものとする。

第1章 構造力学

1. 4kN
2. 6kN
3. 8kN
4. 12kN
5. 16kN

（寸法の単位はmmとする）

解説

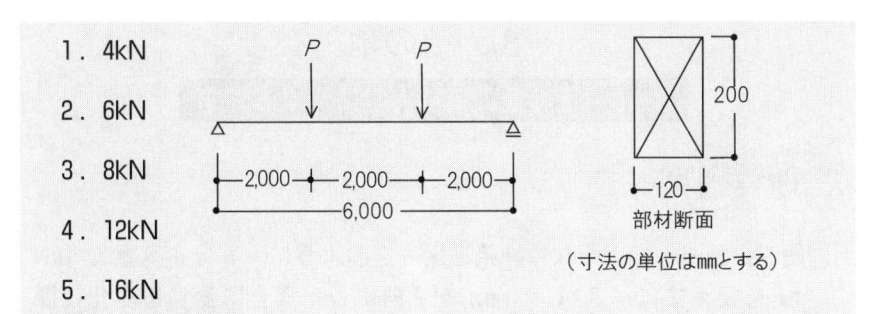

（1）M_{max}の算定

支点A及びBの反力V_A，V_Bは，荷重及び骨組が左右対称ですので，全荷重$2P$の$\frac{1}{2}$となります。

$$V_A = V_B = P$$

$$\therefore M_{max} = P \times 2,000$$

（2）許容曲げモーメントM_aの算定

$$M_a = f_b \times Z = 20 \times \frac{120 \times 200 \times 200}{6}$$

$$= 16,000,000$$

したがって，$M_{max} = M_a$の関係から，

$$P \times 2,000 = 16,000,000$$

$$\therefore P = 8,000 \text{ [N]} = \underline{8 \text{ [kN]}}$$

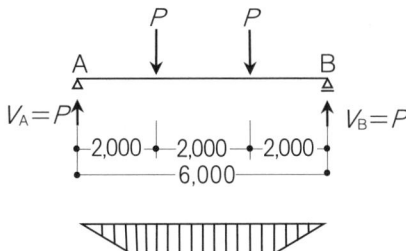

正解 3

得点力アップのポイント

○ 応力度：単位面積あたりに生じる応力

長方形断面（b×h）の応力度

応 力	応力度
軸方向力：N	垂直応力度：$\sigma = \dfrac{N}{A}$　　A：断面積（bh）
せん断力：Q	せん断応力度：$\tau = 1.5 \times \dfrac{Q}{A}$
曲げモーメント：M	曲げ応力度：$\sigma_b = \dfrac{M}{Z}$　　Z：断面係数 $\dfrac{bh^2}{6}$

8. その他

8-1. その他の構造力学に関する問題

【問題27】図－1のような単純梁を図－2のように，等分布荷重 w（kN/m）を変えずに，スパン l（m）を2倍にした場合に生じる変化に関する次の記述のうち，最も不適当なものはどれか。ただし，梁は，自重を無視するものとし，材質及び断面は変わらないものとする。

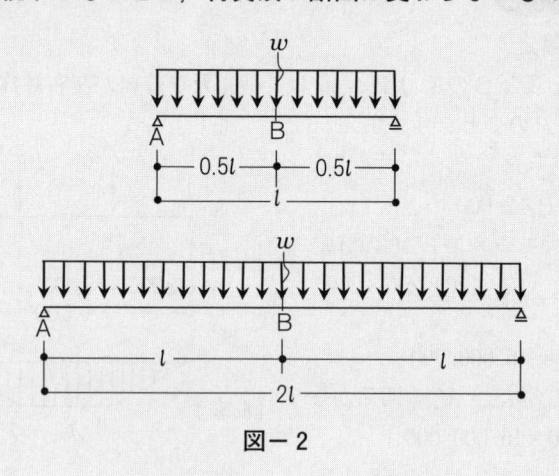

図－2

1. A点のたわみ角が8倍になる。
2. B点のたわみが16倍になる。
3. A点の鉛直反力が2倍になる。
4. 最大せん断力が2倍になる。
5. 最大曲げモーメントが2倍になる。

第1章 構造力学

解説

1. 等分布荷重 w が作用するスパン l の A 点のたわみ角 θ_A は，次式で表されます。

$$\theta_A = \frac{1}{24} \cdot \frac{wl^3}{EI} \quad (E：ヤング係数，I：断面二次モーメント)$$

したがって，材質（E）及び断面（I）は変わらないことから，**たわみ角はスパンの3乗に比例**します。スパンが2倍になれば，A 点のたわみ角は，8（$= 2^3$）倍になります。

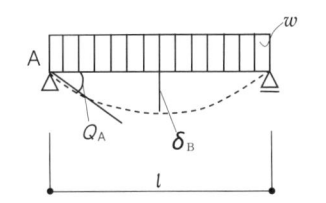

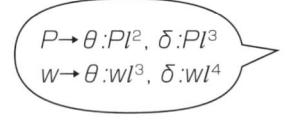

$P \to \theta:Pl^2,\ \delta:Pl^3$
$w \to \theta:wl^3,\ \delta:wl^4$

2. 等分布荷重 w が作用するスパン l の B 点のたわみ δ_B は，次式で表されます。

$$\delta_B = \frac{5}{384} \cdot \frac{wl^4}{EI} \quad (E：ヤング係数，I：断面二次モーメント)$$

したがって，材質（E）及び断面（I）は変わらないことから，**たわみはスパンの4乗に比例**します。スパンが2倍になれば，B 点のたわみは，16（$= 2^4$）倍になります。

3. 等分布荷重 w が作用するスパン l の A 点の鉛直反力 V_A は，次式で表されます。

$$V_A = \frac{wl}{2}$$

したがって，**鉛直反力は，スパンに比例**します。スパンが2倍になれば，A 点の鉛直反力は，2倍になります。

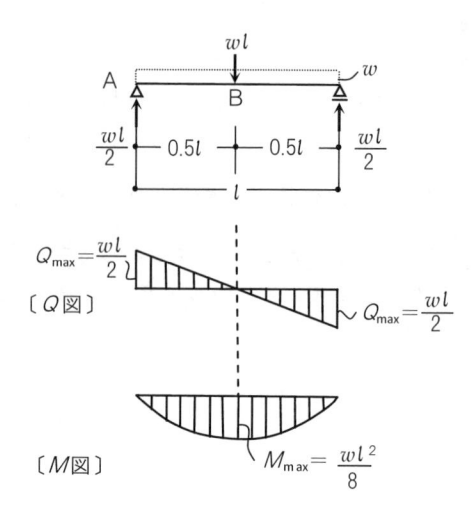

4. 等分布荷重 w が作用するスパン l の最大せん断力 Q_{max} は，次式で表されます。

$$Q_{max} = \frac{wl}{2}$$

したがって，**最大せん断力は，スパンに比例**します。スパンが2倍になれば，最大せん断力は，2倍になります。

5. 等分布荷重 w が作用するスパン l の最大曲げモーメント M_{max} は，次式で表されます。

$$M_{max} = \frac{wl^2}{8}$$

したがって，最大曲げモーメントは，**スパンの2乗に比例**します。スパンが2倍になれば，最大せん断力は，4（$=2^2$）倍になります。

正解　5

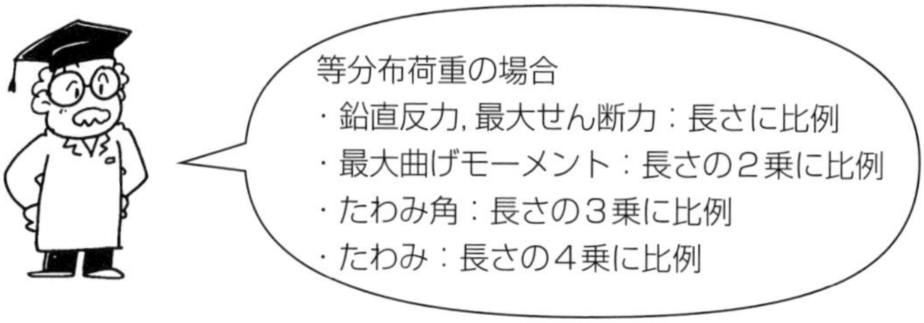

等分布荷重の場合
・鉛直反力, 最大せん断力：長さに比例
・最大曲げモーメント：長さの2乗に比例
・たわみ角：長さの3乗に比例
・たわみ：長さの4乗に比例

第1章　構造力学　　377

片持ち梁のたわみ角とたわみの公式

荷重	モーメント荷重 M	集中荷重 P	等分布荷重 w
荷重条件	(図)	(図)	(図)
たわみ角 θ	$\dfrac{Ml}{EI}$	$\dfrac{Pl^2}{2EI}$	$\dfrac{wl^3}{6EI}$
たわみ δ	$\dfrac{Ml^2}{2EI}$	$\dfrac{Pl^3}{3EI}$	$\dfrac{wl^4}{8EI}$

【問題28】 図のような剛体に結合されている部材A～Dが，弾性変形の範囲内で同一の変形（伸び）となるように力Pを下方に加えた場合，部材A～Dに生じる垂直応力度の大小関係として，正しいものは，次のうちどれか。ただし，部材A～Dの断面積は同一とし，ヤング係数 E 及び長さ l は下表に示す値である。また，部材A～D及び剛体の自重は無視するものとする。

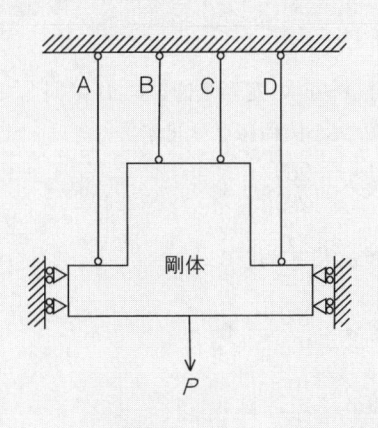

部材	ヤング係数 E (kN/mm^2)	部材の長さ l (mm)
A	200	200
B	200	100
C	100	100
D	100	200

1. A=B>C=D

2. A>B=D>C

3. A=D>B=C

4. B>A=C>D

5. B>A>C>D

解説　垂直応力度の理解

力＝□× 変形，の関係で，□がヤング係数です。

垂直応力度 σ は，次式から求められます。

　　$\sigma = E \times \varepsilon$ 　（E：ヤング係数　ε：ひずみ度）

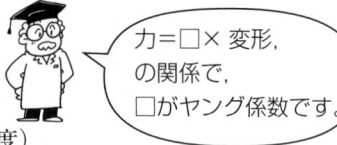

また，元の長さ l が $\varDelta l$ 変形した場合，$\varepsilon = \dfrac{\varDelta l}{l}$ の関係が成り立ちますので，

　　$\sigma = E \times \dfrac{\varDelta l}{l}$ となります。

設問において，部材 A～D の変形（伸び）$\varDelta l$ は同じですので，垂直応力度 σ の大小関係は，E/l の大小関係になります。

・部材 A の垂直応力度 σ_A：$\dfrac{200}{200} = 1.0$

・部材 B の垂直応力度 σ_B：$\dfrac{200}{100} = 2.0$

・部材 C の垂直応力度 σ_C：$\dfrac{100}{100} = 1.0$

・部材 D の垂直応力度 σ_D：$\dfrac{100}{200} = 0.5$

したがって，B＞A＝C＞D となります。

正解　4

第2章

一般構造

　一般構造は毎年12〜13問出題されます。近年の問題数は，荷重・外力2問，基礎・地盤1問，木造3問，鉄筋コンクリート造2問，鉄骨造2問，壁式構造1問，構造計画1問です。
　学習範囲が広く，学科Ⅳ（施工）との関連性が高いですが，まずは，次の内容をおさえると点数にしやすいです。
・過去に出題された選択肢の多い「荷重・外力」，「基礎」を理解する。
・木造の「耐力壁」，「部位・部材」，「接合」を理解する。
・比較的範囲の少ない壁式構造，補強コンクリートブロック造を理解する。
　なお，構造力学が苦手な場合は，文章問題で理解しやすい分野から勉強を進めましょう。難しい問題も，易しい問題も同じ1点です。

1．荷重・外力

1-1．荷重・外力に関する問題

【問題29】 構造計算における荷重及び外力に関する次の記述のうち，最も不適当なものはどれか．

1. 地下水位以深の地下外壁に対しては，土圧だけでなく水圧も考慮する．

2. 暴風時における建築物の転倒，柱の引抜き等を検討する場合においては，建築物の実況に応じて積載荷重を減らした数値によるものとする．

3. 屋根の積雪荷重は，屋根に雪止めがある場合を除き，その勾配が45度を超える場合においては，零とすることができる．

4. 風圧力を計算する場合の速度圧は，その地方において定められた風速の2乗に比例する．

5. 沖積粘性土の下層面が地盤面下15m以深である地域については，一般に，杭の「負の摩擦力」の検討を行う必要がある．

解説　荷重・外力の理解

1. 通常，建築物の地下外壁や擁壁には土圧が作用し，さらに，**地下水位面より深い位置**においては，土圧だけでなく水圧も作用します．

　また，地下外壁に地下水位が接する場合，地下水位が高いほど，地下外壁に作用する圧力は大きくなります．

第2章　一般構造

地下外壁に作用する力

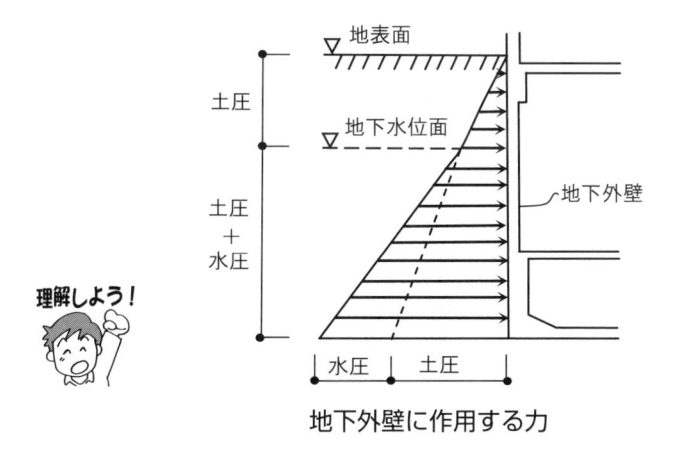

2. 暴風時における建築物の転倒，柱の引抜き等を検討する場合，**積載荷重が少ないと不利になる**ことがあります。したがって，建築物の実況に応じて積載荷重を減らした数値による検討が必要です。

3. 〔建築基準法施行令第86条第4項〕
　　屋根の積雪荷重は，屋根に雪止めがある場合を除き，屋根の勾配に応じて低減することができます。
　　通常，屋根の勾配が大きくなるほど積雪荷重は小さくなり，その勾配が60度を超える場合においては，零とすることができます。なお，60度の場合も零となります。

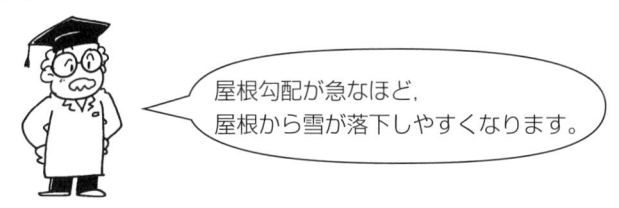

　　屋根勾配が急なほど，
　　屋根から雪が落下しやすくなります。

4. 〔建築基準法施行令第87条〕
　　建築物に作用する**風圧力**は，**風力係数**に**速度圧**を乗じて算出します。また，**速度圧**は，次式によって算出します。

　　　　$q = 0.6 E V_0^2$

　　　q：速度圧（N／m²）
　　　E：当該建築物の屋根の高さ及び周辺の地域に存する建築物その他の工作

物，樹木その他の風速に影響を与えるものの状況に応じて国土交通大臣が定める方法により算出した数値

V_0：**その地方における過去の台風の記録に基づく風害の程度**その他の風の性状に応じて30m／sから46m／sまでの範囲内において国土交通大臣が定める風速（m／s）

5．沖積粘性土のような**軟弱な地盤に杭を設置する場合**，周囲の地盤が沈下することにより，杭の外周面に作用する下向きの力（**負の摩擦力**）の影響を受けます。したがって，このことを考慮して杭の検討を行う必要があります。

また，支持杭の場合，負の摩擦力により，杭先端の軸方向力は大きくなり，杭に作用する軸方向力は，一般に，**中立点において最大**となります。

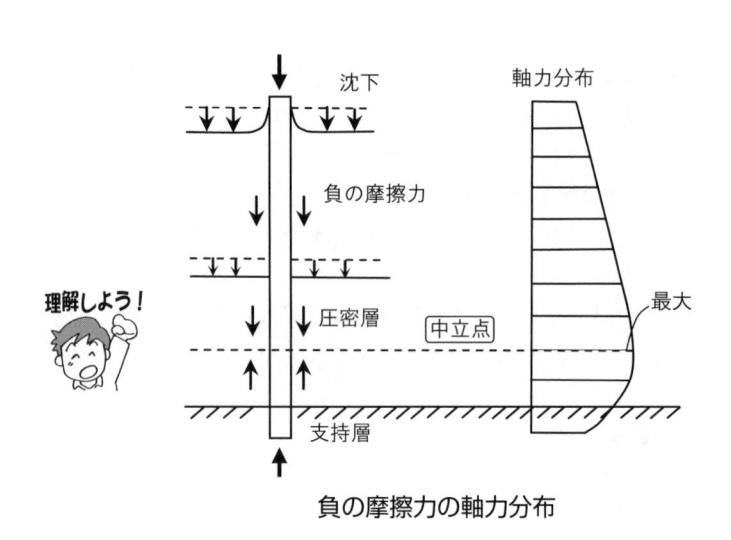

負の摩擦力の軸力分布

正解　3

【問題30】構造計算における荷重及び外力に関する次の記述のうち，最も不適当なものはどれか。

1. 各階が事務室である建築物において，垂直荷重による柱の圧縮力を計算する場合，積載荷重は，その柱が支える床の数に応じて低減することができる。
2. 暴風時における建築物の転倒等を検討する場合においては，建築物の実況に応じて積載荷重を減らした数値によるものとする。
3. 風圧力の計算に用いる風力係数は，地盤面からの高さが高い部位ほど大きい。
4. 許容応力度等計算において，積雪時の短期に生ずる力を計算するに当たり，一般に，多雪区域に指定された区域外においても積雪荷重によって生ずる力を加える。
5. 許容応力度等計算において，多雪区域に指定された区域外の場合，地震時の短期に生ずる力は，常時の長期に生ずる力に地震力によって生ずる力を加えたものである。

解説

1. 〔建築基準法施行令第85条第2項〕
   柱または基礎の軸力算定用の積載荷重は，支持する床の数に応じ，最大0.6倍まで低減することができます。ただし，劇場，映画館，集会場等は低減できません。
2. 【問題29】の解説の2を参照してください。
3. 風圧力の計算に用いる風力係数は，風洞実験によって定める場合のほか，建築物または工作物の断面及び平面の形状に応じて国土交通大臣が定める値です。
   風上壁面では，地盤面からの高さ5m（都市化が著しい地域は10m）以上

の部分については，地盤面からの高さが高い部位ほど大きくなりますが，その他の壁面では，**高さに関係なく一定の値**となります。

- 風力係数→高さに関係しない。
- 速度圧→高さに関係する。

4．〔建築基準法施行令第82条〕
　積雪時の短期に生ずる力を計算する場合，多雪区域に指定された区域の内外に関係なく，$G+P+S$ で，積雪荷重 S を考慮します。

荷重・外力の組合せ

種類	状態	一般の場合	多雪区域の場合	備考
長期に生ずる力	常時	$G+P$	$G+P$	
	積雪時		$G+P+0.7S$	
短期に生ずる力	積雪時	$G+P+S$	$G+P+S$	
	暴風時	$G+P+W$	$G+P+W$	建築物の転倒，柱の引抜き等を検討する場合，P を実況に応じて低減
			$G+P+0.35S+W$	
	地震時	$G+P+K$	$G+P+0.35S+K$	

G：固定荷重による力　P：積載荷重による力　S：積雪荷重による力
W：風圧力による力　K：地震力による力

風圧力 W と地震力 K は，同時に作用しないものとして考えます。

5．多雪区域に指定された区域外（一般の場合）の場合，**地震時の短期**に生ずる力は，$G+P+K$ で，**常時の長期**に生ずる力（$G+P$）に地震力によって生ずる力（K）を加えたものです。

正解　3

第2章　一般構造

【問題31】構造計算における荷重及び外力に関する次の記述のうち、最も不適当なものはどれか。

1. 建築物の地上部分の地震力は、多雪区域に指定された区域外では、建築物の各部分の高さに応じて当該高さの部分が支える固定荷重と積載荷重との和に、当該高さにおける地震層せん断力係数を乗じて計算する。

2. 屋根面における積雪量が不均等となるおそれのある場合においては、その影響を考慮して積雪荷重を計算しなければならない。

3. 暴風時における建築物の転倒、柱の引抜き等を検討する場合においては、建築物の実況に応じて積載荷重を減らした数値によるものとする。

4. 屋根の積雪荷重は、屋根に雪止めがある場合を除き、その勾配が60度を超える場合においては、零とすることができる。

5. 同一の室における床の単位面積当たりの積載荷重は、一般に、「床の構造計算をする場合」より「地震力を計算する場合」のほうが大きい。

解説

1. 〔建築基準法施行令第88条第1項〕

建築物の地上部分のある層（i層）の地震層せん断力 Qi は、各階に作用するせん断力として、次式で表わされます。

$Qi = Ci \times Wi$

Ci：i層の**地震層せん断力係数**
Wi：その層が支える部分（i層以上の部分）
　　全体の**固定荷重**と**積載荷重**との総和
　　（多雪区域では積雪荷重を加える。）

地震力は、荷重 × 係数で計算されます。

2. 〔建築基準法施行令第86条第5項〕

積雪荷重による応力は、屋根に雪が**一応に分布**している場合に比べて、その一部が溶けるなどして**不均等な分布となる**ほうが不利になることがあります。したがって、その影響を考慮して積雪荷重を計算しなければなりません。

> 荷重の不均等な分布は，バランスが悪いです。

3．【問題29】の解説の2を参照してください。
4．【問題29】の解説の3を参照してください。
5．〔建築基準法施行令第85条第1項〕
　　積載荷重は，**部屋の種類**や**構造計算の対象**により数値が異なり，構造計算の対象による大小関係は，**床用＞大梁・柱・基礎用＞地震力用**です。

正解　5

積載荷重

室の種類			（い）床の構造計算をする場合（単位 N/m²）	（ろ）大ばり，柱又は基礎の構造計算をする場合（単位 N/m²）	（は）地震力を計算する場合（単位 N/m²）
(1)	住宅の居室，住宅以外の建築物における寝室又は病室		1,800	1,300	600
(2)	事務室		2,900	1,800	800
(3)	教室		2,300	2,100	1,100
(4)	百貨店又は店舗の売場		2,900	2,400	1,300
(5)	劇場，映画館，演芸場，観覧場，公会堂，集会場その他これらに類する用途に供する建築物の客席又は集会室	固定席の場合	2,900	2,600	1,600
		その他の場合	3,500	3,200	2,100
(6)	自動車車庫及び自動車通路		5,400	3,900	2,000
(7)	廊下，玄関又は階段		(3)から(5)までに掲げる室に連絡するものにあっては，(5)の「その他の場合」の数値による。		
(8)	屋上広場又はバルコニー		(1)の数値による。ただし，学校又は百貨店の用途に供する建築物にあっては(4)の数値による。		

> 人の多い用途の室や，避難時に人が集中するような廊下，階段は，積載荷重を大きく設定しています。

第2章 一般構造

【問題32】構造計算における荷重及び外力に関する次の記述のうち,最も不適当なものはどれか。

1. 建築物の地下部分の各部分に作用する地震力は,一般に,地盤面から深くなるほど大きくなる。

2. 許容応力度等計算において,多雪区域に指定された区域外の場合,地震時の短期に生ずる力は,常時の長期に生ずる力に地震力によって生ずる力を加えたものである。

3. 各階が事務室である建築物において,柱の垂直荷重による圧縮力を計算する場合,積載荷重は,その柱が支える床の数に応じて低減することができる。

4. 積載荷重は,一般に,室の種類と構造計算の対象に応じて,異なった値を用いる。

5. 応力算定においては,一般に,地震力と風圧力は同時に作用しないものとして計算する。

解説

1. 〔建築基準法施行令第88条第4項〕

建築物の地下部分の各部分に作用する地震力は,当該部分の固定荷重と積載荷重の和に水平震度 K を乗じて計算します。また,水平震度 K は,次式で算定し,深さ20mまでは,深くなるにつれて小さくなります。

$$K \geq 0.1 \times \left(1 - \frac{H}{40}\right) Z$$

H:建築物の地下部分の各部分の地盤面からの深さ〔単位:m〕
(20を超えるときは20とする。)
→$H=20$の場合,$K=0.05Z$

Z:地震地域係数

したがって,深さ20mまでは,深くな

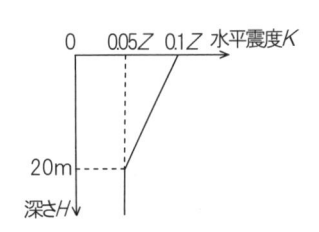

深さと水平震度の関係

るほど水平震度が小さくなり，地震力も小さくなります。
2．【問題30】の解説の5を参照してください。
3．【問題30】の解説の1を参照してください。
4．【問題30】の解説の5を参照してください。
5．【問題30】の解説の4の表を参照してください。
　　地震と暴風が同時に作用する確率は非常に低いため，**地震力 K と風圧力 W は同時に作用しない**ものとして考えます。

正解　1

1-2．設計用地震力に関する問題

【問題33】構造計算における設計用地震力に関する次の記述のうち，最も不適当なものはどれか。

1．地震層せん断力係数の建築物の高さ方向の分布を示す数値 A_i は，一般に，上階になるほど大きくなる。

2．許容応力度等計算において，地盤が著しく軟弱な区域として指定された区域内における木造の建築物の標準せん断力係数 C_0 は，原則として，0.3以上とする。

3．建築物の地下部分の各部分に作用する地震力は，一般に，当該部分の固定荷重と積載荷重との和に水平震度 K を乗じて算出する。

4．建築物の地上部分における各階の必要保有水平耐力を計算する場合は，標準せん断力係数 C_0 は，1.0以上とする。

5．振動特性係数 R_t は，建築物の設計用一次固有周期及び地盤の種別に応じて算出し，一般に，固有周期が長くなるほど大きくなる。

解説 地震力の理解

1．建築物の地上部分のある層（i 層）の地震層せん断力 Q_i は，各階に作用するせん断力として，次式で表わされます。（【問題31】の解説の1を参照）

$Qi = Ci \times Wi$
Ci：i層の**地震層せん断力係数**
Wi：その層が支える部分（i層以上の部分）全体の**固定荷重と積載荷重と**の総和（多雪区域では積雪荷重を加える。）

また，地震層せん断力係数 Ci は，次式で求めることができます。

$Ci = Z \cdot Rt \cdot Ai \cdot C_0$

Z：地域係数
Rt：振動特性係数
Ai：地震層せん断力係数の高さ方向の分布係数
C_0：標準せん断力係数

その中で，**高さ方向の分布係数 Ai** は，建築物の上階になるほど大きくなり，建築物の**設計用一次固有周期 T が長いほど大きな値**となります。また，地上部分の**最下階**では，**Ai＝1.0**とします。

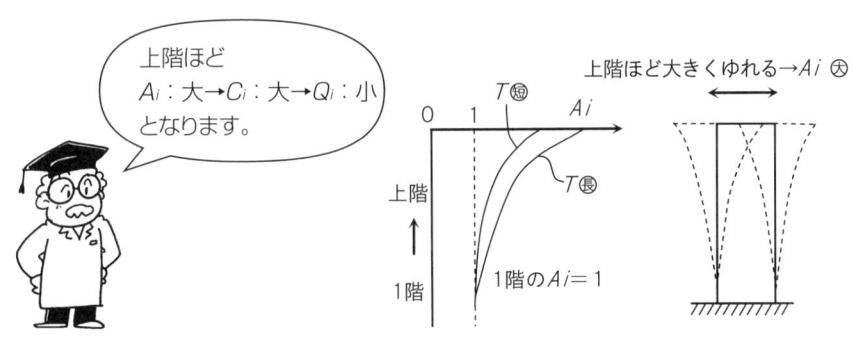

上階ほど
A_i：大→C_i：大→Q_i：小
となります。

高さ方向の分布係数 Ai

2. **標準せん断力係数 C_0** は，計算の種類により，次表のように定められています。

各計算における標準せん断力係数

計算の種類	標準せん断力係数 C_0
一次設計（許容応力度設計），層間変形角の計算時	0.2以上
地盤が著しく軟弱な区域内木造建築物	0.3以上
鉄骨造の耐震計算ルート１－１，ルート１－２	0.3以上
必要保有水平耐力を計算する場合（大地震を想定）	1.0以上

したがって，地盤が著しく**軟弱な区域**として指定された区域内における**木造の建築物の標準せん断力係数**C_0は，原則として，**0.3以上**と定められています。

なお，**保有水平耐力計算を行う場合**の地上部分の地震力は，一次設計，層間変形角の計算をする場合（C_0：**0.2以上の場合**）と，保有水平耐力計算を行う場合（C_0：**1.0以上の場合**）の**2段階の検討**を行います。

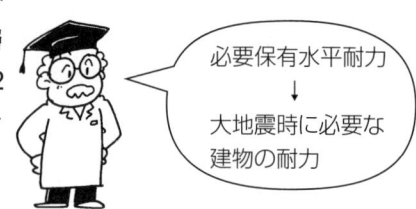

> 必要保有水平耐力
> ↓
> 大地震時に必要な建物の耐力

3．【問題32】の解説の1を参照してください。
4．上記2の解説を参照してください。
　必要保有水平耐力を計算する場合の標準せん断力係数 C_0 は，**1.0以上**と定められています。
5．**振動特性係数** R_t は，建築物の振動特性を表わすもので，建築物の**設計用一次固有周期**及び**地盤の種別**に応じて算出します。一般に，**固有周期が長くなるほど小さくなります**。

　また，建築物の設計用一次固有周期が同じ場合，軟弱な第3種地盤に比べ，**硬質な第1種地盤のほうが小さくなります**。

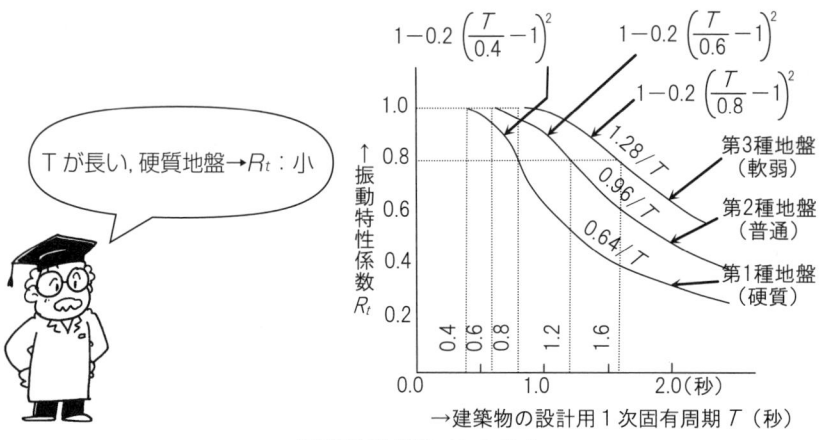

> Tが長い，硬質地盤→R_t：小

振動特性係数 R_t の分布

正解　5

第2章　一般構造

【問題34】耐震性の検討に関する次の記述のうち，最も不適当なものはどれか。

1. 許容応力度等計算において，地盤が著しく軟弱な区域として指定された区域内における木造の建築物の標準せん断力係数C_0は，原則として，0.3以上とする。
2. 建築物の地上部分の各階における地震層せん断力係数C_iは，一般に，上階になるほど大きくなる。
3. 建築物の地下部分の各部分に作用する地震力は，一般に，当該部分の固定荷重と積載荷重との和に，水平震度kを乗じて計算する。
4. 鉄筋コンクリートラーメン構造においては，そで壁，腰壁の影響は考慮せずに耐震性の検討を行う。
5. 必要保有水平耐力を計算する場合は，標準せん断力係数C_0は，1.0以上とする。

解説

1. 【問題33】の解説の2を参照してください。
2. 地震層せん断力係数C_iは，$C_i = Z \cdot R_t \cdot A_i \cdot C_0$で求められます。この中で，$A_i$の数値が上階ほど大きくなり，$C_i$の数値も大きくなります。
3. 【問題32】の解説の1を参照してください。
4. **垂れ壁や腰壁**の付いた柱は，剛性が大きくなるため，水平力の負担が大きく，垂れ壁や腰壁の付かない柱より先に**せん断破壊**しやすくなります。
　　したがって，そで壁，腰壁の影響を考慮した耐震設計が必要です。

柱に付いた壁は，柱の変形の妨げになり，粘りが小さくなります。

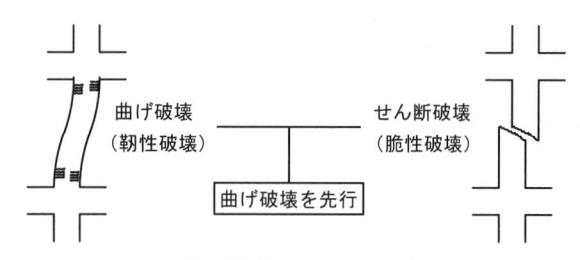

曲げ破壊とせん断破壊

5．【問題33】の解説の4を参照してください。

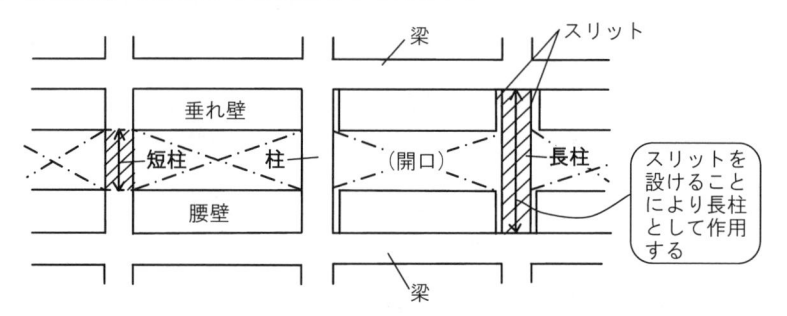

正解　4

得点力アップのポイント

○ 建築物の地上部分における地震力に対する各階の必要保有水平耐力を計算する場合，標準せん断力係数 C_0 は，原則として，1.0以上とする。
○ 同一の室に用いる積載荷重の大小関係は，一般に，「床の計算用」＞「大梁及び柱の計算用」＞「地震力の計算用」である。
○ 床の単位面積当たりの積載荷重は，一般に，「教室」より「百貨店又は店舗の売場」のほうが大きい。
○ 屋根の積雪荷重は，雪止めのない屋根の場合，屋根勾配が緩やかになるほど大きい。
○ 地盤が著しく軟弱な区域として指定された区域内における木造の建築物の標準せん断力係数は，原則として，0.3以上とする。
○ 建設地の地表面粗度区分は，構造計算における建築物の地上部分の地震力と関係が少ない。
○ 多雪区域内における建築物の設計用地震力の計算に用いる積雪荷重の大きさは，短期の積雪荷重の0.35倍の数値とする。

2．地盤・基礎

2-1．地盤・基礎に関する問題

【問題35】基礎構造及び地盤に関する次の記述のうち，最も不適当なものはどれか。

1. 一般の地盤において，堅い粘土質地盤は，密実な砂質地盤に比べて，許容応力度が大きい。

2. 木杭を使用する場合には，腐朽防止のため，常水面以深に確実に配置する。

3. 同一の建築物において，直接基礎と杭基礎など異種の基礎を併用することは，できるだけ避ける。

4. 基礎梁に点検等の目的で人通口を設ける場合，上部構造の大きな開口の下部となる位置はできるだけ避ける。

5. 沖積層は，一般に，支持地盤として安定している洪積層に比べて，支持力不足や地盤沈下が生じやすい。

解説 基礎構造及び地盤の理解

1. 〔建築基準法施行令第93条〕
   地盤調査によらない場合の許容応力度の大小関係は，**密実な砂質地盤（200kN／m^2）＞硬い粘土質地盤（100kN／m^2）**です。

粒径，地耐力の大小関係
↓
レキ＞砂＞シルト＞粘土

地盤の許容応力度（kN/m²）

地盤	長期許容応力度	短期許容応力度
岩盤	1,000	長期の2倍
密実な砂質地盤	200	
砂質地盤（液状化の恐れのないもの）	50	
硬い粘土質地盤	100	
粘土質地盤	20	
堅いローム層	100	
ローム層	50	

2．**木材の腐朽**は，主に菌類の繁殖によるもので，その繁殖には**温度・湿度・空気・養分**の4つの要素が必要です。木杭を使用する場合には，腐朽防止のため，杭頭部が必ず**地下常水面以下**になるように配置します。
3．不同沈下等の防止のため，同一の建築物において，原則として，**異なる構造方法による基礎を併用してはなりません**。
4．基礎梁に点検等の目的で人通口を設ける場合，その部分が欠込みとなり，構造的に弱点となりやすいです。したがって，**上部構造に大きな開口のある位置の下部**には，**人通口の配置を避ける**ようにします。
5．地層には，沖積層，洪積層，第三紀層があります。**沖積層**は，最後の氷河期から現在までに間に堆積してできた地層で，一般に，**軟弱な地盤**が多いです。

正解　1

地耐力の大きさは,洪積層＞沖積層です。

第2章 一般構造

【問題36】基礎構造及び地盤に関する次の記述のうち，最も不適当なものはどれか。

1. 地盤が凍結する地域における基礎底面の位置（根入れ深さ）は，地盤の凍結する深さよりも深くする。
2. 基礎梁の剛性を大きくすることは，不同沈下の影響を減少させるために有効である。
3. 杭を複数本設置する場合，杭間隔を密にするほうが有効である。
4. 地下水位が高く，かつ，緩く堆積した砂質地盤は，一般に，地震時に液状化しやすい。
5. 地盤の支持力は，一般に，基礎底面の位置（根入れ深さ）が深いほど大きくなる。

解説

1. 直接基礎の**底面の位置（根入れ深さ）**は，雨水等によって洗掘されたり，凍結等によって**土が体積変化**を起こす恐れがない深さとします。
2. **基礎梁（地中梁）**は基礎を連結して，基礎の不同沈下や水平移動を防ぐことができます。したがって，基礎梁の断面を大きくするなど，**剛性を大きくすることは，不同沈下の影響を減少**させるために有効です。
3. **杭を複数本設置する場合，杭間隔を密にして打込むと，杭相互に障害が生じる可能性があるため，不利になります。**

  また，粘性土中の**群杭**においては，杭間隔が密になると，**杭を支える地盤の重複する範囲が大きくなる**ため，群杭中の1本当たりの支持力は，単杭よりも小さくなります。

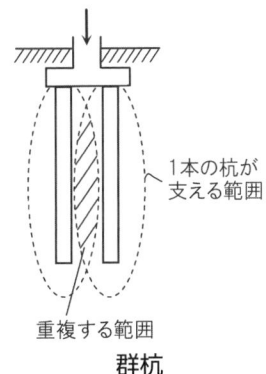

群杭

4．水で飽和した粒径が比較的均一で**細粒土の少ない緩い砂質地盤**は，地震動によって振動を受けると流動化し，地耐力がなくなってしまいます。このような現象を液状化といいます。地下水位が高く，かつ，緩く堆積した砂質地盤は，液状化しやすいです。

　なお，液状化の起こりやすい条件として，次の事項があげられます。

- 地下水位面以下の飽和砂質土で，**細粒分含有率が低く比較的均一な粒径**の砂の場合。
- 概ね *N* 値15以下と，*N* 値が小さい場合。
- 地下水位面が地表面に近い場合。（地下水位が高い）
- 大きな地震動を受ける場合。

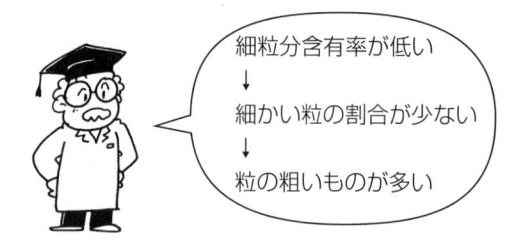

細粒分含有率が低い
↓
細かい粒の割合が少ない
↓
粒の粗いものが多い

　一般に，**地表面から約20m 以内の深さの細粒分含有率が35％以下の緩い沖積層（飽和砂質土層）**は，液状化の判定を行う必要があります。

5．直接基礎は，**基礎底面の位置（根入れ深さ）が深いほど，地盤の支持力は大きくなります。**

正解　3

【問題37】地盤及び基礎構造に関する次の記述のうち，最も不適当なものはどれか。

1．地下外壁に地下水が接する場合，地下水位が高いほど，地下外壁に作用する圧力は大きくなる。

2．一般に，土の単位体積重量が小さいほど，地下外壁に作用する土圧も小さくなる。

3．標準貫入試験による N 値が同じであっても，一般に，砂質土と粘性

土とでは長期許容応力度が異なる。
4．地下水が豊富に存在する場合，粘土主体の地層であっても，砂質土層と同程度に液状化が生じやすい。
5．一般の地盤において，地盤の長期許容応力度の大小関係は，岩盤＞密実な砂質地盤＞粘土質地盤である。

解説

1．【問題29】の解説の1を参照してください。
2．地表面荷重がない場合の地下外壁に作用する土圧 P_0 は，次式で表されます。

$P_0 = K_0 \cdot \gamma \cdot z \ [kN/m^2]$

K_0：静止土圧係数 = 0.5
γ：土の単位体積重量 $[kN/m^3]$
z：地表面からの深さ $[m]$

したがって，**土の単位体積重量が小さいほど**，地下外壁に作用する**土圧も小さくなります**。

3．N 値が大きい程，地耐力は大きいですが，N 値が同じ場合であっても，砂質地盤と粘土質地盤とでは地耐力は等しくならず，一般に，砂質地盤より粘土質地盤のほうが大きいです。例えば，N 値 = 5 の場合，**砂質地盤**においては非常に**ゆるい状態**を示しますが，**粘土質地盤**においては**硬い状態**を示します。

4．**液状化**は，主に水で飽和した**砂質土層**で生じ，粘土質地盤では生じません。また，地盤自身の重量や建物の重量による圧縮力が大きいほど，液状化しにくいです。

・液状化→砂質地盤
・圧密沈下→粘土質地盤

5．【問題35】の解説の1を参照してください。

正解　4

【問題38】地盤及び基礎構造に関する用語とその説明との組合せとして，最も不適当なものは，次のうちどれか。

1. 圧密────────透水性の低い粘性土が，荷重の作用により，長い時間をかけて排水しながら体積を減少させる現象

2. 負の摩擦力────軟弱地盤等において，周囲の地盤が沈下することにより，杭の周面に下向きに作用する摩擦力

3. ヒービング────砂中を上向きに流れる水流圧力によって，砂粒がかきまわされ湧き上がる現象

4. 地盤改良─────地盤の「強度の増大」，「沈下の抑制」，「止水」等に必要な土の性質の改善を目的として，土に，締固め，脱水，固結，置換等の処理を施すこと

5. 液状化──────砂質土等において，地震動の作用により土中に発生する過剰間隙水圧が初期有効応力と等しくなることによって，せん断抵抗力が失われる現象

解 説

1. **圧密**とは，土粒子間に含まれる間隙水が，圧力を受けて**徐々に排出**され，土が圧縮し地盤の体積が減少する現象です。土粒子が細かく，水を十分含んだ**粘性土の軟弱地盤**に多く見られます。

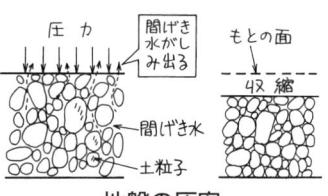

2. 【問題29】の解説の5を参照してください。

3. **ヒービング**とは，**軟弱な粘性土地盤**を掘削するとき，**矢板背面の重量**によって，背面の地盤が沈下し，掘削底面内部に滑り破壊が生じ，根切り底が押上げられる現象です。設問の記述は，**砂質地盤**において，**地下水の水位差**が原因で生じるボイリングの説明です。

第2章　一般構造

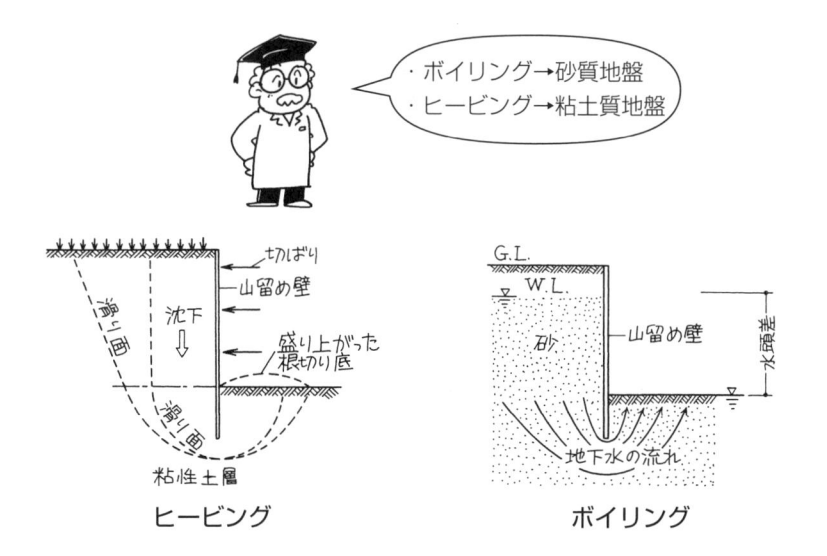

・ボイリング→砂質地盤
・ヒービング→粘土質地盤

ヒービング　　　　　　ボイリング

4. **地盤改良**とは，地盤の強度増大や沈下抑制，止水などに必要な**土の性質の改善を目的**として，土に締固め，脱水，固結，置換などの処置を施すことをいいます。
5. **液状化**とは，砂質土などで，地震動の作用により土中に**過剰間隙水圧**（荷重の作用によって土が変形を受けるときに生じる**間隙水圧の上昇分**）が発生して**初期有効応力**と等しくなるために**せん断抵抗を失う**現象をいいます。

なお，土の応力伝達機構のうち，**土粒子の骨組構造によるものを有効応力**といいます。これに間隙水圧を加えれば全応力となります。

正解　3

得点力アップのポイント

○ 載荷とほぼ同時に短期間に生じる基礎の沈下を，「即時沈下」という。
○ 独立基礎は，布基礎やべた基礎に比べて，不同沈下の抑制に有効でない。
○ 液状化とは，水で飽和した砂質土が，振動・衝撃等による間隙水圧の上昇によってせん断抵抗を失う現象である。
○ 圧密とは，透水性の低い粘性土が，荷重の作用により，長い時間をかけて排水しながら体積を減少させる現象である。
○ 液状化の判定を行う必要がある飽和砂質土層は，一般に，地表面から20m程度以浅の沖積層であり，考慮すべき土の種類は，細粒分含有率が35％以下の土とする。

3．木造

3-1．木造建築物の部材等に関する問題

【問題39】 木造建築物の部材等の名称とその説明との組合せとして，最も不適当なものは，次のうちどれか。

1. 無目―――――鴨居及び敷居と同じ位置に設けられる建具用の溝のない部材である。
2. ささら桁（げた）―――階段の段板を受けるため，上端を段形に切り込み，斜めに架ける部材である。
3. 雇いざね―――2枚の板をはぎ合わせるときに，相互の板材の側面の溝に，接合のためにはめ込む細長い材である。
4. 竿縁―――――板張りの天井板を支え，天井化粧として設けられる細い部材である。
5. 際根太（さわ）―――大引に平行に柱や間柱の側面に取り付け，根太の端部を受ける部材である。

解説 木造建築物の部材名称の理解

1. **無目**とは，鴨居や敷居，あるいはその中間の位置に設けられる横架部材で**溝のない**ものをいいます。

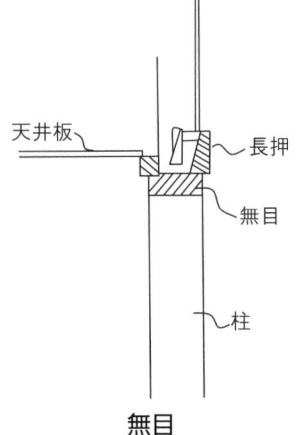

第2章　一般構造

2. **ささら桁**とは，階段の段板を受けるため，**上辺を段形に切り込み**，斜めに架ける桁をいいます。なお，ささら桁を用いた階段を**ささら桁階段**といいます。

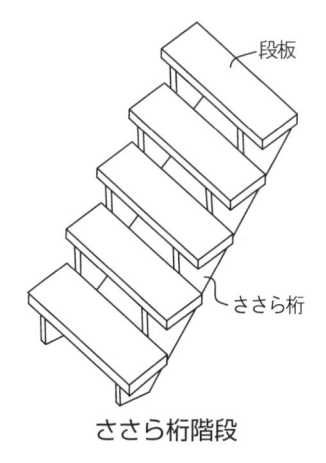

・ささら桁→段板の下
・側桁→段板の横

ささら桁階段

3. **雇いざね**は，2枚の板をはぎ合わせるときに，相互の板材の側面の溝に，接合のためにはめ込む**細長い部材**です。

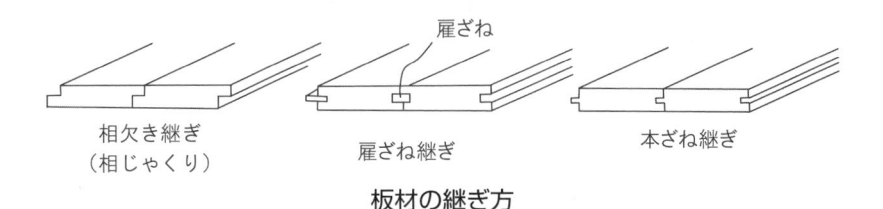

相欠き継ぎ　　雇ざね継ぎ　　本ざね継ぎ
（相じゃくり）

板材の継ぎ方

4. **竿縁**は，竿縁天井に用いられます。板張りの天井板を支え，天井化粧として設けられる細い部材をいいます。

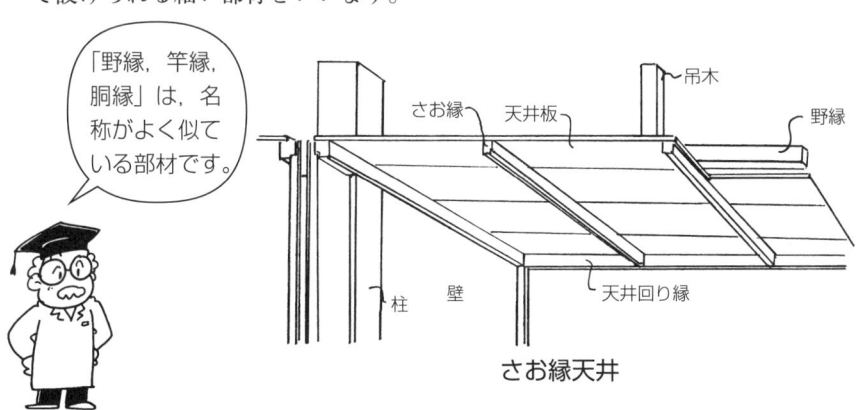

「野縁，竿縁，胴縁」は，名称がよく似ている部材です。

さお縁　天井板　吊木　野縁
柱　壁　天井回り縁

さお縁天井

5．際根太は，大引に直角に柱や間柱の側面に取り付け，床板の端部を受ける部材です。設問の記述は，根太掛けの説明です。

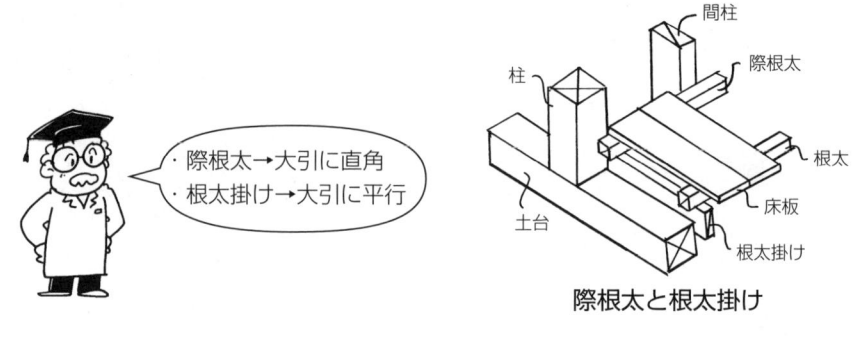

・際根太→大引に直角
・根太掛け→大引に平行

際根太と根太掛け

正解　5

【問題40】木造建築物の部材の名称とその説明との組合せとして，最も不適当なものは，次のうちどれか。

1．広小舞――――垂木の振れ止め及び軒先の瓦の納まりを目的として，垂木の先端に取り付ける幅の広い部材

2．落し掛け――――床の間の前面垂れ壁の下端に取り付ける部材

3．登り淀――――切妻屋根のけらば部分において，屋根の勾配に沿って軒先から棟まで傾斜している部材

4．合掌――――母屋とともに垂木を受け，小屋組の頂部に桁行方向に取り付ける部材

5．鴨居――――和風建築の開口部の上部を構成する溝付きの水平部材

解 説

1. **広小舞**は，垂木の先端に取り付ける**幅広の部材**です。垂木の振れ止めと軒先の瓦の納まりを目的とします。

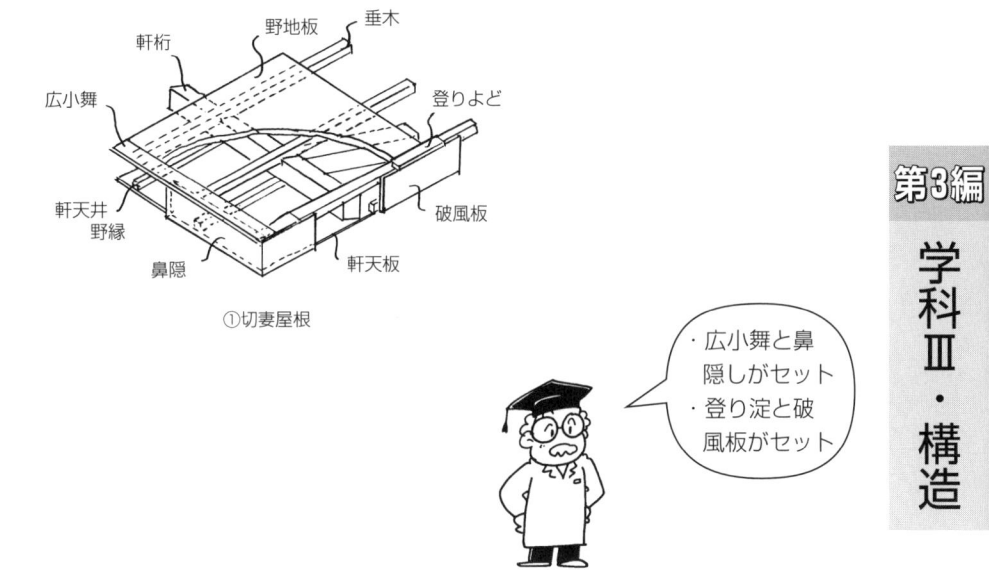

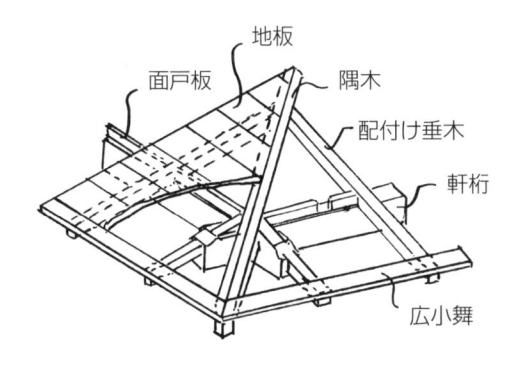

①切妻屋根

・広小舞と鼻隠しがセット
・登り淀と破風板がセット

②寄棟屋根

軒回りの構造

2．**落し掛け**は，床の間の前面垂れ壁の下端に取り付ける横木です。

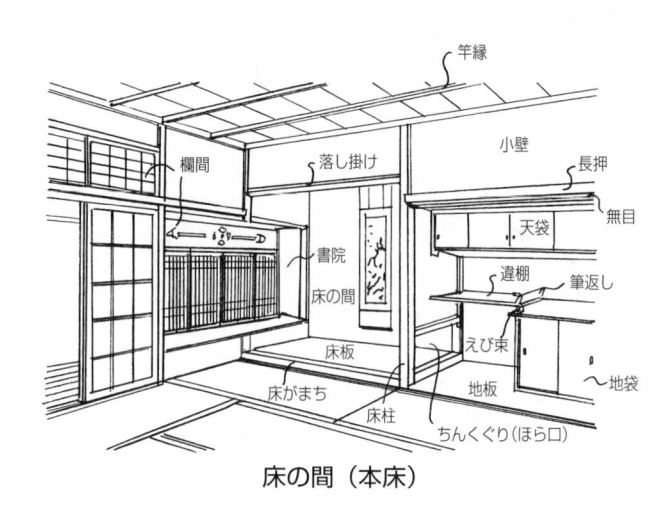

床の間（本床）

3．**登り淀**は，**切妻屋根**のけらば部分（妻側の縁端）において，**屋根勾配に沿って軒先から棟まで傾斜している部材**です。
4．**合掌**は，**洋小屋の上部斜材**で，母屋を受ける部材です。設問の記述は，棟木の説明です。

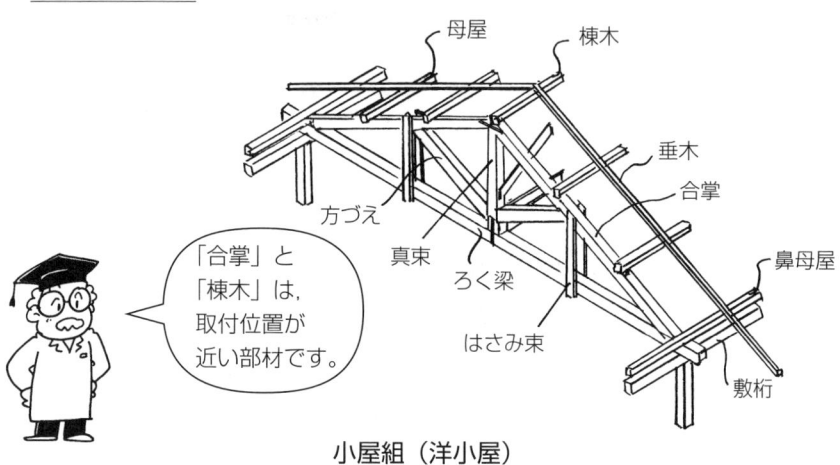

「合掌」と「棟木」は，取付位置が近い部材です。

小屋組（洋小屋）

5．**鴨居**は，和風建築の**開口部の上部**を構成する溝付きの水平部材をいいます。なお，溝のないものを**無目**，壁の内法高にとりつけたものを**付け鴨居**といいます。

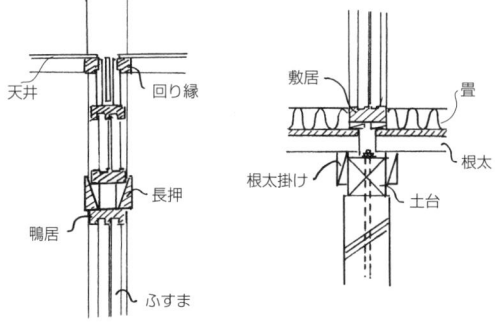

開口部周りの部材

正解　4

【問題41】木造建築物の部材等の名称とその説明との組合せとして，最も不適当なものは，次のうちどれか。

1．地貫――――――1階の柱の最下部に渡してある貫

2．鼻母屋―――――最も軒に近い位置にある母屋

3．面戸板―――――切妻，入母屋など屋根の妻部分に垂木を隠すように取り付ける板材

4．隅木――――――寄棟，入母屋などの小屋組において，隅棟部分を支える斜めにのぼる部材

5．栓―――――――木造の継手・仕口による接合を強固にするために，2つの部材を貫通する孔に打ち込む堅木の部材

解説

1．**地貫**は，**柱の根元近くに入れる貫**で，**床板の下端**や掃出し窓の敷居などを受けます。なお，貫とは，柱などを横に貫いて構造的に固める平たい横木をいいます。

貫の種類

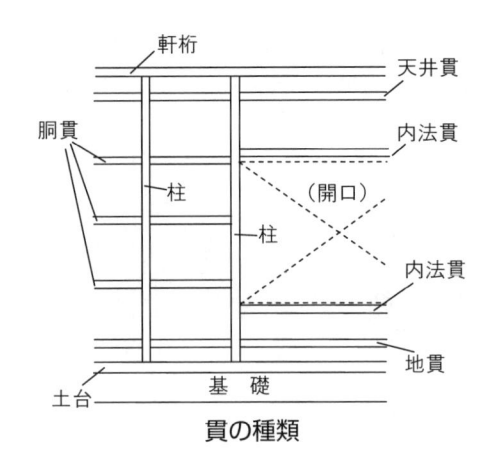

2. 【問題40】の解説の4の図を参照してください。
　　鼻母屋は，母屋のうち最も軒よりにあるものをいいます。和小屋では軒桁と同一部材となり，洋小屋では陸梁を介して軒桁の上に乗ります。
3. 【問題40】の解説の1の図を参照してください。
　　面戸板は，軒桁のうえで，垂木と垂木の間にできる隙間をふさぐ板材のことです。なお，設問の記述は，破風板の説明です。

「面戸板」と「破風板」は，名称がよく似ている部材です。

4. 【問題40】の解説の1の図を参照してください。
　　隅木は，寄棟，入母屋などの小屋組において，45°方向に出て屋根を支えている棟木にあたる部材です。
5. 栓は，木造の接合を強固にするために，2部材を貫通するように，または2部材の接合面の間に打ち込まれる堅木の細長い木片の総称をいいます。

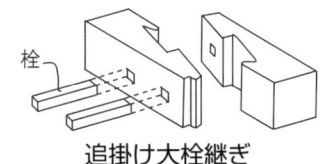

追掛け大栓継ぎ

正解　3

第2章 一般構造

【問題42】 木造建築物の部材とその説明との組合せとして，最も不適当なものは，次のうちどれか。

1. 内法貫―――――鴨居の高さ付近の位置にある貫
2. 真束―――――小屋組（洋小屋）において，中央で棟木，合掌を受ける部材又は陸梁を吊る部材
3. ささら桁―――――階段の段板を受けるため，上端を段形に切り込み，斜めに架ける部材
4. 根がらみ―――――床束等の束の下方を連結して構造的に固める部材
5. 方立―――――柱と横架材の交点の入隅部分において，柱と横架材を斜めに結んで隅を固める部材

解説

1. 【問題41】の解説の1の図を参照してください。
 内法貫は，開口部のすぐ上の位置に通した貫です。
2. 【問題40】の解説の4の図を参照してください。
 真束は，洋小屋組において中央で棟木，合掌を受け，ろく梁を吊る束をいいます。
3. 【問題39】の解説の2を参照してください。
4. **根がらみ**は，床束を固定するために，床束相互間に取り付ける補強材です。
5. **方立**は，**開口部**の位置や幅に合わせて取り付けた**細長いたて材**です。なお，設問の記述は，**方づえ**の説明です。

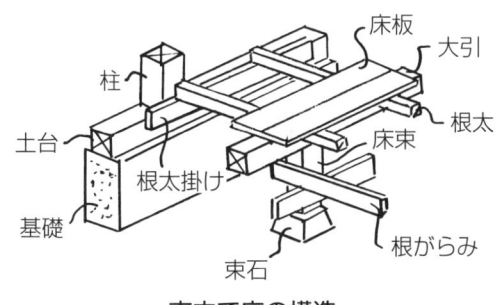

束立て床の構造

「方立」と「方づえ」は，名称がよく似ている部材です。

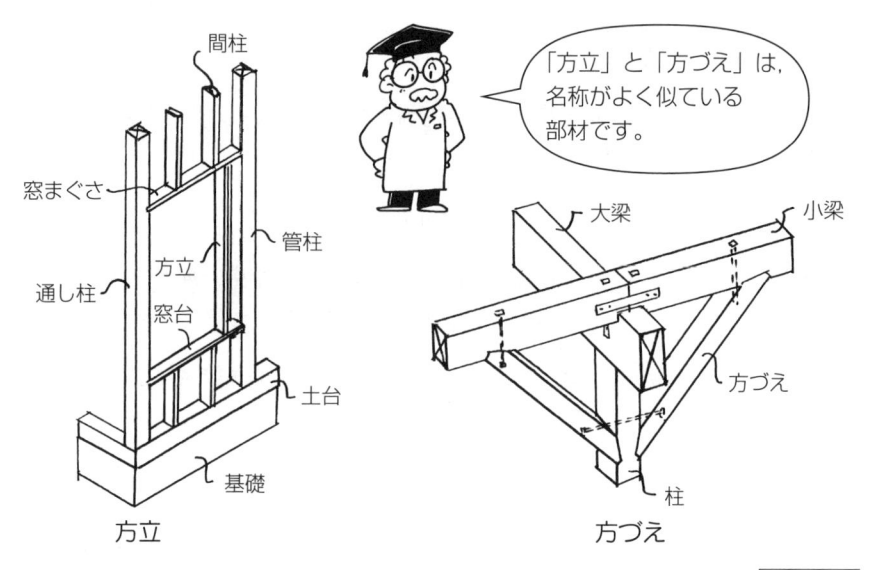

(図: 方立／方づえ)

正解 5

得点力アップのポイント

○ 野縁は，天井の板張りの取付け下地として設ける。
○ まぐさは，出入口や窓などの開口上部に渡す水平材である。
○ 根太掛けは，柱や間柱の横に取り付けて，根太の端部を受ける横材である。
○ 方づえは，柱と横架材の交点の入隅部分において，柱と横架材を斜めに結んで隅を固める部材である。
○ 胴差は，2階以上の床の位置において，柱を相互につなぐために用いる横架材である。

3-2. 木造建築物の構造設計に関する問題

【問題43】木造2階建の建築物の構造設計に関する次の記述のうち，最も不適当なものはどれか。

1. 地震力に対して必要な単位床面積当たりの耐力壁の有効長さは，一般に，屋根葺材の種類によって異なる。

2. 圧縮力を負担する筋かいとして，幅90mmの木材を使用する場合，その厚さは15mm以上とする。

3. 風圧力は柱を介して水平構面に伝達されるので，柱の断面及びその仕口の設計においては，鉛直荷重と水平荷重を考慮する。

4. 2階の耐力壁の位置は，1階の耐力壁の位置の直上又は市松状になるようにする。

5. 壁式構造の壁組は，一般に，「鉛直荷重と水平荷重を負担する耐力壁」と「鉛直荷重のみを負担する支持壁」によって構成される。

解説

1. 〔建築基準法施行令第46条第4項表2〕
　地震力に対して必要な単位床面積当たりの耐力壁の有効長さ（必要壁量）は，建築物の階数と屋根葺材の種類によって異なります。屋根葺材が重い建築物ほど，必要壁量は大きくなります。

地震力に対して必要な壁量

建築物	階の床面積に乗ずる数値〔cm/m²〕					
	平家	2階建の1階	2階建の2階	3階建の1階	3階建の2階	3階建の3階
重い屋根（瓦葺等）の建物	15	33	21	50	39	24
軽い屋根（スレート，金属板等）の建物	11	29	15	46	34	18

階数の算定については，地階の部分の階数は算入しない。

2. 〔建築基準法施行令第45条〕
　建築基準法施行令第45条により，筋かいの寸法が規定されています。
　・**引張力**を負担する筋かい：**厚さ1.5cm以上**で**幅9cm以上**の木材。
　　　　　　　　　　　　　　または，径9mm以上の鉄筋。
　・**圧縮力**を負担する筋かい：**厚さ3cm以上**で**幅9cm以上**の木材。

・引張筋かい→厚さ1.5cm以上
・圧縮筋かい→厚さ3.0cm以上

3．風上側の壁面の柱は，風圧力（水平荷重）により曲げを受け，柱の上下に力を伝達します。そのため，**柱の断面や仕口の設計**においては，**鉛直荷重と水平荷重を考慮**する必要があります。
4．各階の**耐力壁の位置**は，**下階の耐力壁の位置の直上又は市松状**につり合いよく配置しなければなりません。
5．枠組壁工法のような**壁式構造**では，壁の**幅高比**（$\frac{幅}{高さ}$）の値や位置により，壁に負担させる荷重が異なります。**幅高比が大きい壁**には，**鉛直荷重と水平荷重を負担**させ，**幅高比の小さい壁**には，**鉛直荷重のみを負担**させます。

正解　2

【問題44】木造2階建の建築物の構造設計に関する次の記述のうち，最も不適当なものはどれか。

1．構造用合板による真壁造の面材耐力壁の倍率は，貫タイプより受材タイプのほうが小さい。

2．桁行方向に細長い建築物の場合，一般に，風圧力に対して，必要な耐力壁の有効長さは，桁行方向より梁間方向のほうが長い。

3．筋かいを入れた軸組の柱の柱頭・柱脚の仕口は，筋かいの断面寸法及び柱の配置によっては，長ほぞ差し込み栓打ちとすることができる。

4．水平力が作用した場合に生じる柱の浮き上がり軸力は，柱の位置に応じて，水平力時の柱軸力を低減補正して算定することができる。

5．風圧力に対して必要な耐力壁の有効長さを求める場合，2階建の建築物の2階部分の見付面積に乗ずる数値は，平家建の建築物の見付面積に乗ずる数値と同じである。

解説

1．構造用合板による真壁造の面材耐力壁の倍率は，**受材タイプが2.5貫タイプが1.5**です。したがって，**貫タイプより受材タイプのほうが大きい**です。

第2章 一般構造

受材タイプ ＞ 貫タイプ

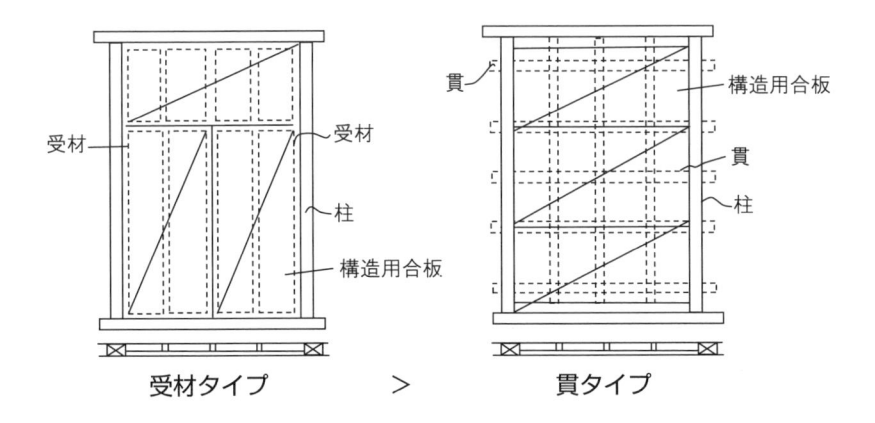

2．風圧力に対して，必要な耐力壁の有効長さは，次式から求めます。
・梁間方向に必要な耐力壁：（50〔cm/m^2〕）×（**桁行面の見付面積**）
・桁行方向に必要な耐力壁：（50〔cm/m^2〕）×（**妻面の見付面積**）

したがって，**桁行方向に細長い建築物**の場合，桁行の見付面積が大きくなり，**梁間方向に必要な耐力壁の有効長さが長くなります**。

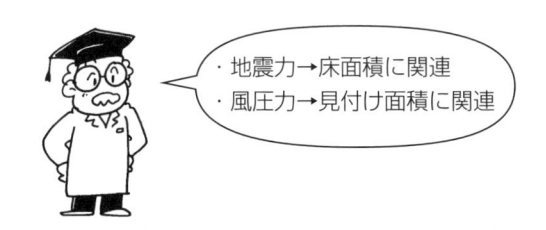

・地震力→床面積に関連
・風圧力→見付け面積に関連

3．〔建築基準法施行令第47条〕

建築基準法施行令第47条により，「**構造耐力上主要な部分である継手又は仕口**は，ボルト締，かすがい打，込み栓打その他の国土交通大臣が定める構造方法によりその部分の存在応力を伝えるように緊結しなければならない。」と規定され，具体的には，告示第1460号で定められています。

筋かいを入れた軸組の**柱の柱頭・柱脚の仕口**は，筋かいの断面寸法及び柱の配置によっては，**長ほぞ差し込み栓打ち**とすることができます。（告示第1460号表3（ろ）に該当）

4．水平力が作用した場合に生じる柱の**浮き上がり軸力** V_T は，次式で求められます。

$$V_T = \beta V - N$$

N：柱の長期鉛直荷重

V：**水平時の柱軸力**

β：柱の位置による**低減補正する係数**（一般に，隅柱：0.8，中柱：0.5）

また，一般に，**中柱**は，水平力による**浮き上がり軸力が小さい**ので，水平力時の柱軸力を，**隅柱より大きく低減補正する**ことになります。

5．〔建築基準法施行令第46条第4項表3〕

風圧力に対して必要な耐力壁の有効長さを求める場合，見付面積に乗ずる数値は，階による区分がなく，一般に50cm／m²です。（上記2の解説を参照）

正解　1

【問題45】木造2階建の建築物の構造設計に関する次の記述のうち，最も不適当なものはどれか。

1．地震の上下動に抵抗させるために，水平トラス及び火打材を使用した。

2．建築物の外周隅角部については，耐力壁をL字形に配置した。

3．厚さ30mmで幅90mmの木材を，引張力を負担する筋かいとして使用した。

4．胴差・床梁等の横架材相互の接合部及び柱と横架材の接合部を，羽子板ボルトで緊結した。

5．梁，桁等の横架材の材長中央部の引張側における切欠きは，応力集中による弱点となりやすいので，できるだけ避けるようにした。

解説

1．**水平トラスや火打材**は，建築物に生じる水平力（地震の水平動）に対して，床組の**水平方向の剛性を高める**ために設けます。鉛直方向のたわみや地震の上下動の抵抗に有効ではありません。

第2章　一般構造

・水平トラス，火打梁→水平力に抵抗
・方づえ→鉛直方向のたわみ

2．建築物の**外周隅角部**については，地震などの水平力によって**建築物のねじれ**が生じないように，耐力壁をL字形に配置することが望ましいです。
3．【問題43】の解説の2を参照してください。
4．胴差と床梁等の**横架材相互の接合部**や，**柱と横架材の接合部**には，**羽子板ボルト**を使用します。なお，羽子板ボルトは，長方形の鋼板の一端にボルトを溶接した金物です。

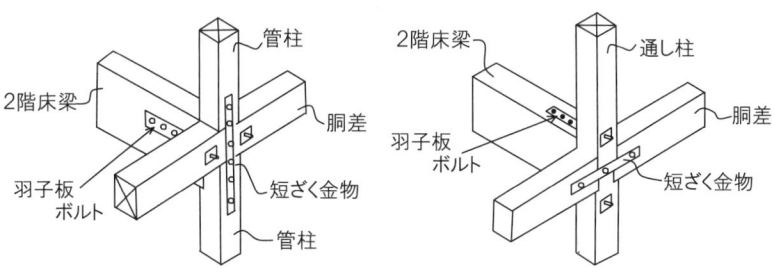

胴差・2階床梁の接合　　　通し柱と2階床梁の接合

5．〔建築基準法施行令第44条〕
　建築基準法施行令第44条により，「**はり，けたその他の横架材**には，その**中央部附近の下側**に耐力上支障のある欠込みをしてはならない。」と規定されています。

正解　1

得点力アップのポイント

○　曲げ材は，材幅に比べて材せいが大きいほど，一般に，横座屈が生じやすい。
○　木材の圧縮筋かいをたすき掛けとする場合は，相欠きとするのではなく，交差する筋かいのどちらか一方を通す。
○　大壁造の面材耐力の倍率は，その材料および釘の種類・間隔に応じて定められている。

3-3. 木造建築物の接合部に関する問題

【問題46】木質構造の接合部に関する次の記述のうち，最も不適当なものはどれか。

1. 同一の接合部に力学特性の異なる接合法を併用する場合の許容耐力は，一般に，個々の接合法の許容耐力を加算して算出する。
2. ラグスクリューを木口に打ち込んだ場合の許容せん断耐力は，側面打ちの場合の値の $\frac{2}{3}$ とする。
3. 木ねじ接合部は，一般に，ねじ部分の影響により，釘接合部に比べて変形性能が小さい。
4. 木材と木材の1面せん断接合において，有効主材厚は木ねじの呼び径の6倍以上とし，側材厚は木ねじの呼び径の4倍以上とする。
5. 釘接合部及びボルト接合部において，施工時の木材の含水率が20％以上の場合には，接合部の許容せん断耐力を低減する。

解説　木質構造の接合部の理解

1. 同一の接合部に**釘とボルトを併用**するなど，**力学特性の異なる接合法**を併用する場合，一般に，それぞれの接合法の許容耐力を加算して算出することはできません。

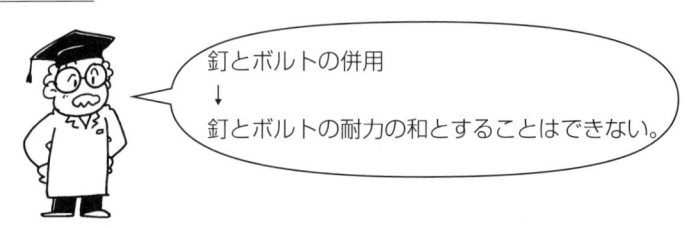

> 釘とボルトの併用
> ↓
> 釘とボルトの耐力の和とすることはできない。

2. **ラグスクリュー**は，六角ボルトの胴部にねじを切り，尖端を紡錘状に加工した木造用の接合金具で，先穴にねじ込んで，木材と木材，木材と鋼板を接合します。**木口**に打ち込んだ場合の許容せん断耐力は，**側面打ちの場合の値**

第2章　一般構造　　　415

の $\frac{2}{3}$ とします。

3．**木ねじ接合部**は，ねじ部分の影響により，繰返し荷重で破断することがあり，**釘接合部に比べて変形性能が小さい**です。

　　　　木ねじ接合部は，釘接合部に比べて変形性能が小さい。

4．木材と木材の1面せん断接合において，木ねじの長さは**側材厚の2.5倍以上**とし，有効主材厚は木ねじの呼び径の**6倍以上**とし，側材厚は木ねじの呼び径の**4倍以上**とします。

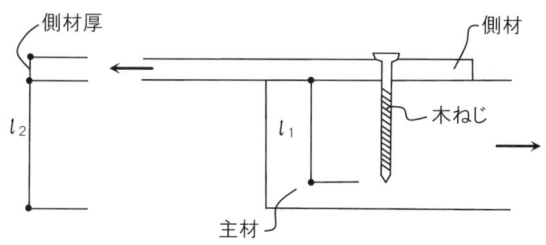

有効主材厚：l_1（貫通する場合は l_2）

5．構造材に使用する木材の含水率は20％以下とします。**施工時の木材の含水率が20％以上の場合**，乾燥に伴う割れによって耐力や剛性が低下するため，接合部の**許容せん断耐力を低減**する必要があります。

正解　1

【問題47】木質構造の接合部に関する次の記述のうち，最も不適当なものはどれか。

1. 引張材の端部接合部において，加力方向に釘を一列に10本以上並べて打ち付けた場合は，一般に，釘接合部の基準終局せん断耐力を低減する。
2. 接合部の許容耐力は，一般に，木材の比重に影響される。
3. 部材断面の異なる桁の継手は持出し継ぎとし，桁と柱との接合部は金物で補強する。
4. 同一の接合部において，ボルト及びドリフトピンと先孔が密着するように加工され，それぞれの接合の変形能力が同一である場合，接合部全体の基準許容せん断耐力は，個々の接合部の終局せん断耐力を加算して求めることができる。
5. 木ねじ接合部は，一般に，ねじ部分の影響によって，釘接合部に比べて変形能力が大きい。

解説

1. 引張材の**釘接合部におけるせん断耐力**は，加力方向に釘が一列に10本以上並ぶ場合，次のように低減します。
   ・加力方向に**10本以上並ぶ場合の低減係数：0.9**
   ・加力方向に20本以上並ぶ場合の低減係数：0.8
2. **接合部の許容耐力**は，木材の比重に影響され，**比重が大きいほど大きくな**ります。
3. 柱の上端を連結する**桁の部材断面が異なる場合**，桁の継手は**持出し継ぎ**（受材から突出した継手）とし，桁と柱との接合部は**金物で補強**します。

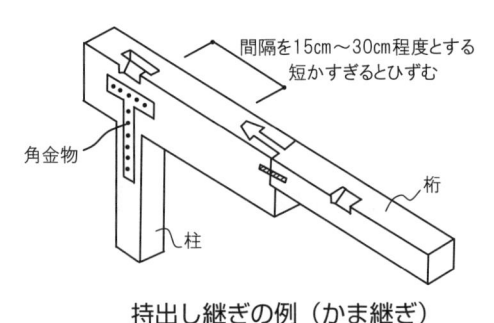

持出し継ぎの例（かま継ぎ）

第2章　一般構造　　　　　　417

4．同一の接合部に，力学的特性の異なる接合法を併用する場合，原則として，両者の許容耐力を加算することはできません。
　　ただし，接合部全体にボルト及びドリフトピンが用いられている場合は，それぞれの**接合種別（変形能力）**が同一であり，**接合具と先孔が密着するように加工されている場合**に限り，接合部全体の基準許容せん断耐力は，個々の**接合部の終局せん断耐力を加算して**求めることができます。
5．【問題46】の解説の3を参照してください。
　　木ねじ接合部は，釘接合部に比べて変形能力が小さいです。

正解　5

得点力アップのポイント

○ 構造体耐力上主要な部分において，木口面にねじ込まれた木ねじを，引抜方向に抵抗させることはできるだけ避ける。
○ ボルト接合部において，せん断を受けるボルトの間隔は，木材の繊維に対する加力方向の違いによって異なる。
○ 釘接合部における長期許容引抜耐力は，木材の気乾比重，釘の胴部径及び釘の打ち込まれる長さ等に影響される。
○ 釘の木材に対する許容せん断耐力は，樹種グループによる係数，釘径で表され，釘の長さには関係しない。

3-4．枠組壁工法に関する問題

【問題48】枠組壁工法による2階建の住宅に関する次の記述のうち，最も不適当なものはどれか。

1．耐力壁の壁材として，厚さ12.5mmのせっこうボードを用いた。

2．アンカーボルトは，呼び径が13mm，長さ400mmのものを用いた。

3．耐力壁線に幅1,000mmの開口部があったので，まぐさ及びまぐさ受けを用いた。

4．耐力壁線により囲まれた部分の水平投影面積が50m^{2}となるので，床版の枠組材と床材とを緊結する部分に，構造耐力上有効な補強を計画した。

5．アンカーボルトは，隅角部付近及び土台の継手付近を避け，その間隔を2.7mとして配置した。

解説　枠組壁工法の理解

枠組壁工法の具体的な基準については，**国土交通省告示第1540号**を参照してください。

1．**耐力壁の壁材**は，常時湿潤のおそれのない部分であれば，**JISに規定するせっこうボード（厚さ9.5mm，12.5mm，15.0mm）** を使用することができます。
2．土台は，基礎に，**径12mm以上，長さ35cm以上のアンカーボルト**又はこれと同等以上の引張耐力を有するアンカーボルトで緊結しなければなりません。
3．**幅90cm以上の開口部の上部**には，開口部を構成するたて枠と同寸法以上の断面を有する**まぐさ受け**によってささえられた**まぐさ**を構造耐力上有効に設けなければなりません。

　また，耐力壁線に設ける**開口部の幅**は4m以下とし，かつ，その幅の合計は当該耐力壁線の長さの$\frac{3}{4}$以下としなければなりません。
4．**耐力壁線相互の距離は12m以下**とし，かつ，耐力壁線により囲まれた部分の**水平投影面積は40m^{2}以下**としなければなりません。

　ただし，床版の枠組材と床材とを緊結する部分を**構造耐力上有効に補強した場合**にあっては，当該水平投影面積を**60m^2**（耐力壁線により囲まれた部分の**長辺の長さに対する短辺の長さの比が$\frac{1}{2}$を超える場合**にあっては72m^2）以下とすることができます。
5．**アンカーボルト**は，その**間隔を2m以下**として，かつ，隅角部及び土台の**継手部分に配置**しなければなりません。

［アンカーボルトの間隔］
・枠組壁工法：2m以下
・在来工法：2.7m以下

正解　5

第2章　一般構造

【問題49】 枠組壁工法による2階建の住宅に関する次の記述のうち，最も不適当なものはどれか。

1. 耐力壁線により囲まれた部分の水平投影面積を，40m²以下になるように計画した。

2. 構造計算により構造耐力上安全であることが確かめられたので，耐力壁線相互の距離が12mを超える部分を計画した。

3. 耐力壁の上部における頭つなぎの継手位置を，耐力壁の上枠の継手位置と重なるようにした。

4. 耐力壁の壁材としてせっこうボードを張り付けるための釘には，GNF40を使用した。

5. 構造計算により構造耐力上安全であることが確かめられたので，地階の壁の地面から高さ45cm以上の部分を，一体の鉄筋コンクリート造ではなく枠組壁工法によるものとした。

解説

1. 【問題48】の解説の4を参照してください。
2. 【問題48】の解説の4を参照してください。
   構造計算により構造耐力上安全であることが確かめられた場合は，これらの規定値を超えることができます。
3. 耐力壁の上部における<u>頭つなぎの継手位置は，耐力壁の上枠の継手位置と重ならないように，600mm以上離します</u>。

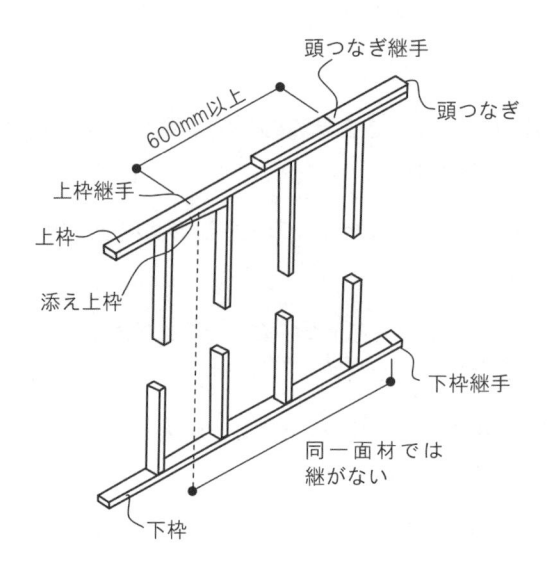

4．構造体部分に使用する釘の種類は，接合する材料により定められています。主に枠組壁工法の躯体にはCN釘（太め鉄丸釘）やBN釘（細め鉄丸釘）を使用し，せっこうボードと枠組材を接合する場合は，**GNF釘**（せっこうボード用鉄釘：平頭フラット）を使用します。
5．地階の壁は一体の鉄筋コンクリート造としなければなりません。ただし，構造計算により構造耐力上安全であることが確かめられた場合，**地面から30 cmを超える部分の壁**は，枠組壁工法とすることができます。

正解 3

4．コンクリートブロック造

4-1．補強コンクリートブロック造に関する問題

【問題50】 補強コンクリートブロック造2階建，延べ面積200m²の建築物に関する次の記述のうち，最も不適当なものはどれか。

1．耐力壁の横筋が異形鉄筋の場合，耐力壁の端部以外の部分における横筋の末端は，かぎ状に折り曲げなくてもよい。

2．耐力壁の縦筋は，溶接接合によれば，コンクリートブロックの空洞部内で継ぐことができる。

3．耐力壁の端部に縦方向に設ける鉄筋の径は，12mm以上とする。

4．耐力壁の壁頂には，鉄筋コンクリート造の臥梁を設ける。

5．耐力壁の中心線により囲まれた部分の水平投影面積は，72m²以下とする。

解説　補強コンクリートブロック造の理解

1．〔建築基準法施行令第62条の4第6項第一号〕
　建築基準法施行令第62条の4第6項第一号により，耐力壁の横筋の末端は，「かぎ状に折り曲げること。ただし，補強コンクリートブロック造の耐力壁の**端部以外の部分**における**異形鉄筋**の末端にあっては，この限りでない。」と規定されています。

2．〔建築基準法施行令第62条の6第2項〕
　建築基準法施行令第62条の6第2項により，「補強コンクリートブロック造の**耐力壁**，門又はへいの**縦筋は**，コンクリートブロックの空胴部内で**継いではならない**。ただし，**溶接接合**その他これと同等以上の強度を有する接合方法による場合においては，この限りでない。」と規定されています。

3．〔建築基準法施行令第62条の4第4項〕
　建築基準法施行令第62条の4第4項により，「補強コンクリートブロック

造の耐力壁は，その端部及び隅角部に径12mm以上の鉄筋を縦に配置するほか，径9mm以上の鉄筋を縦横に80cm以内の間隔で配置したものとしなければならない。」と規定されています。

4．〔建築基準法施行令第62条の5第1項〕
　　建築基準法施行令第62条の5第1項より，「補強コンクリートブロック造の耐力壁には，その各階の壁頂に鉄筋コンクリート造の臥梁を設けなければならない。ただし，階数が1の建築物で，その壁頂に鉄筋コンクリート造の屋根版が接着する場合においては，この限りでない。」と規定されています。

5．〔建築基準法施行令第62条の4第1項〕
　　建築基準法施行令第62条の4第1項により，「各階の補強コンクリートブロック造の耐力壁の中心線により囲まれた部分の水平投影面積は，60m²以下としなければならない。」と規定されています。

正解　5

［水平投影面積］
・枠組壁工法：40m²以下
・補強CB：60m²以下

【問題51】補強コンクリートブロック造に関する次の記述のうち，最も不適当なものはどれか。

1．布基礎又は基礎つなぎ梁のせいは，2階建及び3階建の場合，60cm以上，かつ，軒の高さの$\frac{1}{12}$以上とする。

2．C種コンクリートブロック造の建築物の軒の高さは，11m以下とする。

3．壁量とは，一つの階のはり間及び桁行両方向の耐力壁の長さの合計をその階の壁量算定用床面積で除した値をいう。

4．耐力壁の端部及び隅角部等は，原則として，現場打ちコンクリートで壁体の縁部分を形成する構造とする。

5．壁厚150mmの耐力壁の縦筋は，壁体内で重ね継ぎしてはならない。

第2章　一般構造

解　説

1. **基礎幅**は，これに接する耐力壁の厚さ以上とします。また，**基礎の梁せい**は，平家建の場合**45cm以上**，2階及び3階建では**60cm以上**，かつ，軒高$\frac{1}{12}$以上とします。

2. ブロック造の種類により，次のように規模が定められています。

（圧縮強さの大小関係は，C種＞B種＞A種です。）

ブロック造の種類による規模

ブロック造の種類	階数	軒の高さ
A種	2	7.5m
B種	3	11m
C種	3	11m

3. 壁量は，各階のはり間方向，桁行方向の**それぞれの方向**について，**耐力壁の長さを求め，その階の床面積で割ったもの**です。

4. 耐力壁の端部及び隅角部等は，曲げ応力やせん断力が集中しやすいので，原則として，**現場打ちコンクリートで壁体の縁部分を形成する構造**とします。

5. 【問題50】の解説の2を参照してください。

正解　3

得点力アップのポイント

○　壁量は，ある階において，はり間方向と桁行方向ごとに，耐力壁の長さの合計を壁量算定用床面積で除した値である。

○　対隣壁（耐力壁に直交して接合する二つの隣り合う耐力壁等）の壁厚の中心線間距離の制限は，耐力壁の面内方向よりも面外方向に作用する外力に対して安全となるように定められている。

○　日本工業規格（JIS）において，空洞ブロックの圧縮強さによって区分されるA種，B種，C種のうち，最も圧縮強さが大きいものはC種である。

5．鉄筋コンクリート造

5-1．鉄筋コンクリート構造に関する問題

【問題52】 鉄筋コンクリート構造に関する次の記述のうち，最も不適当なものはどれか。

1．部材の曲げモーメントに対する断面算定においては，コンクリートの引張応力度を無視した。
2．長方形梁の許容曲げモーメントは，圧縮縁がコンクリートの許容圧縮応力度に達したとき，又は引張側鉄筋が鉄筋の許容引張応力度に達したときに対して算出される値のうち大きいほうの数値とした。
3．普通コンクリートを用いた柱の小径を，その構造耐力上主要な支点間の距離の$\frac{1}{10}$とした。
4．幅の広い梁や主筋が一段に多数配置される梁において，副あばら筋を使用した。
5．床スラブ各方向の全幅について，コンクリート全断面積に対する鉄筋全断面積の割合を，0.2%とした。

解説　鉄筋コンクリート構造の理解

1．コンクリートの引張強度は，**圧縮強度の$\frac{1}{10}$程度で非常に小さく**，断面算定においては，**コンクリートの引張応力度は無視**します。
2．長方形梁の許容曲げモーメントは，**圧縮縁がコンクリートの許容圧縮応力度に達したとき，又は引張側鉄筋が鉄筋の許容引張応力度に達した**ときに対して算出される値のうち**小さいほうの数値**とします。

> 圧縮側と引張側のどちらが先に壊れるかを考えます。

3．普通コンクリートを用いた柱の小径は，構造耐力上主要な支点間の距離（上下の梁の内法寸法）の$\frac{1}{15}$以上とします。なお，軽量コンクリートを用いた場合は，$\frac{1}{10}$以上です。

4．幅の広い梁や，主筋が一段に多数配置される梁には，副あばら筋を入れて，靭性を確保します。

5．床スラブ各方向の全幅について，コンクリート全断面積に対する鉄筋全断面積の割合は，0.2％以上とします。

主な鉄筋比

帯筋比 あばら筋比 床スラブ筋比	0.2％
壁板せん断補強筋比	0.25％
柱の主筋比	0.8％

正解　2

【問題53】鉄筋コンクリート構造に関する次の記述のうち，最も不適当なものはどれか。

1．柱のコンクリート全断面積に対する主筋全断面積の割合を，0.8％とした。

2．梁とスラブを一体に打設するので，梁の剛性については，スラブの有効幅を考慮したT形梁として計算した。

3．耐震壁の壁板のせん断補強筋比を，縦筋と横筋のそれぞれについて0.2％とした。

4．耐震壁の壁筋がD10及びD13であったので，この耐震壁にある開口周囲の補強筋をD13とした。

5．部材の曲げモーメントに対する断面算定においては，コンクリートの引張応力を無視した。

解説

1. 〔建築基準法施行令第77条第1項第六号〕
　建築基準法施行令第77条第1項第六号により，「**主筋の断面積の和**は，コンクリートの断面積の**0.8%以上**とすること。」と規定されています。
2. 梁とスラブを一体に打設した T 形断面を形成する梁は，**スラブの有効幅**部分を梁の一部として剛性に見込む **T 形梁**として計算します。
3. **耐震壁**の壁板の**せん断補強筋比**は，縦筋と横筋のそれぞれについて**0.25%以上**とします。
4. **開口周囲の補強筋**は，D13以上，かつ，**壁筋と同径以上**の異形鉄筋を使用します。
5. 【問題52】の解説の1を参照してください。

正解　3

【問題54】鉄筋コンクリート構造に関する次の記述のうち，最も不適当なものはどれか。

1. 端部に135°フックを有する帯筋は，柱の靱性を増すうえで，スパイラル筋よりも効果が大きい。

2. 許容応力度設計において，圧縮力の働く部分では，鉄筋に対するコンクリートのかぶり部分も圧縮力を負担するものとして設計する。

3. 太くて短い柱は，地震時に，曲げ破壊より先に，せん断破壊が起こる場合がある。

4. 柱においては，一般に，負担している軸方向圧縮力が大きくなると，靱性が低下する。

5. 梁の引張鉄筋比が，釣り合い鉄筋比以下の場合，梁の許容曲げモーメントは，引張鉄筋の断面積にほぼ比例する。

解説

1. **スパイラル筋**は，部材の強度や粘り強さを増すうえで，端部に135°フックを有する**帯筋よりも効果があります**。
2. 鉄筋コンクリート部材の**圧縮力**に対する**計算**においては，かぶり部分も含むコンクリート全断面積で検討します。
3. **太くて短い柱**は，剛性が著しく高くなり，せん断力が集中して**脆性的な破壊（せん断破壊）**になりやすいです。そのため，地震時においては，**曲げ破壊より先にせん断破壊**が起こる場合があります。
4. **柱**は，軸方向力と曲げモーメントを受けますが，**軸方向圧縮力が大きくなると，曲げ変形しにくく靭性が低下**します。
5. 梁の曲げに対する断面算定において，梁の引張鉄筋比が**つり合い鉄筋比以下**の場合，引張鉄筋が圧縮側コンクリートより先に許容応力度に達します。

　　この場合，梁の許容曲げモーメント M は，次式で計算できます。

　　　$M = a_t \times f_t \times j$

　　a_t：引張鉄筋の断面積
　　f_t：鉄筋の許容引張応力度
　　j：曲げ材の応力中心距離

正解　1

得点力アップのポイント

○　帯筋・あばら筋は，一般に，せん断ひび割れの発生を抑制するものではないが，ひび割れの伸展を防止し，部材のせん断終局強度を増大させる効果がある。
○　梁においては，クリープによって，コンクリートの圧縮縁応力は減少し，圧縮鉄筋の応力は増加する。
○　四周を梁で支持されている床スラブの厚さが，短辺方向における有効スパンの $\frac{1}{30}$ 以下の場合，建築物の使用上の支障が起こらないことについて確かめる必要がある。
○　梁のせいは，建築物に変形又は振動による使用上の支障が起こらないことを計算によって確かめた場合を除き，梁の有効長さの $\frac{1}{10}$ を超える値とする。
○　有効長さが短く，梁せいの大きい梁は，せん断破壊しやすい。

5−2．配筋及び継手に関する問題

【問題55】 鉄筋コンクリート構造における配筋及び継手に関する次の記述のうち，最も不適当なものはどれか。

1．梁のせん断補強筋比を，0.2％とした。
2．鉄筋の重ね継手を，部材応力及び鉄筋の応力度の小さい箇所に設けた。
3．フック付き重ね継手の長さは，鉄筋相互の折曲げ開始点間の距離とした。
4．帯筋の末端部のフックは，90°に折り曲げて定着させた。
5．ガス圧接継手において，圧接箇所は鉄筋の直線部とし，曲げ加工部及びその付近を避けた。

解説 配筋及び継手の理解

1．【問題52】の解説の5を参照してください。
　梁のせん断補強筋比は，**0.2％以上**とします。
2．鉄筋の**重ね継手**の位置は，強度上弱点となりやすいので，**部材応力及び鉄筋の応力度の小さい位置**，かつ，**常時コンクリートに圧縮応力が生じている部分**に設けます。また，隣り合う継手は，同じ位置にならないようにします。
3．フック付き**重ね継手の長さ**は，鉄筋相互の**折曲げ開始点間の距離**とし，折曲げ開始点以降のフック部は継手長さに含めません。

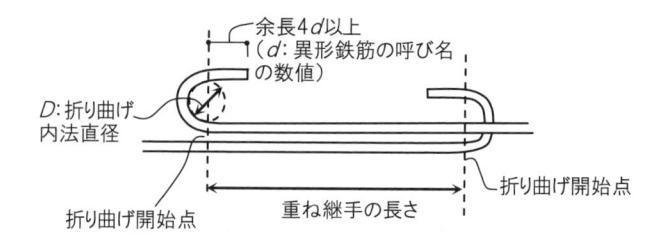

第2章　一般構造

4．帯筋の末端部のフックは，135°以上に折り曲げて内部のコンクリートに定着させるか，または相互に溶接します。
5．ガス圧接継手の圧接箇所は鉄筋の直線部とし，曲げ加工部及びその付近を避けます。

正解　4

【問題56】図のように配筋された柱のせん断補強筋比（帯筋比）P_w に最も近い数値は，次のうちどれか。ただし，D10及びD19の1本当たりの断面積は，それぞれ0.71cm^{2}及び2.87cm^{2}とし，P_w は図に示す地震力の方向に対するものとして計算するものとする。

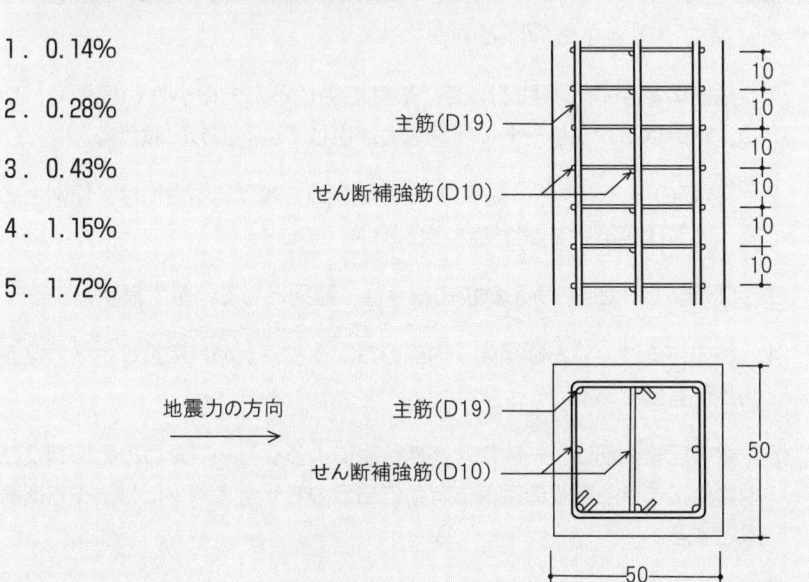

1．0.14%
2．0.28%
3．0.43%
4．1.15%
5．1.72%

柱の配筋
（寸法の単位はcmとする）

解説

柱のせん断補強筋比（帯筋比）P_w は，次式から求められます。

$$P_w = \frac{a_w}{b \cdot \chi} \times 100 \ (\%)$$

a_w：1組の帯筋の断面積（地震力の方向に平行な帯筋の断面積の和）

b：柱の幅（地震力の方向に直交する柱の幅）

χ：帯筋の間隔

設問より，$a_w = 0.71 \times 2 = 1.42 \ (cm^2)$，$b = 50 \ (cm)$，$\chi = 10 \ (cm)$

したがって，$P_w = \dfrac{1.42}{50 \cdot 10} \times 100 \ (\%) = \underline{0.284 \ (\%)}$

正解　2

【問題57】鉄筋コンクリート構造における配筋等に関する次の記述のうち，最も不適当なものはどれか。

1．鉄筋の継手は，原則として，部材に生じる応力の小さい箇所で，かつ，常時はコンクリートに圧縮応力が生じている部分に設ける。

2．「鉄筋の径（呼び名の数値）」の差が7mmを超える場合には，原則として，ガス圧接継手を設けてはならない。

3．D35以上の太径の異形鉄筋の継手は，原則として，重ね継手とする。

4．柱の帯筋は，せん断補強，内部のコンクリートの拘束及び主筋の座屈防止に有効である。

5．梁の圧縮鉄筋は，一般に，長期荷重によるクリープたわみの抑制及び地震時における靭性の確保に有効であるので，全スパンにわたって複筋梁とする。

解説

1．【問題55】の解説の2を参照してください。

2．鉄筋径または呼び名の数値の差が**7mmを超える場合**には，原則として，**ガス圧接継手**を設けてはなりません。

3．**D35以上の太径の異形鉄筋**は，付着割裂破壊を防ぐため，原則として，**重**

ね継手を用いてはなりません。
4．帯筋は，柱のせん断補強筋で，コンクリートと共にせん断力を負担します。その他，主筋の座屈防止やコンクリートの圧壊防止等の働きがあります。
5．梁の圧縮鉄筋は，曲げ強度に寄与することが少ないですが，長期荷重によるクリープたわみの抑制や，地震時における靭性の確保に効果的です。
　したがって，主要な梁は，全スパンにわたって複筋梁（上下共に主筋を配置）とします。

正解　3

得点力アップのポイント

○　帯筋の末端部は，135°以上に折り曲げて定着させるか，又は相互に溶接する。
○　「鉄筋の径（呼び名の数値）」の差が7mmを超える場合には，原則として，ガス圧接継手を設けてはならない。
○　柱梁接合部内の帯筋の間隔は，原則として，150mm以下，かつ，その接合部に隣接する柱の帯筋間隔の1.5倍以下とする。
○　径の異なる鉄筋の重ね継手の長さは，細いほうの鉄筋径を基準として算出する。

5-3. 壁式鉄筋コンクリート造に関する問題

【問題58】図のような平面を有する壁式鉄筋コンクリート造平家建の建築物の構造計算において，X方向の壁量の値として，最も近いものは，次のうちどれか。ただし，階高は3m，壁厚は12cmとする。

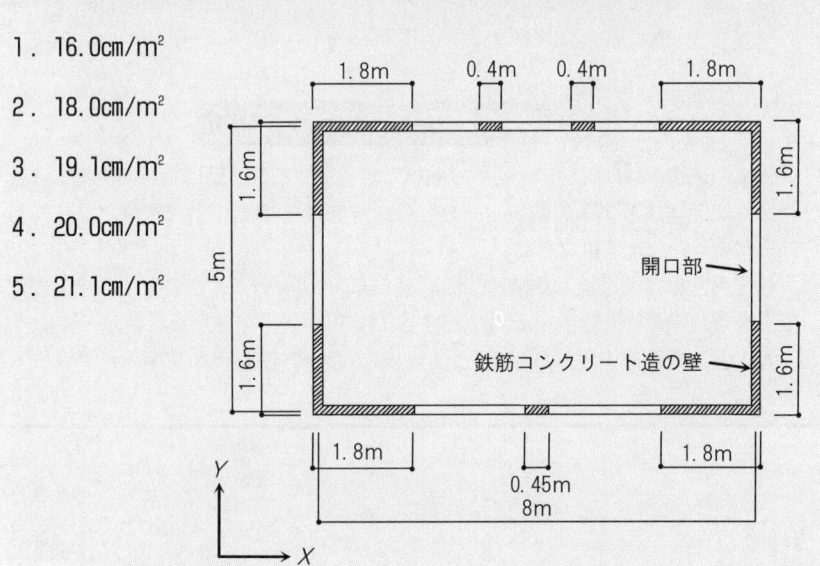

1. 16.0cm/m^2
2. 18.0cm/m^2
3. 19.1cm/m^2
4. 20.0cm/m^2
5. 21.1cm/m^2

解説　壁量の算定の理解

X方向の壁量は，X方向の耐力壁の長さの合計を，床面積で割って求めます。ただし，壁式鉄筋コンクリート造の耐力壁は，**長さ45cm以上のものとしなければなりません。**

- X方向の耐力壁の長さの合計 = 180〔cm〕× 4 + 45〔cm〕= 765〔cm〕
- 床面積 = 8〔m〕× 5〔m〕= 40〔m^2〕
- X方向の壁量 = $\dfrac{765〔cm〕}{40〔m^2〕}$ = 19.125〔cm/m^2〕

正解　3

第 2 章　一般構造　　　433

【問題59】壁式鉄筋コンクリート造の住宅に関する次の記述のうち，最も不適当なものはどれか。

1．階高が3ｍの平家建としたので，耐力壁の厚さを10cmとした。

2．構造耐力上主要な部分のコンクリートに，軽量コンクリート1種を使用する場合の設計基準強度を，18N／mm^{2}とした。

3．耐力壁の実長を，45cm以上，かつ，同一の実長を有する部分の高さの30％以上とした。

4．耐力壁に設ける30cm角の小開口については，適切な補強設計を行い，かつ，隣接する開口端間の距離が40cmであったので，当該小開口を無視して壁量を算定した。

5．壁梁は，主筋にD13を用い，梁せいを45cmとした。

解説

1．平家建の場合，**耐力壁の厚さは，12cm以上かつ $h/25$**（h：構造耐力上主要な鉛直支点間距離）以上必要です。

壁式鉄筋コンクリート造の壁量・せん断補強筋比・耐力壁の厚さ

階	壁量(cm/m^2)	せん断補強筋比(％)	耐力壁の厚さ（cm）		
	5階建	5階建	5階建	2階建	平屋
5	12	0.15 (学会基準：0.20)	15かつ $h/22$	h：構造耐力上主要な鉛直支点間距離	
4	12	0.20	18かつ $h/22$		
3	12	0.25	18かつ $h/22$		
2	15	0.25	18かつ $h/22$	15かつ $h/22$	
1	15	0.25	18かつ $h/22$	15かつ $h/22$	12かつ $h/25$
地下	20	0.25	18*かつ $h/18$	18*かつ $h/18$	18*かつ $h/18$

※仕上げのない面，土に接する面は，面ごとに普通コンクリートで1cm，軽量コンクリートで2cm増す。

2．構造耐力上主要な部分に使用するコンクリートの**設計基準強度**は，**18N／mm²以上**とします。また，コンクリートの使用骨材による種類は，**普通コンクリート又は軽量コンクリート1種**を用います。

3．1つの**耐力壁の実長** l は，**45cm以上**，かつ，同一の実長を有する部分の**高さ h の30％以上**としなければなりません。

　例えば，両側に高さ2mの出入口となる開口部がある場合，200cm×0.3＝60cm以上でなければ耐力壁とみなすことはできません。

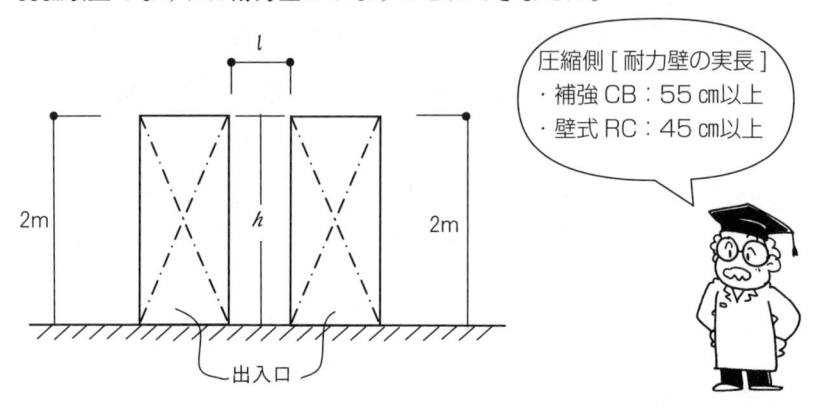

圧縮側［耐力壁の実長］
・補強CB：55cm以上
・壁式RC：45cm以上

4．耐力壁の小開口が**次のような条件**を満たし，かつ，**小開口周囲における適切な補強設計**を行った場合，当該小開口を無視して壁量を算定することができきます。

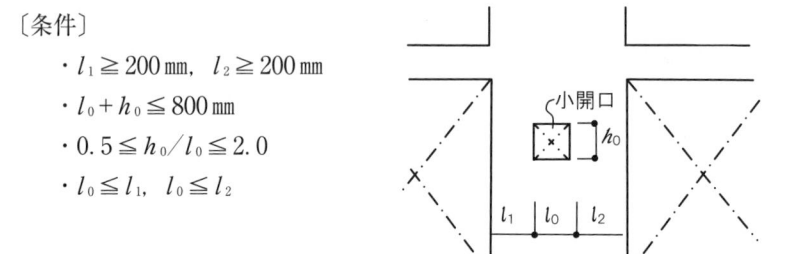

　〔条件〕
　　・$l_1 \geq 200\,\text{mm}$, $l_2 \geq 200\,\text{mm}$
　　・$l_0 + h_0 \leq 800\,\text{mm}$
　　・$0.5 \leq h_0 / l_0 \leq 2.0$
　　・$l_0 \leq l_1$, $l_0 \leq l_2$

5．壁梁の主筋は**D13以上**とし，**梁せいは45cm以上**とします。

正解　1

6．鉄骨造

6-1．鉄骨構造に関する問題

【問題60】 鉄骨構造に関する次の記述のうち，最も不適当なものはどれか．

1. Ｈ形鋼の梁の横座屈を拘束するために，圧縮側フランジに補剛材を配置する．

2. 形鋼の許容応力度設計において，板要素の幅厚比が制限値を超える場合は，制限値を超える部分を無効とした断面で検討する．

3. 長期に作用する荷重に対する梁材のたわみは，通常の場合ではスパンの$\frac{1}{300}$以下とし，片持ち梁ではスパンの$\frac{1}{150}$以下とする．

4. 軽量鉄骨構造に用いる軽量形鋼は，板要素の幅厚比が大きいので，ねじれや局部座屈を起こしやすい．

5. クレーン走行桁など，1×10^4回を超える繰返し応力を受ける部材及び接合部に対しては，一般に，疲労の検討を行う．

解説　鉄骨構造の理解

1. Ｈ形鋼の梁を**強軸回り**で使用した場合でも，圧縮側がある限界の荷重に達すると，急に面外方向へはらみ出す**横座屈**が起こります．通常，横座屈を拘束するために，**圧縮側フランジ**に適切な間隔で**横補剛材（小梁）を配置**します．

・横座屈の対策→補剛材の設置
・局部座屈の対策→幅厚比の制限
・終局時の検討→保有耐力接合の検討

2．幅厚比（$=\dfrac{幅}{厚さ}$）の制限を超えた部材断面については，各要素ごとに**幅厚比の制限を超えた領域の断面を無効**とみなして，断面算定します。

3．梁材のたわみは，通常，スパンの$\dfrac{1}{300}$以下とし，片持ち梁の場合は，スパンの$\dfrac{1}{250}$以下とします。

4．鋼材は，**幅厚比が大きいほど薄い部材**となり，ねじれや局部座屈が起きやすく靭性が低下します。特に，軽量鉄骨構造に用いる**軽量形鋼**は，幅厚比が大きく，局部座屈を起こしやすいです。

5．通常の部材及び接合部は，疲労の検討を必要としませんが，クレーン走行桁など，1×10^4回（10,000回）**を超える繰返し応力**を受ける部材及び接合部に対しては，一般に，**疲労の影響を考慮**する必要があります。

　鋼材に**多数回の繰返し荷重**が作用すると金属疲労が生じ，応力の大きさが降伏点以下の範囲であっても破壊することがあります。

正解　3

【問題61】鉄骨構造に関する次の記述のうち，最も不適当なものはどれか。

1．引張材の接合部において，せん断を受ける高力ボルトが応力方向に3本以上並ばない場合は，高力ボルト孔中心から応力方向の接合部材端までの距離は，高力ボルトの公称軸径の2.5倍以上とする。

2．根巻形式の柱脚においては，一般に，柱下部の根巻き鉄筋コンクリートの高さは，柱せいの1.5倍以上とする。

3．鉄骨部材は，平板要素の幅厚比や鋼管の径厚比が大きいものほど，局部座屈を起こしやすい。

4．SN490Bは，建築構造用圧延鋼材の一種である。

5．荷重面内に対称軸を有し，かつ，弱軸まわりに曲げモーメントを受ける溝形鋼については，横座屈を考慮する必要はない。

解説

1. **高力ボルト孔中心**から**鋼材の縁端**までの**最小距離**は，ボルトの径と縁端の種類（仕上げ方法等）に応じて定められています。
   ただし，引張材の接合部において，せん断を受ける高力ボルトが**応力方向に3本以上並ばない場合（1本，2本の場合）**は，高力ボルトの**公称軸径の2.5倍以上**とします。
2. **根巻型柱脚の根巻高さは，柱せい（柱幅の大きい方）の2.5倍以上**とします。また，**埋込型柱脚の埋込深さは，柱せいの2倍以上**とします。
3. 鉄骨部材は，平板要素の**幅厚比** $\left(=\dfrac{幅}{厚さ}\right)$ や鋼管の**径厚比** $\left(=\dfrac{管径}{管厚}\right)$ が大きいものほど**薄い部材**となり，局部座屈を起こしやすいです。
4. SN490Bは，**建築構造用圧延鋼材（SN材）**で，引張強さが490〔N／mm²〕以上の鋼材を表しています。
5. 鋼管，箱形断面部材，溝形鋼などの**弱軸まわりに曲げを受ける対称断面の部材**は，横座屈現象が生じません。

正解　2

【問題62】鉄骨構造に関する次の記述のうち，最も不適当なものはどれか。

1. 形鋼の許容応力度設計において，幅厚比が制限値を超える場合は，制限値を超える部分を無効とした断面で検討する。
2. 柱の座屈長さは，材端の移動拘束が不十分な場合は，移動拘束が十分であるとして算出した値より増大させる。
3. 圧縮材の支点の補剛材については，圧縮力の2％以上の集中横力が補剛骨組に加わるものとして検討する。
4. 梁の横座屈を防止するために，板要素の幅厚比が制限されている。
5. 細長比の大きい部材ほど，座屈の影響により，許容圧縮応力度が小さくなる。

解説

1. 【問題60】の解説の2を参照してください。
2. 材端の移動拘束が不十分な場合の**座屈長さ** l_k は，柱の材端の梁が剛である場合等**完全に拘束される場合**は，**節点間距離** h に等しくなります。($l_k=h$)

    ここで，**梁の剛性が低くなる**ほど，柱の材端の拘束がゆるくなり，柱の座屈長さも長くなるので，この場合の**柱の座屈長さ**は，**節点間距離よりも大きく**なります。($l_k>h$)

    一方，横移動が拘束された（水平移動がない）剛節架構の場合は，$l_k \leq h$ となります。

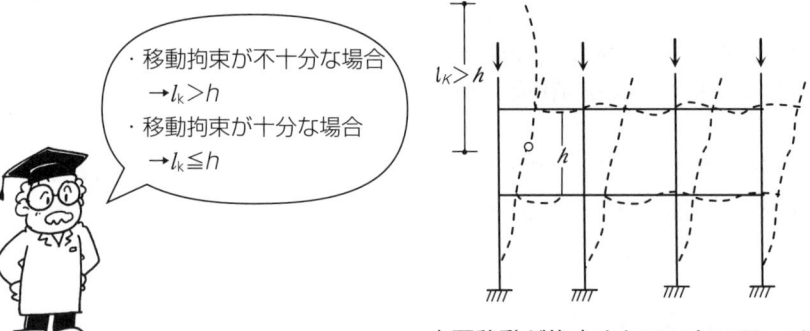

- ・移動拘束が不十分な場合
  → $l_k>h$
- ・移動拘束が十分な場合
  → $l_k \leq h$

水平移動が拘束されていないラーメン

3. 圧縮材の中間に支点を設けて座屈長さを短くする場合において，その支点の移動を防止するために設ける**横補剛材**は，**圧縮力の2％以上の集中横力**が加わるものとして設計します。

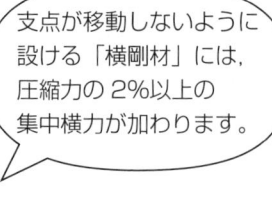

支点が移動しないように設ける「横剛材」には，圧縮力の2％以上の集中横力が加わります。

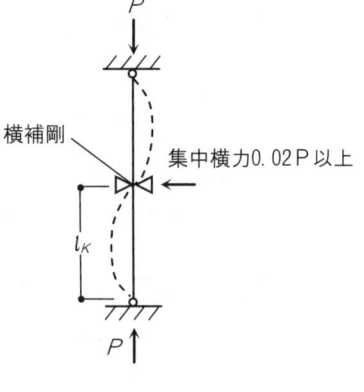

横補剛 集中横力0.02P以上

横補鋼材の集中横力

第2章　一般構造　　　　　439

4．板要素の幅厚比の制限は，局部座屈を防止するために定められています。梁の横座屈の防止には，横倒れを防止する横補剛材（小梁）が必要です。
5．圧縮材の許容圧縮応力度は，座屈を考慮し，有効細長比λの値に応じて与えられ，**有効細長比λ**（$=\dfrac{l_k}{i}$　l_k：座屈長さ，i：最小の断面二次半径）が**大きくなる（形状が細長い）**ほど，**小さくなります**。

正解　4

【問題63】鉄骨構造に関する次の記述のうち，最も不適当なものはどれか。

1．水平力を負担する筋かいの軸部が降伏する場合においても，その筋かいの端部及び接合部が破断しないようにする。

2．柱の継手の接合用ボルト，高力ボルト及び溶接は，原則として，継手部の存在応力を十分に伝え，かつ，部材の各応力に対する許容力の$\dfrac{1}{2}$を超える耐力とする。

3．柱脚部の固定度を上げるためには，一般に，露出型より埋込型のほうが有効である。

4．部材の局部座屈を避けるためには，板要素の幅厚比や円形鋼管の径厚比は大きいものとすることが望ましい。

5．冷間成形により加工された角形鋼管（厚さ6mm以上）を柱に用いる場合は，原則として，その鋼材の種別並びに柱及び梁の接合部の構造方法に応じて，応力割り増し等の措置を講ずる。

解説

1．地震時に筋かいの軸部が降伏しても，建物が崩壊せず，ねばり強くする必要があります。
　したがって，**筋かいの軸部が降伏する場合**においても，その筋かいの**端部及び接合部が破断しないように**，接合部の破断耐力を，筋かいの軸部の降伏

耐力以上となるように設計します。（**接合部の破断耐力≧1.2×軸部の降伏耐力**）
2. **柱の継手の接合用ボルト，高力ボルト及び溶接**は，原則として，継手部の存在応力を十分に伝え，かつ，**部材の各応力に対する許容力の$\frac{1}{2}$以下の耐力**であってはなりません。
3. 完全固定として曲げモーメントを伝える柱脚には，根巻型柱脚，埋込型柱脚があります。**柱脚の固定度の大小関係は，露出型＜根巻型＜埋込型**です。
4. 【問題61】の解説の3を参照してください。
部材の**局部座屈を避ける**ためには，板要素の**幅厚比**や円形鋼管の**径厚比**を小さくします。

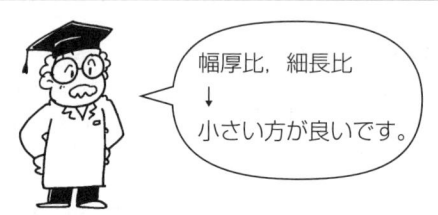

> 幅厚比，細長比
> ↓
> 小さい方が良いです。

5. 〔国土交通省告示第593号第1〕
耐震計算ルート①（1-1，1-2）により設計した剛節架構の柱材に，厚さ6mm以上の**冷間成形角形鋼管（STKR材，BCR材，BCP材）を用いた場合**，通常の計算法に加え，**標準せん断力係数 C_0 を0.3以上**としたときの地震力により**柱に生じる応力を**，柱梁接合形式及び鋼管の種類に応じて**割増し**，許容応力度の検討を行います。

正解　4

得点力アップのポイント

○ H形鋼の梁においては，一般に，せん断力の大部分をウェブで，曲げモーメントの大部分をフランジで負担する。
○ 細長比が大きい部材ほど，座屈の影響により，許容圧縮応力度が小さくなる。
○ 根巻形式の柱脚において，一般に，柱下部の根巻き鉄筋コンクリートの高さは，柱せいの2.5倍以上とする。
○ 鉄骨部材は，平板要素の幅厚比や鋼管の径厚比が大きいものほど，局部座屈を起こしやすい。
○ 構造用鋼材の短期許容応力度は，長期許容応力度の1.5倍である。
○ 冷間成形角形鋼管（厚さ6mm以上）を柱に用いる場合は，原則として，その鋼材の種別並びに柱及び梁の接合部の構造方法に応じて，応力割増し等の措置を講ずる。
○ 露出柱脚に用いられるアンカーボルトの設計において，柱脚に引張力が作用する場合，一般に，引張力とせん断力との組合せ応力を考慮する必要がある。

6-2. 鉄骨構造の接合に関する問題

【問題64】鉄骨構造の接合に関する次の記述のうち，最も不適当なものはどれか。

1. 振動・衝撃又は繰返し応力を受ける接合部には，普通ボルトを使用してはならない。
2. 高力ボルト摩擦接合部の許容応力度は，締め付けられる鋼材間の摩擦力と高力ボルトのせん断力との和として応力が伝達されるものとして計算する。
3. 異種の鋼材を溶接する場合における接合部の耐力は，接合される母材の許容応力度のうち小さいほうの値を用いて計算する。
4. 柱の継手の接合用ボルト，高力ボルト及び溶接は，原則として，継手部の存在応力を十分に伝え，かつ，部材の各応力に対する許容力の$\frac{1}{2}$を超える耐力とする。
5. 軸方向力を受ける2つ以上の材を接合する場合において，各材の重心軸が1点に会しない場合は，偏心の影響を考慮して設計する。

解説　鉄骨構造の接合の理解

1. **普通ボルト接合**は，振動・衝撃又は繰返し応力を受ける箇所には使用してはなりません。
2. **高力ボルト摩擦接合**は，ボルトの軸に導入された張力によって生じる**接合部材間の摩擦力のみ**によって力を伝達する接合です。
　　したがって，許容応力度は，締め付けられる鋼材間の摩擦力によって応力が伝達されるものとして計算し，高力ボルトのせん断力としての応力の伝達は考慮しません。
3. **異種の鋼材を溶接**する場合，接合部の耐力は，**接合される母材の許容応力度のうち，小さいほうの値**を用いて計算します。

4．【問題63】の解説の2を参照してください。
5．軸方向力を受ける2つ以上の材を接合する場合において，**各材の重心軸が1点に会しない場合**は，偏心により付加される**偏心モーメント Me（=N×e）**を考慮して設計します。

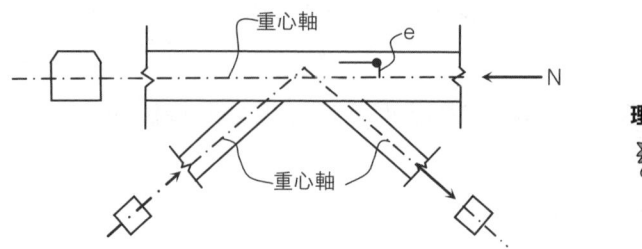

正解　2

【問題65】鉄骨構造の接合に関する次の記述のうち，最も不適当なものはどれか。

1．異種の鋼材を溶接する場合における接合部の耐力は，接合される母材の許容応力度のうち，小さいほうの値を用いて計算する。

2．高力ボルト摩擦接合は，圧縮応力の作用する継手に使用することができる。

3．一つの継手に「完全溶込み溶接」と「隅肉溶接」を併用するときは，各溶接継目の許容耐力に応じて，それぞれの応力の分担を決定することができる。

4．柱の継手の接合用ボルト，高力ボルト及び溶接は，原則として，継手部の存在応力を十分に伝え，かつ，部材の各応力に対する許容力の $\frac{1}{2}$ を超える耐力とする。

5．重ね継手の隅肉溶接において，溶接する鋼板のかど部には，まわし溶接を行ってはならない。

解説

1. 【問題64】の解説の3を参照してください。
2. 高力ボルト摩擦接合において伝達される応力は、ボルト軸と直角方向の応力であり、**引張応力、圧縮応力の作用する継手に使用**することができます。
3. 1つの継手に2種類以上の**溶接を併用**する場合、各溶接継目の許容耐力に応じて、**それぞれの応力の分担を決定**することができます。
4. 【問題63】の解説の2を参照してください。
5. 重ね継手の隅肉溶接において、溶接する鋼板の**かど部で終わるものは、連続的にそのかどをまわして溶接**しなければなりません。

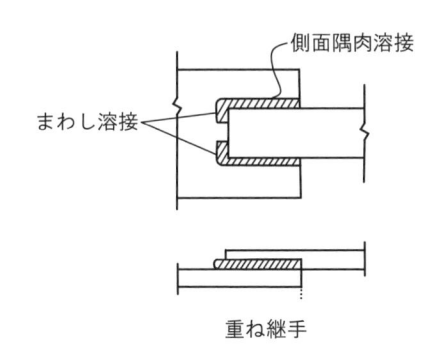

正解 5

【問題66】鉄骨構造の溶接接合に関する次の記述のうち、最も不適当なものはどれか。

1. 溶接継目ののど断面に対する許容応力度は、溶接の継目の形式に応じて異なる値を用いる。

2. 構造計算に用いる隅肉溶接のサイズは、一般に、薄いほうの母材の厚さを超える値とする。

3. 柱梁接合部において、スカラップは、応力集中により部材の破断の原因となることもあるので、スカラップを設けない方法もある。

4．構造計算に用いる隅肉溶接の溶接部の有効面積は，（溶接の有効長さ）×（有効のど厚）により算出する。

5．部分溶込み溶接は，繰返し荷重の作用する部分に用いることはできない。

解説

1．溶接継目ののど**断面（溶接部の有効面積）**に対する**許容応力度**は，せん断応力度を除き，溶接の**継目の形式に応じて異なる値**を用います。

溶接継目の許容応力度（F：溶接部の基準強度）

継目の形式	長期 圧縮・引張・曲げ	長期 せん断	短期 圧縮・引張・曲げ	短期 せん断
突合せ（完全溶込み，部分溶込み）	$\dfrac{F}{1.5}$	$\dfrac{F}{1.5\sqrt{3}}$	F	$\dfrac{F}{\sqrt{3}}$
突合せ以外（すみ肉溶接）	$\dfrac{F}{1.5\sqrt{3}}$	$\dfrac{F}{1.5\sqrt{3}}$	$\dfrac{F}{\sqrt{3}}$	$\dfrac{F}{\sqrt{3}}$

・短期は，長期の1.5倍です。
・せん断は，継目の形式に関係なく同じ値です。
・突合せ溶接（完全溶込み溶接）＞隅肉溶接。

2．構造計算に用いる**隅肉溶接のサイズS**は，一般に，**薄いほうの母材の厚さ以下**とします。

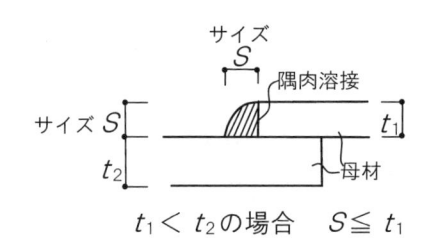

$t_1 < t_2$ の場合　$S \leqq t_1$

3．応力集中によりスカラップ部材から破断する恐れがあるため，近年では，

第2章　一般構造

特殊な裏あて金によりスカラップを設けない**ノンスカラップ工法**も普及しています。

4．隅肉溶接部の**有効面積**は，「溶接の有効長さ」×「有効のど厚（＝溶接サイズの0.7倍）」により求めます。

5．**部分溶込み溶接**は，せん断力のみを受ける場合及びのど断面に均等に働く引張力を受ける場合に使用できます。

　しかし，**繰返し荷重の作用する部分**，片面溶接で継目ルート部に**曲げ**又は荷重の偏心によって生じる付加曲げによる**引張応力**が作用する場合には使用できません。

正解　2

得点力アップのポイント

○　構造計算に用いる隅肉溶接の溶接部の有効断面積は，（溶接の有効長さ）×（有効のど厚）である。

○　高力ボルト摩擦接合において，ボルト孔の中心間の距離は，公称軸径の2.5倍以上とする。

○　構造計算において，接合している部材が十分に塑性化するまで接合部で破断が生じないように設計する接合を，保有耐力接合という。

○　一つの継手に「完全溶込み溶接」と「隅肉溶接」を併用するときは，各溶接継目の許容耐力に応じて，それぞれの応力の分担を決定することができる。

7. 構造計画

7-1. 建築物の構造計画等に関する問題

【問題67】 建築物の構造計画等に関する次の記述のうち，最も不適当なものはどれか。

1. 鉄筋コンクリート構造において，地震力に対して十分な量の耐力壁を配置した場合，柱については鉛直荷重に対する耐力のみを確認すればよい。

2. 鉄骨構造において，冷間成形角形鋼管を柱に用いる場合には，地震時に柱に生じる力の大きさに割増しなどの措置を講ずる必要がある。

3. スウェーデン式サウンディング試験（SWS試験）は，載荷したロッドを回転して地盤に貫入する簡便な地盤調査方法であり，手動式の場合，適用深度は10m程度である。

4. 杭基礎において，根入れの深さが2m以上の場合，基礎スラブ底面における地震による水平力を低減することができる。

5. 木造建築物の耐震診断には，一般診断法と精密診断法とがあり，一般診断法においては，強度抵抗型の耐震補強についてのみ評価することができる。

解説　建築物の構造計画の理解

1. 鉄筋コンクリート構造は，柱・梁などの骨組（ラーメン）と耐力壁が一体となって，外力に抵抗する構造です。
   したがって，地震力に対して十分な量の耐力壁を配置した場合であっても，柱については**鉛直荷重及び水平荷重（地震力）**のいずれに対しても耐力を確認する必要があります。
2. 【問題63】の解説の5を参照してください。
3. **スウェーデン式サウンディング試験**は，ロッドに付けたスクリューポイン

第2章　一般構造　447

トを地盤中に貫入・回転させ、その貫入量から土の硬軟、締まり程度を判定するための**静的貫入抵抗を求める**ことができます。手動式の場合、**適用深度は10m**程度です。

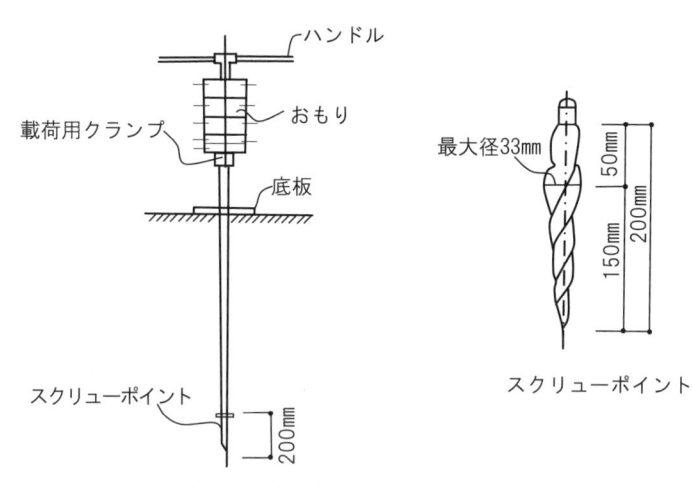

スウェーデン式サウンディング試験

4．杭基礎において、地震による水平力を、各杭で分担しなければならないですが、**建物の地中部分の側面**で、地盤も一部水平力を分担できます。**根入れの深さが2m以上の場合**は、この地中部分の分担を考慮して、**杭にかかる水平力を低減**することができます。

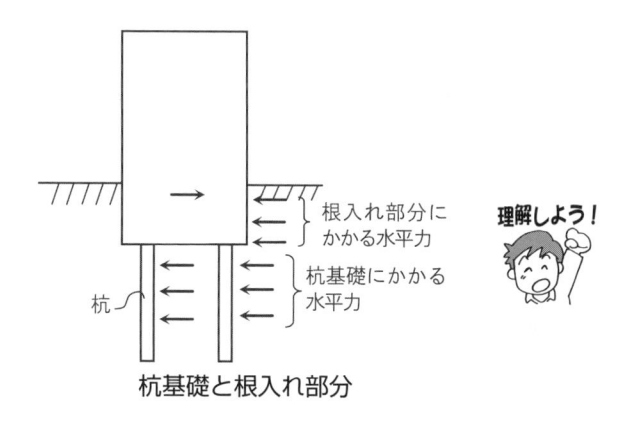

杭基礎と根入れ部分

5．木造建築物の耐震診断には、**一般診断法と精密診断法**とがあります。**一般**

診断法においては，**強度抵抗型**の耐震補強についてのみ評価することができます。なお，**精密診断法**においては，**強度抵抗型**に加えて，粘り強さに期待する**靭性抵抗**を考慮して評価することができます。

・一般診断法→強度型
・精密診断法→強度型＋靭性型

正解　1

【問題68】建築物の構造計画に関する次の記述のうち，最も不適当なものはどれか。

1. 建築物の耐震性能を高める構造計画には，強度を高める考え方とねばり強さに期待する考え方があり，部材が塑性化した後の変形能力を大きくすることは，ねばり強さに期待する考え方である。

2. エキスパンションジョイントのみで接する複数の建築物については，一体の建築物として構造計算を行う。

3. 鉄筋コンクリート構造においては，一般に，「梁又は柱の耐力」より「柱梁接合部の耐力」のほうが高くなるように設計する。

4. 鉄骨構造の梁端接合部の早期破壊を防ぐために，梁端のフランジ幅を拡げ，作用する応力を減らす設計をした場合であっても，保有耐力接合の検討を行う。

5. 鉄筋コンクリート構造においては，偏心率を小さくするために，剛性の高い耐震壁を建築物外周にバランスよく配置する。

解説

1. 建築物の耐震性能を高める構造計画には，壁を多くして**強度を高める考え方**と，建物の変形能力（粘り強さ）で地震エネルギーを吸収する考え方があ

第2章　一般構造　　　449

ります。

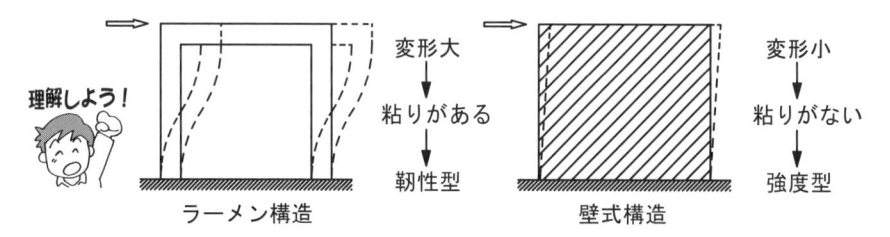

理解しよう！

変形大
粘りがある
靭性型
ラーメン構造

変形小
粘りがない
強度型
壁式構造

2.〔建築基準法施行令第81条第4項〕
建築基準法施行令第81条第4項により，**エキスパンションジョイント**で接している建築物は，**構造計算上，それぞれ別の建築物**とみなします。

3. 鉄骨構造や鉄筋コンクリート構造において，「柱梁接合部」は，大地震の際に地震エネルギーを吸収する重要な構造部位です。したがって，一般に，「**梁又は柱の耐力**」より「**柱梁接合部の耐力**」のほうが高くなるように設計し，「**梁又は柱**」が「**柱梁接合部**」よりも先に降伏するようにします。

4. 柱梁接合部を剛接合とする場合は，曲げモーメント，せん断力及び軸方向力を十分に伝達できる材端接合とします。**部材の保有する終局耐力に達するまで，その部材をとめている接合部分が破壊されないように**，接合部の耐力を高めておくことを，**保有耐力接合**といいます。
　　梁端のフランジ幅を拡げ，作用する応力を減らす設計をした場合であっても，保有耐力接合の検討は必要です。

5. 鉄筋コンクリート構造の耐震壁や木構造の筋かいの配置は，**中心部よりも外周部にバランスよく配置**したほうが，偏心率が小さくなり，ねじれに対する抵抗性も増します。

正解　2

第3編　学科Ⅲ・構造

【問題69】建築物の構造計画に関する次の記述のうち，最も不適当なものはどれか。

1. 偏心率は，建築物の各階平面内の各方向別に，重心と剛心の偏りのねじり抵抗に対する割合として求める。

2．エキスパンションジョイントのみで接している複数の建築物については，それぞれ別の建築物として構造計算を行う。

3．鉄骨構造においては，一般に，「柱梁接合部パネルの耐力」より「梁又は柱の耐力」のほうが高くなるように設計する。

4．鉄筋コンクリート造の小梁付き床スラブにおいては，小梁の過大なたわみ及び大梁に沿った床スラブの過大なひび割れを防止するため，小梁に十分な曲げ剛性を確保する。

5．水平力に対する剛性は，一般に，同じ高さの建築物においては，鉄骨造の建築物より鉄筋コンクリート造の建築物のほうが大きい。

解説

1．地震力は，建築物の重さの中心である**重心**に作用します。一方，地震力に抵抗するのは剛性の中心である**剛心**で，**重心と剛心との距離が大きい場合，建築物にねじれ現象が生じます。**

　偏心率は，重心と剛心の偏りの**ねじり抵抗に対する割合**で，その数値が大きいほど偏心による影響が大きいです。

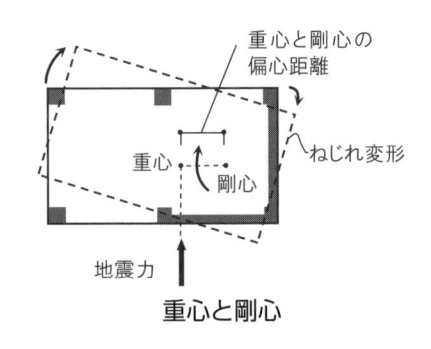

2．【問題68】の解説の2を参照してください。

3．【問題68】の解説の3を参照してください。
　鉄骨構造においては，一般に，「**梁又は柱の耐力**」より「**柱梁接合部パネルの耐力**」のほうが高くなるように設計します。

4．鉄筋コンクリート造の**小梁付き床スラブ**において，スラブの曲げ剛性が十分でない場合，小梁に過大なたわみが生じやすいです。
　また，大梁との間には大きなたわみ差が生じて，大梁にそった過大なひび割れなどの障害が発生する恐れがあります。したがって，小梁のたわみが過大にならないように，その**曲げ剛性の適正化**を図る必要があります。

5．剛性とは，力に対する**変形**の度合いを表しており，一般に，**鉄骨造の建築物より鉄筋コンクリート造の建築物**のほうが変形しにくく，水平力に対する**剛性**が大きいです。

正解　3

・剛性率：6/10 以上
・偏心率：15/100 以下
・層間変形角：1/200 以下
・塔状比：4 以下

【問題70】建築物の構造設計に関する次の記述のうち，最も不適当なものはどれか。

1．極めてまれに起こる地震に対しては，建築物が倒壊や崩壊しないことを確かめる。

2．建築物の耐震性能を高めるためには，構造物の強度を大きくする考え方と構造物の変形能力を大きくする考え方がある。

3．ピロティ階の必要保有水平耐力は，剛性率による割増係数とピロティ階の強度割増係数のうち，大きいほうの値を用いて算出する。

4．一般に，同じ地震においても，個々の建築物の固有周期の違いにより，建築物の揺れの大きさは異なる。

5．建築物の固有周期は，構造物としての剛性が大きいほど，質量が小さいほど，長くなる傾向がある。

解説

1．荷重の頻度に対する設計要件を次に示します。
　①**常時作用する荷重**に対しては，建築物を**使用する上での障害や耐久性**の面を考慮します。

②稀に生じる程度の荷重（中規模程度の荷重）に対しては，建築物の構造上主要な部分に**損傷が生じないように**設計します。

③極めて稀に生じる程度の荷重（最大級の荷重）に対しては，建築物の**倒壊や崩壊を防ぎ**，人・物品の安全を最低限守ることを目標として設計します。

2．【問題68】の解説の1を参照してください。

3．必要保有水平耐力は，大地震が発生しても建築物が最低限保有できる力を示しています。一般に，高さ31mを超える建築物は，**各階の保有水平耐力 Q_u ≧必要保有水平耐力 Q_{un}** を確保する必要があります。

　ピロティ形式の建築物の場合，地震時に剛性の小さいピロティ階に変形や損傷が集中しやすく，一般階に比べて保有できる力を多く必要とします。

　したがって，**ピロティ階の必要保有水平耐力**は，剛性率による割増係数とピロティ階の強度割増係数のうち，**大きいほうの値**を用いて算出します。

4．建築物は高さや構造種別により固有周期があり，固有周期の違いにより，建築物の揺れの大きさは異なります。

5．建築物の固有周期 T は，次式で表されます。

$$T = 2\pi\sqrt{\frac{m}{k}} \quad m：質量，k：バネ定数（水平剛性）$$

したがって，建築物の固有周期は，構造物としての**剛性が大きいほど，質量が小さいほど，短くなる**傾向があります。

正解　5

得点力アップのポイント

○　ピロティ階の必要保有水平耐力は，「剛性率による割増係数」と「ピロティ階の強度割増し係数」のうち，大きいほうの値を用いて算出した。

○　同じ高さの建築物の場合，水平力に対する剛性は，一般に，鉄骨構造より鉄筋コンクリート構造のほうが大きい。

○　耐震診断基準における第2次診断法は，梁の変形能力などは考慮せずに，柱や壁の強さと変形能力などをもとに耐震性能を判定する診断手法である。

○　剛性率は，各階の層間変形角の逆数を建築物全体の層間変形角の逆数の平均値で除した値であり，その値が小さいほど，その階に損傷が集中する危険性が高いことを示している。

○　建築物の外壁から突出する部分の長さが2mを超える片持ちのバルコニーを設ける場合，当該部分の鉛直深度に基づき計算した地震力に対して安全であることを確かめる必要がある。

第3章

建築材料

建築材料は毎年6問出題されます。近年，木材1問，コンクリート2問，鋼材1問は必ず出題され，その他の材料や融合問題として2問出題されます。

一見，学習範囲が広いように見えますが，毎年，出題される次の内容を優先して学習することを推奨します。
- 木材，コンクリート，鋼材を中心に理解する。
- その他の材料として，ガラスは1問として出題される場合がある。
- 材料と用途の組合せとして出題される場合がある。

なお，木材，コンクリート，鋼材に関しては，一般構造と共に学習するとよいでしょう。過去の選択肢の内容を理解すれば，点数にしやすい分野でもあります。

1．木材

1-1．木材に関する問題

【問題71】 建築材料として使用される木材に関する次の記述のうち，最も不適当なものはどれか。

1．木材に荷重が継続して作用すると，時間の経過に伴って変形が増大するクリープ現象が生じる。

2．木材の真比重は，樹種によらずほぼ一定であり，樹種によって比重が異なるのは木材中の空隙率の違いによるものである。

3．木材の乾燥収縮率は，繊維方向より年輪の半径方向のほうが大きい。

4．木材の耐力性能を低下させる欠点としては，節，目切れ（材の表面で繊維が切れている状態）等がある。

5．木材の含水率の変化において，大気中に木材を長時間放置して，木材中の結合水と大気中の湿度が平衡状態に達した時点を，繊維飽和点という。

解説　木材の特徴の理解

1．**クリープ現象**とは，一定荷重のもとで時間の経過に伴いひずみが増大する現象です。木材に荷重を継続して載荷した場合，時間の経過に伴って変形が増大する**クリープ現象が生じやすい**です。母材や接合部に対してクリープ等の変形を考慮して許容応力度が定められています。

2．木材の細胞組織内には多くの空隙が存在します。細胞を構成している物質による**木材の真比重（空隙を除く比重）**は，樹種によらずほぼ一定で，**樹種によって比重が異なる**のは，木材中の**空隙率の違い**によるものです。

3．木材は，繊維飽和点までは，含水率が増えるほど膨張し，**繊維飽和点以上**の含水率の範囲では，含水率の変化による膨張・収縮はありません。

　また，木材の含水率の変化による**乾燥収縮率の大小関係**は，**接線（円周）方向＞半径方向＞繊維方向**です。

第 3 章 建築材料

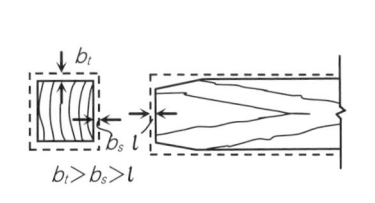

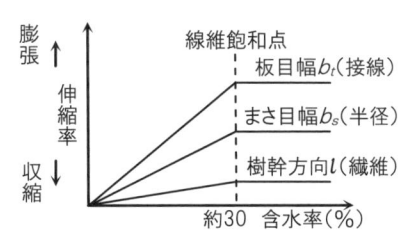

木材の含水率と伸縮率

・収縮：接線＞半径＞繊維
 ↕（逆）
・強度：繊維＞半径＞接線

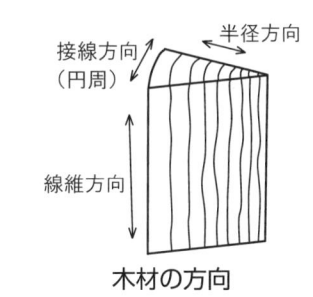

木材の方向

4．木材の耐力性能を低下させる**欠点**として，**節**，**目切れ**（材の表面で繊維が切れている状態），**目まわり**（年輪に沿って生じた割れ）等があります。

5．生木中の木材には，**結合水**（細胞内に存在）と**自由水**（空隙内に存在）があり，乾燥するにしたがって，まず**自由水**から**乾燥**します。

　木材が乾燥する過程において，木材中の自由水が失われ，結合水が細胞内で**飽和状態**にある含水状態を**繊維飽和状態（含水率：約30％）**といいます。

　この状態から，空気中で木材を乾燥させていきますと，この結合水と空気中に含まれる水分の量が**つり合った状態（平衡状態）**になります。この状態を**気乾状態（含水率：約15％）**といいます。

正解　5

【問題72】建築材料として使用される木材及び木質系材料に関する次の記述のうち，最も不適当なものはどれか。

1. 中質繊維板（MDF）は，乾燥繊維に接着剤を添加し，加熱圧縮成形したものであり，材質が均質で表面が平滑である。
2. 木材は，含水率が繊維飽和点以上の場合，強度はほぼ一定である。
3. パーティクルボードは，木材の小片と接着剤とを混合して加熱圧縮成形したものである。
4. 木材の乾燥収縮率の大小関係は，繊維方向＞年輪の半径方向＞年輪の接線（円周）方向である。
5. 単板積層材（LVL）は，厚さが3mm程度の単板を繊維方向がほぼ平行となるようにして積層接着したものである。

解説

1. **中質繊維板（MDF）**は，木材を**繊維状**にほぐしたものを**接着剤**と混ぜ，加熱圧縮成形したもので，均質で表面が平滑なため，家具等に使用されます。
2. 木材は，**含水率が繊維飽和点以上の場合，強度はほぼ一定**です。
3. **パーティクルボード**は，**木材の小片（チップ）**に**接着剤**を加えて，加熱圧縮成形したもので，壁や床などの仕上げや下地に用いますが，耐水性はありません。
4. 【問題71】の解説の3を参照してください。
　木材の乾燥収縮率の大小関係は，**年輪の接線（円周）方向＞年輪の半径方向＞繊維方向**です。

> 膨張・収縮は，繊維方向よりも繊維と直角方向（半径，接線方向）の方が大きい。

5. **単板積層材（LVL）**は，木材を年輪に沿って薄く削った厚さ3mm程度のロータリー単板を，**繊維方向がほぼ平行**となるように積層接着したものです。

正解　4

第3章　建築材料

【問題73】 木材の一般的な腐朽・蟻害等に関する次の記述のうち，最も不適当なものはどれか。
1. ACQ（銅・アルキルアンモニウム化合物）は，木材の防腐処理のほか，防蟻処理にも有効な薬剤である。
2. 耐腐朽性の高い木材には，くり，ひば等がある。
3. 木材は，紫外線を吸収すると，木材成分の分解を引き起こし劣化する。
4. 水中に没している木材は，腐朽しやすい。
5. 耐蟻性の低い木材には，あかまつ，べいつが等がある。

解説

1. **ACQ（銅・アルキルアンモニウム化合物）**は内部まで浸透し，木材の**防腐処理**のほか，**防蟻処理**にも有効な薬剤です。
2. **耐腐朽性の高い木材**として，国産の針葉樹では，**ひば**，**ひのき**等が，広葉樹では，**くり**，**みずなら**等があります。
3. 木材は，**紫外線を吸収**すると，木材成分の分解を引き起こし劣化します。
4. **木材の腐朽**は，木材腐朽菌が木材を分解することによって生じます。この木材腐朽菌は，**酸素・温度・水・栄養源**の4つの条件が揃った場合に繁殖するため，どれか1つの条件を欠くことにより防止することができます。
   したがって，水中に没している木材は，酸素が供給されず**腐朽しにくい**です。
5. **耐蟻性の低い木材**には，あかまつ，もみ，べいつが，べいまつ等があります。

正解　4

得点力アップのポイント

○ 木材の繊維方向の基準強度の大小関係は，曲げ＞圧縮＞引張である。
○ インシュレーションボード，MDF及びハードボードは，繊維版（ファイバーボード）の一種である。
○ 単板積層材（LVL）は，厚さが3mm程度の単板を繊維方向がほぼ平行となるようにして積層接着したものである。
○ 構造用集成材や合板等は，繊維方向，積層方向等によって強度性能上の異方性を有している。

2．コンクリート

2-1．コンクリートに関する問題

【問題74】 コンクリートに関する次の記述のうち，最も不適当なものはどれか。

1. コンクリートの線膨張係数は，常温時においては，鉄筋の線膨張係数とほぼ等しい。
2. スランプとは，スランプコーンを静かに鉛直に引き上げた後のコンクリート頂部中央の下がった寸法をいう。
3. コンクリートに用いる細骨材及び粗骨材の粒径は，いずれもできるだけ均一なものが望ましい。
4. AE剤によりコンクリート中に連行された微小な独立した空気泡は，耐凍害性を増大させる。
5. 普通コンクリートの気乾単位容積質量の標準的な範囲は，2,200～2,400kg／m³である。

解説 コンクリートの性質の理解

1. 常温におけるコンクリートと一般鋼材の熱による**線膨張係数**は，1×10^{-5}／℃で，ほぼ等しいです。
2. **スランプ**とは，スランプコーンにフレッシュコンクリートを充填し，脱型したとき自重により変形して上面の**下がった量**をいいます。
3. 骨材の粒径は，均一であるよりも，**小さな粒から大きな粒までが混ざり合っている**ほうが，実績率が大きくなり単位水量を小さくできるので望ましいです。
4. **AE剤**を使用すると，微細な独立した気泡（空気）がコンクリートに混入されます。コンクリート内の水分は凍ると体積が膨張し，周りに力を及ぼしますが，この気泡が力を吸収して，**コンクリートの凍害を防止**します。

5．普通コンクリートの気乾単位容積質量は，使用する骨材の密度や調合により異なりますが，概ね2.3t／m³前後です。

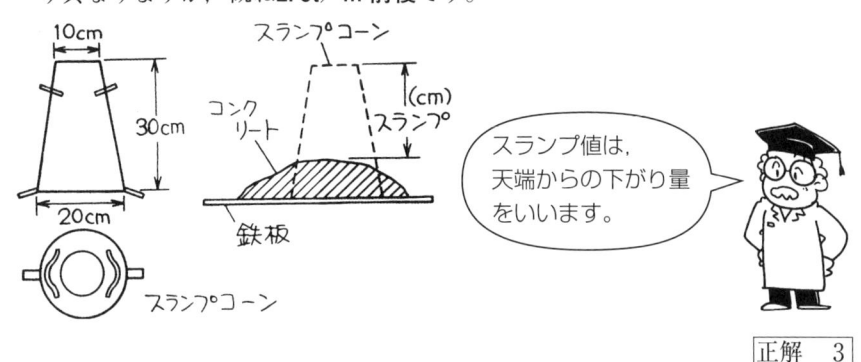

スランプ値は，天端からの下がり量をいいます。

正解　3

【問題75】セメント及びコンクリートに関する次の記述のうち，最も不適当なものはどれか。

1．コンクリートの調合設計における強度の大小関係は，品質基準強度＞調合管理強度＞調合強度である。

2．フライアッシュは，一般に，コンクリートのワーカビリティーを良好にするが，中性化速度は速くなる。

3．プレストレストコンクリート構造は，PC鋼材によって計画的にプレストレスを与えたコンクリート部材を用いた構造である。

4．高炉セメントB種は，普通ポルトランドセメントに比べて，アルカリ骨材反応抵抗性に優れている。

5．中庸熱ポルトランドセメントは，普通ポルトランドセメントに比べて，水和熱や乾燥収縮が小さく，ひび割れが生じにくい。

解説

1．コンクリートの調合設計に用いられる強度は，次に示すとおりです。
　①品質基準強度：品質の基準として定める強度です。**設計基準強度と耐久設**

計基準強度のいずれか大きいほうの値とします。
②調合管理強度：調合を定めるための強度です。構造体コンクリート強度が品質基準強度を満足するように，**品質基準強度を補正して**割り増しした強度です。
③調 合 強 度：コンクリートの調合を定める場合に目標とする平均の圧縮強度です。調合管理強度に，**調合によるバラツキを考慮し**て割り増しした強度です。

したがって，これらの強度の大小関係は，**強度の大小関係は，調合強度＞調合管理強度＞品質基準強度**です。

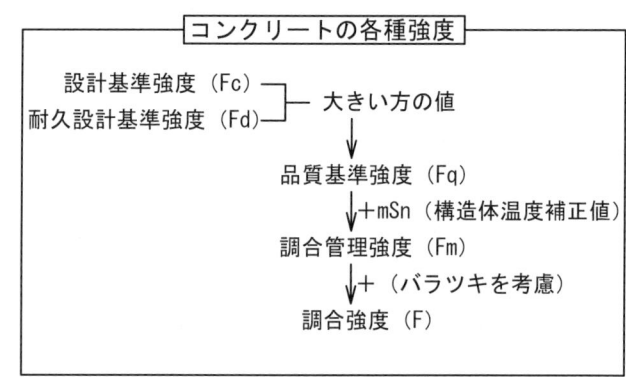

```
┌─────────── コンクリートの各種強度 ───────────┐
│                                                        │
│       設計基準強度（Fc）┐                             │
│                          ├─→ 大きい方の値             │
│     耐久設計基準強度（Fd）┘         ↓                 │
│                          品質基準強度（Fq）            │
│                                  ↓＋mSn（構造体温度補正値） │
│                          調合管理強度（Fm）            │
│                                  ↓＋（バラツキを考慮） │
│                          調合強度（F）                 │
│                                                        │
└────────────────────────────────────────┘
```

2．**フライアッシュ**（火力発電の際に生じるススを集めたもの）は，コンクリート中で練り混ぜ水を減少させることができ，**ワーカビリティーを良好に**しますが，**中性化速度は速くなります**。
3．プレストレストコンクリートは，**PC鋼材によってコンクリートに圧縮力を導入した鉄筋コンクリート**です。引張応力が生じるコンクリートにあらかじめ圧縮力を与え，見掛けの引張強度の増加により部材の曲げ抵抗が増大するように工夫されています。
4．**アルカリ骨材反応**は，アルカリ反応性骨材とセメントなどのアルカリ分が長期にわたって反応し，ひび割れを生じたり崩壊したりする現象です。アルカリ分の少ない**高炉セメントB種**などを用いることで抑制できます。
5．**中庸熱ポルトランドセメント**は，温度ひび割れを防ぐために，とくに**水和熱が小さくなるように調整された**ポルトランドセメントです。

正解　1

第3章 建築材料

【問題76】 コンクリートの一般的な性質等に関する次の記述のうち，最も不適当なものはどれか。

1. コンクリートの短期許容圧縮応力度は，設計基準強度に$\frac{2}{3}$を乗じた値である。

2. コンクリートの品質基準強度は，設計基準強度と耐久設計基準強度のいずれか大きいほうの値とする。

3. コンクリートの強度の大小関係は，圧縮強度＞曲げ強度＞引張強度である。

4. 中性化速度は，コンクリートの圧縮強度が高いものほど小さくなる。

5. コンクリートの水和発熱に伴い発生するひび割れは，単位セメント量が少ないものほど発生しやすい。

解説

1. コンクリートの**短期許容圧縮応力度**は，**長期許容圧縮応力度**$\left(\frac{Fc}{3}\right)$の2倍となり設計基準強度$Fc$の$\frac{2}{3}$です。

コンクリートの許容応力度 〔N/mm²〕

種類	長期許容応力度			短期許容応力度		
	圧縮	引張	せん断	圧縮	引張	せん断
普通コンクリート	Fc/3	—	Fc/30かつ (0.49+Fc/100)	長期の2倍	—	長期の1.5倍
軽量コンクリート			普通コンクリートに対する値の0.9倍			

2. 【問題75】の解説の1を参照してください。
3. コンクリートの強度の大小関係は，**圧縮＞曲げ＞引張**です。なお，圧縮強

度を100とした場合，その他の強度は概ね次の値です。

圧縮	引張	曲げ，せん断，付着
100	8～13	15～25

4．**中性化**とは，硬化したコンクリートが空気中の**炭酸ガス（CO_2）の作用**によって次第に**アルカリ性を失って中性に近づく現象**をいいます。
　中性化速度は，コンクリートの**圧縮強度が高い**ものほど密実なコンクリートとなり，一般に，**中性化速度は小さく**なります。

5．**水和熱が大きい**場合，コンクリート内外の温度差により**ひび割れが生じやすく**なります。一般に，**単位セメント量の大きい**ものは水和熱が大きく，ひび割れが発生しやすいです。

　　単位セメント量：大→水和熱：大
　　→早く硬化→ひび割れが発生しやすい。

正解　5

【問題77】コンクリートの一般的な性質に関する次の記述のうち，最も不適当なものはどれか。

1．コンクリートのヤング係数は，圧縮強度が大きいものほど小さい。

2．コンクリートの圧縮強度は，水セメント比が大きいものほど小さい。

3．コンクリートの水和による発熱量は，単位セメント量が多いものほど大きい。

4．コンクリートのスランプは，単位水量が多いものほど大きい。

5．コンクリートの乾燥収縮は，単位骨材量が多いものほど小さい。

第3章　建築材料

解説

1. コンクリートのヤング係数 Ec は，次式で表されます。

$$Ec = 3.35 \times 10^4 \times \left(\frac{\gamma}{24}\right)^2 \times \left(\frac{Fc}{60}\right)^{\frac{1}{3}} \ [N/mm^2]$$

　　γ：コンクリートの気乾単位容積重量〔kN/m^2〕
　　Fc：コンクリートの設計基準強度〔N/mm^2〕

　上式により，**コンクリートのヤング係数**は，圧縮強度（設計基準強度）が大きいものほど大きくなります。

> コンクリートのヤング係数は，鋼材のように一定ではありません。

2. コンクリートの**水セメント比**とは，コンクリート1m³中のセメント（C）に対する水（W）の質量比 $\left(=\dfrac{W}{C}\right)$ で，**水セメント比が大きいものほど，単位水量が多くなり圧縮強度は小さくなります**。

3. 水和による**発熱量**は，セメントと水が化学反応を起こす際に発生する熱で，**単位セメント量が多いものほど大きい**です。

4. 【問題74】の解説の2を参照してください。
　　単位水量や空気量が大きくなると，スランプは大きくなります。

5. **単位セメント量が大きく，単位骨材量が小さいものほど，乾燥収縮が大きくひび割れしやすくなります**。

正解　1

【問題78】普通コンクリートに関する調合設計の値として，最も不適当なものは，次のうちどれか。

1. 単位水量を，200kg/m³とした。

2．単位セメント量を，300kg/m³とした。

3．水セメント比を，60%とした。

4．AE剤を用い，空気量を4.5%した。

5．塩化物量は，塩化物イオン量として0.2kg/m³とした。

解説

1．**単位水量**は，**185kg/m³以下**とします。
2．**単位セメント量**は，**270kg/m³以上**とします。
3．**水セメント比**は，一般的に**65%以下**とします。
4．AE剤を用いた場合の**空気量**は，一般的に**4.5%**とします。
5．**塩化物量**は，塩化物イオン量として**0.3kg/m³以下**とします。

普通コンクリートの一般的な規定

単位水量	185kg/m³以下
単位セメント量	270kg/m³以上
空気量	4.5%
水セメント比	65%以下

※ 水セメント比は，計画供用期間の級が短期・標準・長期の場合

正解　1

得点力アップのポイント

○ アルカリ骨材反応は，骨材中の成分がセメントペースト中に含まれるアルカリ金属イオンと反応し，骨材が膨張する現象である。
○ 骨材に含まれる粘土塊や塩化物などは，コンクリートの耐久性を低下させる。
○ コンクリートの短期許容圧縮応力度は，設計基準強度に2/3を乗じた値である。
○ コンクリートの調合管理強度は，設計基準強度よりも大きい。
○ 膨張材は，コンクリートに膨張性を与えるものであり，収縮によるひび割れの発生を低減することができる。
○ 高炉スラグ粗骨材は，溶鉱炉で銑鉄と同時に生成される溶融スラグを徐冷し，粒度を調整して製造されるものであり，普通骨材に含まれる。

3．鋼材

3-1．鋼材に関する問題

【問題79】鋼材に関する次の記述のうち，最も不適当なものはどれか。

1. 建築構造用圧延鋼材は，SN材と呼ばれ，日本工業規格（JIS）により建築物固有の要求性能を考慮して規格化された鋼材である。

2. 一般の鋼材の引張強さは，温度が200～300℃程度で最大となり，それ以上の温度になると急激に低下する。

3. 鋼材の炭素量が多いと，一般に，硬質で引張強さが大きくなる。

4. 鋼材の硬さは，引張強さと相関があり，ビッカース硬さ等を測定することにより，その鋼材の引張強さを換算することができる。

5. 常温における鋼材のヤング係数は，SS400材よりSM490材のほうが大きい。

解説　鋼材の性質の理解

1. **建築構造用圧延鋼材**は，**SN材**と呼ばれ，溶接性の確保，塑性変形能力の保持など，建築物固有の要求性能を考慮して，JISで規格化された鋼材です。
　SN材の**B種**は，**塑性変形能力と溶接性が確保された**ものです。また，**C種**は，B種の性能（塑性変形能力と溶接性）の上に**板厚方向の引張力に対する性能**を加えたものです。一般に，**通しダイアフラム**などのように板厚方向に大きな引張力を受ける部位には，**C種が使用されます**。

2. 鋼材は温度により影響を受けます。鋼材の**引張強さ**は，**200～300℃**程度で**最大**となり，それ以上の温度になると急激に低下し，**500℃付近で半減**，**1,000℃でほぼ0**になります。

3. 鋼材に含まれる**炭素量**が増加すると，**降伏点，引張強さ，硬度は増加**しますが，**伸び，靭性，溶接性は低下**します。

4．ビッカース硬さは，静的な押込み硬さを表わす指標で，荷重を永久くぼみの表面積で除した値です。ダイヤモンド四角錐を押しつけて測定します。

鋼材の硬さと引張強さには相関関係があり，**硬さ試験の結果から鋼材の引張強さを換算することができます**。

5．鋼材の**ヤング係数**は，鋼種・強度に関係なく，$2.05×10^5$N／mm^{2}程度で一定の値です。

正解　5

鋼材のヤング係数は，引張強度の違いなどに関係なく一定の値です。

【問題80】鋼材に関する次の記述のうち，最も不適当なものはどれか。

1．鋼を熱間圧延して製造するときに生じる黒い錆（黒皮）は，鋼の表面に被膜を形成するので防食効果がある。

2．JISにおいて，「建築構造用圧延鋼材SN400」と「一般構造用圧延鋼材SS400」のそれぞれの引張強さの範囲は，同じである。

3．JISにおいて，異形棒鋼SD345の降伏点の下限値は，345N／mm^{2}である。

4．鋼材の硬さは，引張強さと相関があり，ビッカース硬さ等を測定することにより，その鋼材の引張強さを換算することができる。

5．鋼材の線膨張係数は，常温において，普通コンクリートの線膨張係数の約10倍である。

解説

1．鋼を熱間圧延して製造するときに生じる**黒い錆**（黒皮，ミルスケール）は，鋼の表面に被膜を形成するので**防食効果**があります。なお，鋼材は，アルカリ性の高い環境下では腐食しにくいです。

2. 【問題79】の解説の5を参照してください。
3. 異形棒鋼 SD345の数値345は，**降伏点の下限値**が345N／mm²であることを表しています。なお，建築構造用圧延鋼材 SN400の数値400は，**引張強さの下限値**が400N／mm²であることを表しています。
4. 【問題79】の解説の4を参照してください。

> ・異形棒鋼（鉄筋）→降伏点
> ・鋼材→引張強さ

5. 【問題74】の解説の1を参照してください。
   常温において，**鋼材と普通コンクリート**の**線膨張係数**は，ほぼ等しいです。

正解　5

【問題81】鋼材に関する次の記述のうち，最も不適当なものはどれか。

1. 長さ10mの棒材は，常温においては，鋼材の温度が10℃上がると長さが約1mm伸びる。

2. 長さ10mの棒材は，常温においては，全長にわたって20N／mm²の引張応力度を生じる場合，長さが約1mm伸びる。

3. 常温における鋼材のヤング係数は，SN400材より SN490材のほうが大きい。

4. 常温において，建築構造用耐火鋼（FR鋼）のヤング係数，降伏点，引張強さ等は，同一種類の一般の鋼材とほぼ同等である。

5. 一般の鋼材の引張強さは，温度が200〜300℃程度で最大となり，それ以上の温度になると急激に低下する。

解説

1．鋼材の線膨張係数は，約1.0×10^{-5} $\left(=\dfrac{1}{100,000}\right)$〔1/℃〕です。

　長さ1mの棒材は，温度が1℃上昇した場合，1,000〔mm〕$\times 1.0 \times 10^{-5} =$ 0.01〔mm〕伸びます。

　したがって，**長さ10m**の棒材の**温度が10℃**上がると長さが**約1mm**伸びます。

［長さ10mの鋼材］
・10℃上昇→1mm伸びる。
・20N/mm²の引張力→1mm伸び

2．【問題28】の解説を参照してください。(P.378)

　　$\sigma = E \times \dfrac{\Delta \ell}{\ell}$ より，$\Delta \ell = \dfrac{\sigma \times l}{E}$ です。

　この式に，$\sigma = 20$〔N/mm²〕，$l = 10,000$〔mm〕，$E = 2.05 \times 10^{5}$〔N/mm²〕を代入して，$\Delta \ell = 20 \times \dfrac{10,000}{2.05 \times 100,000} \fallingdotseq 1$〔mm〕となります。

3．【問題79】の解説の5を参照してください。
　　常温における鋼材のヤング係数は，鋼材の種類や強度に関係なく一定です。

4．**建築構造用耐火鋼（FR鋼）**は，吹付け耐火被覆の軽減や無被覆化などを目的として開発され，SN材に**クロムやモリブテンなどを添加**し，**高温強度を高めた鋼材**です。**常温における**ヤング係数，降伏点，引張強さ等は，同一種類の**一般の鋼材とほぼ同等**です。

5．【問題79】の解説の2を参照してください。

正解　3

得点力アップのポイント

○　鋼材を焼入れすると，強さ・硬さ・耐摩耗性は大きくなるが，粘りがなくなり，もろくなる。
○　鋼材は，炭素含有量が多くなると，一般に，溶接性が低下する。
○　鋼材は，瞬間的に大きな負荷がかかったり，低温状態で負荷がかかったりすると，脆性破壊しやすくなる。
○　鋼材の温度が高くなると，一般に，ヤング係数及び降伏点は低下する。
○　鋼材の硬さは，引張強さと相関があり，ビッカース硬さ等を測定することにより，その鋼材の引張強さを換算することができる。

4．その他の建築材料

4-1．建築材料の一般的な性質に関する問題

【問題82】建築材料の一般的な性質に関する次の記述のうち，最も不適当なものはどれか。

1. ALCパネルは，軽量で，耐火性及び断熱性に優れ，縦壁ロッキング構法を採用することにより，高い層間変形追従性能を持たせることができる。

2. 窯業系サイディングは，セメント質原料，繊維質原料等を主原料として，板状に成形し，養生・硬化させたもので，防火・耐火性能を有する。

3. 押出成形セメント板は，セメント，けい酸質原料及び繊維質原料を主原料として，中空を有する板状に押出成形した後，オートクレーブ養生した板である。

4. せっ器質タイル（Ⅱ類）は，吸水率については磁器質タイル（Ⅰ類）に比べて大きいが，透水しないので，外装材としても用いられる。

5. ガラスブロックは，内部の空気が低圧となっているため，断熱性は高いが，遮音性は低い。

解説 建築材料の一般的な性質と用途の理解

1. **ALCパネル**は，軽量で耐火性及び断熱性に優れ，内外壁，屋根，床材などに使用されます。**ロッキング構法**は，外壁用パネルの縦壁の取付け工法の一種で，地震時にはパネル1枚1枚を回転することにより，高い層間変形追従性能を持たせることができます。なお，ALCパネルは，**吸水性・吸湿性**があるので防水処理が必要です。

2. **窯業系サイディング**は，セメント質原料，繊維質原料等を主原料として，板状に成形し，養生・硬化させたものです。**外壁**に用いられ，**防火・耐火性能**を有します。

3. **押出成形セメント板**は，セメント，けい酸質原料及び繊維質原料を主原料

として，**中空を有する**板状に押出成形した後，オートクレーブ養生（高温・高圧のもとでの養生）した板です。**外壁**に用いられ，**耐火性・耐水性**に優れています。

4．タイルの吸水率による区分は，Ⅰ類（磁器質：吸水率3％以下），Ⅱ類（せっ器質：吸水率10％以下），Ⅲ類（陶器質：吸水率50％以下）です。この中で**外装材**として用いられるのは，Ⅰ類とⅡ類です。

5．**ガラスブロック**は，箱型に型押しされた2個のガラスを溶着して一体とし，**内部に減圧空気を封入**した建築材料で，<u>断熱性，遮音性</u>に優れています。

ガラスブロックは，断熱性・防音性・遮音性に優れています。

正解　5

【問題83】建築材料の一般的な性質等に関する次の記述のうち，最も不適当なものはどれか。

1．ALCは，高温・高圧のもとで養生して製造された軽量気泡コンクリートであり，防水性・防湿性に優れる。

2．しっくいは，消石灰にすさ・のり・砂などを混ぜて水で練ったもので，空気に接して固まる気硬性の材料である。

3．テラコッタは，装飾用の外装材として用いられる大型のタイルの一種である。

4．グラスウールは，ガラス繊維を綿状に加工したものであり，断熱材や吸音材として用いられる。

5．シージングせっこうボードは，両面のボード用原紙とせっこうに防水処理を施したもので，せっこうボードに比べて，吸水時の強度低下及び変形が少ない。

解説

1．【問題82】の解説の1を参照してください。

ALCは，防水性・防湿性に劣ります。

2．しっくいは，消石灰にすさ・のり・砂などを混ぜて水で練ったもので，空気に接して固まる**気硬性**の材料です。なお，すさは乾燥収縮などによるひび割れを防止する効果があります。

・セメント→水硬性
・しっくい→気硬性

3．テラコッタは，装飾用の**外装材**として用いられる**大型のタイル**の一種です。
4．グラスウールは，ガラス繊維を綿状に加工したものであり，**断熱材や吸音材**として用いられます。吸湿しやすく，吸湿すると断熱効果が低下します。
5．シージングせっこうボードは，両面のボード用原紙とせっこうに**防水処理**を施したもので，通常のせっこうボードに比べて，吸水時の強度低下及び変形が少ないです。主に，屋内の水周り箇所や外壁の下地などに用いられます。

正解　1

【問題84】建築材料の一般的な性質とその用途に関する次の記述のうち，最も不適当なものはどれか。

1．パーティクルボードは，断熱性・吸音性に優れているので，床の下地材に用いた。
2．アルミニウムペイントは，熱線を反射し，素地材料の温度上昇を防ぐので，鉄板屋根の塗装に用いた。
3．大理石は，磨くと光沢が得られ，耐酸性にも優れているので，外壁の仕上げに用いた。
4．砂岩は，堆積した岩石や鉱物の破片や粒子等が圧力により固化した岩石で，耐火性に優れているので，内壁の仕上げに用いた。
5．せっこうボードは，防火性に優れているので，天井の下地材に用いた。

解説

1. 【問題72】の解説の3を参照してください。
   パーティクルボードは，木材の小片（削片）を接着剤により成形熱圧して成板した板材料で，**断熱性・吸音性に優れている**ので，**床の下地材**に用いられます。
2. **アルミニウムペイント**は，熱線の反射が大きく，**素地材料の温度上昇を防ぐ効果**があります。また，水分の浸透や気体の透過を抑制する効果があり，鉄板屋根，ダクトや配管などの塗装に用いられます。
3. **大理石**は，耐酸性・耐火性・耐候性に劣り，**外壁の仕上げには適しません**。主に，**室内の装飾**に用いられます。

   （大理石は，外壁や外構などに適しません。）

4. **砂岩**は，堆積した岩石や鉱物の破片や粒子等が圧力により固化した岩石で，耐火性に優れており，**内壁の仕上げ**に適しています。
5. **せっこうボード**は，火災時に結合水が蒸発して熱を奪うため**防火性**に優れており，内壁や天井の下地として広く使われています。

正解　3

得点力アップのポイント

○　合わせガラスは，2枚の板ガラスを透明で強靭な中間膜で貼り合わせたもので，破損しても破片の飛散を防ぐことができる。
○　複層ガラスは，通常，2枚の板ガラスを専用のスペーサーを用いて，一定の間隔に保ち，その内部の空気を乾燥状態に保ったガラスで，フロート板ガラスに比べて，断熱効果が高い。
○　強化ガラスは，ガラスを650～700℃に加熱して均等に急冷したもので，フロート板ガラスの約3～5倍の強度をもち，割れても破片は鋭角状にならない。
○　釉薬瓦は，粘土を成形し，乾燥させた後に表面に釉薬を施して焼成した瓦である。
○　ロックウールは，耐熱性があるので，高温の場所における断熱材としても用いられる。
○　アルミニウムペイントは，熱線を反射し，素地材料の温度上昇を防ぐので，鉄板屋根や設備配管などの塗装に用いられる。
○　テラコッタは，大型タイルの一種であり，装飾用の外装用として用いられる。
○　エポキシ樹脂系接着剤は，耐水性，耐久性に優れているので，コンクリートのひび割れの補修に使用される。

第4編

学科Ⅳ

施 工

> 全25問のうち，施工計画・管理4〜5問，各種工事18問，その他2〜3問が出題されます。施工が苦手な場合でも，暗記で補える項目は点数にしましましょう。なお，各項目から1問程度の出題です。

第1章

施工計画・管理

施工計画・管理は，近年4〜5問出題され，施工計画，ネットワーク工程表，作業主任者の選任，材料の保管，申請・届出，契約から各1問出題されます。

数値などの暗記が中心ですが，問題のパターンがある程度決まっているので，過去問を中心に次の内容をおさえましょう。

・数値などで覚えなければならないものを整理する。

・2年に1度程度出題されるネットワーク手法は理解するほうがよい。

なお，各項目から1問程度の出題ですので，学習する範囲の少ない項目から進めましょう。

1. 施工計画

1-1. 施工計画に関する問題

【問題1】 施工計画に関する次の記述のうち, 最も不適当なものはどれか。

1. 施工計画書には, 品質計画及び環境対策に関する事項を含めて記載した。

2. 総合施工計画書には, 設計図書において指定された仮設物以外の施工計画に関する事項を記載した。

3. 工事の内容及び品質に多大な影響を及ぼすと考えられる必要工事部分については, 監理者と協議した上で, 工事種別施工計画書を作成した。

4. 設計図書に指定がない工事の施工方法については, 必要に応じて, 監理者と協議した上で, 施工者の責任において決定した。

5. 基本工程表を作成するに当たり, 製作図・施工図の作成及び監理者の承認時期を考慮した。

解説 施工計画の理解

1. 施工計画書は, 工事の順序や方法などの施工計画を具体的に文書で記載したものです。通常, 次のような項目について記載します。
   ・工程計画 ・仮設計画 ・工法計画 ・揚重計画 ・労務計画
   ・養生計画 ・安全衛生計画 ・**品質計画** ・**環境保全計画**
   なお, 次の内容のものは, 記載する必要はありません。
   ・**施工図, 詳細図, 原寸図** ・**建築資材の発注** ・**実行予算や資金計画**

2. **総合施工計画書**には, 工事期間中における工事敷地内の**仮設資材や工事用**

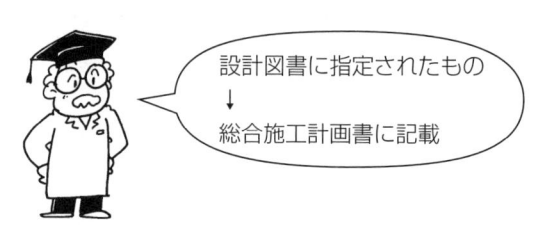

   設計図書に指定されたもの
   ↓
   総合施工計画書に記載

第1章 施工計画・管理

機械の配置などを示し，道路や近隣の状況を具体的に図面に示します。また，**設計図書において指定された仮設物等がある場合**は，総合施工計画書にその内容を記載し，**監理者の承認**を受ける必要があります。

3．**工事種別施工計画書**は，工事の内容・品質に多大な影響を及ぼすと考えられる工事部分について，**監理者と協議**した上で，必要工事部分について作成するものです。なお，作成後は，**監理者の承認**を受ける必要があります。

4．施工者は，仮設・工法など**工事を完成する手段や方法**について，設計図書に指定がない場合，**施工者の責任**においてそれを決定します。なお，工事の品質，安全に多大な影響がある場合は，**監理者と協議**した上で決定します。

5．工程表を作成するに当たり，次のような項目について考慮します。
・施工方法や順序の確認
・**製作図や施工図の作成及び承認の時期の確認**
・労働力の均一化
・気候，風土，習慣などの影響

正解　2

【問題2】施工計画に関する次の記述のうち，最も不適当なものはどれか。

1．総合施工計画書には，設計図書において指定された仮設物の施工計画に関する事項についても記載した。

2．総合施工計画書には，工事期間中における工事敷地内の仮設資材や工事用機械の配置を示し，道路や近隣との取合いについても表示した。

3．施工計画書に含まれる基本工程表については，監理者が作成し，検査及び立会の日程等を施工者へ指示した。

4．工事種別施工計画書は，監理者と協議したうえで，工事の内容及び品質に多大な影響を及ぼすと考えられる必要工事部分について作成した。

5．工事種別施工計画書には，工程表，品質管理計画書及びその他の必要事項を記載した。

解説

1. 【問題1】の解説の2を参照してください。
2. 【問題1】の解説の2を参照してください。
3. **基本工程表**は、工事全体の日程を定める重要なもので、**施工者が工事着工前に作成し、監理者の承認を受けます。**

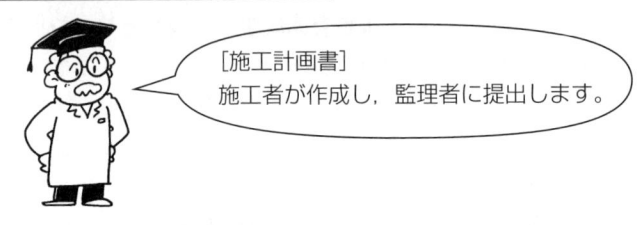

> ［施工計画書］
> 施工者が作成し、監理者に提出します。

4. 【問題1】の解説の3を参照してください。
5. **工事種別施工計画書**には、**工程表、品質管理計画書**、施工要領書などを記載します。

正解 3

1-2. 設計図書・仕様書に関する問題

【問題3】建築工事の設計図書間に相違がある場合の一般的な優先順位（高→低）として、最も不適当なものは、次のうちどれか。

1. 特記仕様書→現場説明書→設計図→標準仕様書
2. 設計図→特記仕様書→標準仕様書→現場説明書
3. 特記仕様書→標準仕様書→現場説明書→設計図
4. 現場説明書→特記仕様書→標準仕様書→設計図
5. 現場説明書→特記仕様書→設計図→標準仕様書

解説　設計図書の優先順位の理解

第1章 施工計画・管理　　479

　建築工事の設計図書間に相違がある場合の一般的な優先順位（高→低）は，次の順位とします。
①**質問回答書**：設計図，請負条件などに関する施工者からの質疑や，発注者からの回答書
②**現場説明書**：入札や見積り参加者に対して行う現場説明や，設計図等に表示されていない請負条件などに関する説明書
③**特記仕様書**：設計者が各工事ごとに作成する仕様書
④**設計図**：一般図，構造図，設備図などの図面
⑤**標準仕様書**：公共工事標準仕様書，建築工事標準仕様書など市販されている仕様書

正解　5

【問題4】仕様書に関する次の記述のうち，最も不適当なものはどれか。

1．仕様書は，図面では表すことのできない事項を文章等で表現している。
2．仕様書は，現場説明書に優先する。
3．仕様書は，設計図書に含まれる。
4．仕様書には，施工中の安全確保について記載することができる。
5．仕様書には，材料の品質や性能について記載することができる。

解説

1．**仕様書**は，図面では表すことのできない工事上の事項を，文章等で表現したものです。
2．【問題3】の解説を参照してください。
　　仕様書は，現場説明書に優先するものではありません。
3．仕様書は，設計図書に含まれます。

契約図書の構成

工事請負契約書類 （契約図書）	契約書（見積書を含む）	
	工事請負契約約款	
	設計図書	設計図
		仕様書
		現場説明書
		質問回答書

4及び5．仕様書には，通常，次のような項目について記載します．
・施工関係者の権利や義務等に関する事項
・**材料の品質や性能**などに関する事項
・材料の試験や検査方法に関する事項
・材料等の製造業者や施工者の指定
・施工の順序や方法に関する事項
・**施工中の安全確保**に関する事項

なお，**構造計算の方法**や，**工事費の内訳明細**は仕様書に含まれません．

正解　2

1-3．ネットワーク工程表に関する問題

【問題5】下に示すネットワーク工程表に関する次の記述のうち，最も不適当なものはどれか．

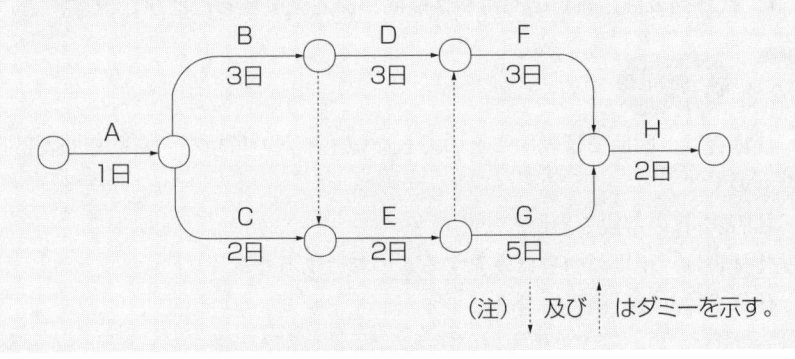

```
      B     D      F
      3日   3日    3日
   A              ┐   H
   1日              ├── 2日
      C     E      G
      2日   2日    5日
```

（注）｜ 及び ↕ はダミーを示す．

1．この工事全体は，最短13日で終了する。

2．B作業が終了しなければ，D作業及びE作業は，開始できない。

3．C作業のフリーフロート（後続作業に影響せず，その作業で自由に使える余裕時間）は，1日である。

4．D作業の所要日数を1日延長しても，この工事全体の作業日数は，変わらない。

5．G作業の所要日数を2日短縮すると，この工事全体の作業日数は，2日の短縮となる。

解説　ネットワーク手法の理解

1．各経路（パス）の作業日数を求めます。
① A→B→D→F→H
　1＋3＋3＋3＋2＝12日
② A→B→E→F→H
　1＋3＋2＋3＋2＝11日
③ A→B→E→G→H
　1＋3＋2＋5＋2＝13日
④ A→C→E→F→H
　1＋2＋2＋3＋2＝10日
⑤ A→C→E→G→H
　1＋2＋2＋5＋2＝12日

> フロートに関する問題以外は，各経路を記述するほうが解きやすいです。

したがって，**クリティカルパス（最初の作業から最後の作業に至る最長の経路）** はA→B→E→G→Hで，この工事全体は最短**13日**で終了します。

2．BE間にダミー（**作業の前後関係のみを表し，作業時間の要素は含みません**）があるため，B作業が終了しなければ，D作業及びE作業は開始できません。

3．フリーフロートを求めるために，最早開始時刻（EST）と最遅終了時刻（LFT）の計算をします。

【最早開始時刻（EST）の計算手順】
① 最初のイベント番号の右上に⓪を記入し，最初の作業の最早開始時

刻とします。(以後の，最早開始時刻は，△の中に日数を記入していきます。)
② イベント番号の若い順に，△（最早開始時刻）と**所要日数との和**を記入します。これが，各作業の最早開始時刻となります。
③ **2本以上の矢線がイベントに流入する**ときは，そのうちの**最大値（max）**を最早開始時刻とします。

このようにして，計算した結果が，下図です。

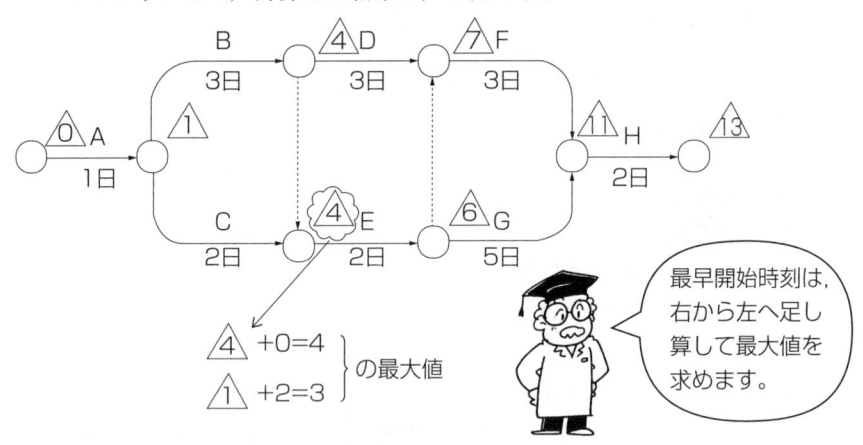

```
         B      ④D      ⑦F
         3日    3日      3日
 ⓪A ─ ① ─────────── ⑪ ─ ⑬
  1日               H
         C      ④E    ⑥G  2日
         2日    2日    5日
```

△ ④ +0=4
△ ① +2=3 } の最大値

最早開始時刻は，右から左へ足し算して最大値を求めます。

次に，最遅終了時刻（LFT）を計算します。最遅終了時刻とは，遅くても作業を開始しなければ工期内に工事が完了しない時刻です。次の手順により求めます。

【最遅終了時刻（LFT）の計算手順】
① 終イベントの△⑬の工期の値を☐13と記入する。(以後の，最早開始時刻は，☐の中に日数を記入していきます。)
② イベント番号の古い順から☐（最遅終了時刻）から**所要日数を引き算**して，前のイベントの最遅終了時刻とします。(→計算順序を間違えないように)
③ **1つのイベントから2本以上の矢線が流出**しているとき，そのうちの**最小値（min）**を最遅終了時刻とします。(→最早開始時刻（EST）の最大値と間違えないように)

このようにして，計算した結果が，次の図です。

第1章 施工計画・管理

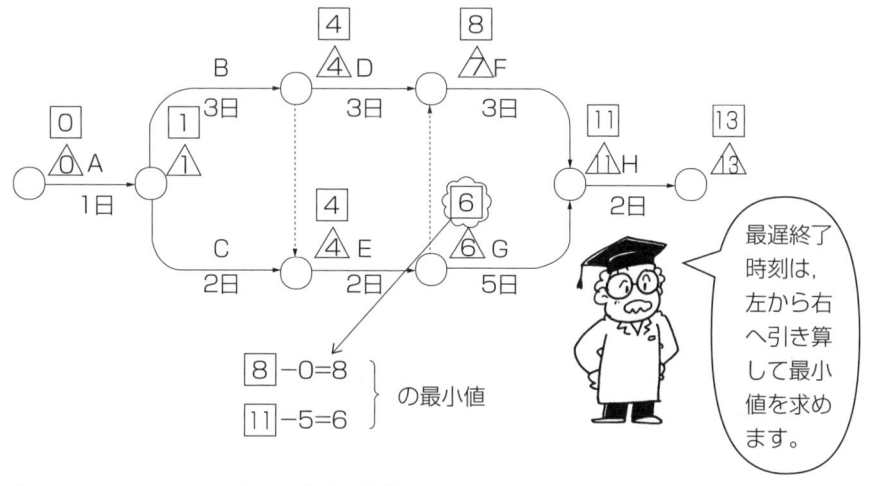

最遅終了時刻は，左から右へ引き算して最小値を求めます。

⑧ − 0 = 8
⑪ − 5 = 6 の最小値

【フリーフロート（FF）の計算手順】

　フリーフロート（FF）とは，先行作業の中で自由に使っても，後続作業に影響を及ぼさない余裕時間のことです。作業Cは，①日に開始して，2日かかるわけですから3日には完了します。作業Eの最早開始時刻は④日であり，④−3＝1日間は自由に使っても，後続作業Eに影響を及ぼしません。

　したがって，**作業CのフリーフロートFF）は，1日**です。以下に，計算の仕方を記載しておきます。

・FF：△から引き算
・TF：□から引き算

FF＝ ④ −（ ① ＋2）＝1日

フリーフロート（FF）の計算

4．D作業の所要日数を1日延長した場合，1．の経路①において
　　①　A→B→D→F→H
　　　　1＋3＋4＋3＋2＝**13日**
　となり，全体の工期は当初と同じ13日です。
5．G作業の所要日数を2日短縮した場合，1．の経路③及び⑤において

③　A→B→E→G→H　　　⑤　A→C→E→G→H
　　1 + 3 + 2 + 3 + 2 = 11日　　　1 + 2 + 2 + 3 + 2 = 10日
となります。
　したがって，**クリティカルパスが経路①**となり，**全体工期が12日**で，当初の工期13日から1日の短縮となります。

|正解|5|

【問題6】下に示すネットワークによる工程表に関する次の記述のうち，最も不適当なものはどれか。

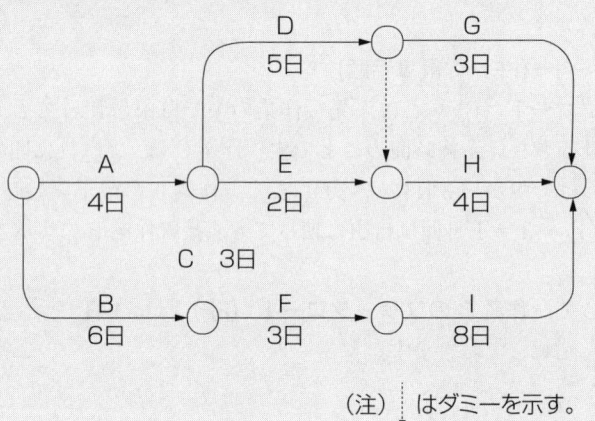

```
         D        G
         5日      3日
    A    E        H
    4日  2日      4日
       C  3日
    B    F        I
    6日  3日      8日
```

（注）┊ はダミーを示す。

1．工事全体は，最短18日で終了する。

2．A作業のフリーフロート（後続作業に影響せず，その作業で自由に使える余裕時間）は，6日である。

3．C作業が終了しなければ，D作業及びE作業は，開始できない。

4．D作業の所要日数を3日短縮しても，工事全体の作業日数は1日しか短縮できない。

5．F作業の所要日数を1日延長しても，工事全体の作業日数は変わらない。

第1章　施工計画・管理

解説

【問題5】の解説を参照してください。

1. 各経路（パス）の作業日数を求めます。

　① A→D→G　　　⑤ B→C→D→H
　　 4＋5＋3＝12日　　 6＋3＋5＋4＝18日
　② A→D→H　　　⑥ B→C→E→H
　　 4＋5＋4＝13日　　 6＋3＋2＋4＝15日
　③ A→E→H　　　⑦ B→F→I
　　 4＋2＋4＝10日　　 6＋3＋8＝17日
　④ B→C→D→G
　　 6＋3＋5＋3＝17日

　したがって，**クリティカルパス**はB→C→D→Hで，工事全体は最短**18日**で終了します。

2. フリーフロートを求めるために，最早開始時刻（EST）と最遅終了時刻（LFT）の計算をします。計算した結果が，次図です。

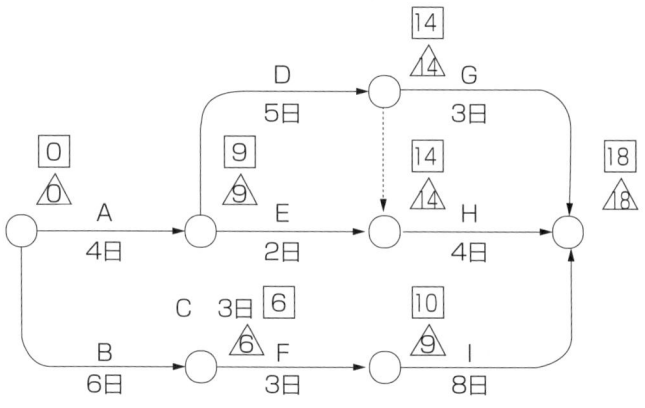

したがって，A作業のフリーフロートは，⑨－（⓪＋4）＝**5日**となります。

※参考：A作業のトータルフロート（TF）の求め方

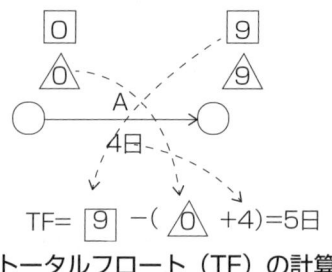

```
    0         9
    △         △
    0         9
   ○────A────→○
       4日
```

TF= 9 −(0 +4)=5日

トータルフロート（TF）の計算

3．D作業及びE作業は，後続作業であるA作業，C作業が終了しなければ開始できません。
4．D作業の所要日数を1日延長した場合，1．の経路①，②，④，⑤において
 ① A→D→G   ④ B→C→D→G
  4＋4＋3＝11日   6＋3＋4＋3＝16日
 ② A→D→H   ⑤ B→C→D→H
  4＋4＋4＝12日   6＋3＋4＋4＝17日

となります。

したがって，**工事全体の作業日数は17日**となり，当初の18日から**1日短縮**します。

5．F作業の所要日数を1日延長した場合，1．の経路⑦において
 ① B→F→I
  6＋4＋8＝18日

となり，全体の工期は当初と同じ18日です。

正解　2

得点力アップのポイント

○　工事種別施工計画書には，工程表，品質管理計画書及びその他の必要事項を記載した。
○　設計図書に指定がない工事の施工方法については，必要に応じて，監理者と施工者とが協議のうえ，施工者の責任において決定した。
○　総合施工計画書には，工事期間中における工事敷地内の仮設資材や工事機械の配置を示し，道路や近隣との取合いについても表示した。

2．管理計画

2-1．工事現場の安全確保に関する問題

【問題7】 工事現場の安全確保に関する次の記述のうち，最も不適当なものはどれか。

1．高さ9mの登り桟橋において，踊り場を高さ3mごとに設けた。

2．架設通路において，墜落の危険のある箇所に，高さ95cmの手摺及び高さ40cmの中桟を設けたが，作業上やむを得なかったので，必要な部分を限って臨時にこれを取り外した。

3．単管足場の建地の間隔を，けた行方向1.9m，はり間方向1.6mとし，建地間の最大積載荷重を400kgとした。

4．高さ3mの作業場所から不要となった資材を投下するに当たり，投下設備を設け，立入禁止区域を設定して監視人を配置した。

5．高さ5mの枠組足場の解体作業であったので，足場の組立て等作業主任者を選任した。

解説 工事現場の安全確保の理解

1．〔労働安全衛生規則第552条第六号〕
　労働安全衛生規則第552条第六号により，「建設工事に使用する高さ8m以上の登りさん橋には，7m以内ごとに踊場を設けること。」と規定されています。

2．〔労働安全衛生規則第552条第四号〕
　労働安全衛生規則第552条第四号により，「墜落の危険のある箇所には，次に掲げる設備を設けること。ただし，作業上やむを得ない場合は，必要な部分を限って臨時にこれを取り外すことができる。
　イ．高さ85cm以上の手すり
　ロ．高さ35cm以上50cm以下のさん又はこれと同等以上の機能を有する設備

（「中さん等」）」

と規定されています。

3．〔労働安全衛生規則第571条第1項第一号，及び第四号〕

　労働安全衛生規則第571条第1項第一号により，**単管足場の建地の間隔は，けた行方向1.85m以下，はり間方向1.5m以下**と規定されています。

　また，第四号により**建地間の積載荷重は400kg以下**と規定されています。

［単管足場，くさび緊結式足場］
（建地）・けた行：1.85m以下
　　　　・はり間：1.5m以下

4．〔労働安全衛生規則第536条第一号〕

　労働安全衛生規則第536条第一号により，「事業者は，**3m以上の高所**から物体を投下するときは，**適当な投下設備を設け，監視人を置く**等労働者の危険を防止するための措置を講じなければならない。」と規定されています。

5．〔労働安全衛生法第14条，同法施行令第6条第十五号〕

　つり足場（ゴンドラのつり足場を除く。），張出し足場又は**高さが5m以上の構造の足場の組立て，解体又は変更の作業**には，**作業主任者を選任**しなければなりません。

正解　3

【問題8】工事現場の安全確保に関する次の記述のうち，最も不適当なものはどれか。

1．高さが2mの作業場所から不要な資材を投下するに当たって，資材が飛散するおそれがなかったので，投下設備を設けずに不要な資材の投下を行った。

2．木造住宅工事において，深さ1.5mの根切り工事であったので，山留めを設けた。

3．架設通路において，墜落の危険のある箇所に，高さ95cmの手摺を設け

第 1 章　施工計画・管理　　489

たが，作業上やむを得ない場合には，必要な部分を限って臨時にこれを取り外した。

4．建築物の解体工事において，吹付けアスベストの除去処理を行う必要があったので，石綿作業主任者を選任した。

5．足場の解体作業において，高さ 5 m の枠組足場であったので，足場の組立て等作業主任者を選任しなかった。

解　説

1．【問題 7】の【解説と正解】の 4 を参照してください。
　　高さが 2 m の場合，投下設備を設けなくても良いです。
2．〔建築基準法施行令第 136 条の 3 第 4 項〕
　　建築基準法施行令第 136 条の 3 第 4 項により，「建築工事等において**深さ 1.5m 以上の根切り工事**を行う場合においては，地盤が崩壊するおそれがないとき，及び周辺の状況により危害防止上支障がないときを除き，山留めを設けなければならない。」と規定されています。
3．【問題 7】の【解説と正解】の 2 を参照してください。
4．〔労働安全衛生法第 14 条，同法施行令第 6 条第二十三号〕
　　石綿等を取り扱う作業には，石綿作業主任者を選任しなければなりません。
5．【問題 7】の【解説と正解】の 5 を参照してください。
　　<u>高さ 5 m 以上</u>の枠組足場の解体作業の場合，<u>足場の組立て等作業主任者を選任しなければなりません。</u>

正解　5

得点力アップのポイント

○　建築足場の登り桟橋（スロープ式）の高さが 2.1m の場合，その勾配を 30 度とした。
○　高さ 1.5m を超える箇所における作業については，安全に昇降するための設備を設けた。
○　スレートで葺かれた屋根の上での作業については，踏み抜きにより労働者に危険を及ぼすおそれがあったので，幅 30cm の歩み板を敷き，防網を張った。
○　高さ 2 m の作業構台において，作業床の床材間のすき間を，3cm とした。

2-2. 作業主任者の選任に関する問題

【問題9】 建築物の工事現場における次の作業のうち，労働安全衛生法上，所定の作業主任者を選任しなければならないものはどれか。ただし，火薬，石綿などの取扱いはないものとする。

1．掘削面の高さが1.5mの地山の掘削作業
2．高さが3.0mのコンクリート造の工作物の解体作業
3．高さが4.0mの鉄骨造の建築物における骨組みの組立て作業
4．高さが4.0mの枠組足場の組立て作業
5．軒の高さが5.0mの木造の建築物における構造部材の組立て作業

解説　作業主任者の選任が必要な作業の理解

労働安全衛生法第14条により，事業者は，労働災害を防止するため，作業規則等により，作業主任者を選任しなければなりません。作業主任者の選任を要する作業は，**労働安全衛生法施行令第6条で規定**されています。

1．〔労働安全衛生法施行令第6条第九号〕
　掘削面の**高さが2m以上**となる地山の掘削の作業には，**地山の掘削作業主任者**を選任しなければなりません。

2．〔労働安全衛生法施行令第6条第十五の五号〕
　コンクリート造の工作物（その**高さが5m以上**であるものに限る。）の**解体又は破壊の作業**には，コンクリート造の工作物の**解体等作業主任者**を選任しなければなりません。

3．〔労働安全衛生法施行令第6条第十五の二号〕
　建築物の骨組み又は塔であって，金属製の部材により構成されるもの（その**高さが5m以上**であるものに限る。）の組立て，解体又は変更の作業には，建築物等の**鉄骨の組立て等作業主任者**を選任しなければなりません。

4．【問題7】の解説の5を参照してください。
　高さ5m以上の枠組足場の組立て作業の場合には，**足場の組立て等作業**

第1章 施工計画・管理

主任者を選任しなければなりません。

5．〔労働安全衛生法施行令第6条第十五の四号〕
　軒の高さが5m以上の木造建築物の構造部材の組立て又はこれに伴う屋根下地若しくは外壁下地の取付けの作業には，**木造建築物の組立て等作業主任者**を選任しなければなりません。

正解　5

［高さに関連する作業主任者］
・地上：5m以上
・地下：2m以上

主な作業主任者の選任

作業主任者の名称	選任すべき作業
型枠支保工の組立て等作業主任者	型枠支保工の組立て又は解体作業
土止め支保工作業主任者	土止め支保工の切ばり又は腹起しの取付け，取外しの作業
地山の掘削作業主任者	掘削面の高さが2m以上となる地山の掘削作業
足場の組立て等作業主任者	吊り足場，張出し足場又は高さ5m以上の構造の足場の組立て，解体又は変更の作業
建築物等の鉄骨の組立て等作業主任者	建築物の骨組などで高さが5m以上の金属製の部材により構成されるものの組立て，解体又は変更の作業
コンクリート造の工作物の解体等作業主任者	高さが5m以上のコンクリート造の工作物の解体又は破壊の作業
石綿作業主任者	石綿もしくは石綿をその重量の0.1%を超えて含有する建材などを取り扱う作業

【問題10】建築物の工事現場における次の作業のうち，労働安全衛生法上，所定の作業主任者を選任しなければならないものはどれか。ただし，火薬，石綿などの取扱いはないものとする。

1. 高さ3.6mの枠組足場の組立て作業

2. 高さ2.1mのコンクリート造の工作物の解体作業

3. 掘削面の高さが2.5mの地山の堀削作業

4. 軒の高さが3.4mの木造の建築物における屋根下地の取付け作業

5. 高さ4.0mの鉄骨造の建築物における骨組みの組立て作業

解説

【問題9】の解説を参照してください。

3．〔労働安全衛生法施行令第6条第九号〕
　掘削面の**高さが2m以上**となる地山の掘削の作業には，**地山の掘削作業主任者**を選任しなければなりません。

正解　3

2-3．材料の保管に関する問題

【問題11】工事現場における材料の保管に関する次の記述のうち，最も不適当なものはどれか。

1. ALCパネルは，反り，ねじれ等が生じないように，台木を水平に置き，その上に平積みにして保管した。

2. 巻いたビニル壁紙は，くせが付かないように，井桁積みにして保管した。

3. せき板に用いる木材は，コンクリート表面の硬化不良を防ぐために，直射日光を避けて保管した。

4. シーリング材は，高温多湿や凍結温度以下とならない，かつ，直射日光や雨露の当たらない場所に密封して保管した。

5. 鉄筋は，泥土が付かないように，受材の上に置き，シートで覆って保

第1章　施工計画・管理

管した。

解説　建築材料の保管方法を理解する

工事現場に搬入された材料は，その品質保持のために材料の性質に応じた適切な保管を行う必要があります。保管面で注意を要する主な材料としては，セメン

[材料の保管]
・直射日光に当てる→×
・直接，土の上に置く→×

ト，鉄筋，型枠用合板，被覆アーク溶接棒，高力ボルト，塗料などがあり，それぞれの材料の管理方法を理解してください。

1．**ALC パネル**は，屋内の水平で乾燥した場所に，パネルに反り，ねじれ等が生じないように台木を水平に置き，その上に**平積み**にして保管します。なお，**最大積上げ高さは2m以下**とし，1m以下ごとに台木を設けます。
2．**巻いたビニル壁紙**は，くせが付かないように，**立てて**保管します。
3．せき板に用いる木材は，コンクリート表面の硬化不良を防ぐために，**直射日光を避けて保管**します。
4．**シーリング材**は，製造年月日や有効期限を確認して，高温多湿や凍結温度以下とならない，かつ，**直射日光や雨露の当たらない場所**に密封して保管します。
5．**鉄筋**は，種類別に整理し，泥土が付かないように**受材の上に置き**，雨露等による有害な錆を発生させないように，**シートで覆って保管**します。

正解　2

主な材料の管理方法

材　料	保管上の注意事項
セメント	防湿に注意し，通風や圧力は避ける。保管場所は床を30cm以上あげ，袋の積重ねは10袋以下とする。
鉄筋	枕木の上に種類ごとに整頓して保管，土にじかに置かない。
型枠用合板，木材(ベニヤ)	乾燥させる。通風をよくし，野積みとしない。ベニヤなどは，直射日光を当てないように屋内保管とする。
高力ボルト	さび，じんあい，その他の付着物が付かないようにする。

被覆アーク溶接棒	湿気を吸収しないように保管し，湿気を含んだ場合は，乾燥器で乾燥させてから使用する。
アスファルトルーフィング	屋内の乾燥した場所に縦積みに保管する。
スレート	枕木を用いて平積みとする。積上げ高さは1m以内とする。なお，スレート板はたわみやすいので，枕木は3本使用する。
コンクリートブロック	雨掛りを避け，乾燥した場所に縦積みで保管する。積上げ高さは1.6m以下とする。
大理石，テラゾー	立て置きとし，おのおのに当て木を使う。
せっこうプラスター	防湿に注意する。使用は製造後1ヶ月以内を原則とし，4ヶ月を過ぎたものは使用しない。
塗料	塗料置場は，不燃材料で造った平屋建てとし，周囲の建物から規定どおり離し，屋根は軽量な不燃材料で葺き，天井は設けない。なお，塗料が付着した布片などで自然発火を起こす恐れのある物は，塗料の保管場所には置かず，水の入った金属製の容器に入れるなど分別して保管する。
ALCパネル	枕木を2本使用し，平積みとする。1単位（1山）の高さを1m以下，総高を2m以下とする。
PC板	PC板を平積みとして保管する場合は，枕木を2本使用し，積重ね枚数は6枚以下とする。
人工軽量骨材	吸水性が大きいので，あらかじめ散水して所定の吸水状態にしておく。
床シート（長尺シート）	乾燥した室内に直射日光を避けて縦置きにする。
カーペット	ロールカーペットは縦置きせず，必ず横に倒して，2～3段までの俵積みとする。
木製建具	木製建具は，障子や襖は縦置きとし，フラッシュ戸は平積みとする。

【問題12】工事現場における材料の保管に関する次の記述のうち，最も不適当なものはどれか。

1. アスファルトルーフィングは，屋内の乾燥した場所に立置きにして保管した。

第1章 施工計画・管理

2．陶磁器質タイル型枠先付け工法に用いるタイルユニットは，直射日光や風雨による劣化などを防止するため，シート養生を行い保管した。

3．ALCパネルは，屋内に台木を水平に置き，その上に平積みにして保管した。

4．シーリング材は，高温多湿や凍結温度以下とならない倉庫内に，密封して保管した。

5．板ガラスは，振動等による倒れを防止するため，屋内に平置きにして保管した。

解　説

1．**アスファルトルーフィングの保管**は，屋内の乾燥した場所に**縦積み**で保管します。
2．タイル型枠先付け工法に用いる**タイルユニット**は，直射日光や雨水による材料の変質や劣化を避けるため，**シート養生を行い保管**します。
3．【問題11】の解説の1を参照してください。
4．【問題11】の解説の4を参照してください。
5．**板ガラス**は，**立置き**（床面との角度85°程度）とし，振動による倒れを防止するため，室内の柱等の構造躯体にクッション材を当て，ロープ掛けにより固定して保管します。

正解　5

得点力アップのポイント

○ アスファルトルーフィングは，屋内の乾燥した場所に立置きにして保管した。
○ セメントは，吸湿しないように，倉庫内に上げ床を設けて保管した。
○ 合成樹脂調合ペイントが付着した布片は，水が入った容器に浸して保管した。
○ 木製フラッシュ戸は，平積みにして保管した。
○ 砂は，泥土等が混入しないように，周辺地盤より高いところに保管した。

2-4．申請・届等に関する問題

【問題13】建築工事に関する申請・届等とその提出先との組合せとして，最も不適当なものは，次のうちどれか。
1．危険物貯蔵所設置許可申請――――消防署長
2．道路占用許可申請――――――――道路管理者
3．安全管理者選任報告――――――――労働基準監督署長
4．建築工事届――――――――――――都道府県知事
5．クレーン設置届――――――――――労働基準監督署長

解説　申請・届出とその提出先を理解する

建築工事に伴い，様々な官庁手続きが必要となりますが，その主な手続き書類と提出先との関係を理解しておく必要があります。

1．**危険物貯蔵所設置許可申請**は，設置者がその設置される区域により，**都道府県知事又は市町村長**に提出します。
2．**道路占用許可申請**は，施工者が**道路管理者**に提出します。
3．**安全管理者選任報告**は，事業者が**労働基準監督署長**に提出します。
4．**建築工事届**は，建築主が**建築主事**を経由して**都道府県知事**に提出します。
5．**クレーン設置届**は，事業者が**労働基準監督署長**に提出します。

正解　1

関係書類の申請・届出

区分	申請・届出	提出先	提出者	提出時期等
建築関係	建築確認申請書	建築主事または指定確認検査機関	建築主	着工前
	中間検査申請書	同上	同上	特定工程の工事終了から4日以内
	工事完了届（完了検査申請）	同上	同上	完了した日から4日以内
	建築工事届	都道府県知事	同上	着工前（床面積の合計が10m²を超える場合）
	建築物除却届	同上	施工者	同上
道路関係	道路使用許可申請書	警察署長	施工者	着工前
	道路占用許可申請書	道路管理者	道路占用者	同上
	道路工事施工承認申請書	同上	施工者	同上
	特殊車両通行許可申請書	同上	車両通行者	同上

分類	届出書類	届出先	届出者	提出時期
労働安全関係	建設工事の計画届	労働基準監督署長	事業者	仕事開始日14日前
	建設物設置届	同上	同上	仕事開始日30日前
	安全管理者選任報告	同上	同上	工事開始後遅滞なく
	衛生管理者選任報告	同上	同上	同上
	統括安全衛生管理者選任報告	同上	同上	選任発生日14日以内
	特定元方事業者の事業開始報告	同上	施工者（特定元方事業者）	工事開始後遅滞なく
	寄宿舎設置届	同上	使用者	着工14日前まで
	ボイラー設置届	同上	事業者	設置工事開始日30日前
	ゴンドラ設置届	同上	同上	同上
	共同企業体代表者届	都道府県労働局長	共同企業体代表者	仕事開始日14日前
その他	特定建設作業実地届出書	市町村長	施工者	着工7日前
	工事監理報告書	建築主	建築士（監理者）	工事終了時
	安全上の措置等に関する計画届	特定行政庁	建築主	使用前
	浄化槽設置届	都道府県知事および都道府県知事を経由して特定行政庁	設置者	設置21日前
	危険物貯蔵所設置許可申請書	市町村長または都道府県知事	同上	設置前
	航空障害灯設置届 昼間障害標識設置届	地方航空局長	同上	設置前（60m以上の高さの物件）
	自家用電気工作物工事計画届	経済産業大臣	同上	設置前
	消防用設備等着工届	消防庁または消防署長	消防設備士	着工10日前
	産業廃棄物管理票交付等状況報告書	都道府県知事	管理票を交付した者	
	高層建築物等予定工事届	総務大臣	建築主	
	特定粉じん排出等作業実地届	都道府県知事	施工者	

【問題14】建築工事に関する申請・届とその申請・提出先との組合せとして，最も不適当なものは，次のうちどれか。

1. 特定粉じん排出等作業実施届――――消防署長
2. 建築物除却届――――――――――都道府県知事
3. 道路占用許可申請―――――――――道路管理者
4. クレーン設置届―――――――――労働基準監督署長
5. 道路使用許可申請――――――――警察署長

解説

1. **特定粉じん排出等作業実施届出書**は，施工者が，**都道府県知事**に提出します。
2. **建築物除却届**は，施工者が**都道府県知事**に提出します。
3. 【問題13】の解説の2を参照してください。
4. 【問題13】の解説の5を参照してください。
5. **道路使用許可申請**は，施工者が**警察署長**に提出します。

正解　1

得点力アップのポイント

○ 特定建設作業実地届出書は，市町村長に提出する。
○ 建築工事届は，都道府県知事に届け出る。
○ 産業廃棄物管理票交付等状況報告書は，都道府県知事に提出する。
○ 特殊車両通行許可申請書は，道路管理者に提出する。

第1章　施工計画・管理　　499

2-5. 工事監理業務に関する問題

【問題15】次の記述のうち，建築士が通常行う工事監理に関する標準業務及びその他の標準業務に該当しないものはどれか。

1. 施工者の作成した工程表の内容を検討した。
2. 施工者の提出した請負代金内訳書の適否を検討した。
3. 各工事の専門工事業者と工事請負契約を締結した。
4. 工事材料が設計図書の内容に適合しているかどうかを検討した。
5. 施工者から建築主への工事請負契約の目的物の引渡しに立ち会った。

解説　工事監理業務の理解

工事監理に関する**標準業務**とは，成果図書に基づき，**工事を設計図書**と照らし，それが設計図書どおりに実施されているかいないかを確認するために行う業務をいいます。また，**その他の標準業務**とは，工事監理に関する標準業務と一体となって行われる業務をいいます。

［工事監理業務に含まれないもの］
・施工計画書，実行予算書，実地工程表の作成
・専門業者（下請業者）の選定と請負契約の締結
・建築資材の発注

1. 施工者の作成した**工程表の検討及び報告**は，工事監理業務（その他の標準業務）に該当します。
2. **請負代金内訳書の検討及び報告**は，工事監理業務（その他の標準業務）に該当します。
3. **専門工事業者（下請業者）の選定と請負契約の締結**は，施工者の業務であり，工事監理業務に該当しません。
4. **工事材料，設備機器等の検討及び報告**は，施工図等を設計図書に照らして

検討及び報告する業務として，工事監理業務（標準業務）に該当します。
5．**工事請負契約の目的物の引渡しの立会い**は，工事監理業務（その他の標準業務）に該当します。

正解　3

【問題16】次の記述のうち，建築士が通常行う工事監理業務に該当しないものはどれか。

1．設計意図を正確に伝えるため，説明図を作成し，施工者に説明した。
2．施工者が作成した施工図を設計図書に照らして検討し，承諾した。
3．各工事の専門工事業者と工事請負契約を締結した。
4．工事が設計図書及び請負契約書に合致しているかどうかを確認し，建築主に報告した。
5．工事の完了検査終了後，工事監理報告書及び業務上作成した図書を建築主に提出した。

解説

1．**設計意図の伝達**は，工事監理業務に該当します。
2．**施工図等を設計図書に照らして検討及び報告**する業務は，工事監理業務に該当します。
3．【問題15】の解説の3を参照してください。
　　各工事の専門工事業者との請負契約の締結は，施工者の業務であり，工事監理業務に該当しません。
4．**工事と設計図書及び請負契約書との照合及び報告**は，工事監理業務に該当します。
5．**工事監理報告書等の提出**は，工事監理業務に該当します。

正解　3

3．契約

3-1．請負契約に関する問題

【問題17】請負契約に関する次の記述のうち，民間（旧四会）連合協定「工事請負契約約款」に照らして，最も不適当なものはどれか。

1. 現場代理人は，請負代金額の変更に関して，受注者としての権限を行使することができる。

2. 受注者は，工事材料・建築設備の機器の品質が設計図書に明示されていない場合は，中等の品質を有するものとすることができる。

3. 契約書及び設計図書に，工事中における契約の目的物の部分使用についての定めがない場合，発注者は，受注者の書面による同意がなければ，部分使用をすることはできない。

4. 受注者は，工事現場における施工の技術上の管理をつかさどる監理技術者又は主任技術者を定め，書面をもってその氏名を発注者に通知する。

5. 通常，請負工事中の出来形部分と工事現場に搬入した工事材料に，火災保険を掛ける者は，受注者である。

解説 発注者，受注者，監理者の役割を理解する

1．〔工事請負契約約款（以下，約款）第10条（3）〕
　約款第10条（3）により，「**現場代理人**は，この契約の履行に関し，工事現場の運営，取締りを行うほか，次の各号に定める権限を除き，この契約に基づく受注者の一切の権限を行使することができる。
　一．**請負代金額の変更**
　二．工期の変更
　三．請負代金の請求又は受領
　四．第20条（1）の請求の受理

現場代理人（現場所長）には，請負代金額，工期に関連する項目について，権限がありません。

五．工事の中止，この契約の解除及び損害賠償の請求
と規定されています。したがって，<u>請負代金額の変更に関しては，行使できません。</u>

2．〔約款第13条（4）〕

　約款第13条（4）により，「**工事材料又は建築設備の機器の品質について**は，設計図書に定めるところによる。**設計図書にその品質が明示されていないものがあるときは，中等の品質のものとする。**」と規定されています。

3．〔約款第24条（1）〕

　約款第24条（1）により，「工事中におけるこの契約の目的物の一部の発注者による使用（「**部分使用**」）については，契約書及び設計図書の定めるところによる。**契約書及び設計図書に別段の定めのない場合，発注者は，**部分使用に関する**監理者の技術的審査を受けた後，**工期の変更及び請負代金額の変更に関する受注者との事前協議を経た上，**受注者の書面による同意を得なければならない。**」と規定されています。

4．〔約款第10条（1）〕

　約款第10条（1）により，「**受注者は，**工事現場における施工の技術上の管理をつかさどる**監理技術者又は主任技術者を定め，書面をもってその氏名を発注者に通知する。**また，**専門技術者**を定める場合，書面をもってその氏名を発注者に通知する。」と規定されています。

5．〔約款第22条（1）〕

　約款第22条（1）により，「**受注者は，**工事中，工事の出来形部分及び工事現場に搬入した工事材料，建築設備の機器等に**火災保険又は建設工事保険を付し，それらの証券の写しを発注者に提出する。**設計図書に定められたその他の損害保険についても，同様とする。」と規定されています。

正解　1

【問題18】請負契約に関する次の記述のうち，民間（旧四会）連合協定「工事請負契約約款」に照らして，最も不適当なものはどれか。

1．受注者は，工事現場における施工の技術上の管理をつかさどる監理技術者又は主任技術者を定め，書面をもってその氏名を発注者に通知する。

2．発注者は，受注者が正当な理由なく，着手期日を過ぎても工事に着手しないときは，書面をもって工事を中止し又はこの契約を解除することができる。

3．現場代理人は，請負代金額の変更に関して，受注者としての権限の行使はできない。

4．工事材料については，設計図書にその品質が明示されていないものがあるときは，受注者がその品質を決定する。

5．契約書及び設計図書に契約の目的物の部分使用についての定めがない場合，発注者は，受注者の書面による同意がなければ，部分使用をすることはできない。

解説

1．【問題17】の解説の4を参照してください。

2．〔約款第31条（2）〕

約款第31条（2）により，「次の各号のいずれかに該当するときは，発注者は，書面をもって受注者に通知して工事を中止し，又はこの契約を解除することができる。この場合（六に掲げる事由による場合を除く。），発注者は，受注者に損害の賠償を請求することができる。

　一．受注者が正当な理由なく，着手期日を過ぎても工事に着手しないとき。

　二．工事が正当な理由なく工程表より著しく遅れ，工期内又は期限後相当期間内に，受注者が工事を完成する見込がないと認められるとき。

　三．略

四．略

　五．受注者が建設業の許可を取り消されたとき又はその許可が効力を失ったとき。

　六．資金不足による手形又は小切手の不渡りを出す等受注者が支払いを停止する等により、受注者が工事を続行できないおそれがあると認められるとき。

　七．略

と規定されています。

3．【問題17】の解説の1を参照してください。
4．【問題17】の解説の2を参照してください。
　設計図書にその品質が明示されていないものがあるときは、**中等の品質**のものとします。
5．【問題17】の解説の3を参照してください。

正解　4

得点力アップのポイント

○　受注者は、発注者に対して、工事内容の変更（施工方法等を含む。）に伴う請負代金の増減額を提案することができる。

○　工事の完成引渡しまでに、契約の目的物、工事材料、建築設備の機器、支給材料、貸与品その他施工一般について生じた損害は、受注者の負担とし、工期は延長しない。

○　受注者は、契約を締結した後、速やかに請負代金内訳書及び工程表を監理者に提出し、請負代金内訳書については、監理者の確認を受ける。

○　契約書の定めるところにより受注者が部分払又は中間前払の支払いを求めるときは、監理者の承諾を得て、請求書を支払日5日前に発注者に提出する。

○　請負工事中の出来形部分と工事現場に搬入した工事材料・建築設備の機器などに火災保険を掛けるのは、通常、受注者である。

○　発注者および受注者は、相手方の書面による承諾を得なければ、契約から生ずる権利または義務を、第三者に譲渡することまたは承継させることはできない。

○　主任技術者又は監理技術者の氏名及び資格は、建築工事の請負契約書に、建設業法上、記載を要しない事項である。

4．測量

4-1．各種測量等に関する問題

【問題19】 各種測量等に関する次の記述のうち，最も不適当なものはどれか。

1. 平板測量において，現場で敷地を測量しながら，同時にその敷地の平面形状を作図した。

2. 真北の測定において，特記がなかったので，コンパスの磁針が示す方向を真北とした。

3. 三角測量において，トランシット（セオドライト）を用いて水平角を測定した。

4. 水準測量において，高低差が大きかったので，レベルを据え付ける位置を変えながら測量した。

5. 図面上に描かれた図形の面積測定において，プラニメーターを用いた。

解説 測量の種類と特徴の理解

1. **平板測量**は，平板（図版，三脚，アリダード等からなる測量器具）を主たる器具として**測量と製図とを同時に行う**もので，作業が簡便ですが，他の測量法に比べて**精度が低い**です。

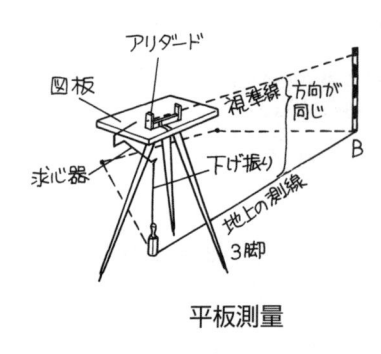

平板測量 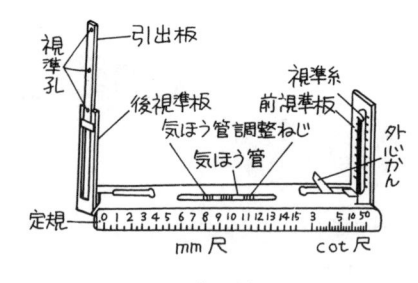　　　　　　　　　アリダード

2. **真北の測定**には，**太陽による方位角観測**が用いられ，コンパスの磁針が示す方向は**磁北**です。なお，磁北は，真北といくらかの傾きをもち，その大きさは場所によって多少異なりますが，日本では，約5～9°西に偏っています。

3. **三角測量**は，基準となる側点（三角点）を結ぶ**三角形の連続した網**を骨組みとして，三角点の相互の位置関係を決めます。基線の**距離**と各三角形の**内角**を測定し，内業の計算によって各辺の距離を求めます。角度の測定には，**トランシット（セオドライト）**を用います。

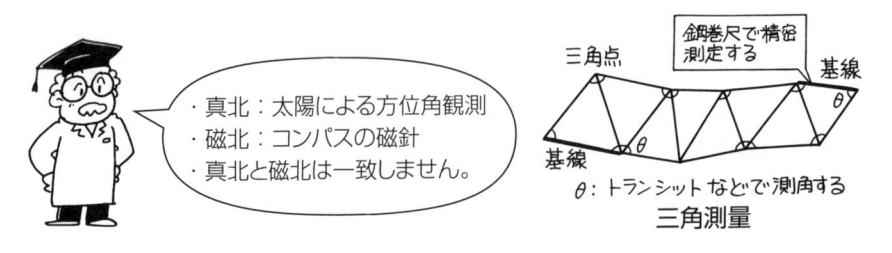

・真北：太陽による方位角観測
・磁北：コンパスの磁針
・真北と磁北は一致しません。

三角測量

4. **水準測量**とは，各点の高低差を求める**高低測量**で，**レベル（水準器）**と標尺を使用します。高低差が大きい場合は，レベルを据え付ける位置を変えながら測量します。

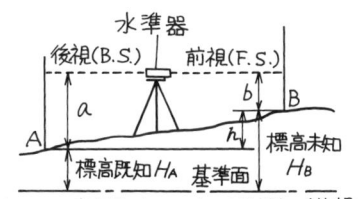

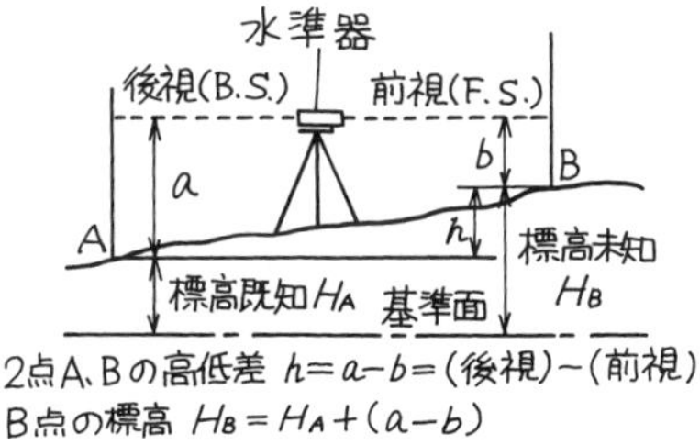

第1章　施工計画・管理

水準測量

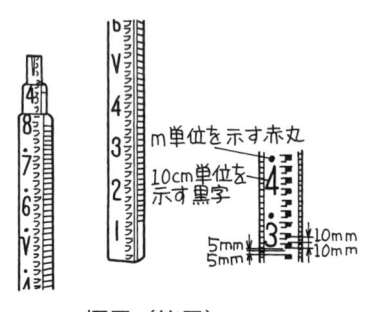

標尺（箱尺）

2点A，Bの高低差 $h = a - b =$（後視）－（前視）
B点の標高 $H_B = H_A + (a - b)$

5．プラニメーターは，図面上に描かれた境界線上を測針でなぞり，測輪の回転数を読み取ることによって，**境界線で囲まれた部分の面積を測定する機器**です。

正解　2

【問題20】各種測量等とそれに使用する機器等との組合せとして，最も不適当なものは，次のうちどれか。

1．水準測量――――――標尺
2．平板測量――――――ハンドレベル
3．距離測量――――――鋼製巻尺
4．トラバース測量――――トランシット
5．面積測定――――――プラニメーター

解説

1．【問題19】の解説の4を参照してください。
2．【問題19】の解説の1を参照してください。
　　ハンドレベルは，手で持って気泡管により水平方向を確認する簡単なレベ

ルのことで，**水準測量**に用いられます。
3．**鋼製巻尺**は，引張りによる伸びが小さく**精密な距離の測量**に用いられます。
4．**トラバース測量**は，既知点から順次に次の点への方向角と距離を測定して，各点の位置を測定する測量で，平面測量の１つです。角度の測定には，**トランシット（セオドライト）**を用います。

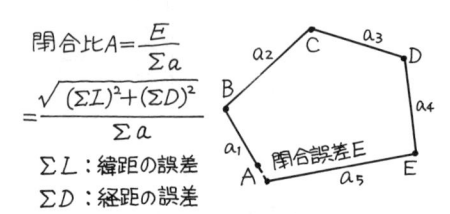

$$閉合比 A = \frac{E}{\Sigma a} = \frac{\sqrt{(\Sigma L)^2 + (\Sigma D)^2}}{\Sigma a}$$

ΣL：緯距の誤差
ΣD：経距の誤差

トラバース測量

5．【問題19】の解説の5を参照してください。

正解　2

得点力アップのポイント

○　放射法による平板測量は，障害物によって見通しの悪い地形に適していない。
○　平板測量において通常使用するものとして，求心器，磁針箱，アリダードなどがある。
○　水準測量には，レベル，標尺（箱尺）を用いる。
○　高低差のある敷地の測量においては，平板測量と水準測量を併用した。
○　敷地内の細部測量においては，支距測量（オフセット測量），平板測量等を併用した。

第2章

各種工事

　各種工事は毎年18程度問出題されます。近年の問題数は，仮設工事1問，基礎・土工事1問，鉄筋工事2問，型枠工事1問，コンクリート工事2問，鉄骨工事2問，補強CB工事1問，木工事2問，防水工事1問，塗装工事1問，設備工事1問，改修工事1問，内装工事等の融合問題2問です。

　学習範囲が広く，学科Ⅲ（構造）の一般構造との関連性が高いですが，まずは，次の内容をおさえましょう。

- ・躯体（RC造，S造，木造）の施工を理解する。
- ・学習範囲の少ない「補強CB工事」，「設備工事」，「塗装工事」を理解する。

　なお，文章問題で理解しやすい分野から勉強を進めると効率がよいです。数値や寸法などを覚えているだけで点数にできる選択肢も多々あります。

1. 仮設工事

1-1. 仮設工事に関する問題

【問題21】 仮設工事に関する次の記述のうち，最も不適当なものはどれか。

1. 枠組足場は，足場の組立・解体作業中の墜落防止のために，手すり先行工法とした。

2. 高さが2mの位置にある足場の作業床については，幅を50cmとし，かつ，床材間の隙間がないようにした。

3. 高さが2.8mの位置にある足場の作業床において，労働者の墜落防止のために，作業床からの手摺の高さを75cmとし，中桟を設けた。

4. 単管足場の作業床において，作業に伴う物体の落下防止のために，両側に高さ15cmの幅木を設けた。

5. 足場板については，長手方向に支点の上で重ね，その重ねた部分の長さを30cmとした。

解説　仮設の安全基準の理解

1. **手すり先行工法**とは，足場の組立てなどの作業を行うに当たり，労働者が足場の作業床に乗るまえに適切な手すりを先行して設置する工法です。足場の組立・解体作業中は手すりが設置された状態であり，労働者の墜落を防止することができます。

2. 〔労働安全衛生規則第563条第1項第二号〕
労働安全衛生規則第563条第1項により，「**事業者は，足場（一側足場を除く。）における高さ2m以上の作業場所には，作業床を設けなければならない。**」と規定されています。
また，同条同項第二号により，「つり足場の場合を除き，**幅は40cm以上**とし，床材間の**すき間は3cm以下**とすること。」と規定されています。

3. 〔労働安全衛生規則第563条第1項第三号ハ〕

労働安全衛生規則第563条第1項第三号ハにより、「**高さ85cm以上の手すり又はこれと同等以上の機能を有する設備（「手すり等」）及び中さん等**」を設ける必要があります。

・単管足場：85cm以上の手摺、中桟
・枠組足場：交差筋かい、下桟

単管足場と枠組足場の安全基準

	単管足場	枠組足場
建地の間隔	・けた行方向：1.85m以下 ・はり間方向：1.5m以下 ・建地の最高部から31mを越える部分は2本組みとする	高さが20を超える場合及び重量物の積載を伴う作業をする場合は、 ・主枠の高さ：2m以下 ・主枠の高さ：1.85m以下
地上第1の布の高さ	2m以下	
建地脚部の滑動・沈下防止措置	ベース金物、敷板、敷角、脚輪付きはブレーキまたは歯止め	
壁つなぎ・控え	・垂直方向：5m以下 ・水平方向：5.5m以下	・垂直方向：9m以下 ・水平方向：8m以下
建地間の積載荷重	3.92kN（400kg）以下	・建枠幅1.2m：4.90kN（500kg）以下 ・建枠幅0.9m：3.92kN（400kg）以下
水平材	———	最上層及び5層以内ごと
作業床	・幅：40cm以上、すき間：3cm以下 ・転位脱落防止のため2箇所以上緊結	
作業員の墜落防止	高さ85cm以上の手すり及び高さ35cm以上50cm以下の桟（中桟）を設ける	・交差筋かい及び高さ15cm以上40cm以下の桟（下桟）を設ける ・交差筋かい及び高さ15cm以上の幅木を設ける ・手すり枠を設ける
物体の落下防止	2m以上の部分に、高さ10cm以上の幅木、メッシュシートもしくは防網またはこれらと同等以上の機能を有する設備を設ける	

4．〔**労働安全衛生規則第563条第1項第六号**〕

労働安全衛生規則第563条第1項第六号により、「作業のため**物体が落下**することにより、労働者に危険を及ぼすおそれのあるときは、**高さ10cm以上**

の幅木，メッシュシート若しくは防網又はこれらと同等以上の機能を有する設備（「幅木等」）を設けること。」と規定されています。

5．〔労働安全衛生規則第563条第2項第一号ハ〕
　　労働安全衛生規則第563条第2項第一号ハより，「足場板を長手方向に重ねるときは，支点の上で重ね，その重ねた部分の長さは，20cm以上とすること。」と規定されています。

正解　3

【問題22】仮設工事に関する次の記述のうち，最も不適当なものはどれか。

1．枠組足場において，墜落防止のために，交差筋かい及び高さ30cmの下桟を設けた。

2．単管足場における作業床には，作業に伴う物体の落下防止のために，両側に高さ10cmの幅木を設けた。

3．高さ12mの枠組足場における壁つなぎの間隔については，垂直方向を8mとし，水平方向を9mとした。

4．工事の進捗に伴い，施工中の建築物の一部を仮設の現場事務所として使用するために，監理者の承認を受けた。

5．軒の高さが9mを超える3階建の木造住宅の工事現場の周囲には，危害防止のために，地盤面からの高さ1.8mの仮囲いを設けた。

解説

1．〔労働安全衛生規則第563条第1項第三号イ〕
　　枠組足場の場合，墜落防止のために，交差筋かい及び高さ15cm以上40cm以下の下桟を設けます。

2．〔労働安全衛生規則第563条第1項第六号〕
　　単管足場における作業床には，作業に伴う物体の落下防止のために，両側に高さ10cm以上の幅木を設けます。

3．〔労働安全衛生規則第570条第1項第五号イ〕

枠組足場（高さ5m未満のものを除く）の壁つなぎの間隔は，**垂直方向9m以下，水平方向8m以下**とします。

［壁つなぎ］
・単管→直5（ちょくゴ），水平5.5（すいへいゴーゴー）
・枠組→水平8（ワ），直9（ク）

4．**現場事務所**は，工事現場を管理しやすい場所に設け，**3〜4m²／人**程度の面積が必要です。また，工事の進捗上，障害となり，かつ，移転する場所がない場合は，**監理者の承認を受けて，工事目的物の一部を仮設の現場事務所として使用することができます。**

5．〔建築基準法施行令第136条の2の20〕
次の建築物において，**建築，修繕，模様替又は除却のための工事**を行う場合，原則として，工事期間中工事現場の周囲にその地盤面からの**高さ1.8m以上の板塀等の仮囲い**を設けなければなりません。
・**木造の建築物：高さが13m又は軒の高さが9mを超えるもの**
・**木造以外の建築物：2以上の階数を有するもの**
ただし，これらと同等以上の効力を有する他の囲いがある場合や，工事現場の周辺において安全であることが確認できれば，上記の仮囲いは必要ありません。

正解　3

【問題23】仮設工事に関する次の記述のうち，最も不適当なものはどれか。

1．高さ2.8mの位置にある作業床において，墜落の危険を及ぼすおそれのある箇所には，作業床からの手摺の高さを95cmとし，中桟を設けた。

2．足場板については，長手方向に支点の上で重ね，その重ねた部分の長さを30cmとした。

3．はしご道のはしごの上端を，床から60cm突出させた。

4．単管足場の地上第一の布を，地面から高さ2.5mの位置に設けた。

5．架設通路を設けるに当たって，勾配が30度を超える箇所には，階段を設けた。

解説

1．【問題21】の解説の3を参照してください。
2．【問題21】の解説の5を参照してください。
3．〔労働安全衛生規則第527条，及び第556条〕
　　移動はしごは，幅30cm以上で丈夫な構造とし，**滑り止め装置**を取り付けます。また，はしご道は，はしごの上端を床から**60cm以上**突出させます。
4．〔労働安全衛生規則第571条第1項第二号〕
　　単管足場の地上第一の布は**2m以下**の位置に設けます。
5．〔労働安全衛生規則第552条第二号〕
　　架設通路の勾配は**30度以下**とします。ただし，**階段を設けたもの**又は高さ2m未満で丈夫な手すりをを設けたものは，**勾配が30度を超えることができ**ます。

正解　4

【問題24】仮設工事に関する次の記述のうち，最も不適当なものはどれか。

1．軒の高さが9mを超える3階建の木造住宅の工事現場の周囲には，危害防止のために，地盤面からの高さ1.8mの仮囲いを設けた。

2．枠組足場は，足場の組立・解体中の転落事故防止のために，手すり先行工法とした。

3．単管足場における壁つなぎの間隔は，垂直方向5m，水平方向5.5mとした。

4．くさび緊結式一側足場については，建地の間隔を1.8mとし，建地間の最大積載荷重を400kgと表示した。

5．足場板については，長手方向に支点の上で重ね，その重ねた部分の長

さを25cmとした。

解説

1. 【問題22】の解説の5を参照してください。
2. 【問題21】の解説の1を参照してください。
3. 〔労働安全衛生規則第570条第1項第五号イ〕
   単管足場における壁つなぎ又は控えの間隔は、垂直方向5m以下、水平方向5.5m以下とします。
4. くさび緊結式一側足場において、建地の間隔は1.85m以下とし、建地間の最大積載荷重は200kg以下とします。
   なお、くさび緊結式足場とは、一定間隔にくさび緊結式用金具を備えた鋼管である支柱、布材、床付き布枠等の部材を用いて組み立てる足場で、中低層の建築物に用いられます。

一側足場の基準

	一側足場	くさび緊結式一側足場
建地の間隔	1.8m以下	1.85m以下
建地間の最大積載荷重	150kg以下	200kg以下

5. 【問題21】の解説の5を参照してください。

正解　4

得点力アップのポイント

○ 単管足場の建地の間隔は、桁行方向1.8m、はり間方向1.5mとし、建地間の最大積載荷重は、400kgとした。
○ ブラケット一側足場において、建地の間隔を1.8mとし、建地間の最大積載荷重を150kgとした。
○ はしご道のはしごの上端を、床から60cm突出させた。
○ 高さ12mの枠組足場における壁つなぎの間隔を、垂直方向、水平方向ともに8m以下とした。
○ 高さ9mの登り桟橋において、4.5mの高さに踊り場を設置した。
○ 高さ2mの作業構台において、作業床の床材間の隙間を3cm以下となるようにした。

2．地盤・土工事・基礎

2-1．地盤調査に関する問題

【問題25】 地盤の調査事項とその調査方法との組合せとして，最も不適当なものは，次のうちどれか。

1．地下水位————————透水試験
2．地盤の支持力（地耐力）———平板載荷試験
3．地盤のせん断強さ—————ベーン試験
4．基盤の深さ————————電気探査
5．N値———————————標準貫入試験

解説 地盤の調査方法の種類を理解する

1．地下水の調査項目は，**透水係数**と**地下水位**があります。砂質土の**透水係数を求める方法**として，主に次の2つの試験があります。
- **揚水試験**：揚水井を設け，それを中心に十字状に観測井を設け，揚水井から水を汲み上げて，観測井の水位の低下を観測する試験。
- **(現場)透水試験**：1本のボーリング孔や井戸を利用して地盤の透水係数を求める試験。

なお，**地下水位**は，ボーリング孔の孔内水位等を利用して測定します。孔内水位は，常水面と一致しにくいので，なるべく長時間放置し，水位が安定してから測定します。

したがって，**透水試験**は，地盤の**透水係数**を求める試験です。

- 地下水位→ボーリング孔を利用
- 透水係数→透水試験

第2章　各種工事　　　　　　　　　　517

2．**平板載荷試験**とは，基礎の深さまで土を掘り，その深さに設置した**直径30cmの円形載荷板**に，実際の建物荷重に見合う**荷重を載荷してその沈下量を測**り，地盤が安全に支持する力の大きさを判定する試験です。平板載荷試験により調査できるのは，**載荷板幅の1.5〜2倍（直径30cmの場合，45〜60cm）**程度の範囲内における**地盤の支持力特性**です。

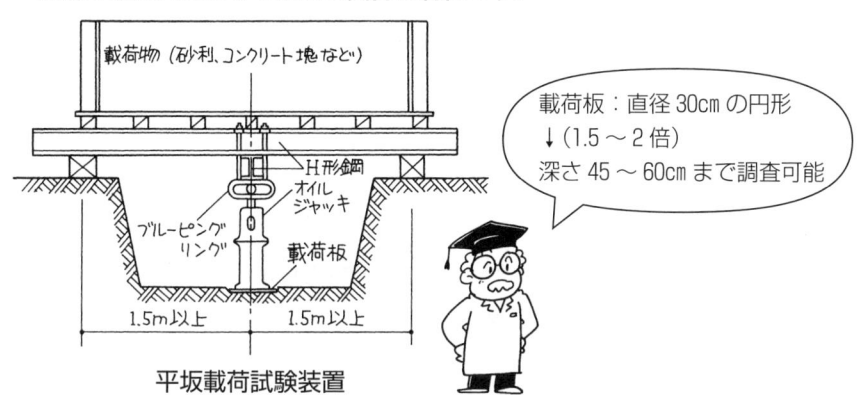

載荷板：直径30cmの円形
↓(1.5〜2倍)
深さ45〜60cmまで調査可能

平板載荷試験装置

3．**ベーン試験**は，鋼製の十字羽根（ベーン）を土中に挿入して回転させ，最大トルク値から**粘性土地盤の**せん**断強さや粘着力**を調べる試験です。
4．**電気探査**は，地中に電流を流し，地下層の抵抗値とその変化から土質の状態を推定し，**基盤の深さ**を調べる試験です。なお，**基盤**とは，基礎の支持地

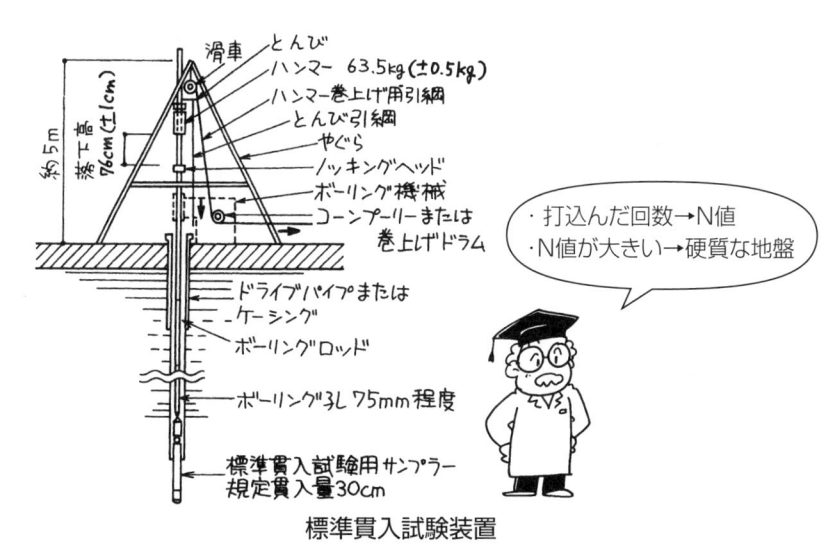

・打込んだ回数→N値
・N値が大きい→硬質な地盤

標準貫入試験装置

第4編　学科Ⅳ：施工

盤として支持力が期待できる**硬い地層**をいいます。

5．**標準貫入試験**は，ロッドの先端に標準貫入試験用サンプラーを取り付け，**重量63.5kg（±0.5kg）**のハンマーを**76cm（±1cm）**自由落下させ，ロッドを打撃して，標準貫入試験用サンプラーを**30cm打込む回数**を計測する試験です。その打ち込んだ回数を**N値**といい，**深さ1mごと**に測定します。

また，試験時に**乱した土の試料**が得られ，**採取試料の観察**ができます。ただし，この乱した土の試料は，一軸・三軸圧縮試験，圧密試験などの力学的試験には使用できません。

正解　1

【問題26】地盤の調査方法とその調査事項との組合せとして，最も不適当なものは，次のうちどれか。

1．オーガーボーリング —————————— 地盤構成
2．電気探査 —————————————— 基盤の深さ
3．スウェーデン式サウンディング試験 ————— 地盤の支持力（地耐力）
4．ベーン試験 ————————————— 地盤のせん断強さ
5．平板載荷試験 ———————————— 地盤の透水性

解説

1．**ボーリング**とは，**地盤構成の確認**や土質試験用試料の採取，標準貫入試験，サウンディング，孔内載荷試験などの原位置試験を行なうための孔を掘る作業をいいます。一般的には**ロータリーボーリング**が用いられますが，**浅い深さの調査にはオーガーボーリング**が用いられます。

2．【問題25】の解説の4を参照してください。

3．**スウェーデン式サウンディング試験**は，ロッド，スクリュー，錘などからなる試験装置を用いて，原位置における土の硬軟や締まり具合，土層構成を判定するための**静的貫入抵抗を求める試験**です。主に，戸建住宅などの小規模構造物（調査深さ：10m以内）の**支持力特性を把握**する地盤調査方法として多く用いられています。

第2章　各種工事　　　　519

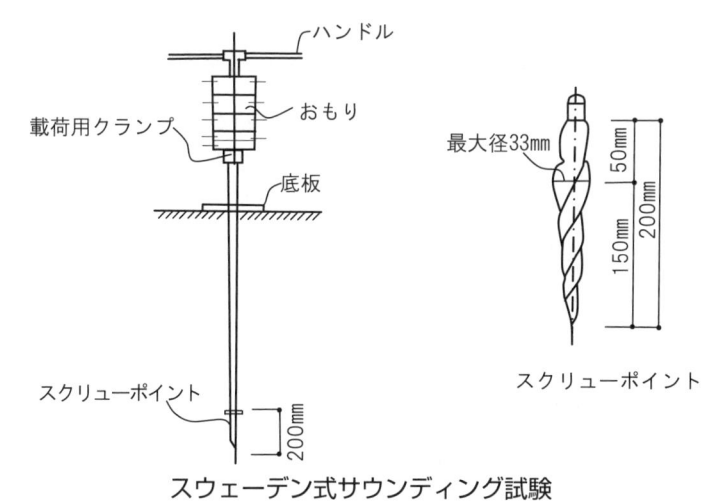

スウェーデン式サウンディング試験

4．【問題25】の解説の3を参照してください。
5．【問題25】の解説の2を参照してください。
　　平板載荷試験は，地盤の支持力（地耐力）を判定する試験です。なお，地盤の透水性は，揚水試験や現場透水試験を行って透水係数から求めます。

正解　5

2-2．土工事及び地業工事に関する問題

【問題27】土工事及び地業工事に関する次の用語の組合せのうち，最も不適当なものはどれか。

1．法付けオープンカット工法――――腹起し

2．ディープウェル工法――――排水

3．埋戻し――――余盛り

4．独立基礎――――つぼ掘り

5．捨てコンクリート地業――――墨出し

解説 土工事・地業工事に関する用語の理解

1. **法付けオープンカット工法**は，敷地面積に余裕があり湧水等が予想されない場合に，根切り周辺部に**法勾配を付けて掘削する工法**です。**山留め壁や支保工なしで掘削する工法**で，腹起しは設置しません。

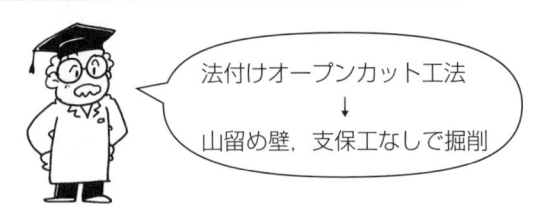

   法付けオープンカット工法
   ↓
   山留め壁，支保工なしで掘削

2. **ディープウェル工法**は，井戸掘削機械により，直径400～1,000mm程度の孔を掘削し，この孔にスクリーンを有する井戸管を挿入し，孔壁と井戸管との隙間にフィルター材を投入して施工した**井戸**に，**高揚程の水中ポンプを設置して排水する工法**です。

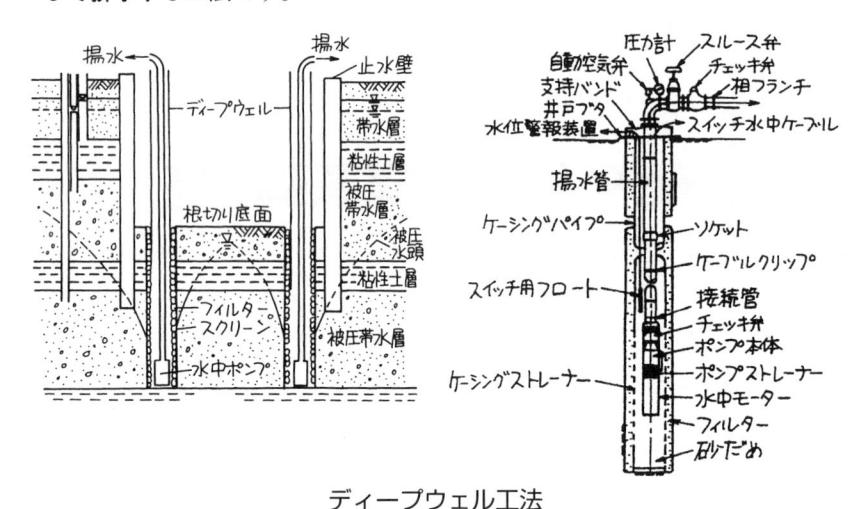

   ディープウェル工法

3. **埋戻し**は，工事のため土を掘り出した部分を，原状に戻すように土を埋め返すことをいいます。埋戻しには，土質による沈み代を見込んで**余盛り**を行います。

4. 根切りには，つぼ掘り，布掘り，総掘りがあり，**独立基礎の場合は，つぼ掘り**を行います。なお，布基礎の場合は布掘り，べた基礎の場合は総掘りを

第2章　各種工事　　521

行います。

5．**捨てコンクリート地業**は，基礎，柱，基礎梁等の**墨出し**及び鉄筋・型枠の組立てのために**施工するコンクリート打ち**のことをいいます。なお，地盤を強化するための地業ではありません。

正解　1

【問題28】土工事及び地業工事に関する次の用語の組合せのうち，最も不適当なものはどれか。

1．独立基礎────────────布掘り
2．ソイルセメント柱列山留め壁────セメントミルク
3．法付けオープンカット工法─────空掘り
4．アースドリル工法─────────トレミー管
5．埋戻し────────────余盛り

解説

1．【問題27】の解説の4を参照してください。
　　独立基礎の場合は，**つぼ掘り**を行います。

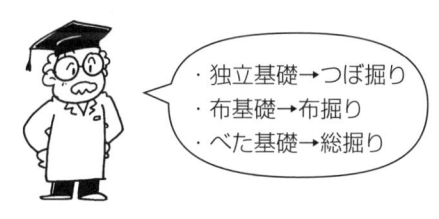

・独立基礎→つぼ掘り
・布基礎→布掘り
・べた基礎→総掘り

2．**ソイルセメント柱列山留め壁工法**は，土とセメントミルクを原位置で混合，かく拌してソイルセメント壁を造成し，H形鋼を応力材として使用します。
　　止水性が大きく，壁体としての**剛性**もあります。アースオーガーで施工するため，振動・騒音が少なく，市街地で有効な工法です。

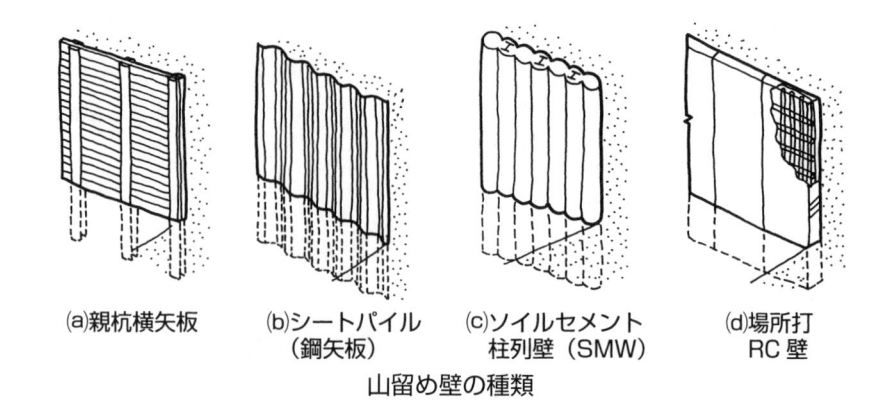

(a) 親杭横矢板　(b) シートパイル（鋼矢板）　(c) ソイルセメント柱列壁（SMW）　(d) 場所打RC壁

山留め壁の種類

3．【問題27】の解説の1を参照してください。
　　法付けオープンカット工法は，素掘り，**空掘り**ともいいます。
4．**アースドリル工法**は，場所打ちコンクリート杭を築造する工法です。アースドリル機の**ドリリングバケット**を回転させながら地盤を掘削し，掘削土砂をバケット内に収納し，バケットともに地上に引き上げて排出します。
　　孔壁の保護は，**表層部は**ケーシングにより保護し，それ以深はベントナイトなどの**安定液**で保護します。掘削完了後，**孔底処理（スライム処理）**を行い，鉄筋かごを建て込み，**トレミー管**でコンクリートを打ち込んで杭を築造します。

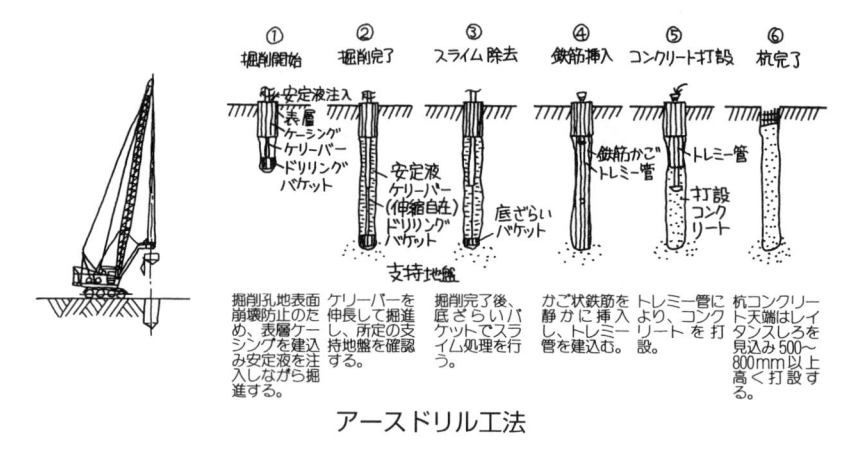

① 掘削開始　② 掘削完了　③ スライム除去　④ 鉄筋挿入　⑤ コンクリート打設　⑥ 杭完了

掘削孔地表面崩壊防止のため，表層ケーシングを建込み安定液を注入しながら掘進する。　ケリーバーを伸ばして掘進し，所定の支持地盤を確認する。　掘削完了後，底ざらいバケットでスライム処理を行う。　カゴ状鉄筋を静かに挿入し，トレミー管を建込む。　トレミー管より，コンクリートを打設。　杭コンクリート天端はレイタンスしろを見込み500〜800mm以上高く打設する。

アースドリル工法

5．【問題27】の解説の3を参照してください。

正解　1

2-3．杭工事に関する問題

【問題29】杭工事に関する次の記述のうち，最も不適当なものはどれか。

1．アースドリル工法において，掘削深さが所定の深度となり，排出される土によって予定の支持地盤に達したことを確認したので，スライム処理を行った。

2．回転圧入による埋込み工法において，杭先端にスクリュー状の掘削翼を取り付けた鋼管杭を用いた。

3．セメントミルク工法において，掘削深さが所定の深度となったので，杭周固定液を所定量注入した後，根固め液を注入しながら，アースオーガーを引き上げた。

4．既製コンクリート杭の継手は，特記がなかったので，アーク溶接による溶接継手とした。

5．場所打ちコンクリート杭の施工において，最初に施工する本杭を試験杭とした。

解説 杭地業の工法の理解

1．アースドリル工法において，**支持地盤への到達の確認は，掘削深度・排出される土により判断**します。なお，検測は，掘削完了後，スライム処理をして行い，検測テープにより孔底の2箇所以上を測定します。
2．**鋼管杭の回転圧入による埋込み工法**は，杭先端にスパイラル状の鉄筋又は翼状，スクリュー状の掘削翼を取り付けた鋼管杭を回転圧入により所定深度まで設置する工法です。
3．**セメントミルク工法**は，アースオーガーによってあらかじめ掘削された杭孔に，根固め液とともに既製杭を建て込む工法です。掘削中は孔壁の崩壊を防止するために安定液をオーガーの先端から噴出し，所定の深度に達した後，**根固め液**に切り換え，所定量の注入完了後，**杭周固定液**を注入しながらオーガーを引き上げます。その後，杭を掘削孔内に建込みます。

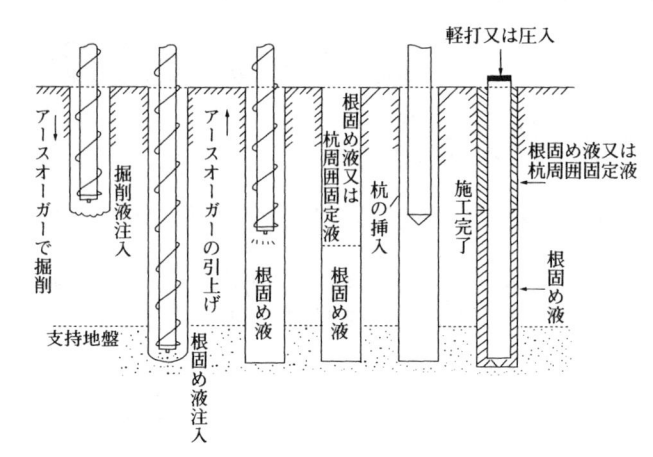

プレボーリング工法による埋込み工法（セメントミルク工法）

4．既製杭（既製コンクリート杭及び既製鋼管杭）の継手は，**アーク溶接**又は無溶接継手（接続金具を用いた方式）とします。
5．場所打ちコンクリート杭の施工において，一般的に**最初の1本目の本杭を試験杭**とします。なお，試験杭の位置は，地盤や土質試験の結果から，全杭を代表すると思われる位置とします。

正解　3

【問題30】杭工事に関する次の記述のうち，最も不適当なものはどれか。

1．アースドリル工法による掘削において，支持地盤への到達の確認を，「掘削深度」及び「排出される土」により判断した。

2．打込み工法による作業地盤面以下への既製コンクリート杭の打込みにおいて，やっとこを用いて行った。

3．既製コンクリート杭の継手は，特記がなかったので，アーク溶接による溶接継手とした。

4．セメントミルク工法による掘削後のアースオーガーの引抜きにおいて，アースオーガーを逆回転させながら行った。

5．騒音及び振動の測定は，作業場所の敷地境界線において行った。

解説

1. 【問題29】の解説の1を参照してください。
2. 既製コンクリート杭を打込み工法によって，作業地盤面下に打ち込む場合，**やっとこ**が用いられます。やっとこをかける深さは，4mを限度とします。

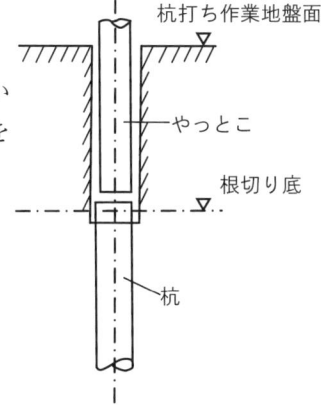

［やっとこ］
杭の天端が地中に潜るまで打込むのに使用される鉄製の仮杭のことです。

3. 【問題29】の解説の4を参照してください。
4. セメントミルク工法による掘削後のアースオーガーの引抜きにおいて，アースオーガーを逆回転で引抜くと土砂が孔底に落ちてしまいます。したがって，アースオーガーの引抜きは，**正回転**させながらゆっくりと引抜きます。
5. 杭打ち工事などによる**騒音及び振動の測定**は，作業場所の**敷地境界線**において行います。

正解　4

得点力アップのポイント

○ 山留めを親杭横矢板工法としたので，基礎工事までの作業は，山留め→根切り→砂利地業→基礎の順で行った。
○ 断熱材がある土間スラブにおいて，防湿層の位置は，断熱材の直下とした。
○ アースドリル工法による掘削において，支持地盤への到達の確認を，「掘削深度」及び「排出される土」により判断した。
○ 打撃工法による既製コンクリート杭の打込みにおいて，支持地盤への到達の確認を，「打込み高さ」及び「貫入量」により判断した。
○ 場所打ちコンクリート杭の杭頭処理は，コンクリート打込みから14日程度経過した後に，本体を傷めないように平らにはつり取り，所定の高さにそろえた。
○ 場所打ちコンクリート杭に用いるコンクリートの構造体強度補正値（S）は，特記がなかったので，3N/mm^{2}とした。

3．鉄筋工事

3-1．鉄筋の加工・組立てに関する問題

【問題31】 鉄筋コンクリート工事における鉄筋の加工・組立てに関する次の記述のうち，最も不適当なものはどれか。

1．鉄筋表面のごく薄い赤錆は，コンクリートとの付着を妨げるものではないので，除去せずに鉄筋を組み立てた。

2．ガス圧接に用いる鉄筋の切断には，切断面が平滑及び直角になるように，専用の電動カッターを用いた。

3．ガス圧接に当たって，圧接部における鉄筋中心軸の偏心量の限界値は，鉄筋径の$\frac{1}{3}$とした。

4．ガス圧接継手において，外観検査の結果，明らかな折れ曲がりが生じたことによって不合格となった圧接部を，再加熱して修正した。

5．鉄筋の重ね継手部分及び交差部分の要所を，径0.8mmのなまし鉄線を用いて結束した。

解説　鉄筋の加工・組立ての理解

1．鉄筋の組立てに先立ち，浮き錆，油脂，ごみ，土等，**コンクリートとの付着性を妨げる恐れのあるものは除去**します。ただし，**鉄筋表面のごく薄い赤錆は，コンクリートとの付着を防げるものではないため，除去しなくてもよい**です。

2．ガス圧接に用いる鉄筋の切断には，切断面が平滑及び直角になるように，**電動カッター又は鉄筋冷間直角切断機**を用います。それ以外の場合には，圧接端面をグラインダーにより平たんに仕上げ，その周辺を軽く面取りします。

3．圧接部における**鉄筋中心軸の偏心量**は，鉄筋径の$\frac{1}{5}$**以下**とします。

第2章　各種工事

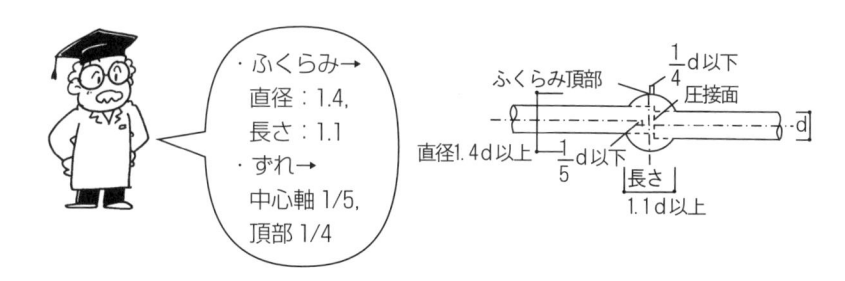

・ふくらみ→
直径：1.4,
長さ：1.1
・ずれ→
中心軸 1/5,
頂部 1/4

ふくらみ頂部　$\frac{1}{4}$d以下　圧接面

直径1.4d以上　$\frac{1}{5}$d以下　長さ　1.1d以上

ガス圧接部の鉄筋の形状

圧接部のふくらみの直径	鉄筋径の1.4倍以上
圧接部のふくらみの長さ	鉄筋径の1.1倍以上
圧接部における鉄筋中心軸の偏心量（軸心のくい違い）	鉄筋径の$\frac{1}{5}$以下
ふくらみの頂部からの圧接面のずれ	鉄筋径の$\frac{1}{4}$以下

4．**明らかな折れ曲がり**が生じた場合は，圧接部を**再加熱**して修正します。

不良圧接部の修正　d：鉄筋径（径または呼び名の数値）

切り取って再圧接する場合	再加熱で修正が可能な場合
・軸心にくい違いが$\frac{1}{5}$dを超えた場合 ・圧接面のずれが$\frac{1}{4}$dを超えた場合 ・片ふくらみが$\frac{1}{5}$dを超えた場合 ・形状が著しく不良なもの，又はつば形の場合	・ふくらみの直径が1.4dに満たない場合 ・ふくらみの長さが1.1dに満たない場合 ・圧接部に著しい曲がりを生じた場合（明らかな折れ曲がり）

・ふくらみ→再加熱で修正
・ずれ→切り取って，再度圧接

5．鉄筋相互の位置の固定には，**径0.8～0.5mm程度のなまし鉄線**を用います。

正解　3

【問題32】鉄筋コンクリート工事における鉄筋の加工・組立てに関する次の記述のうち，最も不適当なものはどれか。

1．ガス圧接継手の圧接部において，ふくらみの直径が規定値に満たなかったので，再加熱し，圧力を加えて所定のふくらみとした。
2．スラブ及び梁の底部のスペーサーには，防錆処理が行われている鋼製のものを用いた。
3．ガス圧接に先立ち，圧接する鉄筋の端面をグラインダーによって研磨した。
4．あばら筋・帯筋に用いる異形棒鋼には，末端部にフックをつけた。
5．梁の配筋後，主筋の交差部の要所において，常温の状態で，点付け溶接を行った。

解説

1．【問題31】の解説の4を参照してください。
2．**スラブ及び梁の底部のスペーサー**には，原則として，**鋼製・コンクリート製**を用います。鋼製のスペーサーの場合は，型枠に接する部分に防錆処理を行ったものを用います。なお，モルタル製は強度や耐久性が不十分なため用いません。
3．【問題31】の解説の2を参照してください。
4．**あばら筋・帯筋**に用いる異形棒鋼には，末端部に**フック**を設けます。

［帯筋，あばら筋のフック］
・135°に折り曲げ
・6d 以上の余長

5．常温の鉄筋に点付け溶接を行うと，急熱，急冷され，鉄筋がもろくなります。そのため，鉄筋には**点付け溶接**を行ってはなりません。

正解　5

第2章 各種工事

【問題33】 鉄筋コンクリート工事における鉄筋の加工・組立てに関する次の記述のうち，最も不適当なものはどれか。

1. フックがある場合の梁の鉄筋の定着長さは，末端のフックの部分の長さを除いたものとした。

2. 粗骨材の最大寸法が20mmの普通コンクリートを用いたので，柱の主筋D19の鉄筋相互のあきを30mmとした。

3. 径の異なる鉄筋の重ね継手の長さは，細いほうの鉄筋の径（呼び名の数値）に所定の倍数を乗じて算出した。

4. 鉄筋表面のごく薄い赤錆は，コンクリートとの付着を妨げるものではないので，除去せずに施工した。

5. 特記がない場合の帯筋の加工寸法の検査において，加工後の外側寸法の誤差が＋10mmであったので，合格とした。

解説

1. フックがある場合の**重ね継手**や**定着長さ**は，フック部分の長さを除きます。
2. 鉄筋相互のあきの最小寸法は，次の数値のうち，**最も大きい数値**とします。
   ・呼び名の数値の**1.5倍**（径が異なる場合は平均径とする）
   ・粗骨材の最大寸法の**1.25倍**
   ・25mm

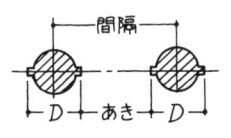

D：鉄筋の最大外径
鉄筋相互のあき

[19×1.5の計算]
19の半分である9.5を19に足すとよいです。

したがって，呼び名の数値においては19㎜×1.5＝**28.5㎜**，粗骨材の最大寸法においては20㎜×1.25＝**25㎜**となり，鉄筋相互のあきの最小寸法は，**28.5㎜以上**必要です。

3．**径の異なる**鉄筋の重ね継手の長さは，**細いほうの鉄筋の径**（呼び名の数値）の倍数とします。

4．【問題31】の解説の1を参照してください。

5．**あばら筋，帯筋及びスパイラル筋の加工寸法の許容差は，±5㎜**です。

正解　5

得点力アップのポイント

○ 梁配筋において，鉄筋のかぶり厚さを確保するために，端部以外の部分ではスペーサーの間隔を，1.5m程度とした。
○ 柱の主筋の台直しが必要になったので，鉄筋を常温で緩やかに曲げて加工した。
○ 帯筋のフック位置は，直近の帯筋のフックと同じ位置にならないようにした。
○ あばら筋を加工するに当たり，見込んでおくべきかぶり厚さは，必要な最小かぶり厚さに施工誤差10㎜を加えた数値を標準とした。

3-2．鉄筋の継手・定着に関する問題

【問題34】鉄筋コンクリート工事における鉄筋の継手・定着に関する次の記述のうち，最も不適当なものはどれか。

1．重ね継手において，隣り合う鉄筋の継手位置は，相互に，継手長さの0.5倍ずらした。

2．柱主筋の継手位置は，応力が大きくなる上下端部を避けた。

3．径が異なる鉄筋の重ね継手の長さは，細い鉄筋の呼び名に用いた数値（鉄筋の径）に所定の倍数を乗じたものとした。

4．SD345のD22とD32との継手を，手動ガス圧接継手とした。

5．外観検査において，鉄筋のガス圧接部の鉄筋中心軸の偏心量が規定値を超えていたので，ガス圧接部を切り取って再圧接した。

解説 鉄筋の継手・定着の基準の理解

1. 隣り合う鉄筋の継手位置は，1箇所に集中しないように，相互に継手長さ（L）の0.5倍（0.5L）ずらして設けます。

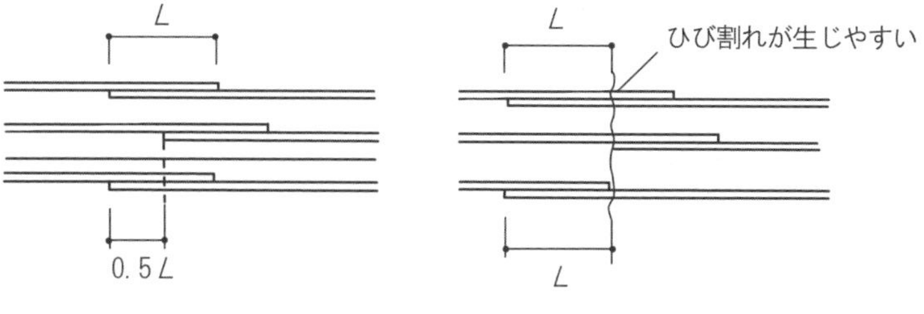

0.5Lずらした場合→○　　　Lずらした場合→×

2. 柱主筋の継手位置は，応力が大きくなる上下端部を避け，梁上端から500mm以上1,500mm以下，かつ，柱の内法高さ（H_0）の$\frac{3}{4}$以下の範囲とします。

主筋の継手位置

部位		継手の中心位置
柱主筋		柱主筋の応力の大きい両端部を除いた部分
		梁上端から500mm以上1,500mm以下，かつ，$\frac{3}{4}H_0$以下の範囲
梁主筋	上端筋	スパンの中央$\frac{1}{2}L_0$以内の範囲
	下端筋	梁端から梁の中央部に向かって梁せいDと同じ距離の位置から$\frac{1}{4}L_0$以内の範囲

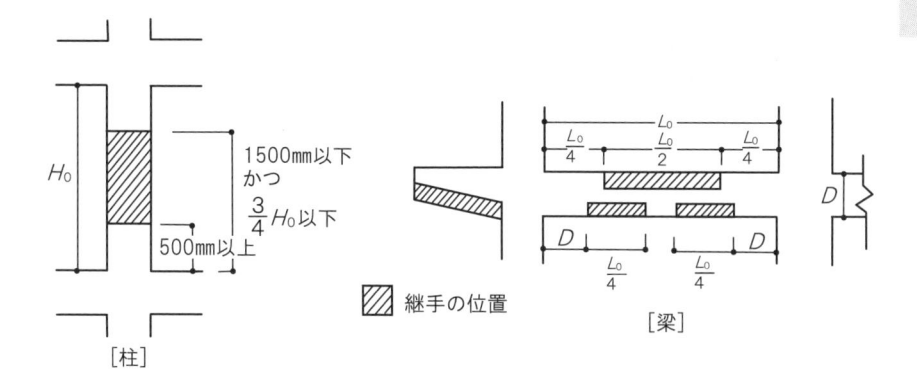

［柱］　　　継手の位置　　　［梁］

3．【問題33】の解説の3を参照してください。
4．鉄筋径または呼び名の差が7mmを超える場合には，原則として，圧接継手を適用できません。
5．【問題31】の解説の4を参照してください。
　外観検査において，鉄筋のガス圧接部の鉄筋中心軸の偏心量が規定値を超えていた場合，ガス圧接部を切り取って再圧接します。

正解　4

【問題35】鉄筋コンクリート工事における鉄筋の継手・定着に関する次の記述のうち，最も不適当なものはどれか。

1．柱主筋をガス圧接継手とし，隣り合う主筋の継手は，同じ位置とならないように300mmずらした。

2．ガス圧接に当たって，圧接部における鉄筋中心軸の偏心量は，鉄筋径の$\frac{1}{5}$以下とした。

3．フックのある重ね継手の長さには，末端のフック部分の長さを含めなかった。

4．重ね継手の長さの指定が40dの場合，D10とD13との継手の長さは400mmとした。

5．ガス圧接継手における圧接部の全数について外観検査を行い，さらに合格とされた圧接部の抜取り検査として超音波探傷試験を行った。

解説
1．隣り合うガス圧接継手の位置は，400mm以上ずらして設けます。

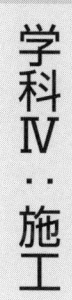

・超音波探傷試験→30箇所
・引張試験→3箇所

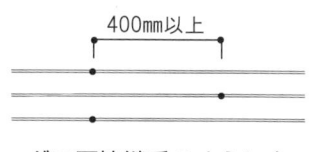

400mm以上

ガス圧接継手のずらし方

2．【問題31】の解説の3を参照してください。
3．【問題33】の解説の1を参照してください。
4．【問題33】の解説の3を参照してください。
　径が異なる鉄筋の重ね継手の長さは，**細い鉄筋の径**によります。したがって，D10とD13の重ね継手のdは10mmとなり，指定長さは40×10mm＝400mmになります。
5．ガス圧接継手の圧接後の検査方法は，まず**外観検査**を行い合格していることを確認した後に，**抜取り検査**を行います。抜取り検査には，超音波探傷試験と引張試験があります。

ガス圧接継手完了後の検査方法

項　目		検査方法	時期・回数
全数検査	外観検査	目視または測定治具	全圧接部
	熱間押抜き法による外観検査	目視または測定治具	全圧接部
抜取り検査	非破壊検査	超音波探傷試験	1検査ロットから30箇所
	破壊検査	引張試験	1検査ロットから3箇所

1検査ロット：1組の作業班が1日に施工した圧接箇所の数量

正解　1

得点力アップのポイント

○　柱の主筋にD29を用いたので，主筋のかぶり厚さについては，その主筋径（呼び名の数値）の1.5倍以上確保するように，最小かぶり厚さを定めた。
○　杭基礎のベース筋の末端部には，フックを付けた。
○　ガス圧接継手の超音波探傷試験は，1組の作業班が1日に行った圧接箇所のうち，無作為に抽出した30箇所で行った。
○　柱主筋のガス圧接継手の中心位置は，梁上端から上方に向かって，500mm以上，1,500mm以下，かつ，柱の内法高さの3／4以下とした。
○　屋根スラブの下端筋として用いる異形鉄筋の直線定着長さは，「10d以上」かつ「150mm以上」とした。

3-3. 鉄筋のかぶり厚さに関する問題

【問題36】 鉄筋コンクリート工事における鉄筋のかぶり厚さに関する次の記述のうち、最も不適当なものはどれか。

1. 鉄筋の加工において、見込んでおくべきかぶり厚さは、必要な最小かぶり厚さに施工誤差10mmを加えた値を標準とした。

2. 柱の鉄筋のかぶり厚さは、主筋の外側表面から、これを覆うコンクリート表面までの最短距離とした。

3. 柱の主筋にD29を用いたので、主筋のかぶり厚さについては、その主筋径（呼び名の数値）の1.5倍以上を確保するように、最小かぶり厚さを定めた。

4. 梁の配筋において、鉄筋のかぶり厚さを確保するために、端部以外の部分ではスペーサーの間隔を、1.5m程度とした。

5. 壁の打継ぎ目地部分における鉄筋のかぶり厚さについては、目地底から必要なかぶり厚さを確保した。

解説　鉄筋のかぶり厚さの理解

1. 鉄筋の加工に用いるかぶり厚さ（設計かぶり厚さ）は、最小かぶり厚さに10mmを加えた数値を標準とします。

設計かぶり厚さ・最小かぶり厚さの規定（㎜）

部材の種類	短期	標準・長期		超長期	
	屋内・屋外	屋内	屋外※	屋内	屋外※
床スラブ・屋根スラブ	30 (20)	30 (20)	40 (30)	40 (30)	50 (40)
柱・梁・耐力壁	40 (30)	40 (30)	50 (40)	40 (30)	50 (40)
直接土に接する柱・梁・壁・床及び布基礎の立上り部		50 (40)
基礎		70 (60)

（　）内は最小かぶり厚さを示す。

※　計画供用期間の級が，標準・長期・超長期で，耐久性上有効な仕上げを施す場合は，屋外側では，設計かぶり厚さ・最小かぶり厚さを10㎜減じることができる。

設計かぶり厚さ
＝最小かぶり厚さ
＋10 ㎜

構造体の計画供用期間

計画供用期間の級	計画供用期間
短期	およそ30年
標準	およそ65年
長期	およそ100年
超長期	およそ200年

2．かぶり厚さとは，**鉄筋表面とこれを覆うコンクリート表面までの最短距離**のことです。なお，鉄筋表面とは，柱では**帯筋の外側**を，梁では**あばら筋の外側**をいいます。

　　したがって，柱の鉄筋のかぶり厚さは，**帯筋の外側表面**から，これを覆うコンクリート表面までの最短距離です。

3．柱及び梁の主筋に **D29以上を使用する場合**の主筋のかぶり厚さは，その**主筋径（呼び名の数値）の1.5倍以上**を確保します。

4．**梁配筋**における**スペーサーの間隔は1.5m 程度，端部は1.5m 以内**とします。

スペーサーの配置の標準

部位	スラブ	梁・基礎梁	柱
数量・配置	上端筋，下端筋それぞれ1.3個／㎡程度	間隔は1.5m 程度 端部は1.5m 以内	上段：梁下より0.5m 程度 中段：柱脚と上段の中間 柱幅方向：1mまで2個，1m以上3個

5．コンクリートの**打継ぎ目地部分**における鉄筋のかぶり厚さは，**目地底**から所定のかぶり厚さを確保します。

打継ぎ　目地底　かぶり厚さ　鉄筋

かぶり厚さの調整
↕
コンクリートを増打ち

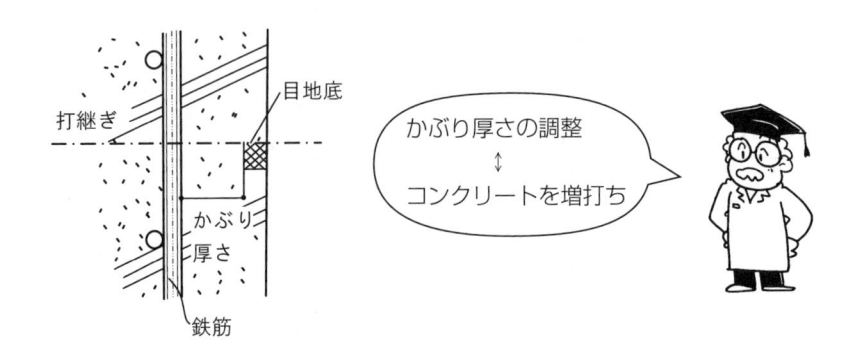

正解　2

【問題37】 鉄筋コンクリート工事における鉄筋のかぶり厚さに関する次の記述のうち，最も不適当なものはどれか。

1．土に接する部分における軽量コンクリートの最小かぶり厚さは，普通コンクリートを用いた場合に必要な最小かぶり厚さに，10㎜を加えた値とした。

2．梁配筋において，鉄筋のかぶり厚さを確保するために，スペーサーの間隔を，2.5m程度とした。

3．柱の鉄筋の最小かぶり厚さは，帯筋の外側表面から，これを覆うコンクリート表面までの最短距離とした。

4．あばら筋を加工するに当たり，見込んでおくべきかぶり厚さは，必要な最小かぶり厚さに施工誤差10㎜を加えた値を標準とした。

5．壁に誘発目地を設けた部分については，目地底から必要な最小かぶり厚さを確保した。

解説

1．かぶり厚さは，構造体及び部材の所要の**耐久性，耐火性及び構造性能**が得られるように定めます。したがって，選択肢の場合，耐久性，耐火性等の観点から安全側の数値です。

2．梁配筋におけるスペーサーの間隔は**1.5m程度，端部は1.5m以内**とします。
3．【問題36】の解説の2を参照してください。
4．【問題36】の解説の1を参照してください。
5．【問題36】の解説の5を参照してください。

正解　2

3-4．鉄筋工事に関する問題

【問題38】鉄筋工事に関する次の記述のうち，最も不適当なものはどれか。

1．梁主筋の定着長さは，鉄筋の種類，コンクリートの設計基準強度及びフックの有無により決定した。
2．普通コンクリートを用いたので，土に接する基礎部分の鉄筋の最小かぶり厚さを，60mmとした。
3．鉄筋の折曲げは，鉄筋を熱処理した後，自動鉄筋折曲げ機を用いて行った。
4．柱主筋は，異形鉄筋を用いて手動ガス圧接継手とした。
5．梁の鉄筋のかぶり厚さは，あばら筋の外側から測定した。

解説　鉄筋工事の理解

1．鉄筋の定着長さは，**鉄筋の種類，コンクリートの設計基準強度及びフックの有無**により異なります。
2．【問題36】の解説の1を参照してください。
3．鉄筋の折曲げは，自動鉄筋折曲げ機を用いて**常温（冷間）**で行います。
4．鉄筋の継手方法には，**重ね継手，ガス圧接継手，特殊継手**（グリップジョイント工法，ねじ継手）などがあります。柱主筋の場合は，一般的に手動ガス圧接継手が用いられます。
5．【問題36】の解説の2を参照してください。

正解　3

【問題39】鉄筋工事に関する次の記述のうち，最も不適当なものはどれか。

1. 屋根スラブの下端筋として用いた異形鉄筋の定着長さは，「鉄筋の径（呼び名の数値）の10倍以上」かつ「150mm以上」とした。
2. SD345のD22とD32との継手については，手動ガス圧接とした。
3. 柱主筋の定着長さは，鉄筋の種類，コンクリートの設計基準強度及びフックの有無により決定した。
4. 普通コンクリートを用いる場合，土に接する布基礎の立上り部分については，設計かぶり厚さを50mmとした。
5. 鉄筋のガス圧接部の外観検査において，圧接部の鉄筋のずれが規定値を超えていたので，圧接部を切り取って再圧接した。

解説

1. 屋根スラブの下端筋の定着長さは，10d（d：鉄筋の径）以上かつ150mm以上とします。
2. 【問題34】の解説の4を参照してください。
3. 【問題38】の解説の1を参照してください。
4. 【問題36】の解説の1を参照してください。
5. 【問題31】の解説の4を参照してください。

正解　2

得点力アップのポイント

○ 降雨時のガス圧接において，覆いを設けたうえで，作業を行った。
○ 径の異なる鉄筋の重ね継手の長さは，細いほうの鉄筋の径（呼び名の数値）に所定の倍数を乗じて算出した。
○ 鉄筋の組立て後，直接，鉄筋の上を歩かないように，スラブや梁に歩み板を置き渡した。
○ 梁の鉄筋の最小かぶり厚さは，あばら筋の外側から測定した。
○ 梁の鉄筋のかぶり厚さの検査は，コンクリートの打込みに先立って行った。
○ 重ね継手の長さの指定が40dの場合，D22とD25との継手長さは88cmとした。

4．型枠工事

4-1．型枠工事に関する問題

【問題40】 型枠工事に関する次の記述のうち，最も不適当なものはどれか。

1. せき板として用いる合板は，特記がなかったので，合板の日本農林規格（JAS）で規定されている厚さ12mmのコンクリート型枠用のものを用いた。

2. せき板として用いる合板は，直射日光にさらされないように，シート等を用いて保護した。

3. 建築物の計画供用期間の級が「標準」であり，コンクリートの打込み後5日間の平均気温が20℃以上であったので，梁の側面のせき板については，圧縮強度試験を行わずに取り外した。

4. コンクリートの圧縮強度が設計基準強度に達し，かつ，施工中の荷重及び外力について構造計算による安全が確認されたので，梁下の支保工を取り外した。

5. 型枠は，その剛性を確保するために，足場と連結させた。

解説 型枠の最小存置期間を理解する

1. せき板として用いる合板は，日本農林規格（JAS）に規定するものを使用し，**厚さは，特記がなければ12mm**とします。
2. せき板として用いる合板は，コンクリートの硬化不良を防ぐため，**直射日光にさらされないように，シート等を用いて保護**します。
3. 計画供用期間の級が**短期**及び**標準**の場合，**垂直のせき板の最小存置期間**は，次に示すとおりです。したがって，平均気温が**20℃以上**の場合，コンクリートの打込み後**5日間**の存置期間があれば，圧縮強度試験を行わずに取り外すことができます。

[せき板（垂直）]
・20℃以上→2，4，5
・20℃未満→3，6，8
・5N/mm²，10N/mm²

せき板の最小存置期間（基礎・梁側・柱・壁）

	平均気温	セメントの種類		
		早強ポルトランドセメント	普通ポルトランドセメント 高炉セメントA種 シリカセメントA種 フライアッシュセメントA種	高炉セメントB種 シリカセメントB種 フライアッシュセメントB種
コンクリートの材齢（短期・標準）	20℃以上	2	4	5
	20℃未満 10℃以上	3	6	8
コンクリートの圧縮強度	───	圧縮強度が 5 N/mm²（短期・標準） 圧縮強度が10N/mm²（長期・超長期）		

4．**支保工（支柱）**は，下表の**コンクリートの圧縮強度**が得られ，かつ，施工中の荷重及び外力について構造計算による安全が確認された場合に取り外すことができます。

支保工（支柱）の存置期間

部位	コンクリートの圧縮強度（強度管理）	コンクリートの材齢（日数管理）
梁下	設計基準強度の100％以上	28日
スラブ下	設計基準強度の85％以上（原則100％以上）	───

[支保工（水平）]
・28日
・設計基準強度100％

5．型枠は，足場ややり方などの仮設物と連結させてはいけません。

正解　5

型枠支保工の施工例

【問題41】型枠工事に関する次の記述のうち，最も不適当なものはどれか。

1．支柱には，2本のパイプサポートを4本のボルトで継いだものを用いた。

2．上下階の支柱は，平面上において同一位置となるように，垂直に立てた。

3．独立柱の型枠の締付けに，コラムクランプを用いた。

4．型枠は，垂直せき板を取り外した後に，水平せき板を取り外せるように組み立てた。

5．コンクリートの圧縮強度が設計基準強度の85％に達したことを確認したので，梁下の支保工を取り外した。

解説

1. **支柱（パイプサポート）を継ぎ足す場合は2本まで**とし，接合部は**4本以上のボルトで留めるか**，専用の金具を使用します。
2. 支柱は垂直に立て，**上下階の支柱は同一平面上に配置**します。
3. **コラムクランプ**は，柱の型枠を四方から水平に締め付ける金物です。主に**独立柱の型枠の締付け**に用い，セパレーターやフォームタイが不要です。
4. 型枠の取り外しにおいて，通常，**水平型枠より垂直型枠の方が先行**されます。したがって，型枠は，垂直せき板を取り外した後に，水平せき板を取り外せるように組み立てます。
5. 【問題40】の解説の4を参照してください。
   梁下の支保工の存置期間は，コンクリートの圧縮強度が**設計基準強度の100％以上**得られたことが確認されるまでとします。

正解　5

【問題42】型枠工事に関する次の記述のうち，最も不適当なものはどれか。

1. せき板として用いる合板は，特記がなかったので，日本農林規格（JAS）で規定されている厚さ9mmのものを用いた。
2. 金属製型枠パネルは，日本工業規格（JIS）で規定されている鋼製のものを用いた。
3. せき板として用いる合板は，直射日光を避けて乾燥させたものを用いた。
4. 建築物の計画供用期間の級が「標準」の場合において，梁の側面のせき板については，コンクリートの打込み後5日間の平均気温が20℃以上であったので，圧縮強度試験を行わずに取り外した。
5. せき板を取り外した後に，コンクリートの湿潤養生を所定の材齢まで行った。

解 説

1. 【問題40】の解説の1を参照してください。
   せき板として用いる合板は、特記がない場合、日本農林規格（JAS）で規定されている**厚さ12mm**のものを用います。
2. **金属製型枠パネル（メタルフォーム）**は、日本工業規格（JIS）で規定されている鋼製のものを用います。
3. 【問題40】の解説の2を参照してください。
4. 【問題40】の解説の3を参照してください。
5. せき板の取り外し後、コンクリートの表面から水分が蒸発するため、取り外し後は所定の材齢まで初期養生を行います。

正解　1

得点力アップのポイント

○ 計画供用期間の級が「標準」であったので、コンクリートの圧縮強度が5N/mm^{2}に達したことを確認し、柱及び壁のせき板を取り外した。
○ スリーブは、コンクリート打込み時に動かないように、型枠内に堅固に取り付けた。
○ スラブ用の捨て型枠として、フラットデッキを用いた。
○ 型枠の組立てに当たって、柱の型枠下部に掃除口を設けた。
○ 型枠は、足場等の仮設物とは連結させずに設置した。

5．コンクリート工事

5-1．コンクリートの打込み・締固めに関する問題

【問題43】 コンクリートの打込み・締固めに関する次の記述のうち，最も不適当なものはどれか。

1. コンクリートの圧送に先立ち，コンクリートの品質の変化を防止するために，富調合のモルタルを圧送した。
2. 梁のコンクリートは，壁及び柱のコンクリートの沈みが落ち着いた後に打ち込んだ。
3. 庇部分のコンクリートは，これを支持する構造体部分と一体となるように連続して打ち込んだ。
4. コンクリート棒形振動機の引抜きは，打ち込んだコンクリートに穴が残らないように，加振しながら徐々に行った。
5. スラブのコンクリートは，打込み後に表面の荒均しを行い，凝結が終了した後にタンピングを行った。

解説 コンクリートの打込み・締固めを理解する

1. コンクリートをコンクリートポンプにより圧送する場合，**圧送に先立ち，富調合のモルタル**（使用するコンクリート強度より３N／mm²程度高いもの，又は，水セメント比を５％程度下げたもの）を圧送して配管内面の潤滑性を付与し，コンクリートの品質低下を防止します。
   なお，**先送りモルタル**は，先行水の影響で**品質が変化した部分**は型枠内に打ち込まず**破棄**し，良質な部分は型枠内に少量ずつ分散して打ち込みます。
2. 梁の打込みは，壁及び柱のコンクリートの沈みが落ち着いた後に行います。同様に，**スラブの打込み**は，梁のコンクリートの沈みが落ち着いた後に行います。
3. パラペットの立上り，庇，バルコニー，片持ちスラブ等は，これを支持す

る**構造体部分と同一の打込み区画**とし，コンクリートが**一体となるように**連続して打ち込みます。

4．**コンクリート棒形振動機**の引抜きは，打ち込んだコンクリートに穴が残らないように，加振しながら徐々に行います。

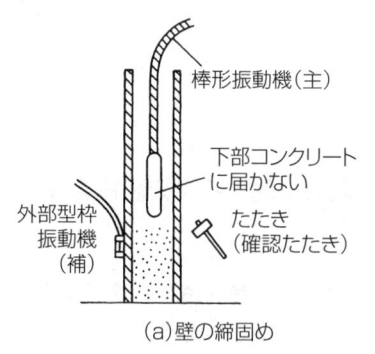

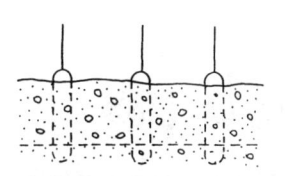

(a)壁の締固め

(b)振動機は鉛直に挿入し前の層のコンクリートに10cm挿入する程度とする(まだ固まらないうちに)挿入間隔を一定(60cm程度)にしてよく締固める

(C)床面コンクリートの均し

コンクリートの締固め

コンクリート棒形振動機の留意事項

振動機の先端	・打込み各層ごとに用い，コールドジョイント防止のため，その下層に振動機の先端が入るように，ほぼ垂直に挿入する。 ・鉄骨，鉄筋，型枠等になるべく接触させない。
挿入間隔	・挿入間隔は，60cm以下とする。
加振時間	・加振は，コンクリートの上面にセメントペーストが浮くまでとする。 ・加振時間は，5～15秒の範囲とする。
引抜き	・打ち込んだコンクリートに穴が残らないように，加振しながら徐々に引抜く。

5．スラブのコンクリートは，打込み後に**表面の荒均し**を行います。また，プラスチック収縮ひび割れや沈みひび割れなどの早期のひび割れが発生した場合は，**コンクリートの凝結が終了する前に**，タンパーによる表面の**タンピング**などにより処置します。

正解　5

【問題44】コンクリートの打込み・締固めに関する次の記述のうち，最も不適当なものはどれか。

1．パラペットの立上り部分の打込みは，これを支持する構造体部分と一体となるように，同一の打込み区画とし，連続して行った。

2．棒形振動機による締固めの加振時間は，コンクリートの表面にセメントペーストが浮き上がるまでとした。

3．棒形振動機による締固めは，コールドジョイントを防止するため，棒形振動機の先端が，先に打ち込まれたコンクリートの層へ入らないようにして行った。

4．階高が高い柱の打込みは，縦型シュートを用いて，コンクリートが分離しない高さから行った。

5．コンクリートの練混ぜ開始から打込み終了までの時間は，外気温が30℃であったので，90分以内とした。

解説

1．【問題43】の解説の3を参照してください。
2．【問題43】の解説の4を参照してください。
3．【問題43】の解説の4を参照してください。
　棒形振動機の先端は，**先に打ち込まれたコンクリートの層へ入る**ようにします。
4．シュートやホース等からコンクリートを落し込む高さは，コンクリートが

分離しない高さから行い，**階高の高い柱（4.5～5m以上）**等の打込みは，**縦型シュート**を用います。なお，やむを得ず斜めシュートを用いる場合は，傾斜角度を30度以上とします。

> 勾配が緩いと，コンクリートが分離しやすい。

5．コンクリートの**練混ぜから打込み終了までの時間**の限度は，外気温が25℃未満のときは120分，**25℃以上**のときは**90分**とします。

> 気温の高い夏場は，時間間隔が短くなります。

コンクリートの時間管理

外気温	25℃未満	25℃以上
練混ぜから打込み終了までの時間	120分	90分
※　練混ぜから打込み終了までの時間は，高強度コンクリート，高流動コンクリートについては，外気温にかかわらず120分以内		
打込み継続中における打重ね時間間隔（コールドジョイント対策）	150分	120分

正解　3

5-2．コンクリートの打込み・養生に関する問題

【問題45】コンクリートの打込み・養生に関する次の記述のうち，最も不適当なものはどれか。

> 1．コンクリートの締固めについては，コンクリート棒形振動機の挿入間隔を60cm以下とし，加振はコンクリートの表面にセメントペーストが浮くまでとした。
> 2．コンクリートの練混ぜ開始から打込み終了までの時間は，外気温が30℃であったので，120分を限度とした。
> 3．スラブのコンクリート打込み後，24時間が経過したので，振動を与えないように注意して，そのスラブ上での墨出し作業を行った。
> 4．梁の鉛直打継ぎ位置は，そのスパンの中央付近とした。
> 5．寒冷期の工事であったので，コンクリートを寒気から保護し，打込み後5日間にわたって，コンクリート温度を2℃以上に保った。

解説 コンクリートの養生を理解する

1．【問題43】の【解説と正解】の4を参照してください。
2．【問題44】の【解説と正解】の5を参照してください。
　コンクリートの練混ぜから打込み終了までの時間の限度は，外気温が**25℃以上のときは90分**とします。

・25℃以上→90分
・25℃未満→120分

3．コンクリート打込み後，**少なくとも1日間（24時間）**は，その上で作業をしてはいけません。
4．**打継ぎ位置**は，構造体の耐力への影響の少ない位置とします。
　　・鉛直打継ぎ部（梁，スラブ）：**スパンの中央**又は端から$\frac{1}{4}$付近
　　・水平打継ぎ部（柱，壁）：基礎，梁，スラブの上端
5．**寒冷期**においては，コンクリートを寒気から保護し，打込み後**5日間以上**コンクリート温度を**2℃以上**に保ちます。なお，**早強ポルトランドセメント**

第2章　各種工事　549

を使用した場合は，これを3日以上としてよいです。

正解　2

【問題46】コンクリートの打込み後の確認，養生等に関する次の記述のうち，最も不適当なものはどれか。

1．コンクリートの圧縮強度が設計基準強度に達したので，支保工を取り外した後，有害なひび割れ及びたわみの有無の確認を行った。

2．せき板を取り外した後，じゃんか，空洞，コールドジョイント等の有無の確認を行った。

3．高炉セメントB種を用いたコンクリートの打込み後の湿潤養生期間を，5日間とした。

4．初期養生期間におけるコンクリートの最低温度については，コンクリートのいずれの部分についても，2℃以下とならないようにした。

5．床スラブのコンクリート打込み後，24時間経過してから，床スラブ上において墨出しを行った。

解説

1．コンクリート構造体の**有害なひび割れやたわみの有無の確認**は，型枠，支保工等を**取り外した後**に行います。

2．じゃんか，空洞，コールドジョイント等の**有無の確認**は，せき板を**取り外した後**に行います。

3．**打込み後のコンクリート**は，透水性の小さいせき板による被覆，養生マット・水密シートによる被覆・散水などによって**湿潤を保ちます**。その期間は，計画供用期間の級に応じて規定されています。

　　高炉セメントB種を用いたコンクリートの場合，**短期・標準で7日以上**，長期・超長期で10日以上です。

第4編　学科Ⅳ：施工

湿潤養生期間

セメントの種類	短期・標準	長期・超長期
早強ポルトランドセメント	3日以上	5日以上
普通ポルトランドセメント	5日以上	7日以上
高炉セメントB種，フライアッシュセメントB種 中庸熱及び低熱ポルトランドセメント	7日以上	10日以上

・早強→3，5
・普通→5，7
・混合→7，10

4．初期凍害を受けるおそれのある場合，打ち込んだコンクリートのいずれの部分についても，その**温度が2℃以下とならないように初期養生**します。
5．【問題45】の解説の3を参照してください。

正解　3

5-3．コンクリート工事に関する問題

【問題47】コンクリートの打継ぎに関する次の記述のうち，最も不適当なものはどれか。

1．スラブの鉛直打継ぎ位置は，そのスパンの端部とした。

2．柱の水平打継ぎ位置は，スラブの上端とした。

3．打継ぎ部の仕切り面においては，せき板を用いて密に隙間なく組み立て，モルタル，セメントペースト等の流出を防いだ。

4．打継ぎ部のコンクリート面は，レイタンス等を取り除いた。

5．打継ぎ部のコンクリート面は，散水をして十分に吸水させ，湿潤な状態に保った。

解説 コンクリートの打継ぎを理解する

1. 【問題45】の解説の4を参照してください。
   スラブの**鉛直打継ぎ位置**は，その**スパンの中央付近**とします。
2. 【問題45】の解説の4を参照してください。
3. 打継ぎ部の仕切り面の施工は，せき板を用いて密に隙間なく組み立て，モルタル，セメントペースト等の流出を防ぎます。また，コンクリートの打込み後，せき板が取り外しやすいように仕切ります。
4. 打継ぎ部のコンクリート面は，**レイタンスや脆弱なコンクリートを取り除き**，新たに打込むコンクリートと一体となるように処置します。
5. 打継ぎ部のコンクリート面は，散水をして十分に吸水させ，**湿潤な状態に**します。ただし，水がたまらないようにし，たまった水は取り除きます。

正解　1

【問題48】鉄筋コンクリート造の建築物の床スラブにおけるひび割れ防止対策として，最も不適当なものは，次のうちどれか。

1. コンクリートのスランプを，小さくした。
2. コンクリートの打込み速度を，速くした。
3. コンクリート打込み後，凝結前にコンクリート表面のタンピングを行った。
4. コンクリート打込み後の養生として，コンクリート表面をシートで覆った。
5. 床上での墨出し作業は，コンクリート打込み後，24時間が経過してから行った。

解説

1. コンクリートの**ひび割れ防止対策**としての調合は，**単位セメント量，単位水量，スランプ**は，できるだけ**小さく**します。
2. コンクリートの打込み速度は，**良好な締固めができる範囲**とします。打込み速度を速くすると締固めが不十分となり，ひび割れの原因になりやすいです。
3. 【問題43】の解説の5を参照してください。
4. 【問題46】の解説の3を参照してください。
5. 【問題45】の解説の3を参照してください。

正解　2

単位水量を小さくするには？

・実積率（容器に満たした骨材の容積/容器の容積）の高い骨材を使用する。
・表面活性剤を使用する。
・砂・砂利は，可能な限り大きめのものを使用する。
・細骨材率（全骨材に対する細骨材の容積比）を小さくする。
・粗骨材として川砂利を使用した場合は，砕石を使用した場合に比べて，単位水量を約8％減ずることができる。

【問題49】コンクリート工事に関する次の記述のうち，最も不適当なものはどれか。

1. コンクリートの単位水量については，所要の品質が得られる範囲内において，できるだけ小さくした。
2. 軽量コンクリートに用いる人工軽量骨材については，運搬によってスランプの低下等が生じないように，あらかじめ十分に吸水させたものを用いた。
3. フレッシュコンクリートの試験に用いる試料は，普通コンクリートを用いたので，工事現場の荷卸し地点で採取した。
4. 建築物の計画供用期間の級が「短期」であったので，普通ポルトランドセメントを用いたコンクリートの打込み後の，湿潤養生期間を3日間

第 2 章　各種工事

とした。
5．1回当たりのコンクリートの強度試験における供試体の個数は，調合管理強度の管理試験用，構造体コンクリートの材齢28日圧縮強度推定用，型枠取外し時期決定用などとして，それぞれ3個とした。

解説　コンクリート工事の理解

1．【問題48】の解説の1を参照してください。
2．軽量コンクリートに用いる**人工軽量骨材**は，運搬によるスランプの低下や圧送による圧力吸収が生じないように，**あらかじめ十分に吸水させたもの**を用います。
3．フレッシュコンクリートの試験に用いる**試料の採取**は，製造工場ごとに，普通コンクリートの場合は，**工事現場の荷卸し地点**とします。
4．【問題46】の解説の3を参照してください。
　普通ポルトランドセメントを使用した場合の湿潤養生期間は，短期・標準で5日間以上，長期・超長期で7日間以上とします。
5．**構造体コンクリートの圧縮強度の検査のための供試体は，適当な間隔をあけた任意の3台の運搬車から各1個ずつ，合計3個採取**します。

構造体コンクリートの圧縮強度の検査

採取方法	判定の基準
・1回の試験は，コンクリート打込み日ごと，打込み工区ごと，かつ150m³または，その端数ごとに行う。 ・1回の試験には，適当な間隔をおいた3台の運搬車から1個ずつ採取した合計3個の供試体を用いる。 ・試験の結果の判定は，1回ごとに行う。	試験の材齢28日の場合 　・養生方法：標準養生 　・判定基準：1回の試験における3個の供試体の圧縮強度の平均値がコンクリートの調合管理強度以上 試験の材齢91日の場合 　・養生方法：コア養生 　・判定基準：1回の試験における3個の供試体の圧縮強度の平均値がコンクリートの品質基準強度以上 施工上必要な材齢の場合 　・養生方法：現場水中養生又は現場封かん養生 　・判定基準：施工上必要な強度

正解　4

【問題50】コンクリートの強度試験に関する次の記述のうち，最も不適当なものはどれか。

1．強度試験用試料は，普通コンクリートを用いたので，荷卸し場所で採取した。

2．一回の強度試験の供試体の個数は，調合管理強度の管理試験用，材齢28日用，型枠取外し時期決定用などとして，それぞれ2個とした。

3．構造体コンクリートの強度推定試験用供試体の養生は，工事現場における水中養生とした。

4．構造体コンクリートの強度推定試験の結果が不合格となったので，監理者の承諾を受け，構造体コンクリートからコアを採取し，確認のための強度試験を行った。

5．採取したコア供試体については，載荷面を平滑に処理した後，強度試験を行った。

解説

1．【問題49】の解説の3を参照してください。
2．【問題49】の解説の5を参照してください。
　　1回当たりのコンクリートの強度試験における供試体の個数は，調合管理強度の管理試験用，材齢28日用，型枠取外し時期決定用などとして，**それぞれ3個**とします。
3．【問題49】の解説の5を参照してください。
　　構造体コンクリートの**強度推定試験用供試体**（施工上必要な材齢の場合）の養生は，**現場水中養生**又は現場封かん養生とします。
4．構造体コンクリートの**強度推定試験の結果が不合格**となった場合は，工事監理者の承諾を受け，**構造体コンクリートからコアを採取**し，確認のための強度試験を行います。
5．採取したコア供試体は，**載荷面を平滑に処理**した後に強度試験を行います。

第 2 章　各種工事　555

正解　2

得点力アップのポイント

○　コンクリートの圧送において，粗骨材の最大寸法が20mmであったので，その寸法に対する輸送管の呼び寸法は100Aとした。
○　コンクリート構造体の有害なひび割れ及びたわみの有無は，支保工を取り外した後に確認した。
○　コンクリートの打込み速度は，良好な締固め作業ができる範囲を考慮して決めた。
○　コンクリートの締固めは，コンクリート棒形振動機の挿入間隔を60cm以下として行った。
○　レディーミクストコンクリートは，荷卸し直前にトラックアジテータのドラムを高速回転させ，コンクリートを均質にしてから排出した。
○　梁及びスラブにおける鉛直打継ぎ位置は，そのスパンの中央付近とした。
○　せき板の取外し後に軽微なじゃんかがあったので，不良部分をはつり，水洗いの後に，木ごて等を使用して硬練りモルタルを塗り込んだ。

第4編　学科Ⅳ：施工

6．鉄骨工事

6-1．鉄骨工事に関する問題

【問題51】鉄骨工事に関する次の記述のうち、最も不適当なものはどれか。

1．高力ボルト用の孔あけ加工は、鉄骨製作工場内においてドリルあけとした。

2．高力ボルトは、包装の完全なものを未開封状態のまま工事現場に搬入した。

3．高力ボルト接合による継手の仮ボルトの締付け本数は、一群のボルト数の$\frac{1}{3}$以上、かつ、2本以上とした。

4．作業場所の気温が2℃であったので、母材の接合部から50mmまでの範囲を加熱して、溶接を行った。

5．工事現場に搬入した耐火被覆の材料を、吸水や汚染のないようにシート掛けをして保管した。

解説　鉄骨工事の理解

1．ボルト、アンカーボルト、鉄筋貫通孔などは**ドリルあけを原則**としますが、**板厚が13mm以下の場合は、せん断孔あけ**とすることができます。

　なお、**高力ボルト用の孔あけ加工については、板厚に関係なく、ドリルあけ**とします。また、接合部をブラスト処理する場合は、**ブラスト処理前に孔あけ加工**します。

2．高力ボルトは、**包装のまま施工場所まで運搬**し、施工直前に包装を解きます。

3．建方作業における仮ボルトは、**中ボルト**を用い、**高力ボルト継手**では、ボルト一群に対して$\frac{1}{3}$以上かつ2本以上、混用継手及び併用継手では、ボルト一群に対して$\frac{1}{2}$以上かつ2本以上をバランスよく配置して締め付けます。

第2章　各種工事　　　　　　　　557

　また，柱の溶接継手における**エレクションピース**に使用する仮ボルトは，**高力ボルト**を使用して**全数**締め付けます。

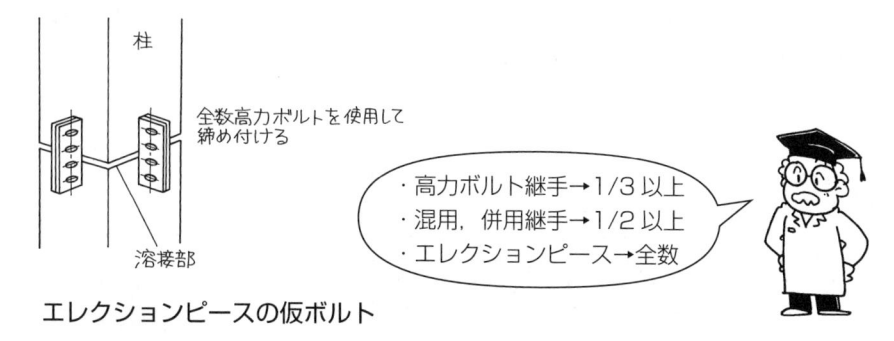

・高力ボルト継手→1/3以上
・混用，併用継手→1/2以上
・エレクションピース→全数

エレクションピースの仮ボルト

4．**作業場所の気温が－5℃を下回る場合**には，溶接を行ってはいけません。なお，作業場所の気温が**－5℃から5℃の場合**には，母材の**接合部から100 mmの範囲**を適切に加熱すれば，溶接することができます。
5．工事現場に搬入した耐火被覆の材料は，吸水や汚染及び板材の反り，ひび割れ，破損のないようにパレット積み，シート掛けなどをして保管します。

正解　4

【問題52】鉄骨工事に関する次の記述のうち，最も不適当なものはどれか。

1．ベースプレートとアンカーボルトの緊結を確実に行うため，ナットは二重とし，ナット上部にアンカーボルトのねじ山が3山以上出るようにした。

2．高力ボルト接合部における一群の高力ボルトの締付けは，群の中央部から周辺部に向かう順序で行った。

3．溶接部分にブローホールがあったので，削り取った後，再溶接を行った。

4．高力ボルトの締付け作業において，高力ボルトを取り付け，マーキングを行った後に，一次締めと本締めを行った。

5．柱と柱とを現場溶接するに当たって，両部材を仮接合するため，エレクションピースを用いた。

解説

1. アンカーボルト頭部の出の高さは，特記のない場合，ねじが**2重ナット締めを行っても外に3山以上出る**ことを標準とします。

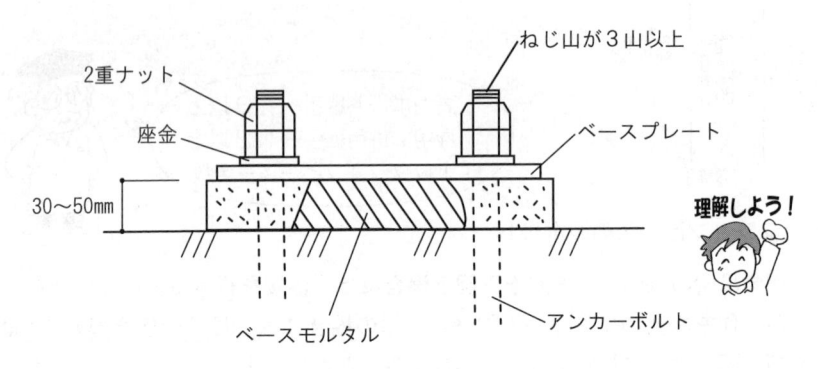

アンカーボルトとベースモルタル

2. 一群のボルトの締付けは，群の**中央部から周辺部**に向かう順序で行います。
3. 溶接部分に融合不良，溶込み不良，スラグの巻込み，ブローホール等の有害な欠陥がある場合は，**削り取った後に再溶接**を行います。
4. 高力ボルトの締付け作業は，**一次締め→マーキング→本締めの順序**で行います。
5. エレクションピースは，箱型断面柱の全周を溶接する場合に，仮止めするために用いられるものです。溶接完了後は撤去します。

正解　4

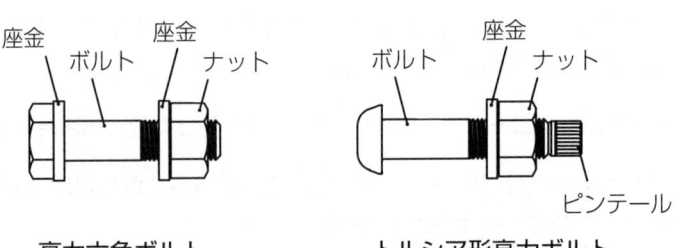

高力六角ボルト　　　　トルシア形高力ボルト

6-2. 鉄骨工事における接合・建方に関する問題

【問題53】鉄骨工事における溶接に関する次の記述のうち,最も不適当なものはどれか。

1. 隅肉溶接の溶接長さは,有効溶接長さに隅肉サイズの$\frac{1}{2}$倍を加えたものとした。
2. 完全溶込み溶接において,板厚が22mmの鋼材相互の突合せ継手の溶接部の余盛りの高さは,特記がなかったので,2mmとした。
3. デッキプレートを貫通させてスタッド溶接を行うに当たり,事前に引張試験等を行って溶接の施工条件を定めた。
4. 完全溶込み溶接において,溶接部の始端部及び終端部に鋼製のエンドタブを用いた。
5. 吸湿の疑いのある溶接棒は,再乾燥させてから使用した。

解説 鉄骨工事における接合・建方の理解

1. 隅肉溶接の**溶接長さ**は,有効溶接長さに**隅肉サイズの2倍**を加えたもので,その長さを確保するように施工します。
2. 完全溶込み溶接の**余盛りの高さ**は,開先の寸法により異なりますが,**許容値の最小は3mm**です。
3. デッキプレートを貫通させて**スタッド**溶接を行う場合,事前に引張試験,曲げ試験等を行って,**溶接部の健全性が確保できる施工条件**を定めます。
4. **エンドタブ**は,溶接欠陥が生じやすい溶接ビードの**始端と終端の溶接**を行うために,板材の**両端に取り付ける補助鋼板**です。
5. 溶接棒は吸湿しないように保管し,吸湿の疑いのある溶接棒は**乾燥させて使用**します。

正解 1

【問題54】鉄骨工事における建方に関する次の記述のうち，最も不適当なものはどれか。

1．建方時に使用する仮ボルトには，軸径が本締めボルトと同一の中ボルトを使用した。

2．建方には，ワイヤロープ，シャックル，吊金物等を使用した。

3．柱と柱とを現場溶接するに当たって，両部材を仮接合するために，エレクションピースを用いた。

4．ターンバックル付き筋かいを有する構造物において，その筋かいを用いて建入れ直しを行った。

5．ベースプレートの支持工法は，あと詰め中心塗り工法とし，無収縮モルタルを使用した。

解説

1．【問題51】の解説の3を参照してください。
　建方時に使用する**仮ボルト**には，高力ボルトと**同軸径の中ボルト**（普通ボルト）等で支障のないものを使用します。
2．建方には，ワイヤーロープ，シャックル，吊金物等を使用します。
3．【問題52】の解説の5を参照してください。
4．**本設のターンバックル付き筋かい**を有する建築物の建方においては，その筋かいを用いて**建入れ直し**を行ってはいけません。架構の**倒壊防止用ワイヤロープ**を使用する場合は，このワイヤロープを**建入れ直し用**に兼用しても良い。

・本設の筋かい→建入れ直し：×
・転倒防止用→建入れ直し：○

5．ベースプレートの支持工法は，特記のない場合，**あと詰め中心塗り工法**とし，あと詰めに使用するモルタルは**無収縮モルタル**とします。

正解　4

得点力アップのポイント

- 耐火被覆材を吹き付ける梁の部分には，錆止め塗装を行わなかった。
- トルシア形高力ボルトの締付け作業において，締付け後のボルトの余長は，ねじ山の出が1～6山のものを合格とした。
- 鉄骨鉄筋コンクリート造の鋼製スリーブで，鉄骨に溶接されたものの内面には，錆止め塗装を行う。
- 不合格溶接部の手溶接による補修作業は，径4mm以下の溶接棒を用いて行った。
- 本締めに使用したトルシア形高力ボルトの締付け検査において，締付けの完了したボルトのピンテールが破断しているものを合格とした。
- 高力ボルト接合において，ナットとの接合面が，1／20を超えて傾斜していたので，勾配座金を使用した。
- スタッド溶接後に打撃曲げ試験を行い，15度まで曲げたスタッドのうち，欠陥のないものについてはそのまま使用した。

7．補強コンクリートブロック造工事

7-1．補強コンクリートブロック造工事に関する問題

【問題55】 補強コンクリートブロック造工事に関する次の記述のうち，最も不適当なものはどれか。

1. モルタルと接するブロック面については，付着物等を取り除き，十分に乾燥させた後に，ブロック積みを行った。
2. ブロックは，フェイスシェル厚の薄いほうを下にして積み上げた。
3. 耐力壁の縦筋は，ブロックの中心部に配筋し，上下端を臥梁，基礎等に定着した。
4. 耐力壁の横筋は，重ね継手の長さを45dとし，定着長さを40dとした。
5. ブロック積みは，隅角部から順次中央部に向かって，水平に行った。

解説　補強コンクリートブロック造工事の理解

1. ブロック面は，モルタルの水分がブロックに吸収されドライアウトとなりやすいので，モルタルと接するブロック面は**水湿し**を行います。
2. ブロックは，フェイスシェル厚の**厚いほうを上**にして積みます。
3. 耐力壁の**縦筋**は，**溶接する場合を除いて継手を設けず**，上下端を臥梁，基礎等に定着する1本ものとします。
4. 耐力壁の**横筋**は，**重ね継手の長さを45d**とし，**定着長さを40d**とします。
5. ブロック積みは，縦やり方に水糸を張り，**隅角部から順次中央部に向かっ**て水平に積みます。

正解　1

【問題56】 補強コンクリートブロック造工事に関する次の記述のうち，最も不適当なものはどれか。

1. 耐力壁における電気配管は，ブロックの空洞部を利用して埋め込んだ。
2. 耐力壁については，ブロックの1日の積上げ高さを1.6mとした。
3. ブロックの空洞部の充填コンクリートの打継ぎ位置は，ブロック上端面から5cm程度下がった位置とした。
4. 耐力壁の縦筋は，ブロックの空洞部内で重ね継手とした。
5. 高さ1.8mの補強コンクリートブロック造の塀において，長さ3.0mごとに控壁を設けた。

解説

1. ブロックの空洞部に**電気配管**はしてよいですが，**上下水道やガス管**などの比較的太い配管は，原則として埋め込んではいけません。
2. ブロックの1日の積上げ高さの限度は，**1.6m程度**を標準とします。
3. 縦目地空洞部には，ブロック2～3段ごとに適切にモルタル又はコンクリートを充填します。また，打継ぎ位置は，ブロック上端面から**50mm程度下がった位置**とします。
4. 【問題55】の解説の3を参照してください。
   耐力壁の**縦筋**は，ブロックの空洞部内で**重ね継手**を用いてはいけません。
5. **高さ1.2mを超える**補強コンクリートブロック造の塀においては，**長さ3.4m以下**ごとに**控壁**を設けます。

正解 4

得点力アップのポイント

○ ブロック塀の縦筋については，下部は基礎に定着させ，上部は最上部の横筋に90°フック，余長10dで定着させた。
○ 高さ1.8mのブロック塀において，長さ3.4mごとに控壁を設けた。
○ 目地モルタルは，加水練ぜ後，60分以内で使い切れる量とした。
○ 縦目地空洞部には，ブロック2段ごとにモルタルを充填した。
○ 壁鉄筋のかぶり厚さの最小値は，フェイスシェルの厚さを含めずに20mmとした。

8. 木工事

8-1. 木工事に関する問題

【問題57】 木工事に関する次の記述のうち，最も不適当なものはどれか。

1. 外気に接する床の断熱材の施工において，屋内側の材料との間に隙間が生じないように，受材を設けた。

2. 和室の畳床において，根太の間隔を450mmとした。

3. 構造用面材による床組の補強において，根太，床梁及び胴差の上端高さを同じとしたので，根太の間隔を450mmとした。

4. 仕上げ材の縁甲板張りの継手の位置は，受材の心で通りよくそろえた。

5. 大壁造において，耐力壁下部のアンカーボルトの埋込み位置は，その耐力壁の両端の柱心から200mmの位置とした。

解説　木工事の理解

1. **最下階の床**及び**外気に接する床の断熱材の施工**において施工後に，有害なたるみ，ずれ，屋内側の材料との間に隙間が生じないように，**受材を設けます**。
2. **根太の間隔**は，**畳床の場合は450mm程度**，その他の床の場合は300mm程度とします。なお，床板の種類・厚さは，**構造用合板は厚さ12mm以上**，パーティクルボードは厚さ15mm以上を使用します。

構造用面材による床組の補強

根太	床組	構造用合板	間隔
有り	根太と床梁及び胴差の上端高さが同じ場合	厚さ12mm以上	根太：500mm以下
	根太と床梁及び胴差の上端高さが異なる場合	厚さ12mm以上	根太：340mm以下
無し	床下地板を床梁または胴差に直接，留め付ける場合	厚さ24mm以上	床梁：910mm以下

3．構造用面材による床組の補強において，根太と床梁及び胴差の上端高さが同じ場合，根太の間隔は500mm以下とします。

4．縁甲板張りの**継手の位置は受材の心で乱に継ぎ**，さねはぎ，隠し釘打ちとします。

木工事の継手位置は，乱に配置します。

5．大壁造において，耐力壁下部の**アンカーボルトの埋込み位置**は，その耐力壁の両端の**柱心から200mm以内**とし，なるべく耐力壁の外側に設けます。

正解　4

【問題58】木工事に関する次の記述のうち，最も不適当なものはどれか。

1．厚さ12mmの構造用合板の留付けには，長さ25mの釘を用いた。

2．柱と土台との接合部を山形プレートで補強する箇所については，その部分の構造用合板を最小限切り欠き，切り欠いた部分の周辺に釘を増し打ちした。

3．敷居の戸溝の底には，かしなどの堅木を埋め木した。

4．独立化粧柱として，心去りの四方柾材を用いた。

5．野縁の継手は，野縁受桟との交差箇所を避け，継手位置を乱にし，添え板を両面に当て，釘打ちとした。

解説

1．**釘径**は，板厚の$\frac{1}{6}$以下とし，**釘の長さ**は，打ち付ける**板厚の2.5倍以上**とします。

厚さ12mmの場合，12mm×$\frac{1}{6}$＝2.0mm以下の釘径，12mm×2.5＝**30mm以上の長**

さの釘を使用します。
2．構造用合板による大壁造の耐力壁において，柱と土台との接合部を**山形プレート**で**補強**する箇所については，山形プレート部分の構造用合板を最小限切り欠き，**切り欠いた部分の周辺に釘を増し打ち**します。

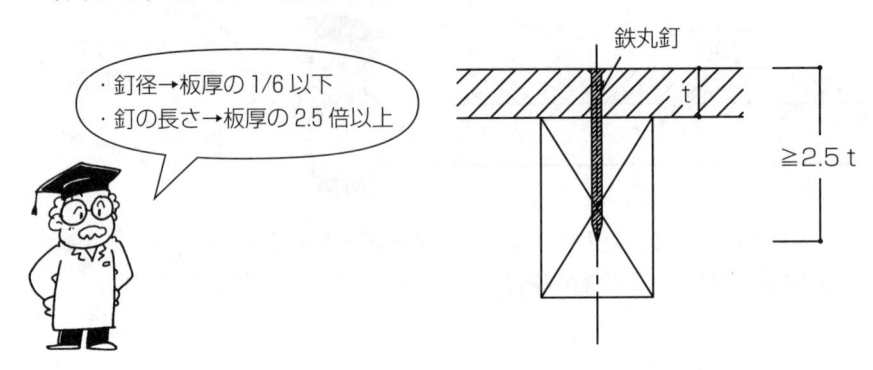

・釘径→板厚の1/6以下
・釘の長さ→板厚の2.5倍以上

鉄丸釘
t
≧2.5 t

3．**敷居**のように建具の開閉により**溝底**に磨耗が生じるような部材には，かしなどの堅木を埋め木します。
4．**心持ち材**では**背割り**を入れなくてはならないため，通常，**独立化粧柱**は**心去りの四方柾材**を用います。
5．**野縁の継手**は，野縁受桟との交差箇所を避け，継手位置を乱にし，**両面に添え板**を当てて**釘打ち**します。

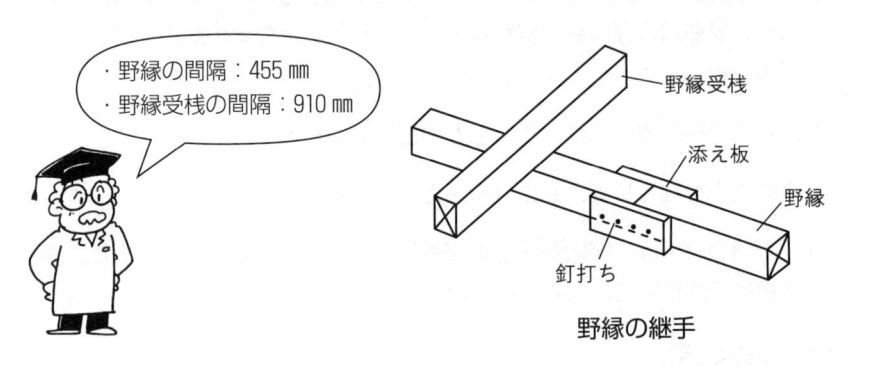

・野縁の間隔：455 mm
・野縁受桟の間隔：910 mm

野縁受桟
添え板
野縁
釘打ち

野縁の継手

正解　1

【問題59】木工事に関する次の記述のうち，最も不適当なものはどれか。

1. 大引の継手は，床束心から150mm程度持ち出した位置とし，腰掛け蟻継ぎ，釘2本打ちとした。
2. 大壁造の面材耐力壁は，厚さ9mmの構造用合板を用いて，N50の釘で留付け間隔を225mmとした。
3. 厚さ12mmの合板の留付けには，長さ32mmの釘を用いた。
4. 敷居は，木表に溝を彫って取り付けた。
5. 胴差と通し柱との仕口の補強には，羽子板ボルトを用いた。

解説

1. **大引の継手は，床束心から150mm程度持ち出し，腰掛け蟻継ぎ，釘2本打ち**とします。

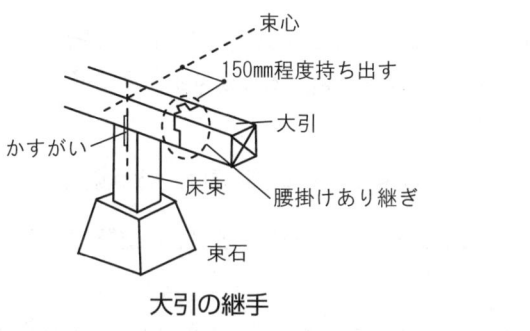

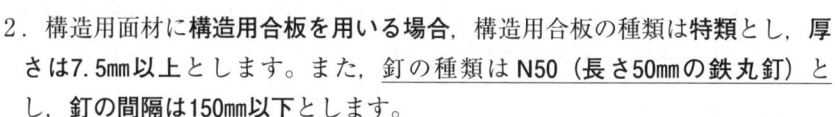

大引の継手

2. 構造用面材に**構造用合板を用いる場合**，構造用合板の種類は**特類**とし，**厚さは7.5mm以上**とします。また，釘の種類は**N50（長さ50mmの鉄丸釘）**とし，釘の間隔は**150mm以下**とします。
3. 【問題58】の解説の1を参照してください。
   厚さ12mmの場合，12mm×2.5＝**30mm以上**の長さの釘を使用します。
4. 敷居や鴨居の溝じゃくりを行う場合は，**木表に溝を彫ります**。
5. **羽子板ボルト**は，小屋梁と軒桁，**胴差と通し柱**の連結等に用います。

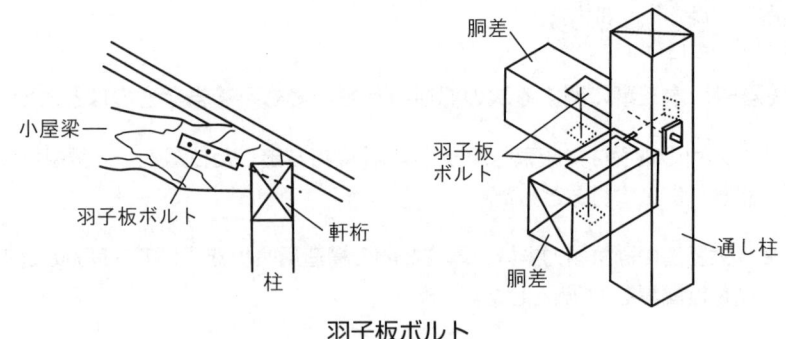

羽子板ボルト

正解　2

【問題60】木工事に関する次の記述のうち，最も不適当なものはどれか。

1．厚さ15mmの板材の留付けには，胴部径2.15mm，長さ38mmのめっき鉄丸釘を使用した。

2．厚さ30mm，幅90mmの木材による筋かいの端部の仕口において，筋かいプレートの留付けには，「長さ65mmの太め鉄丸釘」と「径12mmの六角ボルト」とを併用した。

3．せっこうラスボード張り用の壁胴縁の間隔は，450mm程度とした。

4．大引の継手は，床束心から150mm程度持ち出した位置で，腰掛け蟻継ぎとした。

5．大壁造において，耐力壁下部のアンカーボルトは，その耐力壁の両端の柱心から300mm程度離れた位置に埋め込んだ。

解　説

1．【問題58】の解説の1を参照してください。

　厚さ15mmの場合，$15\text{mm} \times \dfrac{1}{6} = 2.5\text{mm}$以下の釘径，$15\text{mm} \times 2.5 = 37.5\text{mm}$以上の長さの釘を使用します。

2. 厚さ30mm以上で幅90mm以上の木材による筋かいの場合，厚さ1.6mmの筋かいプレートを用いて，筋かいに対して径12mmの六角ボルト（M12）締め及び長さ65mmの太め鉄丸釘（CN65）を3本打ち，柱に対してCN65釘を3本平打ち，横架材に対して4本平打ちとします。
3. 壁胴縁の間隔は，せっこうボードの場合は300mm程度とし，せっこうラスボードの場合は450mm程度とします。
4. 【問題59】の解説の1を参照してください。
5. 【問題57】の解説の5を参照してください。
   耐力壁の両端の柱心から200mm程度離れた位置に埋め込みます。

正解　5

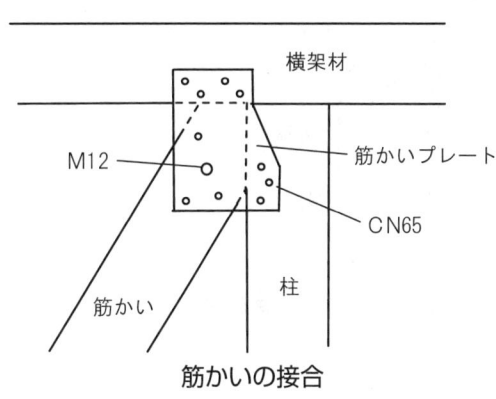

［壁胴縁の間隔］
・せっこうボード→300mm程度
・せっこうラスボード→450mm程度

筋かいの接合

【問題61】木造軸組工法における部材の接合箇所とその箇所に使用する接合金物との組合せとして，最も不適当なものは，次のうちどれか。

1. 柱と基礎（土台）————————引き寄せ金物（ホールダウン金物）
2. 柱と筋かいと土台——————筋かいプレート
3. 引張りを受ける柱と土台———かど金物
4. 小屋梁と軒桁————————羽子板ボルト
5. 垂木と軒桁—————————かね折り金物

解 説 接合金物の種類と使用箇所の理解

1. **引き寄せ金物**（ホールダウン金物）は，**柱と基礎**（土台）や**管柱相互**の緊結に使用します。

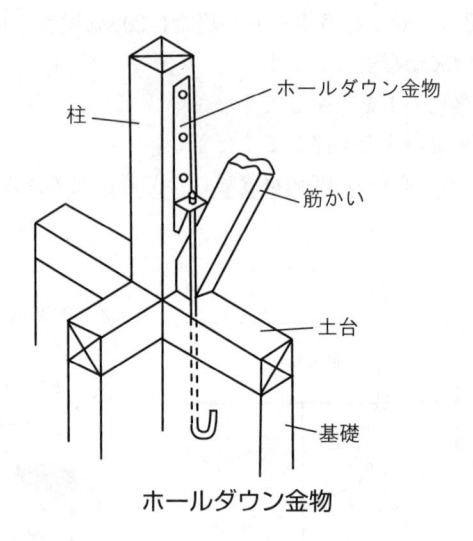

ホールダウン金物

2. 【問題60】の解説の2を参照してください。
3. **かど金物**は，引張りを受ける**柱と土台**や**柱と横架材**の接合に使用されます。

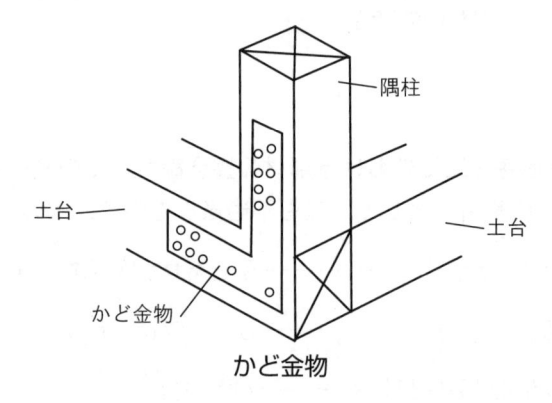

かど金物

4. 【問題59】の解説の5を参照してください。
5. **垂木と軒桁の接合**に用いる金物は，**ひねり金物**です。なお，**かね折り金物**

は，**通し柱と胴差**の接合に使用されます。

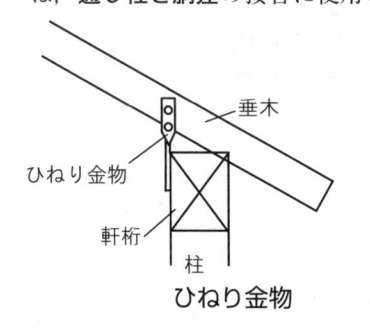

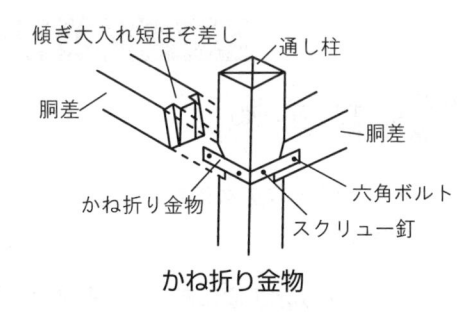

ひねり金物

かね折り金物

正解　5

得点力アップのポイント

○　アンカーボルトのコンクリートへの埋込み長さは，250mm以上とした。
○　床下の防湿措置において，床下地面全面に厚さ0.1mm以上のポリエチレンフィルムを，重ね幅150mm以上として敷き詰めた。
○　胴差と通し柱の仕口は，「傾（かた）ぎ大入れ短ほぞ差し」とし，金物で補強した。
○　根太を設けた床組の床下地板には，厚さ15mm以上のパーティクルボード，または厚さ12mm以上の構造用合板を使用した。
○　跳ね出しバルコニーにおける跳ね出し長さは，外壁心から1m以下かつ屋内側の床梁スパンの1／2以下とし，先端部分はつなぎ梁で固定する。
○　1階及び2階の上下同位置に大壁造の面材耐力壁を設けるに当たり，胴差部分における構造用合板相互間のあきを6mm以上とした。
○　根太を用いない床組（壁等の間隔が910mm）であったので，床下地材として厚さ24mm以上の構造用合板を用いた。
○　壁の下地材として，厚さ9mmの普通合板を用いたので，N25の釘で打ち付けた。
○　土台に使用する木材については，継伸しの都合上，やむを得ず短材を使用する必要があったので，その長さを1mとした。
○　真壁造における側桁階段の側桁と軸組との接合部において，柱及び胴差を欠き取って側桁を取り付けた。
○　小屋梁の継手を，柱から持ち出して，追掛け大栓継ぎとした。

9．防水工事

9-1．防水工事に関する問題

【問題62】 屋根の防水工事に関する次の記述のうち，最も不適当なものはどれか。

1．シート防水工事において，平場の下地コンクリートを金ごて仕上げとした。

2．塩化ビニル樹脂系ルーフィングシートを用いた防水工事において，平場のシートの重ね幅を縦横方向いずれも40mmとした。

3．アスファルト防水工事において，下地コンクリートの水勾配を$\frac{1}{50}$とした。

4．アスファルト防水層を貫通する配管の回りは，防水層を立上げ，防水層端部をステンレス製既製バンドで締め付けて密着させた後，上部にシール材を塗り付けた。

5．平場のアスファルト防水層の保護コンクリートの中間部には，縦横方向いずれも4mごとに伸縮調整目地を設けた。

解説　防水工事の理解

1．平場のコンクリート表面は，防水層の種別にかかわらず，**金ごて仕上げ**とします。

2．**塩化ビニル樹脂系**ルーフィングシートの重ね幅は，縦横方向とも**40mm以上**とし，接合部は熱融着又は溶剤溶着とします。なお，加硫ゴム系，エチレン酢酸ビニル樹脂系は，重ね幅を100mm以上とします。

［シートの接合幅］
・加流ゴム→100mm
・塩化ビニル→40mm

第2章　各種工事　　　573

3．平場の排水勾配は，原則として，**下地の施工段階で確保**します。防水を施すコンクリート下地面は，できるだけ速やかに排水させるための**勾配が必要**です。

　　防水層を保護する場合で$\frac{1}{100}$〜$\frac{1}{50}$，防水層を保護しない場合（露出防水など）で$\frac{1}{50}$〜$\frac{1}{20}$とします。

4．**配管の回りの立上りの納まりは**，所定の位置に防水層の端部をそろえ**ステンレス製既製バンド**で締め付け，上部にゴムアスファルト系の**シール材**を塗り付けます。

5．保護コンクリートには，ひび割れ防止のために**伸縮調整目地**を設けます。伸縮調整目地の割付は，周辺の立上り部の**仕上り面から600mm程度**とし，中間部においては**縦横間隔3,000mm程度**とします。

　　なお，深さは，**防水層上面の絶縁用シートから保護コンクリート表面**に達するものとします。

正解　5

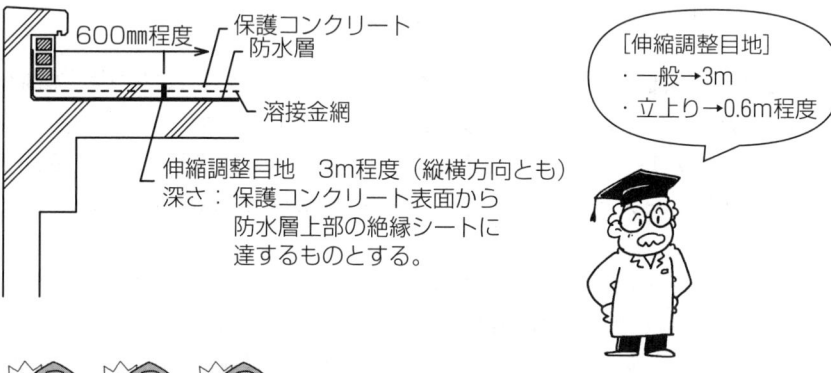

［伸縮調整目地］
・一般→3m
・立上り→0.6m程度

【問題63】屋根のアスファルト防水工事に関する次の記述のうち，最も不適当なものはどれか。

1．防水層の下地の入隅部分については，45度の勾配に仕上げた。

2．一般平場部分へのストレッチルーフィングの張付けを行った後，出隅・入隅等へのストレッチルーフィングの増張りを行った。

3．下地コンクリートの打継ぎ箇所には，幅50mmの絶縁用テープの張付けを行った後，その上に幅300mmのストレッチルーフィングの増張りを行った。

4．アスファルトプライマーを塗布した翌日に，次の工程の施工を行った。

5．アスファルトルーフィングは，水下側から水上側に向かって張り進めた。

解説

1．**アスファルト防水**の場合，立上りの**入隅部分**については，通りよく**45°の面取り**とします。

防水下地の形状

	アスファルト防水 FRP系塗膜防水	改質アスファルト防水 シート防水，塗膜防水
入隅	通りよく45°の面取り	通りよく直角
出隅	45°の面取り	

2．**出隅・入隅部分**は，一般平場部分のルーフィングの張付けに**先立ち**，**幅300mm以上**のストレッチルーフィングを最下層に**増張り**します。

3．下地コンクリートの**打継ぎ箇所**および著しい**ひび割れ箇所**には，**幅50mm程度の絶縁用テープ**を張り付け，その上に**幅300mm以上のストレッチルーフィング**を増張りします。

4．アスファルトプライマーは，下地が十分乾燥した後に清掃を行って塗布します。なお，**ルーフィングの張付け**は，プライマーを**塗布した翌日**とします。

5．アスファルトルーフィングは，原則として水勾配に逆らわないように，**水下側から水上側に向かって張り進め**ます。

正解　2

【問題64】屋根の防水工事に関する次の記述のうち，最も不適当なものはどれか。

1. 塩化ビニル樹脂系ルーフィングシートを用いた防水工事において，平場のシートの重ね幅を40mmとした。
2. アスファルト防水工事において，防水層の下地の入隅部分については，45度の勾配に仕上げた。
3. アスファルト防水工事において，平場の保護コンクリートのひび割れを防止するため，伸縮調整目地内ごとに，溶接金網を敷き込んだ。
4. アスファルト防水工事において，アスファルトルーフィングは，水上側から水下側に向かって張り進め，その重ね幅を100mmとした。
5. アスファルト防水工事において，平場の保護コンクリートに設ける伸縮調整目地のパラペットに最も近い目地は，パラペットの立上りの仕上げ面から600mmの位置に設けた。

解 説

1. 【問題62】の解説の2を参照してください。
2. 【問題63】の解説の1を参照してください。
3. 保護コンクリートには，ひび割れを防止するため，**溶接金網**（**重ね幅は1節半以上かつ150mm以上**）を伸縮調整目地内ごとに敷き込みます。
4. 【問題63】の解説の5を参照してください。
   アスファルトルーフィングは，水勾配に逆らわないように**水下側から水上側に向かって張り進め**，その重ね幅を**100mm以上**とします。なお，やむを得ず水勾配に逆らって張る場合は，重ね幅を**150mm以上**とします。
5. 【問題62】の解説の5を参照してください。

［重ね幅等］
・絶縁用テープ→50 mm
・ルーフィング→100 mm
・溶接金網→150 mm
・増し張り→300 mm

正解　4

得点力アップのポイント

○ 木造2階建住宅の平家部分の下葺きに用いるアスファルトルーフィングは，壁面との取合い部において，その壁面に沿って250mm以上立ち上げる。

○ 木造住宅の屋根の下葺きに用いるアスファルトルーフィングの棟部分の張付けは，250mm以上の左右折り掛けとし，棟頂部から左右へ一枚ものを増張りする。

○ シーリング工事におけるボンドブレーカーは，シーリング材と接着しない紙の粘着テープとした。

○ アスファルト防水工事において，アスファルトプライマーを塗布した翌日に，次の工程の施工を行った。

○ シーリング工事において，外壁のコンクリートと鋼製建具枠との取合い部分に，2成分形変成シリコーン系シーリング材を用いた。

10. 左官工事

10−1．左官工事に関する問題

【問題65】 左官工事に関する次の記述のうち，最も不適当なものはどれか。

1．ALCパネル下地面へのせっこうプラスター塗りに先立ち，ALCパネル下地面に吸水調整材塗りを行った。

2．木造直張りラスモルタル下地において，内壁の金網ラスは平ラスとし，平ラスの継手は縦横とも，50mm以上重ねて留め付けた。

3．コンクリート壁面へのタイルの密着張りにおいて，下地モルタル塗りは，木ごて仕上げとした。

4．モルタル塗りの上塗りには，下塗りに比べて，セメントに対して砂の割合が小さいモルタルを用いた。

5．コンクリート壁面へのモルタル塗りは，下塗り→むら直し→中塗り→上塗りの順で行った。

解説　左官工事の理解

1．ALCパネル下地面に直接のせっこうプラスター塗りを行う場合は，**吸水調整材塗り**を行ってから下塗りを行います。
2．木造直張りラスモルタル下地において，内装では**平ラス**を使用し，平ラスの継手は縦横とも**50mm以上**重ねて留め付けます。なお，留め付けにはステープルを使用して留め付けます。
3．下地モルタル塗りの仕上げは，施工箇所に応じて次の仕上げを標準とします。

仕上げの種類	施工箇所（下地の種類）
金ごて仕上げ	一般塗装の下地，壁紙張りの下地，防水下地，タイル接着剤張りの下地
木ごて仕上げ	タイル下地（タイル接着剤張り以外）

4. 施工段階に伴う**モルタルの調合**は，次の通りです。

下塗り	中塗り	上塗り
・富調合（セメント＞砂） 　強度を大きくして付着力をよくするため。		・貧調合（セメント＜砂） 　ひび割れを少なくするため。
・砂の粒度を大きくする 　ひび割れを少なくするため。		・砂の粒度を小さくする 　仕上げの精度をあげるため。

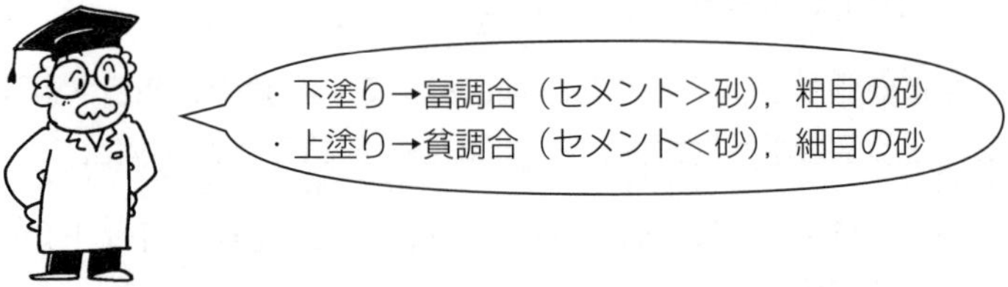

・下塗り→富調合（セメント＞砂），粗目の砂
・上塗り→貧調合（セメント＜砂），細目の砂

したがって，モルタル塗りの**上塗り**には，下塗りに比べて，**セメントに対して砂の割合が大きいモルタル（貧調合のモルタル）**を用います。

5. **モルタル塗りの施工順序**は，（下地処理）→下塗り→（むら直し）→中塗り→上塗りの順序で行います。

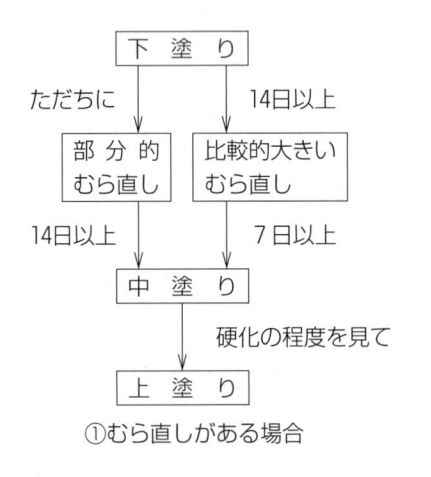

```
    下 塗 り                          下 塗 り
  ただちに  │14日以上                   │14日以上
   部分的  比較的大きい                 中 塗 り
   むら直し  むら直し
  14日以上  │7日以上                  硬化の程度を見て
    中 塗 り                          上 塗 り
   硬化の程度を見て                  ②むら直しがない場合
    上 塗 り
  ①むら直しがある場合
```

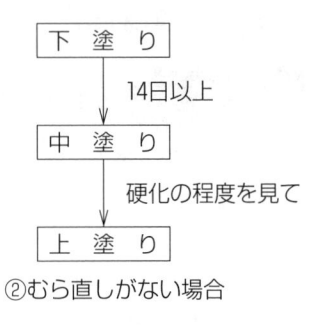

正解　4

【問題66】左官工事に関する次の記述のうち，最も不適当なものはどれか。

1. コンクリート壁面へのモルタル塗りにおいて，むら直し部分が比較的大きかったので，塗り付け後，荒らし目を付け，7日間以上放置した。

2. コンクリート床面へのモルタルの塗付けは，コンクリート硬化後，なるべく早い時期に行った。

3. 壁面への本しっくい塗りは，下塗り，むら直し，鹿子(かのこ)ずり，中塗り，上塗りに分けて行った。

4. コンクリート壁面へのモルタル塗りにおいて，各層の1回当たりの塗り厚は10mmとし，仕上げ厚（塗り厚の合計）は30mmとした。

5. ラス下地面へのせっこうプラスター塗りにおいて，中塗りが半乾燥の状態のうちに，上塗りを行った。

解説

1. 【問題65】の解説の5を参照してください。
   むら直しが比較的大きい場合，下塗り後14日以上放置してから塗り付け，荒らし目を付け，7日間以上放置します。

2. コンクリート床面へのモルタルの塗付けは，コンクリート硬化後，なるべく早い時期に行います。また，長時間放置した場合は，モルタルの浮きを防止するために水洗いをします。

3. しっくい塗りは，しっくい（消石灰に砂，のり，すさを混入して，水で練ったもの）を木ずり，ラスボード，コンクリート下地などに塗り付けます。作業手順は，下塗り→（むら直し）→（鹿子ずり）→中塗り→上塗りの順で行います。
   なお，むら直しと鹿子ずりは，中塗りの厚みを均一にするための工程で，省略される場合もありますが，工程が多いほど高級な工事です。

4. 壁面へのモルタル塗りの1回の塗厚は，原則として，7mm以下とします。仕上げ厚又は総塗り厚（タイル張りの場合，張付けモルタルを含む）は，床の場合を除き，25mm以下とします。

なお，**床の塗り厚は30mmを標準**とし，シート等の張り物材がある場合は，張り物材の厚さを含みます。

5．プラスター塗りの**上塗り**は，**中塗り**が半乾燥状態のうちに行います。

・1回の塗り厚→7 mm以下
・総塗り厚→25 mm以下

プラスターの使用期限と作業時期

工程	使用期限	作業時期
下塗り	加水後2時間（120分）以内に使用する。	乾燥した下地に行う。
中塗り		下塗りが硬化した後に行う。
上塗り	加水後1.5時間（90分）以内に使用する。	中塗りが半乾燥状態のうちに行う。

・プラスター→90分，120分
・モルタル→60分

正解　4

得点力アップのポイント

○ 木造住宅の外壁のメタルラス張りに先立ち，防水紙を縦横とも90mm以上重ね合わせて，垂たるみのないように張った。

○ セルフレベリング材塗りの養生期間は，一般に7日以上，冬期は14日以上とする。

○ コンクリート下地壁のせっこうプラスター塗りにおいて，中塗りが半乾燥の状態のうちに，上塗りを行った。

○ コンクリート壁面へのロックウールの吹付けに当たって，吹付け厚さは，仕上厚さの1.2倍程度とし，吹付け後，こてで圧縮して所定の厚さに仕上げた。

○ プレキャストコンクリート下地へのしっくい塗りに当たって，のりとすさを混入したしっくいを用いた。

11. タイル工事

11-1. タイル工事に関する問題

【問題67】タイル工事に関する次の記述のうち、最も不適当なものはどれか。

1. 外壁のタイル張り工事において、二丁掛けタイルの目地幅の寸法を、8mm程度とした。
2. 外壁の二丁掛けタイルの密着張りにおいて、目地の深さがタイル厚の$\frac{1}{2}$以下となるように、目地用モルタルを充填した。
3. 外壁の改良積上げ張りにおいて、1日の張付け高さは、1.2m程度とした。
4. 内壁のタイルの接着剤張りにおいて、接着剤の1回の塗付け面積は、6m²以内、かつ、60分以内に張り終える面積とした。
5. 内壁のモザイクタイル張りにおいて、張付け用モルタルは二度塗りとし、その塗り厚の合計を4mm程度とした。

解説 壁タイル張りの工法の理解

1. **二丁掛けタイルの目地幅**は、6～11mm程度とします。
2. **目地の深さ**は、タイルのはく離防止のため、**タイル厚さの$\frac{1}{2}$以下**とします。つまり、目地モルタルをタイル厚さの$\frac{1}{2}$以上充填します。
3. 改良積上げ張りにおいて、**1日の張付け高さの限度は、1.5m程度**とします。

・CB積→1.6m
・タイル（積上げ）→1.5m

4．接着剤張りにおいて，**接着剤の1回の塗付け面積は，3m²以内**とし，かつ，**30分以内**に張り終える面積とします。

壁タイル張り工法の比較

工 法	改良積上げ張り	改良圧着張り	密着張り	接着剤張り
下地モルタルの乾燥	水湿しまたは吸水調整材の塗布			乾燥させる
張付けモルタル	タイル裏面のみ	下地面（2層）・タイル裏面	下地面のみ（2層）	――
張り方	下部→上部	上部→下部	上部から下部（1段おき）	――
1回の塗付け面積	――	2m²以下	2m²以下	3m²以内
1回の塗付け時間	――	60分以内	20分以内	30分以内
1日の張付け高さ	1.5m程度			
その他	――	――	ヴィブラート使用	――

・圧着→2m²，60分
・密着→2m²，20分
・接着剤→3m²，30分

5．モザイクタイル張りにおいて，張付け用モルタルは**二度塗り**とし，その**塗り厚の合計は3〜5mm程度**を標準とします。

張付けモルタルの塗り厚

タイル種別	工 法	塗り厚〔mm〕
内装タイル	改良積上げ張り	13〜18
	接着剤張り	2〜3
外装タイル	改良積上げ張り	4〜7
	改良圧着張り	下地4〜6 タイル：3〜4
	密着張り	5〜8（2度塗り）
内装タイル以外のユニットタイル	マスク張り	3〜4
	モザイクタイル張り	3〜5（2度塗り）

・内装タイル（積上げ）→13〜18mm〔大〕
・外装タイル（密着）→5〜8mm〔中〕
・モザイクタイル→3〜5mm〔小〕

正解　4

第2章　各種工事　　583

【問題68】タイル・石工事に関する次の記述のうち，最も不適当なものはどれか。

1. 屋内の床の石張りにおける敷きモルタルの調合については，容積比でセメント1：砂4とした。

2. 内壁に石材を空積工法で取り付けるに当たり，石材の裏面とコンクリート躯体面との間隔を40mmとした。

3. 内壁にⅢ類（陶器質に相当）のタイルを接着剤を用いて張り付けるに当たり，下地となるモルタル面が十分乾燥していることを確認した。

4. 屋内の床へのモザイクタイル張りに当たり，あらかじめ下地となるモルタル面に水湿しを行った。

5. 内壁の密着張りによるタイルの張付けに当たり，下部から上部へ，一段置きに水糸に合わせて張った後，間を埋めるように張り進めた。

解説

1. 床の**石張り**において，**敷きモルタルの調合**は，容積比で**セメント1：砂4**とします。
2. **内壁空積工法**において，石材の裏面とコンクリート躯体面との間隔は，40mmを標準とします。

工法による石材の寸法等

工法	厚さ	大きさ	躯体との間隔
外壁湿式工法	30mm以上 70mm以下	0.8m²以下	40mm標準
外壁乾式工法	30mm以上	0.8m²以下 幅・高さ1,200mm以下 重量70kg以下	70mm標準
内壁空積工法	20mm以上	0.8m²以下	40mm標準

第4編　学科Ⅳ：施工

3. 【問題67】の解説の4を参照してください。
　壁タイル接着剤張りの場合，タイル張りに先立ち，下地の精度，**乾燥状態を確認**します。
4. 屋内の床のモザイクタイル張りの場合，タイル張りに先立ち，下地モルタル及び適度の**水湿し又は吸水調整材を塗布**します。
5. **密着張り工法**によるタイルの張付けは，**上部から下部へ，一段置きに数段**張り付けた後，その間を埋めるように張り進めます。

正解　5

【問題69】タイル工事に関する次の記述のうち，最も不適当なものはどれか。

1. 夏期における外壁のタイル張り工事において，張付け後の施工面は，直射日光が当たらないように，シートで養生した。
2. 外壁の改良圧着張りにおいて，張付け用モルタルの調合は，容積比でセメント1：砂5とした。
3. 外壁の改良積上げ張りにおいて，1日の張付け高さは，1.5mまでとした。
4. 内壁の接着剤張りにおいて，接着剤は，金ごてを用いて平坦に塗布した後，所定のくし目ごてを用いてくし目を立てた。
5. 外壁の二丁掛けタイルの密着張りにおいて，窓や出入口まわり，隅，角等の役物を先に張り付けた。

解説

1. 夏期における外壁のタイル張り工事において，張付けモルタルのドライアウトによる硬化不良や接着不良を防止するため，**下地モルタルは前日に散水**し，十分吸水させます。また，張付け後は，直射日光が当たらないように，**シートで養生**します。

2．外壁の**改良圧着張り**において，張付け用モルタルの調合は，容積比で**セメント1：砂2～2.5**とします。
3．【問題67】の解説の3を参照してください。
4．内壁の**接着剤張り**において，接着剤は金ごて等を用いて平坦に塗布し（通常：3mm程度），くし目ごてを用いてくし目（くし山部の高さ：2～3mm）を立てます。
5．一般に，タイルの張付け順序は，目地割に基づいて水糸を張り，窓や出入口まわり，隅，角等の**役物を先**に張り付けます。

正解　2

得点力アップのポイント

○　内壁のタイルの密着張りにおいて，張付けモルタルの1回の塗り付け面積は，20分以内に張り終える面積とした。
○　屋内の一般床タイルの張付において，張付けモルタルの調合は，容積比でセメント1：砂2とした。
○　外壁のタイル張り工事において，タイルは，Ⅰ類（磁器質に相当）で耐凍害性に優れたものとし，密着張り工法により張り付けた。
○　外壁の改良圧着張りにおいて，張付けモルタルの1回の塗付け面積は，60分以内で張り終える面積とした。
○　夏期に，外壁の改良圧着張りを行う場合，前日に，下地となるモルタル面に散水し，十分に吸水させた。

12. 塗装工事

12-1. 塗装工事に関する問題

【問題70】 塗装工事に関する次の記述のうち，最も不適当なものはどれか。

1. 内壁の中塗り及び上塗りは，各層において塗料の色を変えて塗った。
2. 夏期におけるコンクリート面への塗装に当たり，コンクリート素地の乾燥期間の目安を3週間とした。
3. 屋外のモルタル面の素地ごしらえにおいて，合成樹脂エマルションパテを使用した。
4. 屋外の鉄鋼面における中塗り及び上塗りは，アクリルシリコン樹脂エナメル塗りとした。
5. 屋内の亜鉛めっき鋼面は，合成樹脂調合ペイント塗りとした。

解説 塗料の種類と適応素地を理解する

1. 塗装の工程において，**中塗り及び上塗り**は，塗り忘れ防止のために，なるべく**各層の色を変えて塗ります**。
2. 塗装が可能となるまでの素地の乾燥期間の目安は，次のとおりです。
   - **コンクリート面**：（夏）**3週間（21日）以上**，（冬）**4週間（28日）以上**
   - **モルタル面**：（夏）**2週間（14日）以上**，（冬）**3週間（21日）以上**

   ・モルタル→14日，21日
   ・コンクリート→21日，28日

3. 素地ごしらえにおいて，穴埋めやパテかいに用いられる**合成樹脂エマルションパテ**は，外部には用いません。外部では，**建築用下地調整材**が用いれます。

主な塗料の種類と適応素地

塗料の種類		木部	鉄部	亜鉛メッキ面	コンクリート・モルタル面
オイルステイン塗	オイルステイン	○	×	×	×
ワニス塗	スーパーワニス	○	×	×	×
	ウレタン樹脂ワニス	○	×	×	×
	フタル酸ワニス	○	×	×	×
ラッカー塗	クリアラッカー	○	×	×	×
	ラッカーエナメル	○	○	×	×
合成樹脂調合ペイント		○	○	○	×
フタル酸樹脂エナメル		○	○	○	×
アクリルシリコン樹脂エナメル		×	○	○	○
アルミニウムペイント		×	○	○	○
合成樹脂エマルションペイント		○	×	×	○
合成樹脂エマルション模様塗料		○	×	×	○
アクリル樹脂系非水分散形塗料		×	×	×	○
マスチック塗料		×	×	×	○
塩化ビニル樹脂エナメル		×	×	×	○
多彩模様塗料		○	○	○	○
つや有り合成樹脂エマルションペイント		○	○	○	○
エポキシ樹脂エナメル		○	○	○	○

○：適合　×：不適合

4．**アクリルシリコン樹脂エナメル**塗りは，長期の防錆効果，耐候性および美装性を必要とする部位に用います。**鉄鋼面**の中塗り，上塗りに用いることができます。

5．**合成樹脂調合ペイント**塗り（SOP）は，**木部・鉄鋼面・亜鉛メッキ鋼面**に適しています。耐アルカリ性に劣るため，**コンクリート**，**モルタル**などの素地には適していません。

・調合ペイント→鉄：○，コンクリート：×
・エマルションペイント→鉄：×，コンクリート：○

正解　3

【問題71】塗装工事に関する次の記述のうち，最も不適当なものはどれか。

1．屋内のせっこうボード面は，合成樹脂エマルション模様塗料塗りとした。

2．冬期におけるコンクリート面への塗装において，素地の乾燥期間の目安を3週間とした。

3．屋内のモルタル面は，アクリル樹脂系非水分散形塗料塗りとした。

4．木部の素地ごしらえにおいて，穴埋めとして，合成樹脂エマルションパテを使用した。

5．内壁の中塗り及び上塗りにおける塗料の塗重ねにおいて，各層ごとに塗料の色を変えた。

解　説

1．合成樹脂エマルション模様塗料塗りは，屋内のセメント系素地（コンクリート，モルタル，プラスター，せっこうボード）に適しています。
2．【問題70】の解説の2を参照してください。
　　冬期の場合，コンクリート面への塗装が可能となる乾燥期間の目安は，4週間以上です。
3．アクリル樹脂系非水分散形塗料塗りは，屋内のコンクリート・モルタル面に適しています。
4．【問題70】の解説の3を参照してください。
　　合成樹脂エマルションパテは，屋内の木部の素地ごしらえとして，穴埋め

第2章　各種工事　　589

に使用されます。
5．【問題70】の解説の1を参照してください。

正解　2

【問題72】塗装工事に関する次の記述のうち，最も不適当なものはどれか。

1．夏期における屋内のコンクリート面への塗装において，素地の乾燥期間の目安を，7日間とした。

2．外壁の吹付け塗装において，スプレーガンを素地面に対して，直角に向け平行に動かし，1行ごとの吹付け幅の約 $\frac{1}{3}$ を重ねながら吹き付けた。

3．屋内の亜鉛めっき鋼面は，フタル酸樹脂エナメル塗りとした。

4．屋内の木部は，合成樹脂調合ペイント塗りとした。

5．屋内のコンクリート面は，アクリル樹脂系非水分散形塗料塗りとした。

解説

1．【問題70】の解説の2を参照してください。
　夏期の場合，コンクリート面への塗装が可能となる乾燥期間の目安は，3週間（21日）以上です。

2．吹付け塗装において，スプレーガンは，塗り面から30cm前後離れた位置から直角に吹き付けます。塗料の噴霧は，通常，中央ほど密で周辺部は粗になりがちですから，一行ごとに吹付け幅が約 $\frac{1}{3}$ ずつ重なるように吹き付けます。

第4編　学科Ⅳ：施工

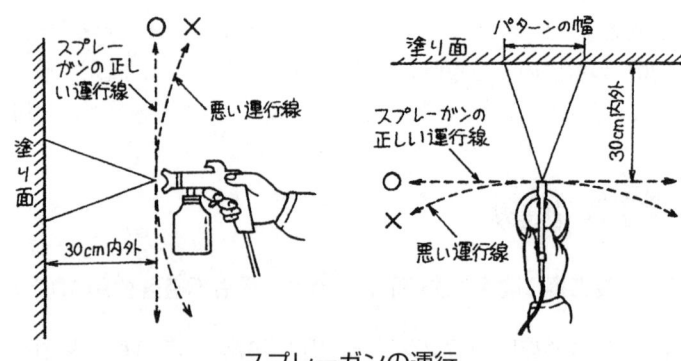

スプレーガンの運行

3．**フタル酸樹脂エナメル**塗りは，素地が**木部**，**鉄鋼面・亜鉛めっき鋼面**に適しています。
4．**合成樹脂調合ペイント**塗りは，素地が**木部**，**鉄鋼面・亜鉛めっき鋼面**に適しています。
5．【問題71】の解説の3を参照してください。

正解　1

得点力アップのポイント

○　屋内の木部の素地ごしらえにおいて，穴埋めとして，合成樹脂エマルションパテを使用した。
○　外壁のモルタル面は，アクリル樹脂エナメル塗りとした。
○　塗装場所の湿度が85％であったので，塗装を行わなかった。
○　アルミニウム合金素地に塗装を行うので，あらかじめ陽極酸化被膜処理を行った。
○　コンクリート面の耐候性塗料塗りにおいて，下塗りに2液形エポキシ樹脂ワニスを用いた。
○　せっこうボード面の合成樹脂エマルションペイント塗りにおいて，下塗りに合成樹脂エマルションシーラーを用いた。

13. 建具・ガラス工事

13-1. 建具・ガラス工事に関する問題

【問題73】 建具・ガラス工事に関する次の記述のうち，最も不適当なものはどれか。

1. 工事現場におけるアルミサッシの仮置きは，変形を防ぐために，立てかけとした。
2. アルミサッシの取付けにおいて，部材の寸法を切り詰めたので，モルタルに接する部分に，ウレタン樹脂系の塗料を用いて絶縁処理を行った。
3. 鉄筋コンクリート造の建築物において，鋼製建具の枠周囲の充填用モルタルの調合は，容積比でセメント1：砂3の割合とした。
4. 厚さ8mmの単板ガラスのステンレス製建具へのはめ込みにおいて，建具枠のガラス溝のかかり代を10mmとした。
5. ガラスブロック積みにおいて，特記がなかったので，平積みの目地幅の寸法を5mm以下とした。

解説　建具・ガラス工事の理解

1. 現場における建具類の保管方法として，**木製フラッシュ戸は平積み**とし，その他の建具類（アルミサッシ，格子戸，襖，障子）は，**立て置き**で保管します。
2. アルミサッシが**モルタル，コンクリートに接する部分**は，**耐アルカリ性**（アクリル樹脂系またはウレタン樹脂系）の塗料を用いて**絶縁処理**を行います。
3. 鉄筋コンクリート造において，鋼製建具の枠周囲の**充填用モルタルの調合**は，容積比で**セメント1：砂3**の割合とします。また，雨掛かり部分に使用する場合には，**防水剤入り**及び必要に応じて**凍結防止剤入り**とします。
4. 厚さ8mm及び厚さ10mmの単板ガラスにおいて，**ガラス溝のかかり代は，ガラス厚以上**とします。

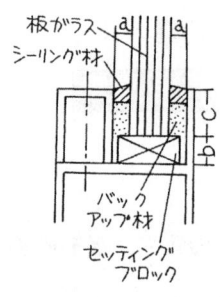

ガラスのクリアランス

a. 面クリアランス
b. エッジクリアランス
c. かかり代

5．ガラスブロックは，箱型に型押しされた2個のガラスを溶着して一体とし，内部に減圧空気を封入した建築材料です。**ガラスブロックの目地幅の寸法**は，平積みの場合，**8mm〜15mm**とします。

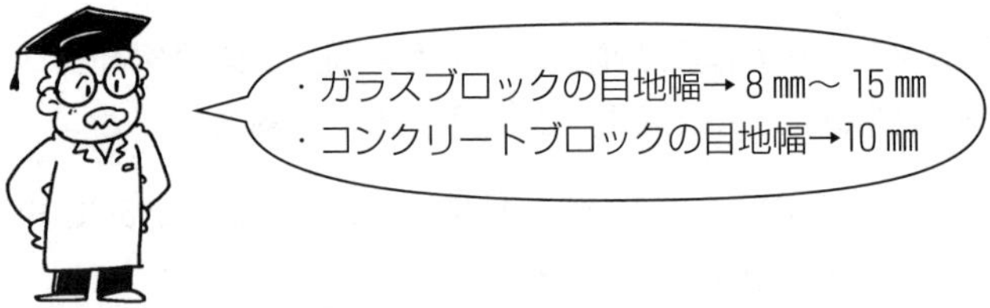

・ガラスブロックの目地幅→8mm〜15mm
・コンクリートブロックの目地幅→10mm

正解　5

【問題74】建具・ガラス工事に関する次の記述のうち，最も不適当なものはどれか。

1．外部に面した建具に複層ガラスをはめ込むに当たり，下端のガラス溝に径3mmの水抜き孔を3箇所設けた。

2．板ガラスをアルミサッシへ固定させるために，ガスケットを使用した。

3．工事現場におけるアルミサッシの仮置きは，変形を防ぐために，立てかけとした。

4．コンクリート躯体に取り付けるアルミサッシ枠まわりのシーリング材の施工に当たって，バックアップ材を省略し，三面接着とした。

5．アルミサッシと鋼材とが接する部分には，電気的絶縁のために，塗膜処理を行った。

解説

1. **網入（線入）板ガラス**，**複層ガラス**，**合わせガラス**を用いる場合，サッシ溝内（下辺）には，径6㎜以上の水抜き孔を2箇所以上設けます。なお，セッティングブロックによるせき止めがある場合は，その間に1箇所追加します。

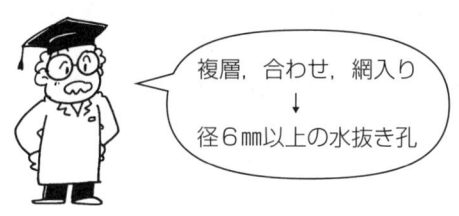

複層，合わせ，網入り
↓
径6㎜以上の水抜き孔

2. 板ガラスの取付けには，**不定形シーリング材**，**ジッパーガスケット**，**グレイジングガスケット**を用いる方法があります。

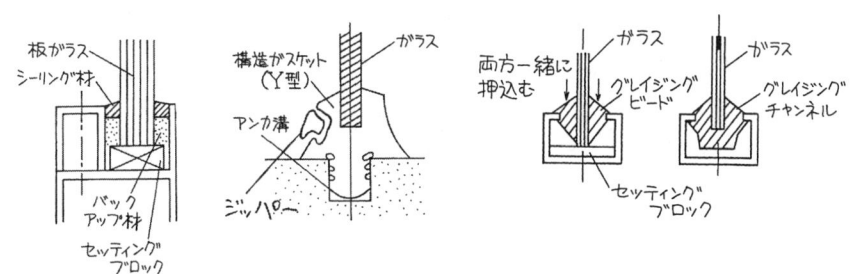

| 弾性シーリング材 | ジッパーガスケット | グレイジングガスケット |

ガラス取付方法の種類

ガラスのはめ込み構法と用途

構　法	固定材料	用　途
①不定形シーリング構法	弾性シーリング材（変成シリコーン系は不可）	金属，木などのU字形溝または押縁止め溝にガラスをはめ込む場合
②ジッパーガスケット構法（構造ガスケット構法）	Y形ジッパーガスケット	コンクリートへの取付けに使用
	H形ジッパーガスケット	金属フレームへの取付けに使用

③グレイジングガスケット構法	グレイジングビード	動きの小さい建具に使用（固定窓）
	グレイジングビードチャンネル	動きの大きい建具に使用（引戸，引違い戸）

3．【問題73】の解説の1を参照してください。

4．**コンクリート躯体**に取り付ける**アルミサッシ枠まわり**など被着体の動きが予想されない**ノンワーキングジョイント**の場合は，**3面接着**を標準とします。

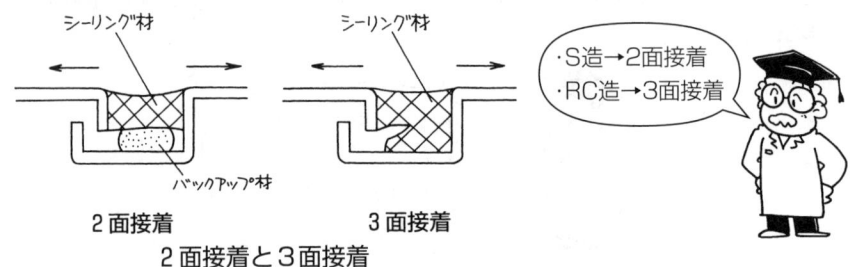

・S造→2面接着
・RC造→3面接着

2面接着と3面接着

目地の区分と主な目地の種類

目地の区分	主な目地の種類
ワーキングジョイント（＝被着体の動きが予想されるジョイント）→2面接着	・ガラス回りの目地 ・外壁パネル（PC板など）の目地 ・S造の建具回りの目地
ノンワーキングジョイント（＝被着体の動きが予想されないジョイント）→3面接着	・RC造の打継ぎ目地 ・RC造のひび割れ誘発目地 ・RC造の建具回りの目地

5．**アルミサッシと鋼材**とが接する部分は，アルミニウムと鋼材が接触腐食を起こす恐れがあるため，**塗膜処理（絶縁処理）**を行います。

正解　1

【問題75】建具・ガラス工事に関する次の記述のうち，最も不適当なものはどれか。

1．厚さ8mmのフロート板ガラスのステンレス製建具へのはめ込みに当たって，建具枠のガラス溝のかかり代を10mmとした。

2. 建具の保管に当たって，障子・ふすまは平積みとし，フラッシュ戸は立てかけとした。

3. グレイジングチャンネルを厚さ6mmのフロート板ガラスに巻き付けるに当たって，継目は上辺中央とし，かつ，隙間が生じないようにした。

4. 鉄骨部材に取り付けるアルミサッシ枠まわりのシーリング材の施工に当たって，プライマー及びバックアップ材を用いて，二面接着とした。

5. ガラスブロック積みに当たって，特記がなかったので，平積みの目地幅の寸法を15mmとした。

解 説

1. 【問題73】の解説の4を参照してください。
2. 【問題73】の解説の1を参照してください。
   建具の保管に当たって，**障子・ふすまは立てかけとし，フラッシュ戸は平積み**とします。
3. グレイジングチャンネルをガラスに巻き付ける場合，又は，グレイジングビードを両面からガラスとサッシ枠との間に押し込む場合，その**継目は上辺中央**とし，隙間が生じないようにします。
4. 【問題74】の解説の4を参照してください。
   鉄骨部材に取り付ける**アルミサッシ枠まわり**など被着体の動きが予想されるワーキングジョイントの場合は，**2面接着**を標準とします。
5. 【問題73】の解説の5を参照してください。

正解 2

【問題76】建具・ガラス工事に関する次の記述のうち，最も不適当なものはどれか。

1. ガラスブロック積みにおいて，特記がなかったので，平積みの目地幅の寸法を12mmとした。

2．室内に用いる木製建具材には，加工・組立て時の含水率（質量百分率）が20%の人工乾燥材を使用した。

3．外部に面する網入り板ガラスは，縦小口（下端から$\frac{1}{4}$の高さまで）及び下辺小口に防錆テープを用いて防錆処置を行った。

4．厚さ8mmの単板ガラスのステンレス製建具へのはめ込みに当たって，建具枠のガラス溝のかかり代を10mmとした。

5．フラッシュ戸は変形しやすいので，工事現場における保管は平積みとした。

解説

1．【問題73】の解説の5を参照してください。
2．室内に用いる木製建具材において，**加工・組立て時の含水率（質量百分率）は，天然乾燥で18%以下，人工乾燥で15%以下とします。**また，寸法精度の許容誤差は，そり3mm以内とします。
3．**外部に面する網入り板ガラス**などの下辺小口および縦小口下端より$\frac{1}{4}$の高さには，ガラス用防錆塗料又は防錆テープを用いて**防錆処置**を行います。

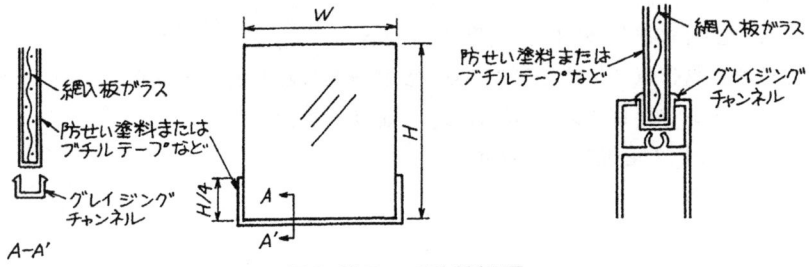

網入ガラスの防錆処理

4．【問題73】の解説の4を参照してください。
5．【問題73】の解説の1を参照してください。

正解 2

得点力アップのポイント

○ 防煙垂れ壁には，網入板ガラスまたは線入板ガラスを用いる。
○ アルミサッシの取付けに当たって，部材の寸法を切り詰めたので，モルタルに接する部分に，アクリル樹脂系塗料を用いて絶縁処理を行った。
○ 高さ1.9mの一般的な木製開き戸の取付けに当たって，木製建具用丁番を2枚使用した。
○ 現場内に搬入したアルミサッシの仮置きは，変形防止のため，平積みとしないようにした。
○ アルミサッシが鋼材と接する部分には，塗膜処理を行った。
○ 高さが2.0mの木製開き戸に取り付ける建具用丁番は，ステンレス製のものを3枚使用した。

14. 内装工事

14-1. 内装工事又は断熱工事に関する問題

【問題77】内装工事又は断熱工事に関する次の記述のうち，最も不適当なものはどれか。

1. 全面接着工法によりタイルカーペットを張り付けるに当たって，粘着はく離形接着剤を用いた。
2. 洗面脱衣室にビニル床シートを張り付けるに当たって，エポキシ樹脂系の接着剤を用いた。
3. 床仕上げに用いるフローリングの施工に先立ち，割付けは室の中心から行い，寸法の調整は出入口の部分を避けて，壁際で行った。
4. 木造住宅の屋根の垂木間に断熱材をはめ込むに当たって，断熱層の室内側に通気層を設けた。
5. 断熱材打込み工法による外壁コンクリートの工事を行うに当たって，断熱材として押出法ポリスチレンフォーム保温板を用いた。

解説 内装工事・断熱工事の理解

1. **タイルカーペット張り**の接着剤には，はく離が容易な**粘着はく離形接着剤**を使用します。張付けは，基準線に沿って方向をそろえ，**部屋の中央**から行い，一般的に**市松張り**で張ります。
2. 湿気のおそれのある床には，**エポキシ樹脂系**または**ウレタン樹脂系**の接着剤を使用します。
3. フローリングの割付は，室の中心から両側に張り分けます。また，寸法のの調整は出入口の部分を避けて，壁際で行います。
4. 屋根面に断熱層を設ける場合，内部結露の防止のため，外壁と同様に<u>断熱層の**室外側**に通気層</u>を設けます。

第2章　各種工事　　599

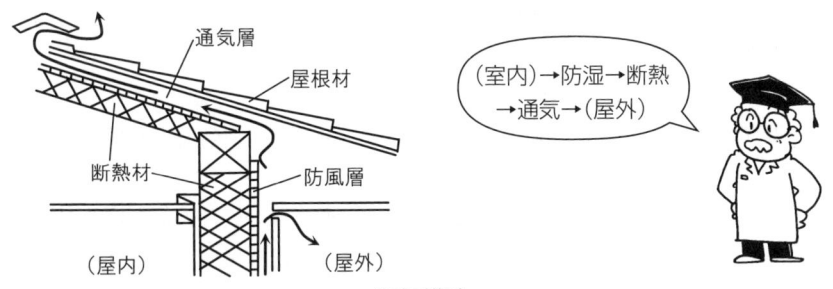

通気構法

（室内）→防湿→断熱→通気→（屋外）

5．断熱材打込み工法は，型枠に先付けで断熱材を打込む工法です。断熱材には，**押出法ポリスチレンフォーム保温板**などが使用されます。

正解　4

【問題78】内装工事及び断熱工事に関する次の記述のうち，最も不適当なものはどれか。

1．天井仕上げに用いる化粧合板の切断は，化粧表面から行った。

2．フローリングボードの床張りにおいて，ボードの継手位置を乱にし，隣接するボードの継手位置から150mm程度離した。

3．全面接着工法によるタイルカーペットの張り付けは，基準線に沿って方向をそろえ，中央部から行った。

4．木造住宅において，外壁内における配管部の断熱材は，配管の室内側に設けた。

5．木造住宅において，外壁内に設ける通気層は，厚さを25mmとし，その上下端部は外気に開放した。

解説

1．**化粧合板の孔あけ・切断**は，ささくれやけばだち等が目立たないように**化粧面（表面）**から行います。

2．フローリングボードの床張りにおいて，隣接するボードの継手は，**150mm程度離して乱にします。**
3．【問題77】の解説の1を参照してください。
4．外壁内に給湯・給水の配管がある場合は，**断熱材（断熱層）を配管の室外側**に設けます。
5．木造住宅の外壁内の**断熱層の屋外側**には，通気層を設け外気を流通させ，壁内部の湿気を外部に放出し内部結露を防ぎます。通気層の厚さは**15mm以上**とし，その上下端部は外気に開放します。

正解　4

14-2．内装工事に関する問題

【問題79】内装工事に関する次の記述のうち，最も不適当なものはどれか。

1．洗面脱衣室にビニル床シートを張り付けるに当たって，ウレタン樹脂系の接着剤を使用した。

2．コンクリート下地にせっこうボードを直張りするに当たって，せっこう系直張り用接着剤の間隔は，各ボードの周辺部では150～200mm程度とした。

3．フリーアクセスフロア下地のタイルカーペットを張付けるに先立ち，その下地面の，段違い及び床パネルの隙間をそれぞれ3mmに調整した。

4．接着工法によりフローリングを張付けるに当たって，エポキシ樹脂系2液形の接着剤を使用した。

5．洗面脱衣室などの断続的に湿潤状態となる壁の下地材料として，JASによる普通合板の1類を使用した。

解説　内装工事の理解

1．【問題77】の解説の2を参照してください。

第2章　各種工事　　　　　　　　　　　　601

2．せっこう系接着剤直張り工法（GL工法）の施工上の主な留意事項として，以下の項目があげられます。
　　・接着剤の間隔は，**ボード周辺部**では，**150～200mm**，床上1.2m以下の部分で200～250mm，床上1.2mを超えるの部分で250～300mmとする。（図A）
　　・接着剤の盛り上げ高さが，仕上げ高さの**2倍以上**とする。（図B）
　　・ボード張付けの際，床面からの水分の吸い上げを防ぐためくさびなどをかい，床面から**10mm程度**浮かして張付ける。（図C）

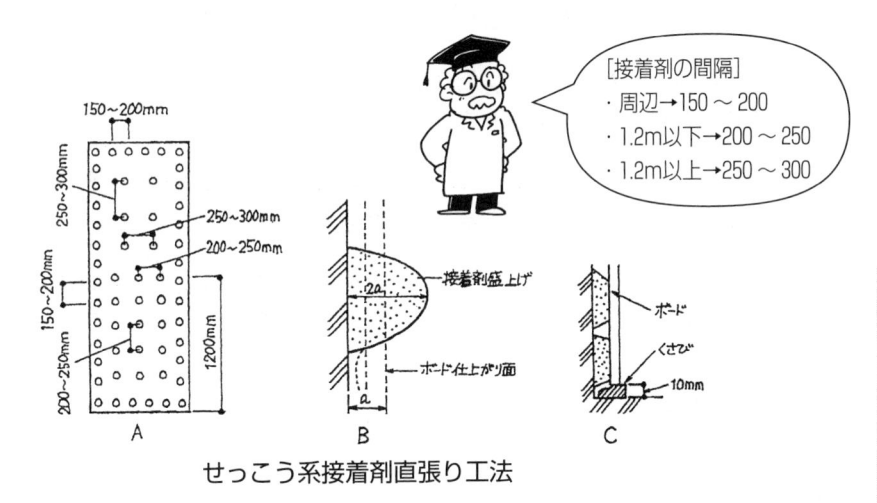

せっこう系接着剤直張り工法

3．タイルカーペット張りにおいて，フリーアクセスフロア下地の場合，カーペットを張付けに先立ち，**下地面の段違い及び床パネルの隙間を1mm以下に調整します**。また，タイルカーペットは，パネル目地にまたがるように張付けます。
4．フローリングの張付けを，モルタルやコンクリート下地に接着する工法で行う場合，**エポキシ樹脂系（一般に2液形），ウレタン樹脂系，変成シリコーン樹脂系**の接着剤を使用します。
5．壁の下地材料として**普通合板**を使用する場合，洗面脱衣室などの**水掛かり箇所では1類**を，その他の箇所では**2類**を使用します。

正解　3

【問題80】内装工事に関する次の記述のうち,最も不適当なものはどれか。

1. コンクリート下地にせっこうボードを直張りする場合,直張り用接着剤の乾燥期間は,せっこうボード表面への仕上材に通気性があったので,10日間とした。

2. 弾性ウレタン塗床の防滑仕上げにおいて,プライマーを塗り付けた直後に,トップコートを塗布した。

3. ビニル床シートの張付けに先立ち,下地表面の傷,へこみ等を補修するために,ポリマーセメントモルタルを用いた。

4. フローリングの施工において,割付けは室の中心から行い,寸法の調整は出入口の部分を避けて壁際で行った。

5. 全面接着工法によるタイルカーペットの張付けに当たって,粘着はく離形接着剤を用いた。

解説

1. コンクリート下地にせっこうボードを直張りする場合,せっこうボードを張付けた後,仕上材に通気性がある場合(布クロス等)で7日以上,通気性のない場合(塗装,ビニルクロス等)で20日以上の乾燥期間を確保します。
2. 弾性ウレタン塗床の防滑仕上げの工程は,プライマー塗り→下地調整→ウレタン樹脂系塗床材塗り→表面仕上げ(ウレタン樹脂系塗床材に弾性骨材を混合して塗り付けた後にトップコートを塗布)の順で行います。
3. ビニル床シートの張付けに先立ち,下地の調整や補修を行います。下地に不陸や傷がある場合は,くぼみ部分にポリマーセメントモルタル,樹脂モルタル等を塗って平坦にします。
4. 【問題77】の解説の3を参照してください。
5. 【問題77】の解説の1を参照してください。

正解 2

得点力アップのポイント

○ コンクリート下地にせっこうボードを直張りする場合，直張り用接着剤の乾燥期間は，せっこうボード表面への仕上げ材に通気性のある場合は7日以上，通気性のない場合は20日以上とする。

○ フローリングの施工において，割付けは室の中心から行い，寸法の調整は出入口の部分を避けて壁際で行った。

○ 全面接着工法によりフリーアクセスフロア下地にタイルカーペットを張り付けるに当たって，タイルカーペットは，下地パネルの目地にまたがるように割り付けた。

○ 壁の木造下地材に木質系セメント板を直接張り付ける場合，留付け用小ねじの間隔は，各ボードの周辺部で200mm程度とした。

○ 脱衣室にビニル床シートを張り付けるに当たって，ウレタン樹脂系の接着剤を使用した。

○ 接着工法により直張用複合フローリングを張り付けるに当たって，ウレタン樹脂系接着剤を用いた。

第4編 学科Ⅳ：施工

15. 設備工事

15-1. 設備工事に関する問題

【問題81】 木造住宅における設備工事に関する次の記述のうち，最も不適当なものはどれか。

1. 給水管と排水管を平行に地中に埋設するに当たり，両配管の水平実間隔を500mm以上とし，排水管が給水管の上方になるようにした。

2. 給湯管には，ポリブテン管を用いた。

3. 給気用ダクトの断熱被覆については，グラスウール保温材を用いて，ダクトの全長にわたって行った。

4. 手洗器の排水管にPトラップを設け，封水深を80mmとした。

5. 換気設備のダクトは，住戸内から住戸外に向かって，先下がり勾配となるようにした。

解説 設備工事の理解

1. 給水管と排水管が平行して埋設される場合，**両配管の水平間隔を500mm以上とし，給水管が排水管の上方になるように埋設**します。また，両配管が交差する場合もこれに準じます。

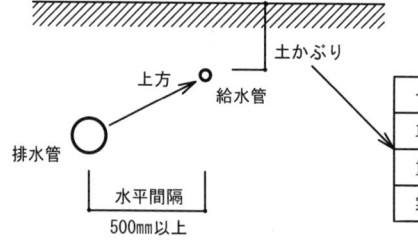

一般の敷地	300mm以上
車両通路	600mm以上
重量車両通路	1,200mm以上
寒冷地	凍結深度以上

2. 給湯管には**ポリブテン管**を使用しますが，**ポリエチレン管**は使用されません。
3. 給気用ダクトは，ダクトの全長を**グラスウール保温材（厚さ20mm程度）**で断熱被覆します。

4．**排水トラップ**は，排水管を通して，下流の下水道管からの悪臭や虫類等が屋内に侵入するのを防ぐためのものです。**手洗器**の排水用には，**Pトラップ，Sトラップを使用し，排水トラップの深さ（封水深）**は，50mm～100mmとします。

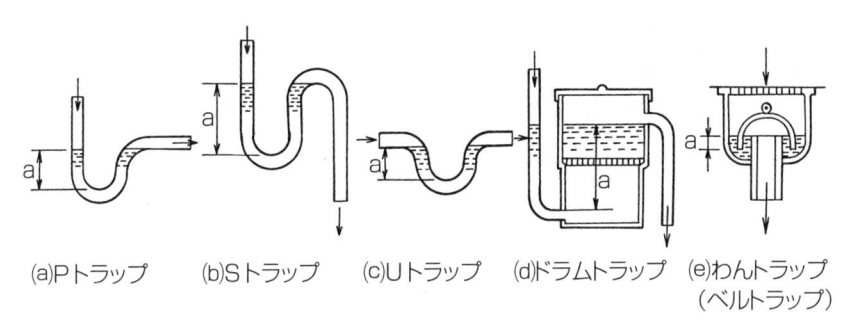

(a)Pトラップ　(b)Sトラップ　(c)Uトラップ　(d)ドラムトラップ　(e)わんトラップ（ベルトラップ）

排水トラップの深さ（封水深）は，5～10cmとします。

トラップの種類

5．換気用ダクトは，雨水や結露水が機械側に侵入しないように，**住戸内から住戸外に向かって先下がり勾配**となるようにします。

正解　1

【問題82】木造住宅における設備工事に関する次の記述のうち，最も不適当なものはどれか。

1．屋内給水管の防露・保温材には，特記がなかったので，厚さ20mmの保温筒を使用した。

2．管径75mmの屋外排水管の主管の勾配は，$\frac{1}{200}$とした。

3．給水管は，断面が変形しないように，管軸に対して直角に切断した。

4．給湯管には，架橋ポリエチレン管を使用した。
5．メタルラス張りの壁にスイッチボックスを設けるに当たって，スイッチボックス周辺のメタルラスを切り取った。

解説

1．給水管等の**防露・保温材**には，厚さ20mmの保温筒を用います。
2．**屋外排水管**の主管の**管径**は75mm以上とし，勾配は$\frac{1}{100}$以上とします。

排水管の最小勾配

管径（mm）	勾配
65以下	1/50以上
75，100	1/100以上
125	1/150以上
150以上	1/200以上

勾配は，1/管径と考えるとよいです。

3．給水管，給湯管等の管の切断は，断面が変形しないように，**管軸に対して直角に切断**し，切り口に生じたささくれ等は除去して平滑に仕上げます。
4．給湯管には，**架橋ポリエチレン管**，**ポリブテン管**を使用します。
5．**スイッチボックス**は，モルタル下地等のメタルラスに接しないようボックス周辺のメタルラスを切り取るか，**合成樹脂板や木板**などで**絶縁**します。

正解　2

【問題83】木造住宅における設備工事に関する次の記述のうち，最も不適当なものはどれか。

1．給水管と排水管を平行に地中に埋設するに当たり，両配管の水平実間隔を500mm以上とし，給水管が排水管の上方になるようにした。
2．寒冷地以外の一般敷地内において，特記がなかったので，給水管の地中埋設深さは，土かぶりを400mmとした。

3．雨水用の排水ますには，インバートますを使用した。

4．給湯管には，水道用耐熱性硬質塩化ビニルライニング鋼管を使用した。

5．換気設備のダクトは，住戸内から住戸外に向かって，先下がり勾配となるように取り付けた。

解説

1．【問題81】の解説の1を参照してください。
2．給水管の地中埋設深さは，一般敷地の場合，土かぶりを**300mm以上**とします。
3．**雨水用**の排水ますには，**深さ150mm以上の泥だめの付いた泥だめます**を使用します。

・汚水，雑排水→インバート
・雨水→泥だめ，150 mm以上

　また，**汚水・雑排水**ますの底部には，インバート（底部に設けられた排水誘導用の溝）の付いた**インバートます**を使用します。

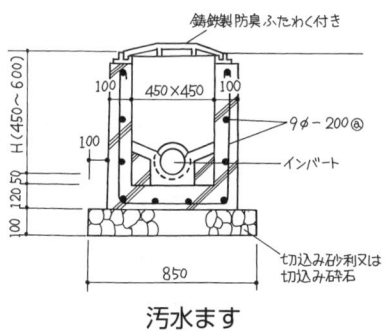

汚水ます 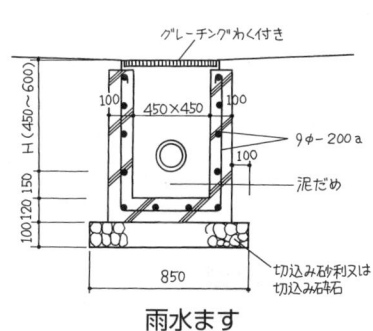　　　　　雨水ます

4．給湯管には，**水道用耐熱性硬質塩化ビニルライニング鋼管**を使用します。
その他，**架橋ポリエチレン管**，**ポリブテン管**なども使用されます。
5．【問題81】の解説の5を参照してください。

正解　3

【問題84】木造住宅における設備工事に関する次の記述のうち，最も不適当なものはどれか。

1. 手洗器の排水管には，臭気防止のために，封水深が6cmのPトラップを設けた。
2. 給湯管には，水道用耐熱性硬質塩化ビニルライニング鋼管を使用した。
3. 電気のスイッチボックスは，メタルラスに接しないように，木板を用いて絶縁した。
4. 雨水用の排水ますは，その底部に深さ20cmの泥だめを有するものとした。
5. LPガス（プロパンガス）のガス漏れ警報設備の検知器は，その下端が天井面から下方30cmの位置となるように取り付けた。

解説

1. 【問題81】の解説の4を参照してください。
2. 【問題83】の解説の4を参照してください。
3. 【問題82】の解説の5を参照してください。
4. 【問題83】の解説の3を参照してください。
5. LPガス（プロパンガス）の比重は空気よりも重く，漏洩したガスは床面に滞留します。したがって，ガス漏れ警報設備の検知器は，**床面から上方30cm以内**，かつ，燃焼器から**水平距離4m以内**の位置に設けます。
   また，空気より軽い**都市ガス**においては，**天井面から下方30cm以内**，か

・都市ガス→天井下30cm，水平8m以内
・LPガス→床上30cm，水平4m以内

第2章　各種工事　　　　　　　　609

つ，燃焼器から**水平距離8m以内**の位置に設けます。

正解　5

得点力アップのポイント

○　寒冷地における給水管の配管の勾配は，水抜きが容易にできるように先上りとした。
○　空気よりも軽い都市ガスのガス漏れ警報設備の感知器は，その下端が天井面から下方30cmの位置となるように取り付けた。
○　給水管は，断面が変形しないよう，かつ，管軸に対して直角に切断した。
○　ユニットバスの設置に当たって，下地枠の取付けに並行して，端末設備配管を行った。
○　ガス配管の支持固定において，地震，管の自重及び熱伸縮の影響を考慮した。
○　排水横管は，管径が細いものほど急勾配とした。
○　換気用の硬質塩化ビニル製ダクトにおいて，外壁から1m以内の距離にある部分は，グラスウール保温材を用いて断熱被覆を行った。

第4編　学科Ⅳ：施工

16. 融合問題

16-1. 各種工事に関する問題

【問題85】 各種工事に関する次の記述のうち，最も不適当なものはどれか。

1. 長尺金属板葺による屋根工事において，心木なし瓦棒葺としたので，葺板等の留付けに通し吊子を用いた。

2. 木工事において，鴨居は，木裏を下端にして用いた。

3. 断熱工事において，吹付け硬質ウレタンフォーム断熱材の吹付け作業は，断熱材の必要な厚さが40mmであったので，2層吹きとした。

4. アルミニウム製建具の改修工事において，既存建具の枠に著しい腐食がなかったので，既存建具の外周枠を残し，その枠に新規のアルミニウム製建具を取り付けた。

5. アスベスト含有吹付け材の除去工事において，除去した吹付け材は，作業場所内においてセメント固化を行い，密封処理をして搬出した。

解説 各種工事の理解

1. 心木なし瓦棒葺きは，野地板下の垂木に沿った位置に**通し吊子**を配し，野地板を貫通して釘留め固定します。

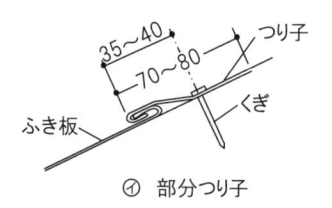

第2章 各種工事

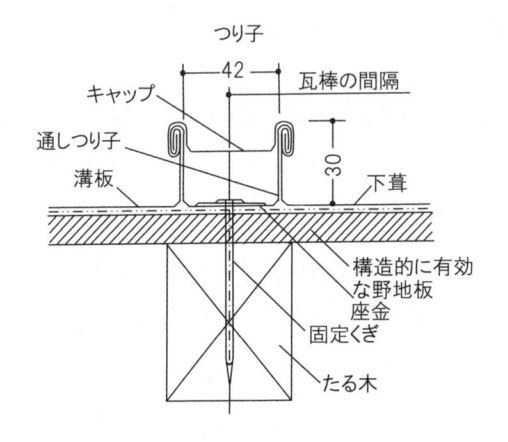

2．【問題59】の解説の4を参照してください。
　　鴨居は，木表を下端にして用います。
3．1回の吹付け厚さは，10～20mmが標準で，所定の厚みがこれ以上の場合は多層吹きとします。
4．アルミニウム製建具の改修工法には，既存建具の枠を残して新規建具を取り付ける「**かぶせ工法**」と，既存建具を撤去して新規建具を取り付ける「撤去工法」があります。**既存建具の枠**に著しい腐食がない場合は，「かぶせ工法」が用いられ，**既存の建具が鋼製建具の場合**は，枠の厚さが**1.3mm以上**残っていなければ適用できません。

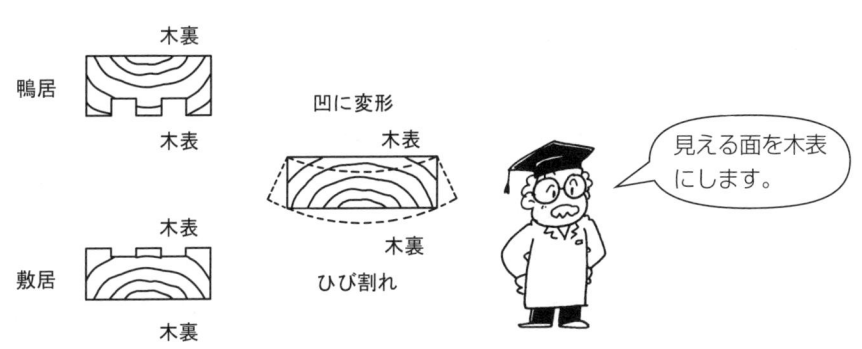

5．除去したアスベスト含有吹付け材は，**密封処理**または**セメント固化**を行い，特記がなければ密封処理を行います。

正解　2

【問題86】各種工事に関する次の記述のうち，最も不適当なものはどれか。

1. コンクリートの外壁改修工事において，0.3mm程度のひび割れ部分に，エポキシ樹脂を注入した。

2. 鉄骨工事において，鉄骨建方に使用する仮ボルトは，軸径が本締めボルトと同一の中ボルト（普通ボルト）を使用した。

3. 防水工事において，屋上の平場の防水層の保護コンクリートに設ける伸縮調整目地の深さは，防水層の保護コンクリートの厚さの$\frac{1}{2}$とした。

4. 木造住宅の屋根工事において，住宅屋根用化粧スレート葺きの野地板は，日本農林規格（JAS）による普通合板1類とした。

5. 木造住宅のとい工事において，硬質塩化ビニル雨どいを用いたので，たてどいのとい受金物の取付け間隔を1mとした。

解説

1. コンクリートの外壁改修工事において，**エポキシ樹脂注入工法**は，主に，**幅が0.2mm以上1.0mm以下のひび割れ改修に適する工法**です。

主な改修工法とひび割れ幅

改修工法	ひび割れ幅	特徴
シール工法	0.2mm未満	・一時的な漏水防止処置
樹脂注入工法	0.2mm以上1.0mm以下	・挙動のある部分に用いると，他の部分にひび割れを誘発するおそれがある。 ・耐用年数が期待できる。
Uカットシール材充填工法	1.0mm超	・挙動のあるひび割れに適用

2. 【問題54】の解説の1を参照してください。

3. 【問題62】の解説の5を参照してください。
　屋上アスファルト防水の保護コンクリートに設ける**伸縮調整目地の深さは，コンクリートの上面から下面に達する深さ**とします。

第 2 章　各種工事　　　613

4．住宅屋根用化粧スレート葺きの野地板は，日本農林規格（JAS）による構造用合板厚さ12mm以上（特類，1類），または**普通合板厚さ12mm以上（1類）**を標準とします。
5．硬質塩化ビニル雨どいを用いた場合，**とい受け金物の取付け間隔**は，たてどいで**1.2m 以下**，軒どいで**1 m 以下**を標準とします。

正解　3

【問題87】 各種工事に関する次の記述のうち，最も不適当なものはどれか。

1．砂利地業において，所定の品質を有する再生クラッシャランを使用した。
2．壁の張り石工事において，大理石の引き金物には，ステンレス製のものを使用した。
3．屋根工事において，鋼板製屋根用折板葺きにおけるタイトフレームと下地との接合は隅肉溶接とし，溶接後はスラグを除去して，錆止め塗料を塗布した。
4．現場塗装工事において，亜鉛めっき鋼面には，素地ごしらえとしてエッチングプライマーを塗布した。
5．内装工事において，ビニル床シートの張付けは，シートの搬入後，直ちに，室の寸法に合わせて切断して張り付けた。

解説

1．砂利地業に使用する砂利は，**切込砂利**，切込砕石又は**再生クラッシャラン**とし，所定の品質を有するものとします。
2．壁に石を張る際に使用する金物は，**ステンレス製のものを使用**します。
3．**折板葺きにおけるタイトフレームと下地材との接合は隅肉溶接**とし，溶接後はスラグを除去して，錆止め塗料を塗布します。
4．**現場塗装**の場合には，塗膜との付着性を高めるため，素地ごしらえとして**エッチングプライマー**を塗布します。なお，工場塗装の場合は，化成皮膜処

理を行います。

〔亜鉛めっき鋼面の素地調整〕
・現場塗装：汚れ，付着物の除去→油類除去→**エッチングプライマー塗り**
・工場塗装：汚れ，付着物の除去→油類除去→化成皮膜処理

5．**ビニル床シート**は，張付けに先立って，**長目に切断して仮敷きし，24時間以上放置して巻きぐせを取ってから張付けます。**

正解　5

得点力アップのポイント

○　断熱工事において，吹付け硬質ウレタンフォーム断熱材の１回の吹付け厚さは，30mm以下が標準であり，所定の厚みがこれ以上の場合は多層吹きとする。

○　塗装工事において，亜鉛めっき面には，塗膜との付着性を高めるために，あらかじめエッチングプライマーを塗布した。

○　ニードルパンチカーペットの敷込みは，全面接着工法により行った。

○　シーリング工事において，充填したシーリング材のへら仕上げ後，直ちにマスキングテープを除去した。

○　かぶせ工法によるアルミニウム製建具の改修工事において，既存枠へ新規に建具を取り付けるに当たって，小ねじの留付け間隔は，両端を押さえて，中間は400mm以下とする。

○　天井内の既存壁の撤去に伴い，取り合う天井の改修範囲は，特記がなかったので，壁面より両側600mm程度とした。

第3章

その他

　その他の出題として，毎年2問程度の出題があります。施工機械・器具や用語に関する問題が1問，積算・見積に関する問題が1問出題されます。学習範囲が比較的狭いので，毎年，出題される次の内容を優先して学習することを推奨します。
・施工機械・器具は名称と用途を覚え，工事や工法との組合せを理解する。
・積算においては，積算の用語の定義を理解する。
　なお，用語や意味を理解しておけば，確実に点数にできる分野です。1点差で合否が決まる場合もあるので，確実にでる分野は必ず点数にしましょう。

1．工法及び機械・器具

1-1．工法及び機械・器具に関する問題

【問題88】 建築工事に用いられる工法及び機械・器具に関する次の記述のうち，最も不適当なものはどれか。

1．杭地業工事に，トーチ工法を採用した。
2．鉄筋の継手に，グリップジョイント工法を採用した。
3．土砂の掘削に，クラムシェルを使用した。
4．鉄筋の曲げ加工に，バーベンダーを使用した。
5．ボルトの締付けに，ラチェットを使用した。

解説　建築工事の工法と機械・器具の理解

1．**トーチ工法**は，改質アスファルトシート**防水工事**で採用される**工法**です。
　　表面に厚いアスファルト層を付けたルーフィングをトーチ状プロパンバーナーで加熱し，表層を溶融して下地に接着しルーフィング間を接合します。
2．**グリップジョイント工法**は，D29以上の**鉄筋の継手**に採用される工法です。スリーブ（さや管）に鉄筋の端部を挿入し，油圧式ジャッキで締め付けて接合します。
3．**クラムシェル**は，ブームの先端にバケットを吊り，バケットを開いて機体下に落下させ，バケットを閉じて土砂をつかみ取る**掘削機**です。
4．鉄筋の切断や曲げ等は，**常温（冷間）**で行います。**切断**は，**シヤーカッター**又は電動カッターで行い，**折曲げ**は，**自動鉄筋折曲げ機（バーベンダー）**で行います。

・バーベンダー：折曲げ機
・シヤーカッター：切断機

5．**ラチェット**は，ボルトやナットの締付けに用いられる工具です。

正解　1

パワーショベル　　バックホウ

クラムシェル　　ドラッグライン

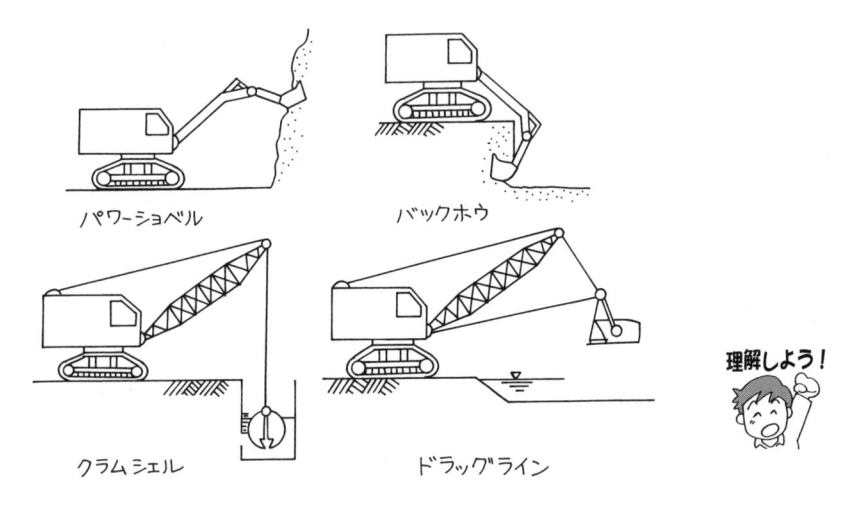

理解しよう！

【問題89】施工機械・器具の使用に関する次の記述のうち，最も不適当なものはどれか。

1．バックホウを用いて，当該接地面よりも下方の掘削を行った。
2．2階建の建築物の鉄骨建方に，トラッククレーンを使用した。
3．高い天井の作業に，ローリングタワーを使用した。
4．鉄筋のガス圧接において，鉄筋の圧接端面の処理に，グラインダーを使用した。
5．既製コンクリート杭の打込みに，振動コンパクターを使用した。

解説

1．バックホウは，歯のついたバケットを手前に引き寄せて土を掘削する機械で，当該地盤面よりも下の土が掘削できます。
2．トラッククレーンは，全旋回型のクレーンをトラックのシャーシ上に装備した移動式のクレーンです。
3．ローリングタワーは，高い天井の作業などを行うときに使用する移動式足

場です。
4．【問題31】の解説の2を参照してください。
　　グラインダーは，高速回転する円形の砥石車などで工作物表面を削り取り，平らな面をつくる工作機械です。
5．**振動コンパクター**は，地盤や床付け面の**締固め**に**使用**される**機械**です。

正解　5

【問題90】工事とそれに用いる工法との組合せとして，最も不適当なものは，次のうちどれか。

1．山留め工事――――――オールケーシング工法
2．タイル工事――――――マスク張り工法
3．耐震改修工事―――――連続繊維補強工法（炭素繊維補強）
4．杭地業工事―――――――リバース工法
5．防水工事―――――――トーチ工法

解説

1．**オールケーシング工法**は，**場所打ちコンクリート杭**をつくるとき，掘削した孔壁の崩壊を防止するために，杭全長にわたってケーシングを圧入する工法です。
2．**マスク張り工法**とは，ユニット化されたタイルの裏面に**専用のマスク板**を乗せて張付けモルタルを塗り付け，マスク板を外してから下地面にタイルを張付ける工法です。
3．**炭素繊維補強工法**は，耐震改修工事で採用される工法です。炭素繊維シートを，エポキシ樹脂を含浸させながら独立した既存の柱に巻きつけて補強します。
4．**リバース工法**は，場所打ちコンクリート工事で採用される工法です。
5．【問題107】の解説の1を参照してください。

正解　1

得点力アップのポイント

○ 木材の表面を平滑に仕上げる機械として，プレーナーやサンダーが使用される。
○ 木工事において，木材の溝切り，切抜き，穿孔，面取り加工等行うために，ルーターを使用した。
○ 普通コンクリートの反発度の測定において，リバウンド・ハンマーを使用した。
○ 内装工事において，木造下地に仕上げ用のボードを張り付けるに当たって，接着剤を主とし，タッカーによるステープルを使用した。
○ 地盤の締固めにおいて，振動コンパクターを使用した。
○ 土工事において，掘削機械が置かれている地盤面より高い位置の土砂の掘削に，パワーショベルを使用した。

2. 積算

2-1. 建築積算に関する問題

【問題91】 建築積算の用語に関する次の記述のうち，最も不適当なものはどれか。

1. 設計数量は，設計図書に表示されている個数や設計寸法から求めた正味の数量である。
2. 所要数量は，定尺寸法による切り無駄及び施工上やむを得ない損耗を含んだ数量である。
3. 諸経費は，工事用の動力・用水・光熱等に要する費用である。
4. 純工事費は，直接工事費と共通仮設費とを合わせたものである。
5. 複合単価は，材料費や労務費など，2種類以上の費用を合わせたものの単価である。

解説　工事価格の構成の理解

1．及び2．積算に用いる数量は次によります。

積算に用いる数量

用語	定義	例
設計数量	設計図書に表示されている個数や設計寸法から求めた正味の数量	コンクリートの体積，左官工事や塗装工事等の仕上面積などの数量
所要数量	定尺寸法による切り無駄及び施工上やむを得ない損耗を含んだ数量	鉄筋，鉄骨，木材等の数量
計画数量	設計図書に表示されていない施工計画に基づいた数量	作業上必要な余盛りを見込んだ根切り土量等の数量

3．**工事用の動力・用水・光熱等に要する費用**は，共通仮設費です。なお，**諸経費**は，**現場管理費と一般管理費等**を合わせたものです。
4．**純工事費**は，**直接工事費と共通仮設費**とを合わせたものです。

第3章 その他

5．**複合単価**は，材料持ちで施工する場合の費用の単価で，材料費・労務費・小運搬費・工具損料・仮設費など2種類以上の費用を合わせた ものの単価です。

正解　3

工事価格の構成

工事費	工事価格	工事原価	純工事費	直接工事費
				共通仮設費
		現場管理費	諸経費	共通費
		一般管理費等		
	消費税等			

【問題92】工事費における工事価格の構成中のA～Cに該当する用語の組合せとして，最も不適当なものは，次のうちどれか。

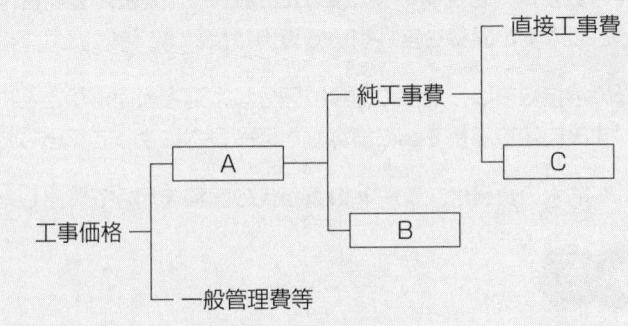

工事価格 ─ A ─ 純工事費 ─ 直接工事費
　　　　　　　　　　　　　 └ C
　　　　 └ B
　　　　 └ 一般管理費等

	A	B	C
1.	共通仮設費	工事原価	現場管理費
2.	工事原価	現場管理費	共通仮設費
3.	工事原価	共通仮設費	現場管理費
4.	現場管理費	工事原価	共通仮設費
5.	現場管理費	共通仮設費	工事原価

解説

【問題91】の解説の「工事価格の構成」を参照してください。
A：工事原価，B：現場管理費，C：共通仮設費となります。なお，現場管理費は，現場経費ともいいます。

正解　2

【問題93】建築積算に関する次の記述のうち，建築工事建築数量積算研究会「建築数量積算基準」に照らして，最も不適当なものはどれか。

1．土工事における土砂量は，地山数量とし，掘削による増加や締固めによる減少は考慮しないで算出した。

2．鉄筋コンクリート造のコンクリートの数量は，鉄筋及び小口径管類によるコンクリートの欠除はないものとして算出した。

3．型枠の数量は，各部材の接続部の面積が1m²を超える場合，型枠不要部分としてその面積を差し引いて算出した。

4．鉄骨の溶接数量は，溶接の種類に区分し，溶接断面形状ごとに長さを求め，すみ肉溶接脚長6mmに換算した延べ長さによって算出した。

5．シート防水の数量は，シートの重ね代の面積を加えて算出した。

解説

1．土砂量は，掘削や埋め戻しによって変化しますが，積算上の土砂量は，**地山数量**とし，掘削による増加及び締固めによる減少を考慮しません。
2．コンクリートの数量算定において，**鉄筋**及び**小口径管類**による**コンクリートの欠除**はないものとして算出します。
3．型枠の数量の数量算定において，接続部の面積が**1m²以下**の箇所は，型枠の欠除はないものとして算出します。
4．鉄骨の溶接についての数量は，工場溶接，現場溶接に区分し，一般に，溶

第3章　その他

接断面形状ごとに長さを求め，**すみ肉溶接脚長 6 mm（断面積21.78mm²）に換算**した延べ長さとします。

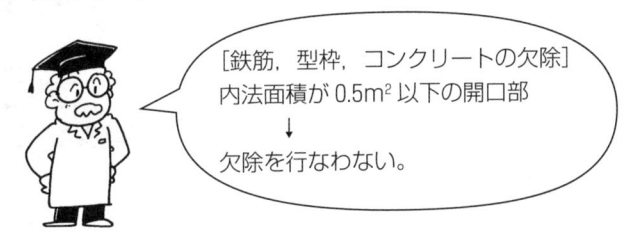

［鉄筋，型枠，コンクリートの欠除］
内法面積が 0.5m² 以下の開口部
↓
欠除を行なわない。

5．シート防水の数量算定において，**シート等の重ね代の面積**は，計測の対象としません。また，衛生器具，配管などによる各部分の防水層の欠除，及びこれらの周囲の防水等の処理も，計測の対象としません。

正解　5

得点力アップのポイント

○ 所要数量は，定尺寸法による切り無駄及び施工上やむを得ない損耗を含んだ数量である。
○ 共通費は，共通仮設費と諸経費とを合わせた費用であり，一般管理費を含む。
○ 工事原価は，純工事費と現場管理費を合わせたものである。
○ 造作材としての木材の所要数量は，図面に記入されている仕上げ寸法に削り代・切り無駄を見込んで算出する。
○ 遣り方の数量は，建築物の建築面積により算出する。
○ 鉄筋コンクリート壁の型枠の数量は，1か所当たりの内法の見付面積が0.5m²以下の開口部の型枠の欠除については，ないものとして算出する。
○ 土工事における土砂量は，地山数量とし，掘削による増加や締固めによる減少は考慮しないで算出する。
○ 複雑な形状の鋼板の数量は，その面積に近似する長方形として算出する。

> 著者のプロフィール

井岡和雄
（いおかかずお）

（1級建築士，1級建築施工管理技士，
2級福祉住環境コーディネーター）

1962年生まれ。関西大学工学部建築学科卒業。
現在　井岡一級建築士事務所　代表

　建築に興味があり，大学卒業後は施工の実践を学ぶためゼネコンに勤めます。現場監督を経て設計の仕事に携わり，その後，設計事務所を開設します。開設後の設計業務，講師としての講義や執筆活動といった15年余りの経験を通じて，建築教育への思いがいっそう大きく芽生えました。
　現在，設計業務のプロとしてはもちろんのこと，資格取得のためのプロ講師として活動中です。少子・高齢化が急速に進展していく中で，建築の道に進む若い人が少しでも多く活躍することを応援し続けています。

―わかりやすい！―
2級建築士［学科試験］

編　著	井　岡　和　雄
印刷・製本	亜細亜印刷株式会社

発　行　所　株式会社　弘文社　〒546-0012　大阪市東住吉区中野2丁目1番27号
☎　（06）6797－7441
FAX　（06）6702－4732
振替口座　00940－2－43630
東住吉郵便局私書箱1号

代　表　者　岡　﨑　　達

ご注意
（1）本書は内容について万全を期して作成いたしましたが，万一ご不審な点や誤り，記載もれなどお気づきのことがありましたら，当社編集部まで書面にてお問い合わせください。その際は，具体的なお問い合わせ内容と，ご氏名，ご住所，お電話番号を明記の上，FAX，電子メール（henshu1@kobunsha.org）または郵送にてお送りください。
（2）本書の内容に関して適用した結果の影響については，上項にかかわらず責任を負いかねる場合がありますので予めご了承ください。
（3）落丁・乱丁本はお取り替えいたします。